高等学校图书馆学专业系列教材

武汉大学规划教材建设项目资助出版

图书馆学基础

Foundations of Library Science

主　编　肖希明

副主编　吴　钢

武汉大学出版社

图书在版编目（CIP）数据

图书馆学基础/肖希明主编;吴钢副主编.—武汉:武汉大学出版社,
2024.3(2024.7 重印)
高等学校图书馆学专业系列教材
ISBN 978-7-307-24303-3

Ⅰ.图… Ⅱ.①肖… ②吴… Ⅲ.图书馆学—高等学校—教材
Ⅳ.G250

中国国家版本馆 CIP 数据核字(2024)第 045537 号

责任编辑:韩秋婷 责任校对:李孟潇 版式设计:马 佳

出版发行:**武汉大学出版社** （430072 武昌 珞珈山)
　　　　　(电子邮箱:cbs22@ whu.edu.cn 网址:www.wdp.com.cn)
印刷:武汉中远印务有限公司
开本:787×1092 1/16 印张:27.5 字数:499 千字 插页:1
版次:2024 年 3 月第 1 版 2024 年 7 月第 2 次印刷
ISBN 978-7-307-24303-3 定价:68.00 元

前 言 P R E F A C E

图书馆是人类文明的产物，是文化知识的宝库。2019年9月，习近平总书记在给国家图书馆老专家回信中指出："图书馆是国家文化发展水平的重要标志，是滋养民族心灵、培育文化自信的重要场所。"①这一论述高屋建瓴，是对图书馆职能的崭新定位，将图书馆在国家发展、社会进步中的重要作用提升到了一个新高度，也将图书馆事业发展的目标与方向提升到了一个新境界。图书馆学是在图书馆实践活动和图书馆事业发展中总结和提炼的关于知识信息的搜集、组织、管理和传播利用的知识体系，也是探索图书馆事业发展规律的科学。图书馆学源远流长，在人类社会进入信息化、智能化时代的今天，它正勃发出盎然生机，屹立于现代学科之林。

"图书馆学基础"是为图书馆学本科阶段学生开设的一门专业基础课程，也是图书馆学专业的入门课程。课程内容主要是向图书馆学专业初学者传授有关图书馆学的基本概念、基本知识和基本理论，帮助学生了解图书馆、图书馆事业发展现状、基本原理和发展趋势，了解图书馆学学科建设的发展历程和学科基本理论；帮助学生理解图书馆核心价值和从事专业技术职业必须具备的职业精神。

作为学科概论性课程，"图书馆学基础"涉及的内容大体属于图书馆学基础理论的范畴。图书馆学基础理论主要从宏观方面阐述图书

---

① 中共中央党史和文献研究院. 习近平关于社会主义精神文明建设论述摘编[M]. 北京：中央文献出版社，2022：261.

馆与图书馆学的基本知识、基本原理、基本理念，从而揭示其本质和规律。它是图书馆学理论体系的重要组成部分，也是图书馆学的分支学科，但同时又是图书馆学各分支学科共同的基础，是指导图书馆学各分支学科的理论。图书馆学基础理论并不以解决图书馆工作实践中操作层面的问题为目的，但它研究的理论、理念，以及在此基础上建立的制度、形成的决策，对图书馆和图书馆事业的发展是极为重要的。

19世纪末20世纪初，伴随西学东渐的深入，近现代意义上的图书馆和图书馆学从西方传入中国。中国学术界的先贤从一开始就意识到，图书馆学要在中国落地生根、成长壮大，就需要有一个本土化的过程。1925年，梁启超在中华图书馆协会成立会的演说中提出要建设"中国的图书馆学"，为中国的图书馆学人提出了一个"世纪课题"。近百年来，一代又一代图书馆人为建设"中国的图书馆学"，包括建设中国的图书馆学基础理论体系，进行了不懈的探索。20世纪二三十年代，一大批图书馆学基础理论著述涌现，如杨昭悊的《图书馆学》（1923）、杜定友的《图书馆通论》（1925）、《图书馆学概论》（1927）、洪有丰的《图书馆组织与管理》（1926）、李燕亭的《图书馆学讲义》（1931）、刘国钧的《图书馆学要旨》（1934）、俞爽迷的《图书馆学通论》（1936）等。这些著作所介绍和论述的都是关于图书馆的性质、宗旨、意义和功能，以及图书馆学的概念、内容和学科价值等基础理论的内容。其目的在于探索"如何应用公共之原则，斟酌损益，求美求便，成一'中国图书馆学'之系统，使全体图书馆学之价值缘而增重"①。

1949—1978年，中国图书馆学研究走过一段曲折发展的道路，但图书馆学基础理论研究仍取得了一些有价值的成果。1957年刘国钧发表《什么是图书馆学》的论文，提出"图书馆学就是关于图书馆的科学，也就是研究图书馆事业的性质和规律及其各个组成要素性质和规律的科学"②。此时刘国钧已认为图书馆学研究的是宏观的图书馆事业，而且是它的"性质和规律"，而"要素"则是研究图书馆事业的切入点。显然，刘国钧研究的正是图书馆学基础理论的核心问题，这可看作是基础理论研究的一大突破。另一代表性成果是黄宗忠关于图书馆学研究对象"矛盾论"的提出。1962年，黄宗忠运用毛泽东《矛盾论》中的哲学思想分析图书馆特有的矛盾，认为图书馆的"藏与用"是对立统一的关系，构成了图书馆的特殊矛盾，要通过研究图书馆的特殊矛盾来探索图书馆的本质和规律。③ 它的理论贡献在于从哲学角度出发探讨图书馆学的基础理论问题，将图书馆

---

① 佚名.本刊宗旨及范围[J].图书馆学季刊，1926，1(1)：1.
② 刘国钧.什么是图书馆学[J].中国科学院图书馆通讯，1957(1)：1-5.
③ 黄宗忠.试谈图书馆的藏与用[J].武汉大学学报(人文科学版)，1962(2)：91-98.

学研究对象从现象描述发展到科学抽象阶段，堪称这一时期我国图书馆学基础理论研究具有原创性和本土化的研究成果。

1978 年中国开启了改革开放的历史进程，图书馆事业进入了繁荣发展的新时期，图书馆学研究也迎来了空前活跃的新阶段。20 世纪 80 年代初，一大批中青年图书馆学人开始反思我国图书馆学基础理论的现状，认为将图书馆学基础理论局限于图书馆工作流程和图书馆活动的经验描述，是图书馆学难以被承认为一门科学的真正原因，由此形成了对经验图书馆学的批判。80 年代后半期，一批知名学者的图书馆学基础理论研究成果以专著或教材的形式问世，如吴慰慈和邵巍的《图书馆学概论》（1985）、周文骏的《文献交流引论》（1986）、倪波和荀昌荣的《理论图书馆学教程》（1986）、黄宗忠的《图书馆学导论》（1988）、宓浩的《图书馆学原理》（1988）等。这些专著和教材基本摆脱了经验图书馆学的范式，致力于构建一个以现代科学精神为导向、具有本土特色的图书馆学基础理论体系。如宓浩的《图书馆学原理》以"知识交流论"为框架构建图书馆学基础理论体系，让人耳目一新；黄宗忠的《图书馆学导论》以哲学思维审视图书馆发展规律，以"矛盾论"为核心构筑新的图书馆学基础理论体系，提出了建设中国特色的图书馆学基础理论的问题。

进入 21 世纪后，中国的图书馆学基础理论研究开始了一次具有重大意义的转向。这次转向的主旋律是我国图书馆学基础理论研究不仅要告别经验图书馆学范式，而且要摆脱以完善学科自身体系为导向的纯理性思辨研究的束缚，转向关注图书馆事业发展中的现实问题，为解决这些问题寻找"中国答案"。图书馆业界和学界的有识之士越来越清楚地认识到，图书馆学基础理论的发展与图书馆事业的发展是密切相关的。图书馆学是一门致用之学，图书馆学基础理论同样要扎根于图书馆与图书馆事业的现实土壤，要研究我国图书馆与图书馆事业发展与变革中出现的新问题，探索适应时代发展需求的新观念、新理论与新方法，构建新的图书馆学基础理论框架。于是在 21 世纪初的十余年间，一批学者发起了对图书馆精神、图书馆制度、图书馆治理、覆盖全社会的公共图书馆服务体系、总分馆制，以及对普遍均等惠及全民、信息公平、免费服务等现代图书馆理念的研究，对阅读推广理论体系的研究等，引发了图书馆学界和业界的广泛关注和热烈讨论。这些研究和讨论，既借鉴和吸收了国际上先进的图书馆学理论与实践，又立足于中国图书馆事业发展中的现实情况，为国家制定和完善图书馆事业政策乃至公共文化政策提供了理论支持，体现了图书馆学基础理论研究服务于国家重大发展战略的能力，彰显了新时代图书馆学基础理论的中国特色。

现代意义上的图书馆学进入中国已有百余年的历史，这一百年也是中国图书馆人为建设"中国的图书馆学"不懈探索的一百年。相比图书馆学的众多应用领域，图书馆学基础理论的本土化建设之路似乎更为曲折。但改革开放以来，特别是进入 21 世纪以来的 20 余年，图书馆学基础理论研究范式从"学科本位"转向"问题本位"，取得了许多颇具中国特色的重要理论成果。但如何构建一个具有中国特色的图书馆学基础理论体系，将众多新的理论成果纳入这个理论体系，使这个理论体系对现实中的图书馆事业真正起到引领、支撑作用，是当前面临的重要课题。

本书正是在努力进行这方面的尝试。本书以习近平新时代中国特色社会主义思想为指导，将党的二十大报告中提出的"加快构建中国话语和中国叙事体系，讲好中国故事、传播好中国声音"的精神引领贯穿于教材内容的选择、组织和编写的全过程，将思想政治教育融汇于教材内容体系之中，构建一个具有创新性的当代中国的图书馆学基础理论体系，具体地说，要在以下几个方面体现出它的特色。

第一，文化渊源。中国特色图书馆学基础理论体系应该浸润着中国传统文化和学术智慧。如中国传统文化中早就有"人本""民本"的思想，应是当今图书馆以人为本、以人民为中心办馆理念的渊源；发轫于周代，经孔孟及历代儒家传承和发展的社会教化理论，实乃今天图书馆的社会教育功能、阅读推广功能之滥觞；中国的学术文化中兼收并蓄、兼容并包的传统，是当今中国图书馆学基础理论体系应该继承的优良学术传统。就图书馆学本身而言，虽然中国古代没有"图书馆学"之名，但中国古代的目录学、校雠学、文献学、版本学等学科的理论与方法，是中国图书馆学基础理论的重要渊源。如程俱关于"馆阁"即图书馆"资政"和"育人"功能的论述，章学诚"辨章学术，考镜源流"所包含的"治书"与"治学"关系的思想，从"文以载道"衍生的"藏书以传道"中所蕴含的图书馆价值理性等，都是中国特色图书馆学基础理论体系应该汲取的精神养分。

第二，现实国情。图书馆学基础理论研究要扎根中国大地，立足现实国情，体现问题导向。中国的现实国情是什么呢？首先，随着中国特色社会主义进入新时代，我国社会主要矛盾已经转化为人民日益增长的美好生活需要和不平衡不充分的发展之间的矛盾。人民日益增长的美好生活需要不仅包括物质生活方面，也包括精神、文化生活方面，而我国的公共文化事业、图书馆事业中存在的发展不平衡不充分问题仍然相当突出。事业发展的需求应当成为图书馆学基础理论创新的最强驱动力，图书馆学基础理论要为解决我国图书馆事业、公共文化事业中的现实问题和矛盾提供中国思路和中国方案。其次，我国确立了"两个一百年"奋斗目标，第一个百年奋斗目标即全面建成小康社会已经实现,党的二十大又提出了实现第二个百年奋斗目标,以中国式现代化全面推进中华民族伟大复兴的"两步走"总的战略安排,即从2020年到2035年基本实现社会主义现代化,从2035年到本世纪中叶把我国建成富强民主文明和谐美丽的社会主义现代化强国。在这个宏伟的战略目标中,科技强国、教育强国、文化强国、书香中国、数字中国、文化软实力建设等都是与图书馆事业发展密切相关的重大发展战略。图书馆学基础理论要为图书馆学应用实践领域服务于国家的重大发展战略和社会的重大需求提供强有力的理论支持。最后,图书馆学基础理论要研究国家的图书馆制度问题,因此必须与国家和社会的主流意识形态保持一致,以现行的国家法律制度和政策为根本遵循。

第三,话语体系。话语体系是思想理论体系和知识体系的外在表达形式。任何学科的理论或学术思想以及学科的概念和范畴、理念和方法等,都需要借助一定的话语形式来表达,这样一套用于思想表达和交流的要素组合就是话语体系。话语体系衍生出话语权,话语权则关系着学科的影响力和学科地位。因此,中国特色图书馆学基础理论体系要着力构建自己的话语体系。话语的灵魂是思想,没有新思想、新理论、新观点的有效供给,就没有话语体系的构建。因此,图书馆学基础理论研究要随着时代的发展,不断提出新的概念范畴、新的理论命题、新的理论判断。

第四,学理意识。图书馆学基础理论研究范式从"学科本位"转向"问题本位",并不意味着否定学科自身理论研究的重要性,相反,对任何一门学科而言,考察并厘清学科理论的逻辑结构、基本概念、基本原理和研究方法,探寻学科具有哲学意义的思辨性、公理性、规律性的价值内涵,是学科走向成熟的标志和可持续发展的基本条件。图书馆学亦然。学理意识要求图书馆学基础理论凝练出具有高度概括性和稳定性、能够反映中国图书馆学研究和实践的基本特性和逻辑起点的基本概念;要确定中国图书馆学基础理论的基本范畴,这些范畴要符合社会主义意识形态特征和以人民为中心的研究导向,符合当前社会的现实需要和中国图书馆事业发展规律;要构建一个能不断融入学科领域新概念、新范畴和新理论的开放的图书馆学学科体系;要探索建立以辩证唯物主义和历史唯物主义为指导,定性分析和定量分析方法相结合,吸收跨学科研究优点的图书馆学研究方法体系。

根据我们对于当代中国图书馆学基础理论体系特色的理解,在借鉴和吸收历史研究成果,特别是进入21世纪以来图书馆学基础理论研究成果的基础上,探索建立了一个新的图书馆学基础理论体系框架。这一体系由四个部分组成:图书馆学元理论、图书馆发展理论、图书馆治理理论和图书馆职业理论,每一部分都有丰富的内涵。

（1）图书馆学元理论。元理论（meta-theory）是哲学社会科学中经常涉及的概念，是以理论为研究对象的理论。图书馆学元理论就是以辩证唯物主义和历史唯物主义为指导，对图书馆学领域的基本概念及其内涵和构成、基本研究范围、基本现象的原理性描述方式和方法论等进行的研究，它是在更根本、更深入的层次上对图书馆学理论逻辑进行的阐释和说明，也是图书馆学理论体系构建的逻辑基点。图书馆学元理论主要包括图书馆的概念与本质、图书馆与数据—信息—知识—智慧的关系、图书馆的社会职能、图书馆学的概念、图书馆学的体系结构、图书馆学理论基础、图书馆学的工具理性和价值理性、图书馆学研究方法与方法论。

（2）图书馆发展理论。古代图书馆的产生已有数千年的历史，近现代意义的图书馆在我国发展已逾百年，并在不同时代不同阶段呈现出不同的发展特点。研究总结图书馆事业发展规律，关注和解决当今图书馆事业发展遇到的问题，是图书馆发展理论研究的目标和任务。面对世界百年未有之大变局，国内外技术和人文环境的变化，图书馆如何变革与转型，图书馆未来的发展前景如何，是当代图书馆学基础理论必须研究的问题。图书馆发展理论需要研究的是图书馆产生的机理、图书馆发展历史及其与社会的互动关系、各类型图书馆研究、图书馆系统的结构及其内在联系、图书馆发展形态的演变、信息技术与图书馆发展的关系、图书馆精神与图书馆发展的关系等。

（3）图书馆治理理论。党的十九届四中全会提出了"推进国家治理体系和治理能力现代化，构建系统完备、科学规范、运行有效的制度体系"的战略决策。图书馆是国家科学、教育和文化事业的组成部分，图书馆治理也是国家治理体系的一部分。图书馆治理与图书馆管理不同。图书馆管理是在图书馆内开展的计划、组织、协调、指挥、控制和监督等活动，以维持图书馆的有效运行，属于应用图书馆学的范畴。图书馆治理则是要建立一个制度体系，科学合理地界定图书馆主要利益相关者的权利、职责和利益的关系，从而实现图书馆公共利益的最大化，属于图书馆学基础理论的范畴。图书馆治理理论主要包含图书馆权利、图书馆制度、图书馆法治、图书馆事业、公共图书馆法人治理结构等。

（4）图书馆职业理论。敬业是社会主义核心价值观的重要内容。现代图书馆注重"以人为本"，这里的"人"不仅包括用户，还包括图书馆员。事实上，没有一支爱岗敬业的图书馆员队伍，图书馆要实现高质量发展是根本不可能的。因此，图书馆职业理论应该成为图书馆学基础理论中不可或缺的一部分。图书馆职业理论包括图书馆核心价值、图书馆职业精神、图书馆职业道德等。

　　以上四个方面相互联系，构成了图书馆学基础理论体系，其中，图书馆学元理论起到基础性和支配性作用，图书馆发展理论、图书馆治理理论和图书馆职业理论是图书馆学元理论的应用、延伸和发展。

　　需要指出的是，图书馆学基础理论体系与本书的内容体系不完全是同构的。作为图书馆学初学者的入门教材，还必须考虑教学内容由浅入深、由具体到抽象等认识论原则。我们力图将图书馆学基础理论体系的内容都纳入本书内容体系中，但这些内容在书中出现的先后顺序、位置与图书馆学基础理论体系本身并不是一致的。

　　2020 年，本书申报武汉大学 2020 年规划教材项目并获批。本书由肖希明、吴钢拟定编写大纲，参与编写人员均参加过大纲的讨论。各章节的具体分工是：第一、三章由肖希明编写，其中第三章的第四、五节部分内容由博士生沈玲参与编写；第二章由李明杰、张沁兰撰写；第四章由彭敏惠撰写；第五章由周力虹编写，博士生吴庆梅参与编写部分内容；第六章由杨思洛、肖敖夏编写；第七章由冉从敬撰写；第八章由司莉撰写；第九、十章由吴钢撰写。本书由肖希明负责，吴钢协助统稿。

　　笔者在本书编写过程中广泛吸收了国内外大量相关研究成果，参考和引用了许多图书馆学专家学者的有关著述，在此谨致以诚挚的感谢！

　　武汉大学出版社韩秋婷编辑为本书的出版付出了辛勤的劳动，在此特表示衷心的感谢！

肖希明

2023 年 7 月于珞珈山

目 录 C O N T E N T S

第一章

图书馆的概念与职能

第一节　数据、信息、知识、文献与图书馆

数据、信息、知识与文献，是图书馆活动与图书馆学研究中的基础概念。理解这些概念的内涵，厘清它们之间的关系，以及它们与图书馆之间的关联，是学习图书馆学基础理论首先需要弄清的问题。

一、数据、信息、知识与文献的概念及其相互关系

（一）数据

数据是人们日常工作、学习和生活中常见的概念。目前学界对"数据"的界定，虽然有不同的表述，但含义大体上是趋同的。国际标准化组织(International Organization for Standardization, ISO)作出定义，数据是对事实、概念或指令的一种特殊表达形式。维基百科将数据定义为未经过处理的原始记录，是构成信息和知识的原始资料。美国人力资源事务教授迈克尔·马奎特将数据定义为"包括文本、事实、有意义的图像，以及未经解释的数字编码等"[1]。国内的图书情报专家马费成认为数据是承载或记录信息按照一定规则排列组合的物

---

① [美]迈克尔·马奎特，H. 斯基普顿·伦纳德，阿瑟·M. 弗里德曼，克劳迪娅·C. 希尔. 行动学习原理、技巧与案例[M]. 郝君帅，刘俊勇，译. 北京：中国人民大学出版社，2013：47.

理符号。[①] 于良芝则将数据定义为可以被赋予意义或已经被赋予意义的符号或符号集（如数字、文字、信号、图像、声音等）。[②]

综观各种关于"数据"的定义，可以归纳出数据具有如下基本特征：

第一，数据是事实或观察的结果，是用于表示客观事物的未经加工的原始素材，离散、互不关联。

第二，数据可以是数字、文字、字母、数字符号及其组合，也可以是图形、图像、视频、音频等。

第三，数据本身没有意义，如果没有在一定的环境和背景中被赋予意义，就无法被人们理解和接收。

数据具有以下性质：

第一，客观性。数据是对客观事实的描述，虽然在形式上显得粗糙、杂乱，但其具有真实性、可靠性。

第二，可鉴别性。数据对客观事实的记录是可鉴别的，即这种记录是通过某种特定符号来实现的，并且这些符号是可以进行鉴别和识别的，无法识别或不能被赋予意义的符号不是数据。

(二)信息

如上所述，数据本身没有意义，不能回答任何问题。然而，人类社会既然有相互交流的需要，就必然要利用特定的符号（数据）来表达特定的意义，从而进行沟通和交流。这种承载了意义的数据就是信息。因此，尽管多年来学术界一直在对信息的定义进行探讨，从不同的角度对信息进行阐述和解释，但有一种较受认同的观点是，信息是经过加工处理后的数据，或者说是数据中所包含的意义。数据转化为信息后才能显示其价值，并对接收者的行为和决策产生现实或潜在的影响。

信息具有以下基本特征：

(1)泛在性。信息是经过加工、处理的数据集合，是事物运动的状态与方式。"事物"泛指一切可能的研究对象，包括外部世界的物质客体，也包括主观世界的精神现象。只要有事物存在，就有其运动状态和方式，也就存在信息。

---

① 马费成，宋恩梅.信息管理学基础[M].武汉：武汉大学出版社，2011：10.
② 于良芝.图书馆情报学概论[M].北京：国家图书馆出版社，2016：15.

（2）依存性。信息是数据和意义的结合，蕴含着意义的信息必须依存于一定的载体。用以记录、表述、储存、传播信息的物质被称为信息载体，如文字、图像、声波、电波、光波等都是信息载体，人的大脑是最复杂的信息载体。

（3）客观性。信息是承载了意义的数据，而数据则是对客观事实的描述，数据在转化为信息时被赋予了意义，信息是事物特征的客观反映。

（4）可传输性。信息可以通过其载体的转换和运动向远距离传输。正是由于信息的可传输性，信息才可以突破空间的限制，同时，信息只有在传递中才能发挥其功能。

（5）共享性。共享性是信息区别于物质和能量的主要特征。共享性主要表现为同一内容的信息可以被不同用户在不同空间和不同时间中同时使用，不需要任何限制条件，信息量也不会损失，信息不会像物质一样因为共享而减少，反而可能因为共享而衍生出更多信息。

（6）时效性。时效性是指信息的作用和价值与信息产生、传输和提供的时间有关。信息的利用肯定滞后于信息的产生，但必须有一定的时限，超过这个时限，信息就失去或消减了利用价值。

（三）知识

学者对"知识"的关注，比对信息、数据的关注早得多。在中国，早在 2000 多年前，孔子就对知识作了透彻的思考。在西方，古希腊的柏拉图（公元前 427—前 347）、苏格拉底（公元前 469—前 399）、亚里士多德（公元前 384—前 322）等，到后来的哲学家勒内·笛卡尔（1596—1650）、大卫·休谟（1711—1776）、伊曼努尔·康德（1724—1804）、黑格尔（1770—1831）都研究了"知识"问题。[①] 但直到 20 世纪 20 年代，"信息"才引起研究者的兴趣。20 世纪 40 年代随着计算机的出现，知识成为科学的一个关注点，并在一些领域得到研究，如计算机科学、信息科学、数据和知识库、互联网、人工智能（AI）、知识工程与知识管理等。同时哲学家也在继续他们的知识研究。研究者开始关注数据—信息—知识这个三元组，探讨这三者之间的关系，并用了人们所熟知的金字塔形式来表示它们之间的层次结构关系。

当人们从数据—信息—知识三者关系的角度来研究的时候，关于知识的定义就比较

---

① ［美］迈克尔·马奎特，H. 斯基普顿·伦纳德，阿瑟·M. 弗里德曼，克劳迪娅·C. 希尔. 行动学习原理、技巧与案例［M］. 郝君帅，刘俊勇，译. 北京：中国人民大学出版社，2013：105-106.

容易理解了。人们收集、获取各种各样的数据，经过关联、分类、计算、修正、压缩等整理、加工，数据便被赋予意义并成为信息。信息经过人脑的接收、选择、整理、加工、提炼等过程，去粗取精、去伪存真，由此及彼、由表及里，便形成各种各样的知识。因此，知识就是人脑通过思维重新组合的、系统化的信息集合，是信息接收者通过对信息的提炼和推理等复杂的智力活动而获得的对自然界、人类社会以及思维方式与运动规律的认识与掌握。知识包含于信息之中，是信息的一个特殊子集，是一种具有普遍性和概括性的高层次信息。

国际经济与合作组织（OECD）1996年在《以知识为基础的经济》的报告中提出了知识的4种类型：①知道是什么（know what），即关于事实方面的知识；②知道为什么（know why），即关于原理和规律方面的科学知识；③知道怎么做（know how），指的是做某件事情的技术、技能和技巧方面的知识；④知道谁有知识（know who），即关于到哪里寻求知识的知识。

知识存在的基本形式主要有两种：客观知识和主观知识。客观知识也称作显性知识，指用文字、图形、符号、视频、音频等技术手段记录在载体上的知识，可以表达、可以确知、可以编码输入计算机；它十分容易被记录下来，能够被详尽地论述，可形诸文字，写成消息报道、学术论文等，或形成图书，或载于报刊，或存入数据库。在上述4种类型的知识中，第一、第二种知识属于显性知识，可以通过阅读、视听和检索获得。主观知识也称作隐性知识，指存在于大脑记忆之中，建立在个人经验基础之上，高度个性化，难以公式化和明晰化的知识。隐性知识分为两类：一类是技术方面的隐性知识，包括非正式的难以表达的经验、技能、技巧等。另一类是认识方面的隐性知识，包括心智模式、信念和价值观等。在上述4种类型的知识中，第三、四种知识属于隐性知识，主要在实践中获得。人类所拥有的隐性知识，是个人长期创造和积累的结果，存在于所有者的潜在素质中，与所有者的性格、个人经历、年龄、修养等因素有关。

（四）文献

如前所述，知识可分为客观知识和主观知识，客观知识是指记录在一定物质载体上的知识，这种记录在载体上的知识就是文献。因此，我国颁布的国家标准《文献著录总则》将文献定义为"记录有知识的一切载体"。其实，文献不只是知识的载体。描述客观事物或现象的数据，将数据加工整理、赋予意义后形成的信息，都需要依附于一定的物质载体才能存在与保存，并突破空间与时间的限制在人群中传递与交流。因此，国际标准化组织《文献情报术语国际标准(ISO/DIS5127)》中对文献的定义是"在存储、检索、利用或传递信息的过程中，可作为一个单元处理的，在载体内、载体上或依附载体而存储有信息或数据的实物对象"。由此可见，凡是记录知识和信息，并能存储与传播知识或信息的一切载体均为文献。

文献，就其本质来说，就是将知识信息内容以一定形式的符号通过一定的记录手段，记载在一定的物质载体上，最后以一定形态呈现出来的物理实体。文献在产生以后，会随着社会的进步和科学技术的发展而不断发展变化。人们为了更迅速、更广泛地传播知识信息，不断发现和发明新的载体材料，创造新的表述符号，改进记录方式，文献也呈现出多种多样的形态。但无论如何变化，构成文献的几个要素没有变。这些要素是：

(1)知识信息内容。这是指文献中记录的人类在生产和社会生活中获得的信息，以及经过积累、总结和提炼的知识。这是文献的灵魂所在。文献就是人类所创造和积累的知识财富的物化，没有知识信息内容就不成其为文献。所以，知识信息内容是文献最基本的构成要素。

(2)记录符号。记录符号是表达知识信息内容的标识。知识信息内容只有用被赋予特定含义的符号表示出来，才能进行储存和传播。记录符号是不断演化的，它的发展，经历了结绳、刻木、绘图、画像、象形文字、表意表音文字、音频视频符号、各种数字代码等过程。

(3)载体材料。载体材料是知识信息内容的依附体，又是知识信息内容传播的媒介体。人脑中存储的信息知识用一定的符号表达出来，还必须记录在一定的物质材料上，才能方便地保存、加工、交流、转移，使人们随时随地看得见、听得到，能感知、能识别、能阅读。只有这样的文献载体，才能长期系统地保存和远距离地传播交流。

载体材料的发展，经历了天然材料、人造纤维材料、光电磁化材料等过程。其发展的基本趋势是，从自然物质到工艺材料，从笨重到轻便，从储存量小到储存量大，从储存文字到储存声音和影像。总之是朝着有利于知识信息广泛、迅速传播与交流的方向发展。应该指出的是，一种载体的产生并不马上取代原来的载体。各种载体材料并存并用，取长补短，是现代文献载体的特征。

(4)记录手段。记录手段是指将知识信息内容记录在载体材料上使用的方式方法。记录手段经历了刻画、手写、印刷(包括机械印刷、光电印刷、复制复印等)、拍摄磁录、电脑输入存储等。各种记录手段并存并用，是现代文献生产制作方式的主要特征。

文献的构成要素表明，文献是一种特殊的社会产品，是一定的知识信息内容和一定的物质形式的统一体。因此，对文献的属性可以这样理解：一方面，文献不纯属物质的范畴，文献不是指它的外在形式，而较多地指它的知识信息内容，文献的保存和传递价值，最根本的是它的内容价值；另一方面，文献也不纯属精神的范畴，因为它一经产生，就完全脱离了人脑而独立存在。文献的载体材料、记录符号、生产手段，体现了文献的物质属性。这种物质属性在相当程度上影响着文献信息交流速度和范围，以及对文献的知识信息内容的开发与利用。

二、数据、信息、知识与文献和图书馆的关联

(一) 文献与图书馆

人们走进图书馆，映入眼帘的是各种各样的图书、期刊、报纸，以及音像资料、缩微资料等。人们很容易将这些理解为《文献著录标准》定义的"文献"。而当今的图书馆中，还有大量人们无法直接"看"到，却又真实存在于一定载体上的知识信息，如计算机可读资料(磁带、磁盘、光盘)、多媒体资料、各类型数据库、网络信息、物联网传感器等。它们也都是"记录有知识的载体"，因而也是文献。因为这些文献的数字化特征，所以可称为数字化文献或数字文献。

因此，文献与图书馆的关联是显而易见的。首先，文献是图书馆产生的原因和动力。人类由于间接交流的需要，发明了各种记录符号，将要表达的思想内容，附载于一定的物质材料上，形成文献。有了文献，就需要有保藏与利用这些文献的场所。集中保藏与利用文献的场所就是图书馆。因此，没有文献的产生，没有保藏与利用文献的社会需要，就没有图书馆。其次，文献是图书馆赖以提供服务的基础性核心资源。图书馆的运行需要多种多样的资源，但如果没有文献资源，其他资源就没有意义，图书馆的服务也就无从谈起。现代图书馆强调"服务为本"，这无疑是正确的。但如果没有充分可靠的文献资源保障，图书馆的服务就是无源之水、无本之木。

(二) 信息、知识与图书馆

文献的本质是什么？不是它的外在形式，而是它所包含的知识信息内容。正如英国哲学家卡尔·波普尔(Karl Popper, 1902—1994)所说："几乎每一本书都是这样：它包

含着客观知识，真实的或虚假的，有用的或无用的。"①文献是知识信息的载体，文献的著作者、出版发行者、保存传递者，都要通过文献这种载体，向今人或后人传播、交流信息知识。而文献的阅读者也主要是通过阅读获得文献中的信息知识，然后再创造新的知识，产出新的文献，传递给新的阅读者。如此循环往复，推动知识的增长和人类文明的发展。因此，图书馆收集、组织、保存和传递文献，根本目的不在于文献的载体本身，而在于载体中所包含的知识信息内容。

传统图书馆的主要工作对象是文献，整个业务流程基本上是围绕文献实体的处理设计的。比如作为图书馆核心业务的文献编目，所揭示的就是文献的题名、作者、出版社、出版时间等表层信息，因而被称为"书皮学"。图书馆的流通工作，基本上就是实体文献的借还。参考咨询工作，也只是帮助或指导读者查检实体文献中的资料。图书馆这种以实体文献为中心的业务工作，显然是不能适应信息化时代社会对图书馆日益增长的知识信息需求的。

现代图书馆注重对文献包含的知识信息内容的开发利用，借助于各种先进的信息技术，对文献的语义内容进行深度挖掘，根据社会和用户的信息需求，对相关的信息、知识资源进行整合、类聚、重组，建设各种专题数据库、事实数据库和领域知识组织系统，最大限度地发挥知识信息的潜在价值，实现对知识信息资源的增值利用。由此可见，知识、信息已成为现代图书馆工作的对象和研究的内容。

(三)数据与图书馆

由于数据本身并没有特定的意义，所以长期以来，数据并没有独立地成为图书馆工作的对象。即使有些数据从产生时便被赋予意义，如科学研究数据、社会调查数据等，但这些数据一般由数据的生产者、采集者自主保存和利用，图书馆很少涉足数据管理业务。然而近年来，随着各种现代通信技术的发展，由信息技术自主生成、需要人们赋予意义的单纯数据越来越多，其规模也越来越大，被称为大数据。对于这类数据，政府、企业和学术界已经开始通过特定算法，对其进行整理、分析，从特定的角度发现其中蕴含的趋势、模式甚至规律，进而获得知识和决策依据。这种针对大数据的分析活动(称为数据挖掘)，已经将数据本身转化为有价值的竞争性资源。② 因此，近年来已有不少

① [英]卡尔·波普尔. 客观知识：一个进化论的研究[M]. 舒炜光，卓如飞，周柏乔，曾聪明，等译. 上海：上海译文出版社，2015：133-134.
② 于良芝. 图书馆情报学概论[M]. 北京：国家图书馆出版社，2016：24.

图书馆将其业务活动扩展到大数据的采集、分析、管理和提供利用。

另外，在大数据环境下，科研活动产生的数据量在急剧增长。随着数据密集型科研范式的兴起，越来越多的科学研究开始建立在对已有数据的重新认识、组织、解析、分析和利用的基础上。科学数据在科学研究中的作用日益增强。然而科学数据中有些收集难度大、成本高，导致利用率较低；有些生长周期不稳定或者较长，难以得到有效的跟踪和更新；有些生长较快，但传播途径较广，导致容易被污染。这些数据方面的问题，无疑增加了科学研究的成本和难度。① 因此，越来越多的图书馆特别是学术图书馆，开始关注科学数据的收集、组织、存储、利用等问题，将科学数据管理作为图书馆资源建设和为用户服务的重要内容。数据与图书馆的关系越来越密切。

综上所述，数据、信息、知识与文献，是一组含义密切相关的概念，数据、信息与知识之间不存在绝对的界限。从数据到信息，再到知识的过程，是一个数据不断变得有序、不断得到验证，并不断揭示事实之中所存在的固有逻辑规律的过程，也是一个从低级到高级的认识过程。文献则是数据、信息和知识物化的载体。它们都是现代图书馆专业活动的对象，是图书馆赖以存在和提供服务的基础资源，同时也是图书馆学研究最常涉及的基本概念。

第二节　图书馆的概念与构成要素

一、图书馆的名称与传统定义

图书馆的英文为 Library，源于拉丁语 Librarium，原意为藏书之所。如前所述，人类发明了文字，用文字将知识记录在物质载体上，形成了文献。有了文献，就需要有保存和利用文献的场所。早在公元前 3000 多年前，古巴比伦的神庙中就收藏有刻在胶泥板上的记录各类事物的文献，可视为图书馆的起源。古埃及、古希腊、古罗马时期的一些图书馆如亚历山大图书馆等，藏书已有相当规模。中世纪时，欧洲的图书馆发展受到宗教势力的束缚，逐渐衰落。但文艺复兴运动后，西方国家的大学图书馆、国家图书馆兴起，19 世纪中叶出现了向社会开放的公共图书馆，图书馆事业获得了较大发展。

---

① 郭佳璟，樊欣. 国外科学数据管理经验及其对我国"双一流"高校图书馆的启示[J]. 文献与数据学报，2019(3)：26-37.

在古代中国，约公元前 1400 年的殷商时代就产生了甲骨文字，到公元前 10 世纪左右的周代，就有了正式的有文献可考的藏书之所——"藏室"。古代将这些藏书之所称为"府""观""台""殿""院""堂""斋""阁""楼"等，如西周的盟府，两汉的石渠阁，东观和兰台，隋朝的观文殿，宋朝的崇文院，明代的澹生堂，清朝收藏四库全书的"七阁"，等等。后人将其通称为藏书楼。"图书馆"则是一个外来语，于 19 世纪末从日本传入我国。20 世纪初，中国开始产生了近代意义上的公共图书馆。

20 世纪，图书馆类型和数量不断增多，向社会开放的范围不断扩大，提供的服务更趋多样化。现代文献的大量增长，使图书馆馆藏规模和结构都发生了很大变化，文献整理和加工更加深入细致，各种文献信息服务广泛开展。随着现代信息技术在图书馆的大量应用，图书馆管理已逐步走向自动化、现代化和数字化。

世界上最早提出的图书馆定义，是 1808 年德国人施莱廷格（Martin Wilibald Schrettinger，1772—1851）在《试用图书馆学教科书大全》中给图书馆下的定义："图书馆是将收集的相当数量的图书，加以整理，根据求知者的各种要求，不费时间地提供他们利用。"[1]自这一定义产生以来，国内外图书馆学界在此基础上给图书馆下了多种多样的定义。

在国外，有代表性的图书馆定义可略举数例：

《美国图书馆协会图书馆学名词字典》(*ALA Glossary of Library Terms*)1943 年版对"图书馆"的定义是"一间、一组房屋或一栋建筑，其中储集图书及类似资料，加以组织管理，以供阅览、参考及研究需要者"[2]。

《法国大百科全书》1972 年版对"图书馆"的定义是"图书馆是按一定顺序将各种文献归类收藏起来的场所"[3]。

日本《广辞苑》的解释是："图书馆是搜集、整理、保管大量书籍，供需要的公众阅览和利用而提供的设施。"[4]

美国图书馆学家杰西·谢拉（Jesse Hauk Shera，1903—1982）认为，"把知识用书面记录的形式积累起来，并通过个人把它传递给团体的所谓书面交流的机关就是图书

---

① 黄宗忠. 对图书馆定义的再思考[J]. 图书馆学研究，2003(6)：2-10.
② 袁咏秋，李家乔. 外国图书馆学名著选读[M]. 北京：北京大学出版社，1988：69.
③ 袁咏秋，李家乔. 外国图书馆学名著选读[M]. 北京：北京大学出版社，1988：69.
④ [日]新村出. 广辞苑[M]. 上海：上海外语教育出版社，2005：192.

馆"①。

当代美国图书馆学家克劳福德和戈曼指出，"图书馆是保存、传播、利用记录在各种媒体上的知识的场所，是为人们获取广而深的知识服务的。"②

在国内，关于图书馆的定义数不胜数，在此也略举数例：

1934年刘国钧在《图书馆学要旨》一书中指出："图书馆乃是以搜集人类一切思想与活动之记载为目的，用最科学最经济的方法保存它们，以便社会上一切人使用的机关"③。

1981年，北京大学图书馆学系，武汉大学图书馆学系合编的《图书馆学基础》一书认为，"图书馆是搜集、整理、保管、传播和利用图书情报资料，为一定社会的政治、经济服务的科学、教育、文化机构"④。20世纪80年代出版的图书馆学概论性著作，基本上沿用了这一表述。

1993年，《中国大百科全书·图书馆学情报学档案学卷》继续采用了这一观点，表述为"图书馆是收集、整理和保存文献资料并向读者提供利用的科学、文化、教育机构"⑤。

我国台湾图书馆学家胡述兆提出："图书馆是为资讯建立检索点并为使用者提供服务的机构"⑥。

这些图书馆定义的共同特点是从物理实体的角度，将图书馆定义为一个机构、机关或场所。这些定义被广泛使用，见诸许多国内外图书馆学著作、论文和权威的工具书中，不仅出现在早期的图书馆学文献中，而且延续到20世纪90年代和21世纪初的著述中。应该说，这些定义在提出时与图书馆的形态、业态是相符合的，反映了当时的人们对图书馆的正确认识。即使在21世纪的今天，作为实体机构的图书馆仍然大量存在。但这些定义毕竟只能解释和说明以实体文献为主体的传统图书馆，而对今日其他的图书馆，如数字图书馆、网络图书馆、虚拟图书馆等，则难以解释和说明，因此，这些定义的局限性也是显而易见的。

① 孟广均，徐引篪．国外图书馆学情报学研究进展[M]．北京：北京图书馆出版社，1999：75.
② [韩]李炳穆．迎接新千年到来的图书馆[J]．图书情报工作，2001(1)：12-17.
③ 刘国钧．图书馆学要旨[M]．上海：中华书局，1934：5.
④ 北京大学图书馆学系，武汉大学图书馆学系．图书馆学基础[M]．北京：商务印书馆，1981：20-21.
⑤ 中国大百科全书总编辑委员会《本卷》编辑委员会，中国大百科全书出版社编辑部．中国大百科全书·图书馆学 情报学 档案学卷[M]．北京：中国大百科全书出版社，1993：420.
⑥ 胡述兆．为图书馆建构一个新的定义[J]．图书馆学研究，2003(1)：2-4.

二、重新定义图书馆

印度图书馆学家阮冈纳赞(S. R. Ranganathan，1892—1972)1931 年在《图书馆学五定律》中提出"图书馆是一个生长着的有机体(a growing organism)"，这一论断至今仍有着重要意义。时代在进步，社会信息环境在急剧变化。自 20 世纪 80 年代以来，信息技术的迅速发展，网络环境的形成，不仅带来了图书馆业务工作的对象、内容和方式的革命性变化，而且深刻地改变了图书馆的存在形态。特别是随着物联网、云计算、人工智能等新兴技术在图书馆的广泛应用，泛在化、移动化、智能化成为图书馆发展的新方向。这一切都在深刻地改变着人们对图书馆的认知，也使重新定义图书馆成为必然。

(一)从不同角度重新定义的图书馆

近几十年来，人们在使用图书馆传统定义的同时，一直在孜孜探求图书馆的新定义。特别是进入 21 世纪以来，人们从不同的角度来认识图书馆，提出了不同的图书馆定义。

1. 从哲学的认识论角度定义图书馆

科学的定义不应该只是对事物表象的描述，而需要对被定义事物进行抽象化和模型化。其实，很早就有学者根据哲学的认识论原理，透过现象看本质，从感性认识中抽象出理性认识来定义图书馆。如早在 1928 年杜定友就指出"图书馆的功用，就是社会上一切人的记忆，实际就是社会上一切人的公共脑子"[1]。美国图书馆学家皮尔斯·巴特勒(Pierce Butler，1886—1953)将科学方法系统引入对图书馆的研究，1933 年提出了图书馆的新定义"图书是保存人类记忆的社会机制(social mechanism)，而图书馆是将人类记忆移植于现在人们的意识中去的社会装置(social-apparatus)"[2]。1954 年德国图书馆学家卡尔斯泰特(Peter Karstedt)在《图书馆社会学》中指出"图书是客观精神的载体，图书馆则是客观精神得以传递的场所"[3]。

我国图书馆学家吴慰慈在 1985 年出版的《图书馆学概论》中，将图书馆定义为"搜集、整理、保管和利用书刊资料，为一定社会的政治、经济服务的文化教育机构"。2002 年，他根据图书馆发生的变化，抽象出图书馆的新定义："图书馆是社会记忆(通

---

[1] 杜定友. 研究图书馆学之心得[J]. 中山大学图书馆周刊，1928，1(1)：1-6.

[2] Butler P. An Introduction to Library Science[M]. Chicago：The University of Chicago Press，1933：11.

[3] 徐引篪，霍国庆. 现代图书馆学理论[M]. 北京：北京图书馆出版社，1999：6-7.

常表现为书面记录信息)的外存和选择传递机制。换句话说，图书馆是社会知识、信息、文化的记忆装置、扩散装置。"①在该书 2008 年和 2019 年的修订版中，吴慰慈坚持了这一定义。中外图书馆学家的这些定义，试图在哲学层面上建立起"人类记忆—客观精神"范畴，成为图书馆知识观的理论基础和认识根源。

2. 从信息—知识的角度定义图书馆

自 20 世纪 80 年代开始，图书馆学理论研究出现了信息研究和知识研究两种路向。②信息研究路向从信息的角度认识图书馆和定义图书馆。1988 年，黄宗忠在《图书馆学导论》中提出"图书馆是对信息、知识的物质载体进行收集、加工、整理、积聚、存储、选择、控制、转化和传递，提供给一定社会读者使用的信息系统。简言之，图书馆是文献信息的存储与传递中心"③。到了 20 世纪 90 年代，信息学派成为图书馆认识的主流，徐引篪和霍国庆借鉴切尼克所述的"为利用而组织起来的信息集合，认为图书馆的实质是一种动态的信息资源体系"，提出"图书馆可定义为：针对特定用户群的信息需求而动态发展的信息资源体系"的观点。④ 2012 年，柯平提出"图书馆是通过对文献和信息的收集、组织、保存、传递等系列活动，促进知识的获取、传播与利用，实现文化、教育、科学、智力、交流等多种职能的社会有机体"⑤。2016 年，于良芝提出"图书馆是通过系统收集与组织整理信息，保障信息有效查询与获取的平台"⑥。

进入 21 世纪，随着信息化向知识化发展，关于图书馆与图书馆学知识管理的研究方兴未艾，形成了颇受关注的图书馆认识的知识学派。知识学派在 20 世纪的知识论、知识交流论和知识组织论的基础上，于 21 世纪初提出了知识集合论、知识管理论和知识资源论，对图书馆的知识认识不断加强。知识学派认为，知识是图书馆活动的根本点，是图书馆存在的根基。图书馆是保存、传播、利用记录在各种媒体上的知识的场所。⑦ 龚蛟腾将知识学派的图书馆定义概括为"图书馆是一种公益性主导的知识序化与

---

① 吴慰慈，董焱. 图书馆学概论(第 4 版)[M]. 北京：国家图书馆出版社，2019：58.
② 彭修义. 论第三代图书馆事业、图书馆专业与图书馆科学——关于知识角度的图书馆未来探索[J]. 图书馆，1997(2)：7-12，14.
③ 黄宗忠. 图书馆学导论[M]. 武汉：武汉大学出版社，1988：121.
④ 徐引篪，霍国庆. 现代图书馆学理论[M]. 北京：北京图书馆出版社，1999：17-19.
⑤ 柯平. 重新定义图书馆[J]. 图书馆，2012(5)：1-5，20.
⑥ 于良芝. 图书馆情报学概论[M]. 北京：国家图书馆出版社，2016：8.
⑦ 龚蛟腾，侯经川，文庭孝. 公共知识中心与公共知识管理——再论图书馆的本质和定义[J]. 中国图书馆学报，2003(6)：14-18.

集散组织"①。

3. 从文化的角度定义图书馆

图书馆作为文化的组成部分，它的文化传承和传播功能，在社会上已有广泛的共识。我国的公共图书馆由文化部门主管，公共文化的特征十分明显。进入 21 世纪，我国大力发展和繁荣社会主义文化，公共图书馆在满足人民群众精神文化生活需求方面的作用得到充分发挥，图书馆作为公共文化空间、场所的社会角色受到人们的关注和重视。国内学者引进了国外社会学领域的"第三空间"理论，该理论将社会空间分成三种，居所或家庭为第一空间，职场或工作为第二空间，而不受功利关系限制的，像城市中心的闹市区、酒吧、影剧院、图书馆、城市公园等称为第三空间，具有公共交流、自由宽松便利、积聚资源和人气等特征。如杭州图书馆就致力于打造这样一个集学习空间、交流空间、创意空间、展示空间、娱乐空间于一体的"第三文化空间"。与"第三空间"理论相似，有学者认为图书馆是社会的一个公共空间，② 或"开放的公共知识空间"③。

4. 从图书馆自身形态变化的角度定义图书馆

图书馆如同生物有机体一样，在不断地生长变化，同时在量变过程中会发生质变，从而带来图书馆的转型。当今图书馆已经呈现出如同生物多样性的多种形态并存的局面。数字图书馆、虚拟图书馆、移动图书馆既可以不依赖于实体图书馆而独立成为一种图书馆形态，也可以将数字图书馆的资源与服务加载到实体图书馆而形成一种新形态的复合图书馆。于是这就引起了人们对图书馆定义新的思考。2003 年，于良芝提出，图书馆应该是这样一种社会机构或服务：对文献进行系统收集、加工、保存、传递，对文献中的知识或信息进行组织、整理、交流，以便用户能够从文献实体（physical）、书目信息（bibliographical）及知识（intellectual）三个层面上获取它的资源。④ 同年，黄宗忠提出的图书馆定义是，"通过人工或计算机、网络对实体或虚拟的信息和知识进行收集、积累、组织、整理、存储、选择、控制、转化、传播并建立检索点，供读者检索、利用的信息空间或物理场所或虚实结合的复合体"⑤。

---

① 龚蛟腾. 图书馆概念再解析[J]. 图书与情报, 2017(1)：94-97.
② 范并思. 图书馆资源公平利用[M]. 北京：国家图书馆出版社, 2011：211.
③ 王子舟. 图书馆学是什么[M]. 北京：北京大学出版社, 2008：274.
④ 于良芝. 图书馆学导论[M]. 北京：科学出版社, 2003：17.
⑤ 黄宗忠. 对图书馆定义的再思考[J]. 图书馆学研究, 2003(6)：2-10.

(二) 建构图书馆的新定义

从各种不同的角度定义图书馆, 有利于人们从多维的视角了解和认识图书馆。但今天的图书馆已是一个多种形态、多重功能、多种机制的复合体, 如果仅仅从某一视角或某一简单定位去描述和界定, 往往难以得到对图书馆全面的整体的认识。因此, 应该有一个包容性强的定义, 能较为全面准确地概括出图书馆的多重属性、功能与特征。要达到这一目的, 需要满足如下一些要求。

第一, 新的图书馆定义应该具有继承性。图书馆产生发展至今已有数千年的历史, 虽然沧海桑田, 变化巨大, 但图书馆 "藏" 与 "用" 的本质特征或基本的功能仍然存在, 而且是亘古不变的。世界上最早的图书馆定义至今也有 200 余年的历史, 虽然其内涵外延在不断更新, 但其中也必有合理的成分, 应该继承吸收。

第二, 新定义应该揭示图书馆的个性以区别于其他事物。图书馆是社会大系统的一个子系统, 因而必然与其他的子系统存在联系, 特别是与同属社会文化、教育、科学系统的组织或机构存在共性。尤其在当今信息社会、知识经济时代, 图书馆、情报、档案、新闻、出版发行、数据库生产商, 乃至政府部门、各种类型的企事业单位, 无不与信息和知识的生产、收集、组织、保存、传递相关。然而, 它们在工作对象、目的, 以及工作的内容、方法与手段上是有区别的。有区别就是有个性。图书馆的定义就是要揭示出这种个性, 使它能与其他的信息机构或部门区别开来。

第三, 新定义应该反映图书馆新的发展、变化。人们之所以要建构图书馆的新定义, 最根本的原因是近些年来图书馆有了新的发展, 发生了新的变化, 原来的定义已经涵盖不了这些新的发展变化, 不能科学和准确地解释与说明当今多姿多彩的图书馆现象了。因此, 要从新时代图书馆的新形态、新业态中提炼、概括出新范畴、新概念, 成为建构图书馆新定义的组成部分。

第四, 新定义应该包罗各种不同类型的图书馆。古今中外, 不同历史时期有不同类型的图书馆, 当今社会更有实体图书馆、虚拟图书馆、复合图书馆等不同的形态。既然都被称为图书馆, 就应该能够被图书馆的定义所涵盖。因此, 新定义应该具有包容性强、覆盖面广、概括性强的特点。当然, 这种包容性、覆盖面、概括性是以图书馆为界线的, 不是将与图书馆相关或相似的信息、知识部门都包括进来。

根据上述要求, 本书综合近些年来学界对重新定义图书馆的研究成果, 给出的图书馆定义是: 图书馆是通过对文献、信息和知识的系统搜集、组织、保存、传递等活动,保障用户对信息和知识的查询、获取与利用的需要，以实现其文化、科学、教育功能的物理空间或信息空间或虚实结合的复合体。

当然，事物总是在发展变化的，人类对事物变化的探索永远不会停止。因此，试图给出一个不受时代和社会环境变迁的影响而恒久不变的图书馆定义是不现实的。人类应该在抓住图书馆本质特征的前提下，根据时代和社会的变迁，以及图书馆自身的发展变化，给图书馆的定义充实新的内涵和外延。

三、图书馆的构成要素及其相互关系

图书馆的定义，是对图书馆整体特征的概括，有助于人们获得对图书馆的整体认识。而要进一步了解图书馆，还必须对它的构成要素进行分析。

我国图书馆学界很早就有学者从构成要素的角度来认识图书馆。早在 1929 年，学者陶述先就提出"现代所谓新式图书馆，其要素有三：书籍、馆员与读者是也"[1]。1932年，杜定友撰文认为，图书馆有书、人和法三个要素。书，指图与书等一切文化记载；人，即阅览者；法，包括设备、管理方法与管理人才。[2] 1934 年，刘国钧提出图书馆有图书、人员、方法和设备四个要素。1957 年，他发展了"四要素"说，认为图书馆由读者、图书、领导和干部、工作方法、建筑与设备五要素组成。[3] 以上看法是具有合理性的，为我们今天的认识奠定了基础。

随着图书馆的发展变化和人们对图书馆认识的深入，新的构成要素无疑会被不断发现。今天图书馆应该包括如下六个要素：文献信息资源、用户、工作人员、技术方法、建筑与设备、组织与管理。

1. 文献信息资源

文献信息资源是图书馆赖以存在和提供服务的物质基础。

图书馆传统的"要素论"将藏书作为图书馆最基本的构成要素，但"藏书"的概念已经远远不能涵盖当今图书馆各种类型的资源。今天的图书馆的资源，显然已不只是纸质的图书、期刊以及非纸质的缩微资料、音像资料等实体文献，计算机可读信息、多媒体信息、各类型数据库、网络信息、物联网传感器等搜集的信息，都是图书馆所拥有或可

---

① 陶述先. 图书馆广告学[J]. 武昌文华图书科季刊, 1929, 1(3)：241-249.
② 杜定友. 图书馆管理方法上之新观点[J]. 浙江图书馆月刊, 1932, 1(9)：27-32.
③ 刘国钧. 什么是图书馆学[J]. 中国科学院图书馆通讯, 1957(1)：1-5.

利用的资源，可通称为文献信息资源。因此，文献信息资源包括实体型文献资源和数字信息资源。

实体型文献资源的主体是纸质文献，或称印刷型文献，包括图书、期刊、特种文献资料(科技报告、政府出版物、会议文献、学位论文、专利文献、标准文献等)。这些都是图书馆的基础性资源，具有悠久的历史，目前仍然是图书馆重要的和不可替代的资源。图书馆依据服务任务和用户需要，经过选择、采集、组织、加工、典藏等工作，将分析分散无序的文献，集中组织成有重点、有层次、结构严密的文献资源体系。

数字信息资源，或称数字资源、电子资源，是指以数字化的形式，将文字、图像、声音、动画等多种形式的信息存储在光、磁等非纸质载体中，以光信号、电信号的形式传输，并通过计算机和其他外部设备再现出来的信息资源。数字资源包括网络资源指南和搜索引擎、联机馆藏目录、网络数据库、电子出版物、电子参考工具书、网上动态信息和其他网络信息。20世纪90年代以来，数字资源发展势头强劲，数量增长迅速，在不少图书馆已成为文献信息资源体系的主要组成部分。数字资源以其数量庞大、利用上没有时空障碍、方便快捷等优势，成为图书馆赖以开展服务的重要资源。

文献信息资源还包括那些并不为图书馆所拥有，但在用户需要时，图书馆可以通过馆际互借、电子文献传递的方式远程获取，提供给用户利用的资源。

各种类型的文献信息资源共同构成图书馆文献信息资源体系。这是一个经过科学组织的、逻辑结构严密的知识体系。面向社会日益广泛复杂的知识信息需求，如何努力提高图书馆文献信息资源体系的输出功能，是现代图书馆面临的重要任务。在互联网时代，图书馆文献信息资源建设应注意实体馆藏与虚拟馆藏的协调发展，在采集纸质资源的同时，加强对数字资源的采集。同时借助先进的信息技术，以互联网、移动互联网为平台，通过高速、高效的电子文献传递形式，开展馆际合作与文献信息资源的共建共享。

2. 用户

用户，传统上称为"读者"，是图书馆的服务对象。凡是利用了图书馆提供的资源、环境或服务的个人或团体，都称为图书馆用户。

在图书馆的构成要素中，用户是决定性的因素。首先，用户的存在和需求，决定了图书馆的产生和发展。如果没有用户，没有用户需求，就没有图书馆的产生，也就没有图书馆发展的动力。图书馆始终处于文献信息资源不断增长和用户信息需求不断发展的过程之中，提出需求→满足需求→再提出需求→再满足需求这种循环往复的螺旋式上升过程也就是图书馆产生与发展的过程。同时，用户的知识信息需求又是多种多样的，简单→复杂→优化这样循环往复的发展过程，也就是图书馆不断变化发展的过程。其次，用户服务是图书馆工作的目的，因此，用户需求的满足，是图书馆服务工作价值的体现，用户对图书馆服务的满意程度，是检验图书馆服务质量的标准。

早期的图书馆，特别是藏书楼时代，图书馆的主要功能是收集、保藏文献典籍，图书馆不向社会开放，只供极少数人利用。图书馆的工作都以藏书管理为中心，图书馆的评价标准主要是看馆藏的规模与质量。因此在这一时期，图书馆用户的多少以及用户需求的表达，对图书馆来说是无足轻重的。

进入近代图书馆时期，特别是 19 世纪中叶，公共图书馆在欧美国家诞生。公共图书馆的基本特征就是向社会开放，并尽可能多地吸引社会公众利用图书馆。因此，图书馆开始由封闭走向开放。在这种情况下，图书馆工作由以藏书为中心转向以服务为中心，重视服务的提供及其效果，重视对用户行为的研究，注意吸收用户参与图书馆的管理和决策，听取他们对图书馆工作的意见和建议，用户这才成为图书馆不可或缺的要素。

现当代社会，信息知识资源成为经济与社会发展最重要的资源，社会对信息知识的需求极大增长。强烈的社会信息需求成为图书馆发展强大的驱动力。图书馆工作的重心真正转移到一切以满足用户的需求为中心，围绕用户需求来配置图书馆的其他要素。进入大数据时代，通过挖掘分析用户使用图书馆产生的各类行为数据，图书馆可以准确掌握用户的阅读倾向与行为习惯，从而有针对性地开展个性化、精细化服务。用户通过各种新媒体和社交网络，可以向图书馆表达需求和提出意见建议，参与图书馆的管理。用户成为现代图书馆真正的核心要素。

3. 工作人员

工作人员，即通常意义上的图书馆员。工作人员是图书馆活动的管理者与组织者，联系文献信息与用户的中介和桥梁，是使文献信息的价值由潜在变为现实的关键。图书馆工作人员的职业精神与业务素质决定着图书馆工作的好坏，决定着图书馆的社会作用能否得到充分的发挥。因此，工作人员这一要素，是图书馆其他要素能否发挥作用的关键。

图书馆对工作人员的能力要求是分层次的。如美国的大学图书馆将馆员分为专业馆员和非专业馆员。对专业馆员，除了要求必须具有由美国图书馆协会(American Library Association，ALA)认可的56所大学授予的图书馆学硕士及以上学位之外，还要求具有与职位相关的知识与技能、图情领域的专业知识与技能，对馆藏发展馆员、学科专家等涉及学科资源建设与服务的职位，要求具有其他学科背景，具有计算机软硬件使用技能、新兴技术工具使用技能，还要求掌握图书情报及相关领域发展趋势等。国内图书馆也有关于专业馆员的界定，《普通高等学校图书馆规程》指出：专业馆员一般应具有硕士研究生及以上层次学历或高级专业技术职务，并经过图书馆学专业教育或系统培训。[①]

图书馆专业人才的培养，有赖于大力发展图书馆学教育，包括普通高等教育系列的图书馆学教育和成人教育、继续教育系列的图书馆员在职培训。中华人民共和国成立以后，特别是改革开放以来，我国图书馆学教育发展迅速，办学规模不断扩大，已经形成了包括专科、本科、硕士、博士生教育的多层次、多类型的图书馆学教育体系，人才培养质量在不断提高。我国图书馆员队伍在不断发展壮大，职业精神、业务素质和工作能力在不断提升。

4. 技术方法

技术方法是图书馆工作人员开展图书馆职业活动的主要手段。技术方法的先进或落后，直接影响着图书馆的运转效率。现代图书馆要对各种类型、各种载体的知识信息进行采集、组织、加工、整合、存储和传递交流，必须以各种技术、工具和方法作为自己的手段。

图书馆在漫长的发展历史中，已经形成并总结出一套成熟的工作方法体系，包括文献信息的收集整理和开发利用的技术方法、用户服务的技术方法、图书馆组织管理的技术方法，以及利用现代信息技术、自动化技术对图书馆进行集成管理的方法等。这些技术方法的独特性、创造性，是图书馆能够为社会作出独特贡献的依据和佐证，是图书馆作为一个专门化的职业存在并不断发展的核心竞争力，也是图书馆学能昂立于学科之林的理由。

在新技术层出不穷并深刻改变着当今社会的今天，技术更是推动图书馆发展最直接的驱动力。众多新媒体技术将不断渗透到图书馆并对其产生影响。图书馆在文献信息生

---

① 教育部. 普通高等学校图书馆规程[EB/OL]. [2021-12-31]. http：//www.scal.edu.cn/gczn/sygc.

产、加工、存储、传递、利用，以及图书馆管理等方面，更加广泛地采用新技术，从而带来图书馆业态新的变化。同时新技术也将促使数字图书馆、移动图书馆、智慧图书馆等新形态图书馆的出现和完善。

5. 建筑与设备

建筑与设备是图书馆实现其功能必须具备的物质条件。图书馆若缺少馆舍建筑，或建筑不适用，设备不合标准，都会影响图书馆社会功能的发挥。

20世纪70年代末80年代初，随着计算机技术和网络技术的迅速发展并广泛运用于图书馆，一种新的图书馆形态——虚拟图书馆出现。当时国外就有学者专家预言"到2000年，人类将会进入无纸化社会，图书馆终将消亡"，① 就是预言未来的图书馆将没有物理形态的馆舍，即"无墙图书馆"。然而这一预言已被证伪，虚拟图书馆并没有取代实体图书馆。进入21世纪，我国公共图书馆、高校图书馆的馆舍建筑如雨后春笋，拔地而起，建筑宏伟大气，设备设施先进，图书馆人气旺盛。这表明社会仍然需要实体图书馆，实体图书馆的功能仍然是不可替代的。学者吴建中认为："图书馆作为一个文化场所是不可缺少的，走遍全球都会发现，图书馆往往是一个城市最值得骄傲的公共建筑，是激励人们不断学习和追求的最佳场所。"

诚然，图书馆的建筑与设备也在不断变革与改进，以适应图书馆向智能化、智慧化发展的需要，如更加注重空间的开放性与参与性、注重空间创新的多元与融合、注重空间创新的美感与舒适感、注重新技术在空间创新中的应用等，以吸引更多用户使用图书馆空间。

6. 组织与管理

组织与管理是维系图书馆的正常运转，保证其效率的重要因素。组织就是将图书馆的各种要素按照它们相互之间的关系建立起某种结构。如果没有组织的作用，各个要素互不联系，就无法形成图书馆系统整体，图书馆功能的发挥便无从谈起。管理就是计划、组织、指挥、控制、协调图书馆中的人力、物力、财力的合理运动，以达到以最少的消耗来实现图书馆的既定目标，取得最大的效果，完成图书馆的任务。没有图书馆管理的科学化，就没有图书馆工作的合理化。

在现代图书馆，组织与管理的作用已越来越被人们认识和重视。在其他因素或条件

---

① ［美］F. W. 兰开斯特. 电子时代的图书馆和图书馆员［M］. 北京：科学文献出版社，1985：163.

不变的情况下，通过组织与管理的创新，往往能给图书馆带来重要的经济与社会效益。组织与管理是图书馆重要的软实力。

以上六个要素相互联系、相互作用，在保存人类知识记录、保证知识传播利用的目标下，形成了一个不可分割的图书馆整体系统。在这个系统中，基础性要素是文献信息资源，缺失文献信息资源，图书馆系统的运行就是无源之水、无本之木。决定性要素是用户，用户的需求决定了图书馆的一切，图书馆的全部工作都要以用户为中心。主导性要素是工作人员，作为文献信息资源与用户的中介和枢纽，是图书馆一切活动的组织者和管理者，文献信息资源能否得到充分的开发利用，用户的知识信息需求能否得到最大限度的满足，都取决于工作人员职业精神和业务素质与技能。保障性要素是技术方法、馆舍建筑与设备、组织与管理。这些保障要素中既有硬件方面的，也有软件方面的，只有良好的软硬件环境，才能保障图书馆系统的健康运行。

第三节　图书馆的社会职能

图书馆的社会职能，实际上就是社会要求图书馆发挥怎样的作用。既然是社会赋予的职能，当然就与社会的发展和变革密切相关。古代图书馆时期，社会赋予图书馆的职能是保存人类文化遗产。近代图书馆时期，大机器工业兴起，要求与此相适应的全民文化水平的提高和大众教育的普及，因而社会要求图书馆担负起社会教育的职能。到了现代，科学技术迅速发展，知识信息在社会生产生活各领域的作用越来越重要，社会就要求图书馆承担信息情报传递的职能。随着信息时代的到来，为了适应未来社会的需要，社会要求图书馆肩负起开发智力资源的任务。总之，在不同的社会发展阶段，图书馆可能会扩大或强化某些职能，有的职能也可能会弱化甚至消失。

国际图联(International Federation of Library Association and Institutions，IFLA)1975 年在法国里昂召开了图书馆职能的科学研讨会。会议通过的总结一致认为，现代图书馆的职能有四种：保存人类文化遗产、开展社会教育、传递科学情报、开发智力资源。这四项职能基本上反映了现代图书馆的实际情况和现代社会对图书馆的实际要求，对不同国家的图书馆来说，也具有一定普适性。但既然是社会职能，就必然因为不同的国情、不同的历史文化背景赋予图书馆社会职能特定的内涵、特定的目标。根据我国的国情与图书馆的实际情况，我国图书馆的社会职能可以确定为如下几项。

一、搜集和保存人类知识记录的职能

人类自古至今在认识世界和改造世界的实践中所积累的经验，创造的知识，用一定的符号记录在一定的物质载体上，形成文献，从而使先人的智慧、民族的文化能够薪尽火传、生生不息。而担负着长期保存人类的知识记录、保证知识传承任务的机构，就是图书馆。因此，搜集和保存人类的知识记录，是图书馆与生俱来的、特有的功能。没有任何一个社会机构能像图书馆一样完整系统地蓄积和储存着如此丰富的知识宝藏。人们形象地将图书馆比喻为"社会记忆的大脑"，正是有了这个"记忆的大脑"，社会才能跨越时代的鸿沟、历史的间隔，通观古今于须臾，遍抚四海于一瞬；正是有了这种"社会记忆"，人类才得以长久地积累和保存知识财富，为再生和创造社会文明提供了条件。

20世纪中叶以来，随着科学技术的迅速发展，社会开始进入信息化时代。现代信息技术深刻地改变了知识的生产、储存和传递的方式，纸质文献不再是信息知识的唯一载体，图书馆也不再是人们获取信息知识的唯一渠道。然而，这是否意味着图书馆不再承担搜集和保存人类知识记录的功能？回答是否定的。这是因为，首先，从社会需求和社会分工来看，人类文化遗产的继承是文明社会进步的基石，只要人类社会在向前发展和进步，就一定要继承和学习前人积累的知识和智慧，同时创造和积累知识财富和精神文明成果留给后人。因此，无论知识载体发生怎样的变化，社会永远需要有这样一种机构或机制，来搜集和保存人类知识记录，保证人类知识传承。而这种机构或机制，非图书馆莫属。其次，从信息安全与文化安全的角度来看，一个国家或民族创造和积累的知识成果，是这个国家或民族宝贵的精神财富和智力资源，是国家的综合国力和文化软实力的重要组成部分。在国际形势错综复杂、国家之间竞争日益激烈的当今世界，这些资源只有牢牢掌握在自己手中，才能在竞争中获得主动权。因此，完整、系统、安全地保存本国本民族的知识和文化资源，是当今图书馆应该承担的神圣使命。

由于当今信息知识载体的多元化，图书馆搜集和保存的知识记录，已不再局限于纸质文献和缩微品、音像资料等非纸质的实体文献。各种类型的数字化知识记录，如电子图书、期刊、数据库、网络信息资源等，都是图书馆搜集和保存的对象。

为了完整、系统和安全地保存人类知识记录，许多国家颁布了有关保护文化典籍、地方文献的法令。大多数国家还制定了出版物呈缴制度，规定由国内有关图书馆负责本国出版物系统全面地收集保存。《中华人民共和国公共图书馆法》明确规定"出版单位应当按照国家有关规定向国家图书馆和所在地省级公共图书馆交存正式出版物"，用法律

制度来保证图书馆对本国出版物的完整收藏。

需要指出的是，搜集和保存人类知识记录的职能，是就图书馆整体而言的，并非指每一个图书馆在系统保藏图书文献方面都担负着同样重要的职责。国家图书馆对于搜集和保存人类知识记录负有特别重要的责任。地方性的中心图书馆、高校图书馆对于搜集和保存具有地方特色的文献信息资源和重要学科文献资源也负有重要责任。基层公共图书馆则主要以提供文献信息服务为主，但也要收藏和保管与本地区相关的文献，发挥社区记忆功能。

二、知识信息资源的整序与开发职能

20世纪中叶以来，无论是自然科学领域还是人文社会科学领域，学科发展迅速，知识门类不断增加，科研活动十分活跃，研究成果丰富，从而使社会文献信息的生产出现前所未有的局面。第一是文献信息数量庞大，增长迅速。据联合国教科文组织（The United Nations Educational, Scientific and Cultural Organization, UNESCO）的统计资料，全世界发行的图书，50年代为20多万种，60年代为40万种，70年代为60万种，80年代已达到80万种。根据国际出版协会（IPA）发布的报告，2015年全球出版商发行的图书超过了160万种。第二是文献信息类型复杂，载体形式多样。在纸质文献资源迅速增长的同时，数字信息资源更是在急剧增长。数字信息资源形式多样，包括联机馆藏目录、电子书刊、参考工具书、各种类型的数据库、电子公告、电子邮件等。第三是文献信息内容重复交叉，分布广泛分散。由于各学科间的渗透、交叉、转移、结合的趋势日益加强，使知识的产生和文献的出版出现相互交叉、彼此重复，同时由于各学科的严格界限逐渐消失，也使得科研成果在期刊的分布相当分散。第四是网络信息繁杂，发布自由随意，组织管理缺乏标准规范，质量良莠不齐。凡此种种，可称为文献信息的无序状态，而无序状态的文献信息是无法保存，更无法利用的，大量无序的信息不是财富而是灾难。因此，为了人们能够合理地、有效地、便捷地利用文献信息，就需要对文献信息加以整序，即将无序的文献信息，通过组织、整理、加工，使之形成一个具有逻辑结构的知识信息资源系统。图书馆就是这样一种能够对文献信息进行整序的社会机构或机制。知识信息整序是图书馆固有的和特有的职能，但是在新的信息环境下，这一职能变得更加突出。

图书馆传统的文献整序职能是以文献为单元，通过著录、文摘、索引、分类标引、主题标引等整序方式方法揭示单元文献，并按照一定的整序系统和方式将单元文献组织起来形成系统供利用者方便地检索、查询，满足对单元文献或因专题需要而对一系列文献的利用。这种整合，使文献信息由无序变为有序，由不可得状态变为可得状态。

然而，面对当今文献信息数量激增，用户的信息需求越来越广泛复杂，越来越精细化的态势，传统的以文献为单元的整序越来越显示出其局限性。人们要从浩瀚的文献信息中检索出所需的族性知识和特性知识越来越困难。文献信息的无序状态和人们对文献所载知识内容的高度选择性之间的矛盾越来越突出，这就决定了传统的以文献为单元的文献整序职能应该向以单元知识为整序对象的方向发展。这种整序要求图书馆利用大数据技术，以图书馆的主题词表、分类词表，以及学科专业领域的词表作为知识单元，对馆藏文献进行分解，然后再将知识单元与知识单元建立语义关联，并将知识单元与相关文献建立语义关联，从而将图书馆内现有文献资源以知识单元为节点，形成信息资源语义关联网络。[1] 用户通过任何一个知识单元的检索便可以得到相关知识拓展以及相关文献的关联，从而提高用户获取知识信息资源的效率。这种整序，实际上就是馆藏文献信息资源的深度开发。

馆藏文献信息资源深度开发，还包括根据社会需要，采用专业方法和现代化技术，对知识信息资源进行多层次的加工、整理，将蕴藏于其中有价值的、适应用户需求的各类知识信息挖掘出来，形成新的信息产品提供给用户，进而实现知识信息资源的增值利用。

除了馆藏资源的开发，图书馆还要积极开发网络信息资源，即将分散在网络各个角落的、杂乱无序的信息进行整序、加工和处理，生成新的、可有效利用的网络信息资源。图书馆开发利用网络信息资源主要有两种方式。一是建立学科信息门户，以特定的学科领域为依据，通过数据挖掘技术对具有一定价值的网络信息资源进行严格的搜集、评价，然后对筛选出来的网络信息资源进行科学合理的整合、描述和组织，形成学科信息资源库，从而为用户提供浏览、检索和下载等信息服务，特别是为学术研究人员提供一个方便快捷的资源检索和相互学习的服务平台。二是网络信息挖掘。目前，互联网上的各种信息数据量巨大，网络在提供丰富资源的同时，也给查找和获取有效信息带来了一定的难度。很多有潜在价值的知识信息资源唯有经过科学合理的分析，才能够有效地将藏在海量数据中的有价值的知识挖掘出来。网络知识挖掘就是利用数据挖掘技术，自动地从由异构数据组成的网络文档中发现和抽取知识，从概念及相关因素的延伸比较上

---

① 苏新宁. 大数据时代数字图书馆面临的机遇和挑战[J]. 中国图书馆学报，2015，41(6)：4-12.

找出用户需要的深层次知识的过程。其目的是将用户从浩如烟海的、综合的多媒体的网络信息中解放出来。摆脱原始数据细节，直接与数据所反映的知识打交道，使处理结果以可读、精练、概括的形式呈现给用户。①

三、知识信息服务职能

服务是图书馆又一重要的社会职能。我们在重新定义图书馆时，认为图书馆就是要"通过对文献、信息和知识的系统搜集、组织、保存、传递等活动"，来"保障用户对信息和知识的查询、获取、传播与利用的需要"，那么在搜集和保存文献信息与保障用户需要之间，就必须有一个中介环节，这个环节就是服务。我们在前面还分析过图书馆的构成要素，认为文献信息资源是图书馆基础性的构成要素，用户是图书馆决定性的构成要素，而在文献信息资源与用户之间起着中介和枢纽作用的是图书馆工作人员这个主导性的构成要素。那么工作人员是怎样发挥主导和中介作用来沟通资源与用户的呢？就是通过提供服务。

图书馆的服务职能自图书馆产生之日起就存在。但在古代图书馆时期，无论中外，这种服务功能都非常微弱。因为古代图书馆的主要职能是保藏文献，馆藏只供王公贵族、封建士大夫等极小范围内的人利用，所以服务就显得无足轻重。进入近代图书馆时期，特别是 19 世纪中叶欧美国家的公共图书馆兴起以后，图书馆开始向社会公众开放。公共图书馆的兴办者为了吸引众多的社会公众来利用图书馆，于是就在多方面加强和改进图书馆的服务。如我国公共图书馆兴办之初，1910 年清政府就颁布了《京师图书馆及各省图书馆通行章程》，明确图书馆的宗旨是"储集各种图书，供公众之阅览"，对图书馆馆藏设置、服务方式、阅览规则，乃至个性化服务等都做了明确的规定，为图书馆有效地开展读者服务工作作了制度上的安排。20 世纪中叶进入现代图书馆时期，各类型图书馆迅速发展，其共同的特征就是向各自的目标用户敞开了大门，并且从馆舍建筑、设备设施、馆藏资源、技术方法、管理制度等各方面为用户利用图书馆提供各种便利条件，"用户第一""服务至上"成了图书馆的办馆宗旨，服务成为图书馆一切工作的中心。

图书馆的服务职能有一个发展演变的过程。早期的图书馆服务是以纸质文献为资源基础而提供的服务。其主要内容及方式有：①借阅服务，包括外借和阅览，即直接将馆藏文献以"册"或"件"为单位，提供给读者利用的服务活动。这是传统文献服务中最经

---

① 赵洁.高校图书馆信息资源建设研究［M］.北京：海洋出版社，2018：349.

常、最基本的方式。②参考咨询服务，是指图书馆员对读者在利用文献和寻求知识、情报等方面提供帮助的活动。它以解答咨询、专题文献报道和书目、定题服务、读者教育等方式帮助读者有效利用文献。这是传统图书馆开展的一项高层次的服务。传统文献服务以手工操作为手段，服务设备简单，图书馆员体力劳动强度大，工作效率低，服务效果较差。

20世纪七八十年代，随着科学技术的迅速发展，特别是计算机在图书馆的广泛应用，传统的文献服务发展到现代信息服务的阶段。信息服务涵盖了传统文献服务项目，采用先进技术，改善服务手段，取得更好的服务效果；同时借助信息技术，开发出许多新的服务领域和服务形式。这种以信息为资源基础的服务，其主要内容及方式有：①图书馆基本信息的网站发布。即在图书馆网站上提供馆藏书目、数据库链接、服务项目、馆藏利用方法、图书馆活动公告以及图书宣传等基本信息。②数据库检索服务，即在网上向注册用户提供书目、文摘数据库、全文数据库、各类光盘信息资源的检索、下载、打印等服务。③虚拟咨询服务，即利用 Web2.0 技术提供常见问题答疑服务、互动式交流服务、个性化信息定制和推送服务以及其他定题跟踪等参考咨询服务。④电子阅览服务，即提供多媒体计算机等网络设备，让用户在馆内电子阅览室享用以上各项服务。⑤通过网络开展多类型、多层次的远程用户培训和活动。现代信息服务以先进的信息技术为手段，以用户为中心，提供的是能直接满足用户需求的知识、信息"单元"，大大拓宽了服务的广度，提升了服务的精度。

20世纪90年代以后，图书馆开展信息服务已经普及，成为图书馆现代化的重要标志之一。然而信息服务的局限性也开始凸显，比如信息服务大多是基于用户简单提问的文献物理检索和传递服务；信息服务所传递的信息内容大多限于素材性的显性信息与显性知识；信息服务所提供的数据库产品难以有针对性地、系统地满足个性化知识需求，数据库源信息的元数据加工限于结构化范畴等。这些特点，使得用户特别是科研工作者和决策者感到获取有用信息更加困难，陷入一种"信息超载"同时又"知识饥渴"的困境。于是，从信息服务中延伸和发展的一种新型服务——知识服务应运而生，并且在图书馆得到运用。

知识服务与仅以序化的方式向用户提供资源的获取与传递的信息服务不同，它是一种用户目标驱动的服务，是面向知识内容、面向解决方案的服务。它根据用户问题解决方案的目标，通过对用户知识需求和问题环境分析，为用户解决问题的全过程提供经过信息的析取、重组、创新、集成而形成的符合用户需要的知识产品服务。它从各种显性和隐性信息资源中针对人们的需要将知识提炼出来、传输出去，从而有效支持知识应用和知识创新。科学专业图书馆、高校图书馆和研究型公共图书馆通常为科学研究机构、决策部门提供这类知识服务。

进入 21 世纪，特别是近十年来，以大数据、云计算、人工智能、物联网、虚拟现实、区块链等为代表的新技术快速发展并且应用于图书馆，催生了一种新的图书馆形态——智慧图书馆。智慧图书馆集智能技术、智慧馆员和业务管理于一体，智慧服务则是智慧图书馆这一系统的核心组成部分。关于图书馆智慧服务的含义，人们从不同的角度有不同理解。有的看重智慧服务所采用的技术手段，有的关注智慧服务中智慧馆员所提供的知识内容，有的则强调在服务中的用户体验。其实，智慧服务应是这几个方面的综合体。技术是智慧服务的载体，知识是智慧服务的导向，利用技术驱动以人为本、以资源为基底的服务是智慧服务的完善方向。① 智慧服务的愿景是服务场所泛在化、服务空间虚拟化、服务手段智能化、服务方式集成化、服务内容知识化和服务体验满意化。②

从文献服务到信息服务、知识服务，再到智慧服务，虽然时代在变，图书馆服务的具体内容和形式也在变，但图书馆"服务"的宗旨和初心则一脉相承，贯穿始终。今天我们将这些服务概称为"知识信息服务"，并认为它是图书馆重要的社会职能之一。

四、开展社会教育的职能

(一)图书馆社会教育职能的形成与发展

图书馆的社会教育职能是进入近代图书馆时期才被赋予的职能。18 世纪 60 年代，英国开始了工业革命，机器化大生产要求工人掌握较多的知识和技能，大众教育随之兴起。同时社会也要求公共图书馆担负起对工人进行科学文化教育的任务。图书馆的社会教育职能由此确立。19 世纪末 20 世纪初，西方的公共图书馆观念传入中国，公共图书馆运动在中国兴起。维新改良派之所以力主设立公共图书馆，就是看重它的社会教育职能。如康有为、梁启超积极主张创设"强学书藏"并向民众开放，希望借此达到"开启民智"的目的。③ 不少士绅也把社会改良的希望寄托于图书馆的社会教育，认为"教育不一

---

① 廖嘉琦. 图书馆智慧服务核心要素理论框架构建[J]. 图书馆，2020(4)：30-43.

② 初景利，段美珍. 智慧图书馆与智慧服务[J]. 图书馆建设，2018(4)：85-90，95.

③ 梁启超. 梁启超论教育[M]. 北京：商务印书馆，2017：26-30.

途而范围莫广于社会教育，改良社会不一术而效果莫捷于图书馆……"①蔡元培认为"教育并不专在学校，学校以外，还有许多的机关，第一是图书馆"②。民国政府也认识到图书馆在社会教育中的作用，在教育部下特设社会教育司，图书馆的建设与发展由社会教育司推行，图书馆被视为社会教育的第一机关。政府鼓励开办流通图书馆、实验图书馆、巡回图书文库、汽车图书馆等，以灵活多样的方式开展各种社会教育活动，保证了民众在动荡的年代尽可能多地接受教育。③

新中国成立后，图书馆继续担负着社会教育的职能。20世纪50年代至60年代前期，图书馆配合国家开展的扫除文盲、义务教育运动，把工农群众请到图书馆来借阅图书，还广泛设立图书流通站，将适合工农群众的读物送到工厂、农村、居民点，同时面向群众开办各种知识讲座。1982年文化部发布的《省(自治区、市)图书馆工作条例》规定图书馆主要任务是"宣传马列主义、毛泽东思想，宣传党和政府的政策、法令，向人民群众进行共产主义和爱国主义教育；传播科学文化知识，提高广大群众的科学文化水平"。2017年颁布的《中华人民共和国公共图书馆法》更是明确规定："公共图书馆，是指向社会公众免费开放，收集、整理、保存文献信息并提供查询、借阅及相关服务，开展社会教育的公共文化设施。"近年来，我国公共图书馆开展社会教育如火如荼，内容丰富，形式多样，社会效益明显。

(二)新时代图书馆开展社会教育的主要领域

如今，我国的教育、科学和文化事业得到了极大的发展，人们的受教育率和受教育水平都大幅提升，因此，今天的图书馆一般已无须承担对基层民众进行"断文识字"的教育功能。但是图书馆的社会教育功能并没有过时，相反，在新的历史条件下，图书馆社会教育职能领域更加宽广，内涵更加丰富。

1. 助力终身教育

终身教育这一概念是1965年在联合国教科文组织主持召开的成人教育促进国际会议期间，由联合国教科文组织成人教育局局长、来自法国的保罗·朗格朗(Paul

① 许维格.许直——湖南图书馆创始人之一[J].图书馆，2007(6)：119-121.
② 蔡元培.蔡元培全集(第四卷)[M].北京：中华书局，1984：13.
③ 王余光，郑丽芬.图书馆社会教育职能的回归：以经典阅读推广为途径[J].图书情报研究，2014，7(2)：1-6.

Lengrand)正式提出的。虽然对这一概念至今没有统一的权威性定论，但它的一个主张是人们普遍认同的，那就是应该在每一个人需要的时刻以最好的方式提供必要的知识和技能。终身教育的概念很快在世界各国广泛传播，成为现代教育的一个重要理念，也成为很多国家教育改革的指导思想。

20世纪中叶以来，科学技术在全球范围内迅速发展，社会结构发生急剧变化，这一巨大变化深刻地影响着社会生产生活的各个领域。人们面对的是全新的和不断变化发展的职业、家庭和社会生活。若要与之适应，人们就必须不断用新的知识、技能和观念来武装自己。人们在学校学习的时间是有限的，获得的知识的时效性也是有限的，而终身教育强调人的一生必须不间断地接受教育和进行学习，不断地更新知识，以保持应变能力，其理念正好符合时代、社会及个人的需求，因此终身教育理念一经提出，就获得前所未有的重视。

由于学校不可能提供平等、免费的终身教育，那么在学校教育结束之后，就必然需要依托其他类型的社会文化机构提供尽可能全面、持久的社会教育，而图书馆的社会教育职能恰恰能够"为公众提供平等免费的终身教育"①。刘国钧先生曾将学校教育与图书馆教育的区别分析得很全面很透彻："盖学校教育止于在校之人数，图书馆之教育则偏于社会；学校之教育迄于毕业之年，图书馆之教育则无年数之限制；学校之教育有规定课程为之限制，而图书馆之教育则可涉及一切人类所应有之知识；学校教育常易趋于专门，而图书馆教育则为常识之源泉"，他甚至认为"图书馆在教育上之价值有时竟过于学校也。"②因此，图书馆被人们誉为"没有围墙的大学""人民的大学""社会的大学"。

当今的图书馆助力终身教育，主要通过以下方式：

（1）提供场所。人们在业余、课余时间学习、自修，需要有合适的场所。人们喜欢图书馆文明、宁静的学习氛围，图书馆也为读者营造了舒适、便利和温馨的空间环境。当今许多图书馆"一位难求"的现实，说明社会公众对作为"场所"的图书馆需求是很强烈的。社会能为公众提供一个舒适、优美的学习环境，正是社会文明进步的表现。

（2）提供资源。图书馆向来被人们誉为知识的殿堂，它拥有古今中外人类创造和积累的各个学科门类、各种不同类型的文献信息资源，它用独特的方法和技术整序、组织这些资源，使人们能够方便快捷地查询和获取，它能用各种先进的技术手段从全球各地

---

① 邓文池. 史学视野下图书馆社会教育职能的形成、演变及发展[J]. 图书馆, 2015(5)：30-34.
② 刘国钧. 美国公共图书馆之精神[M]//刘国钧. 刘国钧图书馆学论文选集. 北京：书目文献出版社，1983：11-13.

为用户远程获取所需要的数字资源，它能从各类信息资源中挖掘出最有价值的知识，生产出新的知识产品。这些都是终身教育取之不尽、用之不竭的宝贵资源。

（3）提供服务。图书馆有一支富有职业精神、具有良好业务素质的图书馆员队伍。他们能够随时为用户提供文献借阅、阅读推广、参考咨询、信息检索、教育培训以及各种个性化的信息服务。这种服务将为终身教育提供有力的支持。

2. 服务全民阅读

1972 年，联合国教科文组织向全世界发出了"走向阅读社会"的号召，并于 1995 年确定每年 4 月 23 日为"世界读书日"。2002 年，中国共产党第十六次全国代表大会报告中明确提出，要"形成全民学习、终身学习的学习型社会，促进人的全面发展"。随后，中央宣传部、中央文明办、文化部、教育部等部门将"全民阅读"作为贯彻落实党的十六大关于建设学习型社会要求的重要举措提出。2014—2023 年，"全民阅读"被 10 次写入国务院总理的《政府工作报告》。2017 年，"推广全民阅读"被写入《中华人民共和国公共图书馆法》。2021 年，第十三届全国人大第四次会议通过的《国民经济和社会发展第十四个五年规划和 2035 年远景目标纲要》列入了"深入推进全民阅读，建设'书香中国'"的内容。由此可见，全民阅读已经成为推进社会主义现代化强国建设的一项重要战略举措。

图书馆是全民阅读推广活动的主阵地。首先，这是由图书馆的核心价值与使命决定的。图书馆是国家为了保障全体公民平等阅读和获取信息的权利而作出的制度安排，图书馆的公共性、公益性、开放性决定了它应责无旁贷地承担全民阅读推广活动的使命。其次，图书馆拥有海量的文献信息资源和获取全球知识信息资源的能力，以及帮助人们方便快捷地获取知识信息的方法和技术手段，这使它能当之无愧地作为全民阅读推广活动的主力军。因此，《中华人民共和国公共图书馆法》第三条明确规定："公共图书馆是社会主义公共文化服务体系的重要组成部分，应当将推动、引导、服务全民阅读作为重要任务。"

图书馆在全民阅读推广活动中应实现以下目标：

（1）培育文化自信。习近平同志指出，图书馆是"滋养民族心灵、培育文化自信的重要场所"[①]。图书馆要通过阅读推广，引导公众阅读经典，亲近传统文化，传承优良

①　中共中央党史和文献研究院. 习近平关于社会主义精神文明建设论述摘编[M]. 北京：中央文献出版社，2022：261.

传统，培育民族自信心和自豪感。通过阅读推广，帮助广大人民群众读懂党史、新中国史、改革开放史、社会主义发展史，读史明鉴，厚植社会主义核心价值观。通过举办书展、影展、讲座、故事会等阅读推广活动，宣传红色文化、革命文化，弘扬爱国主义、革命英雄主义，推动社会主义精神文明建设。

（2）提升科学文化水平。通过阅读推广，让更多公众掌握丰富的科学文化知识，提升科学文化水平。科学文化内容广泛，人文社科、科普、生活、医疗保健、信息技术都可以作为阅读推广的内容。近些年，在创新驱动的背景下，图书馆建设创客空间，开展创新创意展示、交流、教育、创作等活动，这些都是新时代阅读推广的重要内容。①

（3）铸造健全人格。阅读固然具有帮助人们适应工作和职业需要的作用，这并不是阅读唯一的作用。除了工作和职业需要之外，阅读还应该重视铸造人格、陶冶情操、发展个性，实现人生价值。因此，图书馆的阅读推广应该将阅读作为具有独立意义的文化活动加以倡导，② 而不仅仅是为了某些功利性的目的，要让阅读成为人们生活中不可缺少的一部分。

3. 开展公众信息素养教育

互联网技术、数字技术的迅速发展，给人们在生产生活中获取和利用信息带来了极大的便利，信息也因此成为提高生产力水平、创造财富的重要资源。谁会获取和利用信息资源，谁就有可能创造更多的财富。然而，不同的人群对信息的认知、获取和利用能力是不一样的，这种不一样就是信息素养的差别，而信息素养的差别往往也是创造财富能力的差别。由此便产生了"信息鸿沟"或"数字鸿沟"，信息鸿沟又造成或加剧了贫富差距，影响了社会的和谐发展。除此以外，由于当今社会信息已深度融入人们生产生活的各领域各环节，若不提高信息素养，将会在学习、工作和生活中遇到种种不便，或者遭受虚假信息、有害信息的困扰。因此，提高公众的信息素养，是社会信息化进程中应该重视的问题。

信息素养教育一直是图书馆担负的一项重要职能。早在 20 世纪 80 年代，高校图书馆就按教育部的要求普遍开设了文献检索课，后来演化为信息检索课。但是在很长一段时间里，信息素养教育的主要阵地是高校，主要教育对象是高校学生。在新的信息环境

---

① 张久珍. 重振图书馆社会教育职能，充分释放图书馆全民信息素养教育的作用[J]. 图书馆研究与工作，2020（11）：6-14.

② 于良芝. 图书馆学导论[M]. 北京：科学出版社，2003：193.

下，承担社会教育职能的公共图书馆应该责无旁贷地承担起面向社会公众开展信息素养教育的任务，让公众信息素养教育成为公共图书馆服务活动的重要内容。

公众信息素养教育要实现以下目标：

(1)增强公众信息意识。让公众了解信息的重要性，在日常的学习、工作和生活中遇到问题能首先意识到利用信息找到解决问题的办法。在面临突发事件时，及时掌握信息的重要性。

(2)提高公众获取信息的能力。这是信息素养教育的核心，包括熟悉各类信息的获取渠道、各类信息的检索工具及其使用方法，掌握不同媒介信息的特征及检索技巧，特别是提高利用数字媒介检索信息的能力。

(3)提高公众对信息的鉴别能力。包括对信息来源渠道的正当性、权威性的判断、对信息真实性和虚假性的甄别，以及如何在海量的信息中筛选有价值的信息等。

(4)增强信息伦理和法律观念。包括在网络发布信息或转发信息时遵守国家的法律法规和政策，不发布或转发虚假、有害信息，尊重他人知识产权，不侵犯他人隐私等。

五、作为公共文化空间的职能

(一)图书馆是一个公共文化空间

公共空间是一个社会学范畴的概念，一般认为是由公共权力创建并保持的、供所有公众使用和享受的场所和空间。文化空间原本是指一个具有文化意义或性质的物理空间、场所、地点。但有学者认为，文化空间应是"指一个社会群体的文化现象、文化需求和历史记忆在一定区域的空间表现以及社会成员之间在这个空间文化交往的表达方式"①。因此，文化空间应当具备物理空间、人、文化活动、交往互动等基本要素，是"体现意义、价值的场所、场景、景观，由场所与意义符号、价值载体共同构成，其关键意旨是形成具有核心象征的文化空间"②。公共文化空间不仅具有空间的公共性，而且突出空间的文化性。公共文化空间包括多种类型，如具有文化展示、传播和交流功能的场馆，具有深厚历史文化积淀的社会生活场所，具有特殊的文化价值、代表现代城市

① 王少峰.公共政策与文化空间[M]//金宏图，李萍.传统节日与文化空间："东岳论坛"国际学术研讨会专辑.北京：学苑出版社，2007：116-117.
② 关昕.文化空间：节日与社会生活的公共性国际学术研讨会综述[J].民俗研究，2007(2)：265-272.

风貌的公共场所等。显然，图书馆就是这样的公共文化空间。

(二) 当今社会需要作为公共文化空间的图书馆

公共文化空间从本质上讲是一个社会空间和精神空间，然而，社会的、精神的活动往往需要有一个物理空间作为活动的平台和载体，因此，公共文化空间是物理、社会、精神三种空间成分的结合体。人们就是借助这样一个"真实"的公共场域开展交流与互动，满足自己的精神和文化需求。人们为什么需要这样的公共文化空间呢？很简单，没有人与人在空间上的接触，就难以发生良好的社会互动。比如说，今天大多数都市家庭已经拥有高级的音响设备，完全可以在家里欣赏世界名曲，可还是有那么多人愿意购买价格不菲的门票，去音乐厅欣赏世界知名乐团的演奏。因为在音乐厅这一公共空间，听众与演奏员、听众与听众之间有一种心灵的交流，那种感受，不到这个场所是无法体验的。同样的情况还有去足球场看足球赛，去影剧院看电影、话剧等。值得注意的是，许多调查研究表明，在科技日新月异、经济快速发展、财富日益增长的当今社会，许多人却存在精神焦虑、心理失衡等问题，人们更加渴望理解、渴望沟通、渴望交流，因而公共文化空间成为许多人向往的精神家园，也是一个健康社会自我整合、自我完善、自我提升的机制，构筑一个健康的公共文化空间是人类社会文明进步的标志。

图书馆就是这样一个公共文化空间，是由公共权力创建并维持，为所有社会公众提供公共文化服务的场所。国际图联/联合国教科文组织 1994 年发布的《公共图书馆宣言》提出，公共图书馆的主要使命就包括了提高个人创造力的发展机会，提高对艺术、科技成就与创新的鉴赏力，为公众提供各种文化艺术表演展示的机会；促进不同文化的对话，促进文化的多样性等内容。可见，图书馆并非单纯是借阅图书或获取知识信息的地方，同时也是满足人们学习、娱乐、休闲、交流、沟通等多种需求的公共空间。图书馆通过向社会公众提供舒适温馨的环境、丰富多样的资源、充满人文关怀的服务，从深层次上促进了公众的沟通交流，加深了社会人群的理解互信，增加了社会的凝聚力、亲和力，从而促进了社会和谐发展。因此，当今社会对作为公共文化空间的图书馆的需要是毫无疑义的。

(三) 图书馆作为公共文化空间功能的发挥

1. 重视图书馆作为"场所"的作用

图书馆作为公共文化空间必须十分重视"场所"的建设。图书馆的建筑和设备要先进、方便、适用、美观，体现人文关怀；图书馆的环境要体现出宽松、开放、温馨、亲切，富含文化意蕴，充满灵秀之气；图书馆的资源要数量丰富、质量优良、结构合理、方便实用；图书馆的工作人员要提供热情周到和富有知识含量的服务。只有这样，图书馆这个"场所"才有长久的吸引力。

2. 积极开展各种读者活动

近年来，公共图书馆、高校图书馆都注意组织不同形式的读者活动，公共图书馆的读者活动尤为活跃，包括：①举办公益性讲座，针对各类公共话题、公共事务的专题讲座，一般聘请各行各业专家、文化名人主讲；②免费提供各类生产生活中的技能培训；③组织读者沙龙、论坛，设立读者共享空间，为读者提供自由交流平台；④举办专题读者报告会、书评活动、组织作者与读者见面对话等；⑤办好文化休闲活动，如举办绘画展、摄影展、书法展、各种专题的文化艺术展、专题馆藏展、专题音乐会等。

3. 利用新技术开拓新的休闲娱乐服务领域

20 世纪后半叶以来，随着科技和经济的发展，人们的劳动时间减少，闲暇时间增多，休闲娱乐已经逐渐成为人们追求的美好生活的一部分。而在互联网时代，以休闲娱乐为主的数字娱乐业发展迅速。数字娱乐业不只是人们通常理解的电脑游戏，它覆盖了以数字技术向人们"制造快乐"的各个领域，如提供视听享受的音乐、DVD、VCD、交互电视、Flash 动画、重在体验的电脑游戏、手机游戏和网络游戏，陆续开发出的新式娱乐产品、虚拟现实产品等，以及网络聊天、社交媒体、网络直播等，都是数字娱乐业的组成部分。[①] 图书馆要积极利用数字技术带来新产品，开拓服务领域，充分满足用户的休闲娱乐消遣的需求。

第四节　图书馆与现代社会

图书馆在发展的历史进程中，与社会的政治、经济、科学、科学、文化、教育有着紧密的联系。到现代社会，图书馆事业的规模不断扩大，功能延展，与社会的关系更加密切。图书馆的发展无疑受到社会的影响，同时图书馆也以自己独特的方式影响和服务社会。

---

① 吴慰慈，董焱．图书馆学概论(第 4 版)［M］．北京：国家图书馆出版社，2019：90.

一、图书馆与知识经济

知识经济是建立在知识和信息的生产、分配和使用基础上的经济，是继农业经济、工业经济之后的一种新的经济形态。它的兴起源于 20 世纪末的信息技术革命，是通过芯片技术、光通信技术、网络技术以及软件技术的发展，使知识的生产、传播、应用及存储方式变革，形成知识创新、加工和使用方式的革命，并成为经济增长的核心。知识经济使社会的经济增长方式发生了根本性变化，更加依赖于知识的创新、生产、扩散和应用。

知识经济作为一种新的经济形态，其主要特征是：

第一，科学技术知识是知识经济形成的基础。知识经济是直接依据知识和信息的生产、分配和使用的经济形态。正如世界经济与合作组织在《技术、生产率和工作的创造》报告中指出的那样："今天，各种形式的知识在经济过程中起着关键的作用，无形资产投资的速度远快于对有形资产的投资，拥有更多知识的人获得更高报酬的工作，拥有更多知识的企业是市场中的赢家，拥有更多知识的国家有着更高的产出。"①

第二，科学与技术共同支撑着知识经济的发展。知识经济是建立在知识的生产、积累与创新基础之上的经济形态，而科学作为知识生产、积累和创新的劳动成果，依赖现代技术的运用，不仅具有巨大的知识功能，而且已成为社会第一生产力，引领着现代社会的发展，同时又为更广泛地传播与利用知识提供了有利条件与坚实基础。

第三，学习、创新是知识经济不可或缺的条件。知识经济注重信息和知识的传递与使用。当知识成为经济增长的主导因素时，知识的积累与获得也就成为影响经济增长的主要因素，其唯一的途径就是不断学习和积累知识，并传承与发展知识。因此，创新是科学技术知识转化的主要表现。不断学习、不断创新则成为当前环境下社会发展不可缺少的条件。网络化环境则为远程获取数字信息资源，进行学习与创新提供了有效的保障。

图书馆作为一个与知识有着天然联系的科学教育与文化机构，必然会受到知识经济的影响，同时又反作用于知识经济的发展。

1. 知识经济带来的社会对知识信息的旺盛需求，是图书馆发展的强大驱动力

在知识经济社会，知识和信息成为能创造巨大财富的宝贵的资源，因而社会对知识

---

① 王永平，等．转型发展的路径选择［M］．广州：广东经济出版社，2017：137.

信息的关注程度大大提高，人们对知识信息的需求也越来越旺盛。主要表现在需求主体多元化，即各阶层的社会成员都表现出强烈的知识信息需求愿望；需求内容优质化，即越来越需要来源可靠、内容准确、经过深度加工的知识信息；需求的载体形态多样化，即需求不限于印刷型文献，而更多地体现为对数字化信息、网络信息的需求；资源利用的高效化，即对信息的新颖性、时效性和利用的便捷性提出了更高的要求。显然，无论从资源(文献信息、人力、空间)还是服务(方法、手段和管理)来看，能满足这些需求的，首先是图书馆。也正是这些需求，给图书馆的发展提供了强大的动力，使图书馆能在网络环境下继续处于社会的信息和知识中心的地位。

2. 图书馆对知识经济发展的促进作用

(1)图书馆对培养高素质的劳动者发挥了重要作用，而人才是知识经济发展的关键因素。马克思主义认为人或劳动者是生产力三要素中最活跃的要素，是社会经济与生产活动中起主导作用的因素。这里的"人"和"劳动者"是指具有一定劳动技能和科学知识的人。知识经济时代对劳动者的科学文化水平提出了越来越高的要求，劳动者的素质已成为知识经济发展的一个关键性因素。图书馆作为社会科学文化教育事业的一部分，它不仅是学校教育的一部分，而且是社会的教育中心，对普及科学文化知识、提高劳动者素质发挥着重要作用。

(2)图书馆是科学知识转化为现实生产力的桥梁。科技是第一生产力，是马克思主义的一个重要观点。但科学并不是直接的生产力而是潜在的生产力，知识形态的生产力，只有当科学物化为技术，直接投入生产过程，为劳动者所运用，才成为社会的生产力量。把知识形态的科学转化为社会的物质力量途径多样，但通过图书馆来传递与传播科学知识是重要的途径之一。尤其在科学知识急剧增长、科技文献激增的今天，图书馆使科学知识转化为现实生产力的作用尤为突出。

(3)图书馆是社会信息知识产业的重要组成部分。知识产业又称"智力产业""信息产业"，是美国经济学家弗·马克卢普 1962 年在其著作《知识产业》中提出的一个概念。它是指以信息知识为资源，以先进的信息技术为基础，专门从事信息知识资源和信息技术的研究、开发和应用，生产、传递和营销信息商品，为经济发展和社会进步提供服务的综合性生产活动的行业。知识或信息产业主要包括信息技术产业、大众传播媒介、信息处理服务业、信息咨询业、其他信息传播中介、教育产业。其中的信息处理服务业就是指以文献信息服务为主要特征的信息处理及传递机构，如图书馆、文献中心、信息中心、专利馆、标准馆、档案馆等，以及信息数据存储、分析、研究中心、数据计算中心等。显然，图书馆是信息知识产业的重要组成部分。世界发达国家图书馆事业的发展历程证明，图书馆可在数据服务业、咨询业、技术市场和许可证贸易业、信息处理服务业中大有作为。① 我国图书馆界对图书馆作为信息产业一部分的认识还不够充分，政策的支持力度也不够，所以图书馆在信息产业中所能发挥的作用还很有限。

二、图书馆与国家创新体系

面对在全球涌动的知识经济浪潮，世界各国积极研究知识经济的规律和特点，制定面向知识经济时代的发展战略。正是在这一背景下，中国科学院向国家最高决策层提出重大建议：迎接知识经济时代，建设国家创新体系。这一建议受到党中央、国务院的高度重视，对提高自主创新能力进行了重大战略决策和部署。

国家创新体系是一个从国外引入的概念，各国对国家创新体系的基本构架有不同的理解。美国的国家创新体系在结构上一般认为主要由创新执行机构、创新基础设施、创新资源、创新环境和国际互动五大部分组成。创新执行机构指企业、大学、国立科研机构、中介机构；创新基础设施包括国家技术标准、数据库、信息网络、大型科研设施和图书馆等基本条件；创新资源指人才、知识、专利、信息资源和资金；创新环境是国家政策与法规、管理体制、市场和服务的统称；国际互动包括国际科技交流与合作以及国际贸易。美国国家创新体系结构清楚地表明，图书馆以及图书馆的信息资源是国家创新体系的有机组成部分。

我国国家创新体系由四个分系统组成，即知识创新系统、技术创新系统、知识传播系统和知识应用系统。四个分系统又包含各自的子系统：知识创新系统包括知识的生产、扩散和转移，其主要组成部分是国家科研机构和教学科研型大学；技术创新系统由参与技术创新全过程的有关组织和机构组成，其基本部分是企业；知识传播系统主要包括高等教育系统和职业培训系统，其基本任务是培养具有高学历、懂技术、有国际化视野和创新能力强的人才队伍；知识应用系统的主体是社会和企业，其主要功能是把知识和技术运用到社会化大生产中，提高生产效率。②

---

① 吴慰慈，董焱. 图书馆学概论(第 4 版)[M]. 北京：国家图书馆出版社，2019：98.
② CNKI 工具书. 国家创新体系[EB/OL]. [2021-08-30]. https://webvpn. whu. edu. cn/https/777 26476706e6973746468656265737421f7f84f9b2d257b586b468aa2935c6d3b5ed5/RBook/Detail?entryId= R2007030130000560.

从四个系统的构成可以看出国家创新体系的每一组成部分都与图书馆有直接的关系。

首先，图书馆作为人类知识的集散中心，是为知识创新和技术创新提供知识信息的重要基地。图书馆不仅提供已有的信息和知识，它还通过对文献信息的深层次的加工和知识挖掘，开发文献信息的潜在价值，为知识创新与技术创新提供增值的信息和知识。

其次，图书馆通过对知识信息载体的选择、收集、组织加工，使无序的信息变得有序，使固化的知识得以活化，并且借助计算机和现代通信技术，实现知识信息跨时空传播，这不仅为高等学校培养人才提供了有力的信息保障，而且为职业培训、继续教育和提高广大民众的科学文化素养创造了条件。

再次，图书馆还针对用户需求，运用先进的信息处理技术，对各类信息进行收集、鉴别、加工和组织，开发出市场需要的信息产品，通过科技咨询、科技转让、技术中介等活动，推动科技成果走向市场，转化为直接生产力，促进社会经济的发展。

由此可见，图书馆是国家创新体系的有机组成部分。而国家为促进自主创新体系建设制定的各项政策，也必将为图书馆的发展创造有利的条件。

三、图书馆与科教兴国战略

科教兴国战略，是指把科技和教育进步放在经济、社会发展的关键地位，使经济建设真正转到依靠科技进步和提高劳动者素质的轨道上来而制定的兴国战略。1995 年 5 月 26 日，时任中共中央总书记江泽民在全国科学技术大会上的讲话中指出："科教兴国，是指全面落实科学技术是第一生产力的思想，坚持教育为本，把科技和教育摆在经济、社会发展的重要位置，增强国家的科技实力及向现实生产力转化的能力，提高全民族的科技文化素质，把经济建设转移到依靠科技进步和提高劳动者素质的轨道上来，加速实现国家的繁荣强盛。"①

图书馆作为国家的科学、教育、文化事业的一部分，与科教兴国战略必然存在密切的联系。

（一）图书馆与科学技术

科学是人类认识客观世界、探索其规律的活动。持续开展科学活动的结果是产出体

---

① 中共中央党史和文献研究院. 全面建成小康社会重要文献选编（上）［M］. 北京：人民出版社，新华出版社，2022：334.

系化的知识。在当今科学研究活动极为活跃，知识产出急剧增长的条件下，图书馆在现代科学技术的发展中的作用尤为突出。

1. 图书馆丰富的文献信息资源为科学劳动提供了源源不断的生产资料

无论是自然科学研究还是社会科学研究，离开了图书文献资料是难以开展的。图书馆经年累月积累储存的文献信息资料，可以帮助科研工作者系统掌握世界范围内各个领域的知识和发展动向，为科学研究工作的开展提供必备的条件。当年马克思写《资本论》就充分利用了图书馆，研读了1500多种著作，从浩如烟海的文献中提炼科学的观点，在不列颠图书馆留下了"马克思的足迹"。自然科学研究同样要以查阅大量的相关数据、期刊文献、研究报告、学位论文、专利文献等资料为前提。虽然现在获取信息知识的渠道多样，但要说能够完整、系统、准确地提供质量可靠的文献信息资料的机构，图书馆无疑名列首位。

2. 图书馆对文献信息资源的科学组织和整序，大大提高了科研工作的效率

国内外研究表明，利用传统的资料收集方法，一般科研人员在科学研究过程中从事查阅文献资料的时间，往往要占去科研工作时间的30%～50%。近几十年来，由于知识信息数量的急剧增长，全世界的文献信息资源产出量猛增。仅以我国为例，2018年我国出版图书达519250种，比1978年增长达35倍。[①] 海量的文献信息资源，一方面为科技人员提供了来源广泛、内容丰富的资料；另一方面，庞杂无序的文献信息也给科技人员获得所需的资料带来了极大的困难。而图书馆特有的功能，就是运用本学科研究、创造的独特的方法和技术，将繁杂无序的文献信息组织整合成一个逻辑结构严谨、科学有序，同时又检索便捷、易于利用的资源体系。在新的信息环境中，图书馆借助于先进的信息技术，将经过整序的文献信息资源以各种类型的数据库、知识库形式提供给科技人员，这将大大节省科技人员查找、搜集资料的时间，极大地提高科研工作的效率。

3. 图书馆承担传递科学情报的重要使命

图书馆承担传递科学情报的任务始于20世纪50年代。第二次世界大战结束后，科学技术迅速发展，记载科学技术的情报资料快速增长，情报的收集、整理要花费很多的时间和精力，分散、孤立地收集科学技术情报已远远不能满足科研工作的需求，因而需要有专职的人员、专门的机构来从事科学情报的收集、加工、整理、检索和传递的工

---

① 国家统计局．中国统计年鉴（2019）［EB/OL］．［2021-08-30］．http://www.stats.gov.cn/sj/ndsj/2019/indexch.htm.

作。图书馆收集了国内外各学科、各专业、各类型、各种深度的文献信息及其线索，是重要的科学情报源，因而责无旁贷地担负起传递科学情报的使命。20 世纪 50 年代中期，党中央号召"向科学进军"，图书馆就被认为是为科学大军提供"粮草"的后勤部队，从而受到国家的高度重视。在当今数字化、网络化的条件下，图书馆拥有或能获取更丰富的资源，掌握更科学的信息分析、知识组织、数据挖掘的方法，可以借助更先进的信息技术，因而在传递科学情报方面将会发挥更大的作用。

（二）图书馆与教育

1. 图书馆是学校立德树人的重要阵地

立德树人，是中国教育的核心价值，对高等教育尤其如此。2016 年习近平总书记在全国高校思想政治工作会议上指出："高校立身之本在于立德树人。"[①]2019 年在学校思想政治理论课教师座谈会上他又进一步指出："要坚持显性教育和隐性教育相统一，挖掘其他课程和教学方式中蕴含的思想政治教育资源，实现全员全程全方位育人。"[②]"其他教育方式"无疑包括图书馆。高校图书馆是学校的文献信息资源中心，是校园文化和社会文化建设的重要基地，也是高校开展思想政治教育的重要阵地。加强高校思想政治教育，图书馆应立足自身优势主动担当作为，发挥立德树人作用。

高校图书馆具有丰富的文献信息资源，尤其是馆藏的大量马列经典原著及中国特色社会主义理论、党史著作等书刊，为思想政治教育提供了翔实的文献参考资料。图书馆要从高校思想政治教育需要出发，通过各种方式引导大学生阅读经典，感受真理力量，不断增强其对国家和民族的使命感和责任感。高校图书馆可以充分利用微信公众号、移动图书馆等现代化信息平台，传播红色文化和优秀的民族传统文化，还可以协同相关部门开展各种方式的思想政治教育。比如，在世界读书日、校园文化节等活动中协同相关部门一起组织学生参加阅读活动；结合传统节日、重大纪念日，推出主题图片展览、红色经典电影播放、经典诵读等活动，引导大学生树立正确的世界观、人生观和价值观。

2. 图书馆作为第二课堂助推高校教育教学改革

图书馆被人们认为是大学的心脏、学校的第二课堂，是学校教育的基本组成部分。随着我国经济进入稳增长、调结构、促转型的新常态，高等教育也面临转型发展、提升

[①] 习近平. 习近平谈治国理政（第二卷）[M]. 北京：外文出版社，2017：377.
[②] 习近平. 习近平谈治国理政（第三卷）[M]. 北京：外文出版社，2020：331.

质量的新要求。一场由学习革命带来的高等教育变革正在兴起。这场变革要求改变"以教师为中心""以课堂为中心"的传统教学观念，树立以学习者为中心的新的教学理念。随着这一现代教育理念深入人心，以及现代信息技术的快速发展，知识的获取和延伸学习比以往任何时候都更加便捷和迅速，知识不再是教育教学的核心目标，价值观塑造、能力培养则被提到比知识更加重要的位置。在这一变革中，图书馆作为第二课堂的作用更加凸显。首先，图书馆作为学校的文献信息中心，为学习者自主学习提供了丰富的学习资源，既包括古今中外的经典学术著作，也包括浩如烟海的数字资源；其次，图书馆为自主学习者提供了良好的学习环境，既有宁静、舒适的阅读环境，也有供研讨、交流乃至休闲的知识共享空间；再次，图书馆为自主学习者提供形式多样的导读服务、参考咨询服务，大大提高了自主学习者的学习效率和效果。

3. 图书馆是社会教育中心和学习中心

关于图书馆的社会教育职能，前面已作了充分论述。需要特别指出的是，在我国已全面建成小康社会，并向全面建成社会主义现代化强国迈进的今天，进一步提高全民族的科学文化素质仍是十分迫切的任务。要完成这一任务，仅仅依靠发展学校教育是不够的，必须大力开展社会教育，形成全民学习、终身学习的学习型社会，对此，图书馆重任在肩。

四、图书馆与文化强国

建设社会主义文化强国，是党的十七届六中全会首先提出的宏伟目标和战略任务。此后多次党的全国代表大会、中央全会、全国人民代表大会都重申了这一目标。2020年党的十九届五中全会通过的《中共中央关于制定国民经济和社会发展第十四个五年规划和二〇三五年远景目标的建议》再次提出"推进社会主义文化强国建设"的战略目标。2022年，党的二十大将"推进文化自信自强，铸就社会主义文化新辉煌"作为党在新时代的重要使命和任务。

建设社会主义文化强国的目标，就是要"推动社会主义先进文化更加深入人心，推动社会主义物质文明和精神文明全面发展，不断开创全民族文化创造活力持续迸发、社会文化生活更加丰富多彩、人民基本文化权益得到更好保障、人民思想道德素质和科学文化素质全面提高的新局面，建设中华民族共有精神家园"①。建设社会主义文化强国

---

① 胡锦涛. 胡锦涛文选(第三卷)［M］. 北京：人民出版社，2016：539.

与充分发挥图书馆的功能具有内在一致性与价值同一性。

1. 图书馆丰富的文化资源既是文化强国的标志，也为文化强国建设提供有力的支持

人类发展的历史表明，源远流长且绵延不断的文明，积淀深厚且历久弥新的文化，数量丰富且类型多样的文化资源，是一个文化大国的重要标志，也是由文化大国转化为文化强国的基本条件和先天优势。文化强国首先应当是一个文化资源大国。没有文化资源的优势，就没有成为文化强国的条件。图书馆搜集、整序、储存、积累了丰富的文献信息资源，记载了从古到今人类历史的发展和演变，凝聚着古今中外千百万人的智慧，是人类共同的宝贵精神财富。因而一个文化强国，必定有繁荣发达的图书馆事业。我国图书馆历史悠久，积累的文献资源极为丰富，近几十年来更借助不断发展的信息技术，建设了海量的数字信息资源。图书馆通过向社会广泛传递和传播这些文献信息，传承文化，服务社会，为不断开创全民族物质文明和精神文明的创造活力提供了不竭的智力支持。

2. 图书馆是公共文化服务体系的重要组成部分，在文化强国建设中承担着保障公民基本文化权益的重任

2005 年党的十六届五中全会最早提出了"公共文化服务体系"的概念，此后在党和政府的许多重要会议、文件，以及多个国民经济和社会发展五年规划中，都将构建公共文化服务体系作为重要的战略任务提出。2021 年通过的《中华人民共和国国民经济和社会发展第十四个五年规划和 2035 年远景目标纲要》再次将"加强公共文化服务体系建设和体制机制创新"作为文化强国建设的战略目标提出。2022 年，党的二十大报告又一次提出要"健全现代公共文化服务体系"。公共文化服务的设施，包括图书馆、博物馆、文化馆、美术馆等公共文化服务机构，其中图书馆的作用是不可忽视的。多年来，公共图书馆在运行中建立并践行的公益、公平、自由、开放、资源共享理念和制度机制，对促进基本公共文化服务均等化、标准化，保障全体公民平等获取知识信息的权利，特别是保障社会弱势群体平等享受文化生活的权利，促进社会的和谐、稳定和健康发展，发挥了重要作用。

3. 图书馆在文化强国建设中是传播主流文化的重要阵地

主流文化是一个社会、一个时代倡导的、起着主要影响作用的文化。每个时期都有当时的主流文化。当今社会文化呈现多元化的趋势，但主流文化仍然应该起主导作用。

新时代的主流文化，应当是以社会主义核心价值观为引领的文化。图书馆以收藏、整序、储存的各类型文献为媒介，以传递为手段，把文化知识信息扩散到不同的读者中，起到文化传播的作用。图书馆收藏的文献，是根据文献的思想性、学术性、专业性、适用性等标准，从海量文献中筛选出来的具有科学价值、文化价值的文献，其中有大量古今中外的经典著作；图书馆严格按照国际标准、国家标准对文献进行整序加工，保证了知识体系的科学性、系统性；图书馆数字资源建设，对资源的来源、权威性、内容评价等，都有一套严格的评审机制，从而保证了资源质量；图书馆通过主流媒体和具有图书馆特色的阅读推广、文献导读、推荐书目、读书讲座、网络平台宣传等方式，传播本民族优秀的传统文化和世界各民族文化经典，传播具有中国特色社会主义的新思想、新文化，因而图书馆是传播主流文化的重要阵地。

4. 图书馆在文化强国建设中致力于满足人民群众追求美好生活中的文化需求

在一个文化强国，人民理应有丰富多彩的精神文化生活。人民群众对美好生活的向往，也必然包含对美好的文化生活的向往。随着经济与社会的发展，人们对精神文化生活的需求日益多元化。在新社会环境中，图书馆不再仅仅是人们获取信息、学习知识的场所，更是人们开展各种文化活动，放松身心，陶冶性情，提升思想境界的学习中心、教育中心、传播中心和休闲中心，是一个集学习空间、交流空间、创意空间、展示空间、娱乐空间于一体的公共文化空间。图书馆的各种文学艺术作品通过形象、图画、音频、视频呈现，给人以美的享受。图书馆组织各种的文化活动，提供的各种公共文化服务，满足了人们日趋多元化的精神文化需求，在文化强国建设中具有不可替代的作用。

重要名词术语

数据　信息　知识　文献　数字信息资源　图书馆

思考题

1. 理解数据、信息、知识与文献之间的关系。它们与图书馆具有怎样的联系？

2. 为什么需要重新定义图书馆？你认为应该如何定义今天的图书馆？

3. 图书馆有哪些构成要素？各要素起着怎样的作用？

4. 为什么搜集和保存人类知识记录的职能仍然是现代图书馆的重要职能？

5. 知识信息资源的整序与开发职能包括哪些内容？在当今图书馆中有何特殊意义？

6. 图书馆的知识信息服务职能经历过怎样的演变？各阶段有何特点？

7.《中华人民共和国公共图书馆法》明确规定了公共图书馆的社会教育职能，如何理解它的重要意义？新时代图书馆开展社会教育涵盖了哪些领域和具体内容？

8. 怎样理解图书馆是一个公共文化空间？图书馆作为公共文化空间具有哪些功能？如何发挥这些功能？

9. 如何理解图书馆与知识经济的双向互动关系？

10. 试述图书馆在科教兴国战略中的重要作用。

11. 试述图书馆在文化强国战略中的重要作用。

第二章
图书馆的产生与发展

第一节　图书馆产生的机理

图书馆是在人类社会实践中产生和发展起来的公共文化空间，在一定程度上反映了人类文明的进程。学习和了解图书馆的产生机理，可以帮助我们从逻辑起点认识和研究图书馆，更好地把握图书馆的发展规律。从第一章对图书馆的定义可知，图书馆是为实现多种功能，由各种组成要素交互作用形成的一个动态发展的复合体，而图书馆的职能充分反映了它作为社会发展产物的特性。图书馆的产生正是源自社会机构、群体和个人对文献、信息及知识的保存、整序、交流和利用的需要。

一、文字和书写材料的发明是图书馆产生的物质基础

图书馆产生的首要条件就是要有图书。历史地看，人类原始的"图书"是以档案的形式存在的，主要记录奴隶制王朝的王室活动以备查考，与今天供社会大众阅读的图书在性质上有所不同，或称其为文献更为准确。换句话说，原始图书馆的产生是以文献的产生为前提的，而文献的产生又是以文字和书写材料的发明为基础的。

文字是记录语言的书写符号系统。语言在人类社会发展的早期就已产生，是人类信息交流的主要工具。但语言具有即时性，在当时的

技术条件下，不能回溯查看与重复收听，因此没有记录和保存信息的功能。而人类在复杂的社会活动中，对于记录、保存和传递信息的需求越来越迫切，于是开始寻求语言之外的工具。在经历了实物(如结绳、契刻等)、图画、刻符等记事形式的发展阶段之后，人类最终发明了文字。我国安徽蚌埠双墩文化遗址发现了迄今 7000 年左右的刻画符号，表达的内容涉及先民的衣食住行、天文历法、宗教信仰等各个方面。它们不仅简洁、生动、形象，有主纹与地纹的区别，表达了相对完整的意思，显现出语段文字的特点，而且出现了两种及两种以上的符号组合，出现了类似于现代汉字的词根。我国现存最早的成熟文字当属殷商时期出现的甲骨文字，迄今 3300 年左右。所谓成熟的文字，是指能系统地用来记录语言和传递信息，具备构字的"六书"原则(即象形、会意、形声、指事、转注、假借)，融音、形、义为一体的文字。世界其他文明古国也都发明了独特的原始文字，如公元前 3000 年左右，西亚两河流域的苏美尔人创造了楔形文字，将其刻在石头与泥版上。之后的巴比伦、亚述、波斯等古国都曾使用这种文字。古埃及也发明了象形文字，书写在纸莎草上。

自从发明文字后，人类就在不断地寻找合适的书写材料。从原始的龟甲或兽骨、金石、泥版、纸莎草、羊皮纸等，到后来的竹简、帛书、纸张等，书写材料向着越来越轻便的方向发展。文字和书写材料的出现，使得人类可以更加完整地表达思维与情感，历时地保存和传递经验、知识与信息。文字作为一种表意符号，将人类要表达的思想和信息记录在载体上，经过一定形式的编连之后便形成了文献。我国远古时期就有"河图""洛书"等原始文献的传说，大概在殷商时期就有文献的原型，而且在春秋末年形成了"文献"的概念，如《论语·八佾》载："子曰：夏礼，吾能言之，杞不足征也；殷礼，吾能言之，宋不足征也。文献不足故也。"①在国外，公元前 7 世纪的亚述尼尼微图书馆已经有排列整齐有序的泥版文书。可见文献在人类社会发展中具有悠久的历史。

文献作为记录、保存、传递知识与信息的载体，是早期图书馆工作的具体对象。脱离这一具体可见的物理载体，图书馆对人类文明成果的保存与管理也就无从谈起。文献是由信息内容、记录符号、记录载体等基本要素组成的，而信息内容是无形的，从这个意义上说，作为记录符号的文字以及作为记录载体的龟甲兽骨、简策、绢帛等书写材料的发明，为图书馆的产生奠定了物质基础。

---

① 杨伯峻. 论语译注[M]. 北京：中华书局，1980：26.

二、文献保存和社会记忆的传承是图书馆产生的文化动因

人类文明的发展是累积性的，无论是发展生产，还是从事科学研究或艺术创造，后人总是要以前人的智慧为基础，学习和借鉴前代的知识成果。在文字与文献产生之前，很多原始的社会记忆主要通过口耳相传的方式得以保留。但这种方式极大地依赖人脑的记忆功能，而记忆有着固有且难以逾越的局限，那就是遗忘。遗忘会使人脑记忆保存的信息遗失，让人对曾经感知的事物变得陌生，思维与想象活动也就难以进行，依靠记忆传承的人类文明就会中断。当人脑不足以担负传承社会记忆的功能时，人们就开始有意识地借助工具（如结绳记事）来帮助记忆保存。当文字产生后，人们开始用文字记录经验、保存记忆，由此产生了各种文献。文献有效弥补了人类遗忘这一缺陷，使人们可以将记忆长期稳定地保留在客观实体中。

文献是客观存在且具有稳定性的，可以克服时间与空间的限制。它不但可以记录人类社会活动的历史，也可以保存人类在征服自然和改造社会的过程中积累的经验与知识。而且，文献的保存期限可以达到数千年，甚至对于远古时期的"死文字"，也能依据字形和一定的语法规则进行破译。文献在保存人类思想意识方面的优越性让其得以广泛普及。由于人类的思想意识是有机生长着的，只要人类社会不断发展，就会有不同主体之间的思想意识的交流、碰撞和融合，从而产生新的文献。这样累积下去，势必造成文献数量加速度增长。而日益增长的文献数量必然会引发一个新的问题，即如何将大量分散的文献集中保存并使之有序化。这就需要设计出一种可靠的"社会记忆装置"，承担起集中保存文献和传承社会记忆的功能。正是在这两方面因素的作用下，早期原始的图书馆应运而生了。

我国殷商时期形成的甲骨卜辞，记录了商朝王室的社会活动。严格地说，它不是为了传播知识的图书，而是供事后稽查的档案，是我国迄今为止最古老的文献形式。甲骨文献是由"作册""御史"等史官和"卜""贞"等巫官负责保存和管理的。从甲骨收藏处所的考古发掘来看，有几个朝代的甲骨集中于一个窖穴的，也有一个朝代的甲骨集中于一个窖穴的。这说明早期的人们已开始有意识地对甲骨进行集中保存。殷墟保存甲骨卜辞的处所实际上就是我国最早的档案馆，也是原始的图书馆。到了周朝，已有专门的藏书机构叫"藏室"，春秋时期的著名思想家老子就曾做过"守藏室之史"。古代两河流域在发明楔形文字以后，建立了专门的学校用以培养掌握楔形文字的专业人才，学校需要大量的泥版图书供学生阅读使用，同时要保存学生们创作的作品，因此当地图书馆的起源

可以追溯到两河流域国家建立的书吏学校。1899 年，美国宾夕法尼亚大学考古队在希普莱西特(H. V. Hilprecht)教授的主持下，对尼普尔(今巴格达以南)的恩利勒神庙进行挖掘，出土了两万多块泥板和残片，年代为公元前 2700 年至前 2000 年之间。尼普尔神庙图书馆是可推测的最早图书馆之一。古埃及也设有专门保管文献的机构，兼具图书馆与档案馆的性质，如第四王朝(公元前 3800—前 3500)及第五王朝(约公元前 2400)时期，载有"书库文牍""文献管理员""卷籍专家"一类头衔的人物的墓碑，说明这类机构设有专职人员管理图书文献。

人类文明发展过程不断产生新的信息与知识，无数的人类文明发展成果共同组成了社会的记忆，形成了庞大的社会文化体系。社会的进步使人们有了知识学习与文化传承的需求，这就要求人类对信息或知识进行存储和提取，这一过程需要大量文献的支持。而图书馆恰恰可以满足人类对大规模文献信息进行储存、编码、提取和利用的需求。于是，当社会文化的保存需要超过了人类大脑记忆极限，图书馆就成为人脑记忆功能的延伸，履行保存社会文化记忆的功能。正是由于图书馆的保存社会文化功能，人类社会文化可以世代传承。即使政权更迭、时移世易，图书馆所保存的文献仍能替代先人向后世展示历史文化记忆，复述过往的社会经验与知识成果，帮助人类继续创造社会文化。

图书馆是人脑功能的补充形式，也是"记忆"人类共同经验的机构，在人类社会的进步过程中起到了重要的保存与传承作用。美国图书馆学家皮尔斯·巴特勒将图书馆描述成将人类记忆移植到活着的个人意识中的一种社会装置。杜定友先生提出："图书馆的功用，就是社会上一切人的记忆，实际上就是社会上一切人的公共脑子。一个人不能完全地记着一切，而图书馆可记忆并解答一切。"[①]

三、文献信息交流的社会需求是图书馆产生的制度依据

人类信息交流是一种基本社会现象，即社会信息的交流。社会信息包含了人类社会活动所产生的所有信息，越来越庞大的社会信息量促使人类信息交流方式发生变革。人类社会信息交流是人类社会存在和发展的动力，也是社会文明发展变迁的基本条件。

人与人之间的信息交流从人类起源后就存在。原始人类在生产生活中产生了信息交换的需求，开始尝试借助动作或声音表达和交流思想。文字产生以前，人类主要的沟通方式是直接交流，即不借助任何中介工具，直接通过肢体语言或口语传递信息。直接交

---

① 杜定友.研究图书馆学之心得[J].中山大学图书馆周刊，1928，1(1)：1-6.

流方式生动直观，接收与反馈及时，交流的体验感强。但是原始的直接交流的局限性也是很明显的，比如时空的限制使直接交流只能在人与人当面的情境下进行，交流的内容与结果根本无法存储，大量的信息仅能依靠人脑记忆保存。当信息量超越交流双方的记忆功能时，大量的信息就会流失。同时，社会发展的差异性导致各个地域的语言和文化有所不同，直接交流无法在更大范围内顺利进行。社会发展与文明进步对社会信息交流提出了更高的要求，直接交流的局限性已经不能适应人类信息交流的深度与广度，由此演化出了文字、文献等信息中介工具。

间接交流是人们借助信息中介工具而进行的交流，这种方式弥补了直接交流的局限。文字的产生使间接交流突破了时空的局限，为社会信息的有效传递与保存提供了条件。文献产生后，人类文明的发展演进使社会信息传播的时空跨越性越来越高，信息交流越来越复杂，文献数量也在迅速增加。简单而孤立的信息中介工具已经无法满足庞大的社会信息交流的需求，人类开始在制度层面寻求建立一种稳定的信息交流机制，它由固定的文献典藏机构和专职的管理人员组成，共同来完成信息间接交流的任务。殷商王室的档案文献收藏在宗庙内外的窖穴之中，这些窖穴就是当时文献典藏之所。从西周到战国时期，周王室和各个诸侯国也都设有文献典藏之所，见诸文献记载的有"天府""盟府""故府""策府""周府""公府""府""周室""室"等名称。西汉的国家图书分别藏于石渠阁、天禄阁、麒麟阁、兰台、石室、延阁、广内等处；东汉的国家藏书则藏于辟雍、宣明殿、兰台、石室、鸿都、东观、仁寿阁等处。同时，为这些文献典藏机构配以专门的官员，如甲骨文上的"卜人""贞人""作册""御史"等巫史，就是专门负责保存和管理档案文献的人。秦代有柱下御史，"明习天下图书计籍"①。东汉出现了专掌国家藏书与编校工作的秘书监，且存续了上千年之久。

文献典藏机构成了知识信息的集散地，当人们遇到一些问题难以解决时，可以来这里寻求答案。据《左传·定公元年》载，春秋时期的宋国与薛国发生纠纷，宋国的仲几认为薛国应替宋国服役，而薛宰引"践土之盟"中"凡我同盟，各复旧职"的约定，认为薛国只需要为周王室服役，不必受宋国的盘剥。双方争执不下，请来另一个大国晋国来调解纠纷。晋国的士弥牟一时难以决断，于是就说："吾视诸故府。"②意思就是去查看一下两国签署的盟约是怎么记载的。"故府"就是专门收藏盟约的地方。古埃及国王德

---

①　(汉)司马迁. 史记·张丞相列传[M]. 北京：中华书局，1959：2676.

②　杨伯峻. 春秋左传注(修订本)[M]. 北京：中华书局，1990：1524.

得克尔-伊塞西(Dedkere-Isesi，约公元前 2683—前 2655)任命瑟尼泽米布(Senezemib)为首席法官、大臣、建筑师兼国王书吏长，当时的书吏长相当于图书馆馆长，实际上也是国王的智囊参谋，可见其地位之高。

由此可见，人类总是在突破自然与社会的局限，探索和发展更适应社会生活的新生事物。直接交流的不便促使人类开始寻求信息中介工具，以替代直接交流方式，由此产生了文字与文献等中介体；当人类对间接交流方式提出更高的社会需求，古代国家就开始从上层建筑层面探索建立一种稳定的文献信息交流机制，并设立相应的机构和职官。当文献资源被少数人垄断的局面被打破，文献信息交流成为社会的一种普遍需求时，就必须从社会制度的建构上予以回应和满足，图书馆的产生就是这种制度设计的产物。因此，可以说，为满足文献信息交流的普遍社会需求而构建的机构和职官，是图书馆产生的制度来源。

四、文献与信息的有序化整理是图书馆产生的技术推力

根据熵增原理，一个系统，如果它的构成因素数量趋于无限增大，必然伴随内部熵的增长，而熵的增长意味着系统走向混乱和无序。这一原理不仅适用于自然界，也适用于人类社会。当文献与信息的规模和数量累积到一定程度，且呈无限增长的态势时，就必然导致文献与信息处于一种混乱无序的状态。而要满足人们对文献与信息的需求，就必须对文献及其附载的知识信息加以整理，使之有序化。

文献整理首先遇到的就是如何对文献分类的问题。我国早在先秦时期就有了文献分类的萌芽，如记述上古历史的《尚书》是我国最早的档案文献汇编，分为典、谟、训、诰、誓、命六种不同的类别。《左传·昭公十二年》记载楚灵王赞赏他手下的左史倚相能读"三坟""五典""八索""九丘"，似乎讲的是楚国藏书中的图书分类名称。鲁哀公三年(前 492)时，鲁国宫廷着火，管理图书的人员按"御书""礼书""象魏"等类把书抢救出来，这证明鲁国的藏书是分类了的。秦朝的图书，从焚书令中可以看出是有一个粗略的分类体系的。到了汉代，出现了我国第一部综合性的图书分类目录《七略》。其次就是对文献信息内容的加工、组织和揭示，如校勘、注释、编纂、编目等。从先秦文献的流传来看，历史上长期积累的文献资料，只有按照一定的标准和体例进行选择、整理之后才能成为可以阅读流传的书籍，像《诗》《书》的选编就是这样产生的。早期做这种工作的人只能是负责记录、保管这些资料的人，即史官、乐官和卜筮人员。直到"官守其学"的局面被打破后，才有民间的文人学者加入其中。

亚述王朝的尼尼微图书馆收藏的泥版文书也都是经过分类整理的。它们存放在宫廷里的许多房间内，各房间分别是各种主题的图书室。有的专藏历代诸王的传记、条约，给驻外使节的信函，向武官发布的命令等；有的专藏各城市和国家地理方面的文献；有的专藏商务交易文件、契约；还有的专藏神话、传说、生物学、数学、博物和占星术等文献。"粘土板收藏在土制的坛罐中，整齐地排列在架子上，有标签指示哪些粘土板收藏在哪个罐、架室中，一目了然。各室的入口处墙壁上有刻在粘土板上的目录，登录著作的名称、粘土板编号、重要章节和所在类别"①。据推测，这个图书馆还设有抄写间，由 20 名以上的书吏来抄录和管理泥版文书。抄录时若遇到脱落和无法辨认的字句，就标记上"破损""破毁""不明"等符号。②

从中外图书馆的起源来看，文献的整理和有序化是与文献及文献保存活动一同出现的，而像文献分类、编目、校雠的理论和方法，构成了古代图书馆学的核心内容。随着人类记录手段和信息技术的进步，各种新型的文献载体和文献体裁不断涌现，人们对文献信息的需求也逐渐从文献单元进入到信息单元，继而深入到知识单元，文献信息加工整理的技术方法也在不断进步。历史地看，文献与信息整理的技术和方法，是图书馆产生与发展的持续性推动力。

综上所述，图书馆的产生是上述四个方面的因素共同作用的结果。因为人类间接信息交流的需要，催生了文字与文献。文字与文献的出现不仅改变了人类信息交流的方式，也成为保存和传承人类文明成果的重要介质。当文献的数量和规模累积到一定程度时，需要有集中保存的场所和管理的人员，需要对日趋混乱无序的文献信息进行有序化的整理。于是，作为记忆人类文明成果的公共"外脑"以及文献信息交流中心的图书馆就应运而生了。由此可见，图书馆的产生是人类文明发展到一定阶段后，对自身文献信息的社会需求的一种满足，也是对自身文明续存所做的一种制度安排。

第二节　中国图书馆的产生与发展

"图书馆"这一中文名词虽然 19 世纪末才在中国使用，但我国庋藏文献的历史可以追溯到商周时期，河南安阳小屯村出土的殷墟甲骨是商代文献收藏最有力的实物证据。

---

① [日]小野泰博.图书和图书馆史[M].阚法箴，陈秉才，译.北京：北京大学出版社，1988：23.

② 杨威理.西方图书馆史[M].北京：商务印书馆，1988：8.

随着藏书活动的发展，藏书场所的形态与性质不断发生变化，古代藏书楼建制逐步演化为近现代图书馆事业。中国图书馆的产生与发展，与很多新生事物一样，都经历了萌生、发展、成熟等阶段，近现代中国图书馆不能因为名称叫法的不同而与古代藏书楼割裂。因此，从历史传承的视角出发，中国的图书馆经历了古代藏书楼、近代图书馆、现代图书馆三个大的历史阶段。中国图书馆发展史也是中华文明发展史的缩影，与王朝兴替、政权更迭相随，展现了中国图书馆强大的存续性与生命力。了解中国图书馆的产生渊源，梳理图书馆的发展进程，可以帮助我们以古为鉴，总结历史经验，为更好地发展现代图书馆事业提供参考。

一、中国古代藏书楼

所谓"藏书楼"，泛指历代官方机构、民间团体及私人收藏图书文献的处所。它不是建筑学意义上"楼"的概念，像早期藏书的山洞、石室、仓房、地窖、经堂，到后期的厅室、楼房、轩阁、殿宇、书院等，凡是藏书之所，都可归入其中。中国古代藏书事业历史悠久，最早使用"藏书"一词可见于《庄子·天道》："孔子西藏书于周室。"[1]中国古代早期藏书是以公私藏书为主，至隋唐后逐渐形成了官府藏书、私家藏书、寺观藏书、书院藏书四大体系。中国古代藏书楼的发展与图书史、政治文化史交相辉映，形成了具有中华文化特色的藏书历史。

（一）官府藏书

根据甲骨和宗庙遗址等考古发掘成果，结合古籍记载，可推测夏商时期的宗庙内已有专门收藏刻辞甲骨等原始文献的处所，如《礼记·曲礼上》中云："龟筴敝则埋之。"[2]周代史官已经开始进行文书的收藏，《史记·老子韩非列传》中提到老子为"周守藏室之史"[3]。秦代官府藏书已逐渐制度化，设置了石室、金匮等宫廷和政府藏书机构。两汉以后，据文献可考的官府藏书机构就有兰台、延阁、金匮、石室、石渠阁、天禄阁、麒麟阁、东观、仁寿阁、宣明、鸿都等。西汉成帝时期，"以书颇散亡，使谒者陈农求遗书于天下"。[4] 刘向等学者对官方藏书进行系统整理与编目，撰《别录》《七略》，开创我

---

① 孙通海，译．庄子[M]．北京：中华书局，2007：110．
② 胡平生，张萌，译注．礼记[M]．北京：中华书局，2017：51．
③ （汉）司马迁．史记（卷六十三）[M]．北京：中华书局，1972：2139．
④ （汉）班固．汉书（卷三十）[M]．上海：上海古籍出版社，2003：1174．

国目录学的先河。

秘书省是我国古代中央政府设立的掌管图籍的机构，这一名称最早出现在南梁时期，不过掌管图书收藏编校的职官秘书监最早可追溯至东汉桓帝时期。虽旋即被废，但魏文帝曹丕不久又再设秘书监。秘书监在一定时期也兼代机构与官职名称，曹魏时期起秘书省（监）成为古代专掌图籍的国家文化机构，一直延续至明初。① 西晋以"禅让"方式取代曹魏，接管了曹魏的官府藏书，设置秘阁、兰台、崇文院，官藏制度基本沿袭曹魏。南北朝虽然长期处于政权分裂状态，但是各政权也基本设立秘书省管理图书。南朝官藏中最为兴盛的是梁朝，"梁武敦悦诗书，下化其上，四境之内，家有文史"②。

杨坚发动政变代周立隋，不仅继承了北周的藏书，也在征服其他政权时接管了各类图书。隋朝在京城大兴城建立秘书省（秘阁）、嘉则殿，在东都洛阳修建修文殿、观文殿，以供皇室藏书。唐代接受前朝遗书并向社会广征图书，除设置了秘书省外，另设有弘文馆、史馆、崇文馆与司经局，以及皇室的重要藏书之处集贤殿书院。《唐会要》载，开元年间，"集贤院四库书，总八万九千卷"③。五代时期政权割据，官藏量较之唐代锐减，但是各政权仍坚持搜访与征集图书以充官藏。中主李璟与后主李煜皆重视图籍的收藏，使得南唐官藏一度超越其他政权。

北宋以文治天下，十分重视官府藏书的建设，设有中央官府藏书机构秘阁与崇文院三馆（昭文馆、史馆、集贤馆），统称为"馆阁"。同时宫廷藏书有太清楼、龙图阁、天章阁、保文阁、翰林书院等。靖康之难，不仅徽、钦二帝及宗室等被金军掳掠北上，宫廷藏书也尽数北去并鲜有传世。南宋迁都临安（今杭州），重建馆阁与秘书省，厚赏献书人，补写典籍、访求遗书。两宋馆阁藏书在利用上也有特色，藏书可以在一定范围内公开借阅流通，为公私著述提供资料。同时也编制朝廷藏书目录，重视藏书的校勘，提供正本以出版，还制定了书库管理制度和定期曝书制度。

辽、金、元政权的官府藏书在继承前代藏书的基础上也重视图书征集。辽国的乾文阁是官府藏书的主要场所，并设立秘书监管理图书典籍。1125 年，金灭辽时尽收辽皇室藏书，完颜阿骨打曾言："若克中京，所得礼乐仪仗图书文籍，并先次津发赴阙。"④后又掳掠北宋皇室藏书，设立秘书监征管图籍事宜。元灭金亡宋，建立了版图辽阔的帝

---

① 郭伟玲.中国秘书省藏书史[M].武汉：武汉大学出版社，2015：14.
② （唐）魏徵，等.隋书（卷三十二）[M].北京：中华书局，2020：1027.
③ （宋）王溥.唐会要（卷三十五）[M].北京：中华书局，1998：644.
④ （元）脱脱，等.金史（卷二）[M].北京：中华书局，1975：36.

国，当时刻书业发达，官府藏书与刻印机构结合在一起。元代设秘书监管理藏书，并有经籍所作为印刷出版中心兼藏书之处，另设有兴文署、奎章阁、艺文监等藏书处。

1368 年，明太祖朱元璋定都南京，接收了元代的皇室藏书。朱元璋即位之初便下诏访求遗书，并鼓励民间发展出版业。明代前中期皇帝对宫廷藏书的扩充均较为重视，陆续建立了大本堂、弘文馆、文渊阁、东阁等庋藏图书。据《明史·艺文志》载，宣宗时期"秘阁贮书约二万余部，近百万卷"①。但明代在藏书管理方面有一个比较重大的变革，就是朱元璋废除了自东汉桓帝以来延续了 1200 余年的秘书监，建立了国家藏书管理机构翰林院，将前代秘书监、史馆、著作局、起居郎、舍人等职统入翰林院。而在当时，翰林院典籍只设两人，从八品，对于内阁大学士借书不还的行为没有什么约束力，导致明代宫廷藏书管理不善。明朝中后期，官藏系统分为宫廷与中央政府机构。弘治、正德年间，宫廷藏书逐渐衰落。到明清交替的战乱之际，李自成在北京仓皇称帝并西撤时焚烧宫殿及九门城楼，宫廷藏书焚毁甚多。

1644 年，清军入关，承袭了明代宫廷残剩的藏书，并建立了完备的官府藏书系统，开启了古代官府藏书最后的辉煌时代。清代官府藏书以南、北七阁为代表，并设有中央机构藏书处、地方官学藏书处。七阁中的宫廷藏书为北四阁，即内廷文渊阁、圆明园文源阁、承德避暑山庄文津阁、盛京故宫文溯阁。《四库全书》修成后有四份抄本分藏四阁，并设立了相应的管理职官。另有故宫天禄琳琅和武英殿、圆明园味腴书屋等宫廷藏书处。南三阁具有公共藏书意义，乾隆帝顾及江南为人文渊薮，命人添抄了三份《四库全书》，修建扬州文汇阁、镇江金山寺文宗阁、杭州西湖圣因寺文澜阁用以存放，并向士子开放阅读。中央机构的藏书处有编纂《四库全书》的翰林院、清廷最高学府国子监等。地方官学藏书处，主要接收朝廷连续赐颁的图书。明清的官府藏书除供皇帝和皇室成员、近臣阅览学习，也供翰林院编修图书用，而开放的江南三阁开始为士子门服务。

(二)私家藏书

春秋以前，藏书多集中于官府。西周灭亡后，东周(春秋)诸侯割裂，"士"族阶层的出现打破了既往"学在王官、官守其书"的局面，突破了统治阶级对文化的垄断，开启了学术大繁荣、文化大融合的百家争鸣时期，也形成了私家藏书这一全新的藏书类型。自春秋末年始，宗室贵族、朝臣官吏、民间学者藏书逐渐兴起。《史记》中记载孔

---

① (清)张廷玉，等. 明史(卷九六)[M]. 北京：中华书局，1974：2343.

子广收典籍，并编纂整理，当作教材施教于弟子。老子、墨子、苏秦、惠施等也皆有藏书。《汉书·艺文志》所著录的诸子藏书便有十七家、近三千五百篇。①

秦始皇统一中国后，采纳李斯意见，颁布《挟书令》禁止民间藏书，私家藏书多被焚毁，但也有人甘冒风险将书藏于山洞与墙壁中，保存了部分民间藏书。汉惠帝时解除挟书禁令，为民间藏书提供了良好的社会环境。东汉蔡邕的个人藏书约一万卷以上，是中国私家藏书史上第一位有明确文献记载超过万卷的大藏书家。② 蔡邕之女蔡琰（字文姬）也是中国藏书史上的第一位女藏书家。两汉时期的书籍载体仍以昂贵的简牍和缣帛为主，往往只有贵族与世家收藏。

秦朝《挟书律》的制定，是阻碍中国典籍文化形成和发展的重要事件，而西汉初期及时废除《挟书律》，又对中国藏书文化起着一个划时代的历史转折作用。③ 先秦两汉曾积累了大量公私藏书，但先后经过秦始皇焚书、西汉王莽之乱、东汉董卓之乱，到东汉末年藏书已大量散佚。《后汉书·儒林传》载："及董卓移都之际，吏民扰乱，自辟雍、东观、兰台、石室、宣明、鸿都诸藏，典策文章，竞共剖散……后长安之乱，一时焚荡，莫不泯尽焉。"④前人历代经营的藏书之业，一朝毁于兵燹，实为憾事。

魏晋南北朝时期虽然社会动荡，但文风盛行，佣书业繁荣，抄书成风。这一时期有确切文献记载的藏书家，魏晋有22人，北朝有34人，南朝有46人，⑤ 藏书万卷的藏书家频频出现，私藏活动内容也愈加丰富。首先，藏书家们重视藏书的勘误整理，如三国时蜀国的向朗，"潜心典籍，孜孜不倦。年逾八十，犹手自校书，刊定谬误。"（《三国志·向朗传》）。其次是编纂书目。为便于查寻，许多藏书家编有藏书目录，其中王俭《七志》、阮孝绪《七录》最具代表性，一直为后世所推崇。⑥ 另外，他们利用藏书进行讲学和著述，藏用结合的思想使私家藏书发挥了应有的社会文化功能。

隋唐五代时期，皇室子弟、朝臣官吏、文人学者、僧侣等各阶级皆崇尚藏书，可考的藏书家有百余人。隋代牛弘曾得隋皇室赐书千卷，藏于城南别舍。唐代私家藏书进一步发展，出现了藏书世家，藏书数量也多在万卷以上。有的藏书家开始建立藏书楼，《新唐书》载李磎家中藏书至万卷，称为"李书楼"。五代时期，洛阳等政治文化发达之

① 傅璇琮，谢灼华. 中国藏书通史[M]. 宁波：宁波出版社，2001：38.
② 傅璇琮，谢灼华. 中国藏书通史[M]. 宁波：宁波出版社，2001：84.
③ 李玉安. 中国图书散佚史[M]. 武汉：武汉大学出版社，2014：78.
④ （南朝宋）范晔. 后汉书（卷七十九）[M]. 北京：中华书局，2007：747.
⑤ 傅璇琮，谢灼华. 中国藏书通史[M]. 宁波：宁波出版社，2001：92.
⑥ 陈德弟. 魏晋南北朝私家藏书述论[J]. 图书与情报，2006(1)：106-110.

地依旧有藏书家。隋唐藏书家们在藏书致用方面各有千秋，或以藏书助学求功名，或是传教后世，还有读书明志、求精神自娱等。

宋辽金元的私家藏书承先启后，藏书成为社会风气，藏者重视抄录以增加副本，并编制私人藏书目录。宋代藏书家多于唐代，清叶昌炽《藏书纪事诗》记载宋代藏书家68家，包括宋敏求、毕士安、欧阳修、尤袤、晁公武、陈振孙等，编有家藏图书目录的就有近40家，如晁公武的《郡斋读书志》、陈振孙的《直斋书录解题》等；藏书达十万卷的，有叶梦得和魏了翁两家。① 元代不过百年国祚，但有藏书事迹的藏书家有127人，以江浙一带藏书家居多。②

明代得益于宋元以来繁荣的刻书业，私家藏书欣欣向荣。袁同礼曾概略地提到，"明初私家藏书，当以诸藩为最富。当时被赐之书，多宋元善本"③。除诸藩藏书之外，其他藏书家也极具规模。据不完全统计，明代藏书家多达897人。④ 宋濂、杨士奇、范钦、毛晋、钱谦益、祁承㸁等都是著名藏书家。这些藏书家多是具有远见卓识之人，藏书范围广、藏书数量多，乐于修建藏书楼，勤于刊刻、热衷校雠，编目更胜前朝，藏书理论得到快速发展。明代私家藏书楼以天一阁、绛云楼、汲古阁、澹生堂最具代表性。清代藏书家遍布大江南北，但以江浙一带冠绝天下。据统计，清代确有文献记载藏书事实者有2082人。⑤ 较著名的有黄丕烈、黄宗羲、周仲涟、顾之逵、吴又恺、瞿镛、陆心源、杨以增、丁丙等。古代私家藏书传统经过历史传承积淀，在清末时期出现了丽宋楼、铁琴铜剑楼、海源阁、八千卷楼四大藏书楼，也标志着古代私家藏书迎来了最后的辉煌。

(三)寺观藏书

西汉哀帝时，佛教开始传入中国。早在西晋初年，敦煌即已建有寺庙。东晋年间，开始开凿石窟，形成了举世闻名的敦煌石窟。敦煌石窟特别是其中的莫高窟藏有大量古代文书，百分之九十以上为佛教文书，据考均为公元4世纪至11世纪近700年间形成的。⑥ 东晋还出现了官方组织翻译佛经的译场，释道安通过考校译本、注释经文，编成

① 范凤书. 中国私家藏书史(修订版)[M]. 武汉：武汉大学出版社，2013：106.
② 傅璇琮，谢灼华. 中国藏书通史[M]. 宁波：宁波出版社，2001：471.
③ 李希泌，张椒华. 中国古代藏书与近代图书馆史料(春秋至五四前后)[M]. 北京：中华书局，1982：414.
④ 范凤书. 中国私家藏书史(修订版)[M]. 武汉：武汉大学出版社，2013：167.
⑤ 范凤书. 中国私家藏书史(修订版)[M]. 武汉：武汉大学出版社，2013：266.
⑥ 徐建华，陈林. 中国宗教藏书[M]. 贵阳：贵州人民出版社，2009：55.

了我国第一部译经目录——《综理众经目录》。道教形成于东汉后期，由神仙方术而来，到东晋时逐渐在社会上传播并得到统治阶级的认同，在南朝刘宋时期得到极大发展。北周建立的云台观、通道观、玄都观等皆藏有道经。

随着佛、道两家在隋唐的盛行，写经活动逐渐普及，经本数量大增，两教的大藏经也在隋唐基本定型。隋代有京师大兴善寺、江都宝台经藏、玄都观，是主要的寺观藏书处。唐代大寺名观林立，著名的京师大慈恩寺为高宗时所建，玄奘法师迁居此寺后，将他西行归国所携经纶梵本 520 夹、657 部也迁至此处，① 之后寺内又修建大雁塔存放经本。此外，五台山金阁寺、庐山东林寺、京师太清宫、亳州太清宫等均是唐代著名的藏书处。五代十国时期南方诸国仍崇尚佛教，使得寺院藏书并未中断，著名的有福州报恩寺、天台山桐柏宫等。这一时期，寺院藏书制度逐渐完善，不仅收藏佛经，也收藏其他书籍。而道教藏书以宫观为主，重视图书的整理抄写，不过分追求藏书数量。

宋金元时期的政权统治者大多信佛崇道，佛教与道教藏书较发达。宋代已有官、私刊刻的大藏经。两宋寺院藏书更胜前代，仅杭州一地寺院就星罗棋布。金太宗皈依佛门，更是信奉佛教，除上京的天元寺、储庆寺、兴元寺外，各地的寺院也都有藏书。元代盛行佛教刻印与收藏，民间多有刊刻大藏经者。道教在这一时期仍然活跃，各朝都兴建了道观，以收藏《道藏》为主，如宋代建茅山元符万宁宫、临安四圣延祥观等。金朝除中都大兴府的天长观和玉虚观，民间还有太虚观、长春宫等。虽然元初佛道斗争，道教也经历过两次焚经之祸，但道教藏书总体上还是较为繁荣的。

明太祖朱元璋是僧人出身，因此明代的佛经收藏和刊刻兴盛，大同华严寺、贵阳大兴寺、五台山罗睺寺等均有藏经。明代朝廷曾刊印道教书籍赐予天下道观，如北京白云观、苏州玄妙观、南京朝天宫、杭州火德庙等。清代皇帝笃信佛教，也多兴建藏经阁、藏经楼等，山林名刹遍布，如北京妙应寺、扬州法华寺、贵阳黔灵山弘福寺等，寺院藏经十分盛行。当时有的文人也流行将自己的文集入藏寺院，如翁方纲将《复初斋集》藏于杭州灵隐寺的"灵隐书藏"。类似的还有镇江焦山海西庵的"焦山书藏"，可惜 1937 年冬毁于日寇炮火。清代道观沿袭明代道观藏书，一些主要的道观均藏有《道藏》。

（四）书院藏书

民间书院在唐初开始出现。最早的书院有湖南石光山书院、陕西瀛洲书院等。此

---

① 傅璇琮，谢灼华．中国藏书通史［M］．宁波：宁波出版社，2001：261.

后，丽正、集贤书院作为官府藏书、修书的学术文化机构纷纷设立。唐代有江西德安东佳书院"聚书千卷，以资学者"，郲侯书院则是藏书兼祭祀之所。① 五代时期的书院在战乱中仍屹立求存，为无数寒门士子或治学之士提供研学之地。纵观五代书院的藏书记载，东佳书院绵延聚书育人之盛，窦氏书院藏书丰富，华林书院"聚书万卷，大设厨廪，以延四方游学之士"②。书院藏书有别于私家藏书的封闭性，其藏书可供师生借阅，具有公共性与开放性，为文化传承与学术研究提供了极大便利。至此，中国古代四大藏书系统基本形成。

宋代书院发展繁荣，总数达到 720 所，远盛于唐五代时期的 70 余所。③ 北宋时期，政府将国子监印书赐颁书院，如岳麓、白鹿洞、嵩阳书院都曾得皇帝赠书。宋代著名的书院藏书楼有岳麓书院御书阁、白鹿洞书院云章阁、嵩阳书院藏书楼、明道书院御书阁、南阳书院尊经阁、丽泽书院遗书阁等。魏了翁创建的鹤山书院尊经阁藏书 10 万卷，为宋代书院之首。宋代书院已经成为学术传播、授业传道的重要场所。

元代书院发展承续南宋蓬勃之势，其藏书规模甚至胜过宋代，很多书院藏书都在万卷以上。著名的书院藏书楼有岳麓书院尊经阁、银川书院稽古阁、东庵书院藏书堂、南阳书院尊经阁、西湖书院尊经阁。更有甚者，草堂书院藏书达"廿又七万"卷之多，"藏之石室，以承阙美"④。与宋代相比，元代书院藏书规范化、制度化更加完善，已经设置专人管理藏书，形成了借阅制度，并开始编制书院藏书目录，如《西湖书院书目》《共山书院藏书目录》。

明代书院以低迷开始，于正德间逐渐得到恢复和发展，书院藏书也随之复兴，但已远不如宋元时期的发展势头。明代的崇正书院、徽山书院、东林书院、虞山书院等均建有藏书楼，然而藏书规模已远不如前，可考的文献记载中藏书较多的书院也不过数万卷。明代书院藏书虽不及前朝繁荣，但仍重视藏书目录的编制，管理制度也日趋成熟。明末农民起义的战火殃及书院，书院藏书未迎盛势就已走向衰落。

清代作为满族政权，对汉式书院在前期虽有所顾忌并采取抑制政策，但总休上是先抑后倡、积极引导的。清代书院分布范围之广是历代未有的，东至台湾鹿港文开书院，西至云南腾冲凤来书院，南有海南澄迈天池书院，北有黑龙江齐齐哈尔卜魁书院，书院

---

① 邓洪波. 中国书院史(增订版)[M]. 武汉：武汉大学出版社，2012：24-28.
② 张黎. 五代十国时期藏书活动研究[D]. 沈阳：沈阳师范大学，2021.
③ 邓洪波. 中国书院史(增订版)[M]. 武汉：武汉大学出版社，2012：65.
④ 傅璇琮，谢灼华. 中国藏书通史[M]. 宁波：宁波出版社，2001：492.

藏书也呈现空前繁荣的景象。朝廷对书院赐书频繁，如康熙皇帝曾四次赐书于庐山白鹿洞书院，云南昆明五华书院曾受赐《古今图书集成》一部。清代书院藏书已有成熟的管理体系，图书的征集、编目、借阅保管制度完备，至晚清时开放性特征更为明显。清代书院藏书受西学思潮影响，逐渐与近代图书馆融通，成为古代藏书事业与近代图书馆连接的桥梁。

我国古代藏书事业，滥觞于商周时期的官府藏书，形成于两汉，经魏晋南北朝、隋唐的发展，在宋元时呈现繁荣兴盛，最后在明清时期达到鼎盛，衰落于清末和民国的战火，最后被近代图书馆所取代。虽然古代藏书具有一定的阶级性与封闭性，四大藏书系统随着封建王朝的没落也逐渐崩溃瓦解，但悠久的藏书事业留下了宝贵的文献以及与藏书、编目、校雠相关的理论与方法，在保存我国传统文化与传承文明方面起到了至关重要的作用，也为近代图书馆的产生奠定了思想与文献基础。

二、中国近代图书馆

晚清时期，国内阶级矛盾、民族矛盾激化，腐朽衰落的清政府危机重重。随着鸦片战争爆发，中国历史进入近代，并逐渐沦为半殖民地半封建社会，社会各方面都发生了深刻变革。中国近代图书馆的发展，是古代藏书楼逐步衰落与近代图书馆日渐兴起的历史，也是藏书由封闭转向公开、古代藏书思想向近代图书馆学转变的历史。

(一)近代图书馆萌生时期(1840—1911)

近代以来，铅字印刷术、石印术等西方印刷技术陆续传入中国，并很快得以推广普及，随之而来的是西方书籍的大规模翻译及报刊的出现，商务印书馆(1897)、中华书局(1912)等早期出版机构也纷纷成立，中国图书出版业日益繁荣，为近代图书馆事业的发展提供了文献保障。

1. 传统藏书楼的衰落与西方图书馆观念的传入

从英国发动的第一次鸦片战争到八国联军侵华，民间有太平天国运动、义和团运动等，绵延不绝的战火让清廷内外交困。覆巢之下，官私藏书更是难守。南北四阁的官方藏书劫毁大半，各大藏书楼难以为继，民间藏书、书院与寺观藏书随之式微，传统的藏书楼日渐衰落。而西学东渐之风逐渐在社会蔓延，一些开明绅士开始宣传西方的公共藏书制度，也让古代藏书观念开始发生动摇。

林则徐率先翻译并介绍西方图书馆，他在《四洲志》中将 public library 翻译为"公众书馆"。魏源随后在《海国图志》中进一步介绍了西方公共图书馆。郑观应也在《盛世危言》中系统提出了新式图书馆思想。19 世纪 50 年代，《海国图志》传入日本，library 的中文译词"书馆"逐渐演变为日文"図書館"。1896 年，《时务报》首次将"図書館"译作"圖書館"，之后"图书馆"一词在中国流行至今。此外，洋务运动时期清朝使臣出访西方国家时对图书馆有所考察，西方传教士在广州、上海等五个通商口岸城市以及内陆地区图书馆活动的增加，也促进了西方图书馆思想在中国的传播。

2. 西方传教士创建的图书馆与教会大学图书馆

始建于 1847 年的徐家汇天主堂藏书楼，首次使用"藏书楼"这一中文名称，但其基本不对中国普通民众开放。[①] 1849 年，上海西侨社会主办的"书会"（ShangHai Book Club）成立，1851 年改名为"上海图书馆"（ShangHai Library），俗称"洋文书院"，也仅对西方侨民服务。1871 年，由英国牧师伟烈亚力（Alexander Wylie）创建的亚洲文会北中国支会图书馆，是一所以收藏东方学文献著称的图书馆，已经开始使用卡片目录分类，但它也仅对会员开放。1874 年，英国传教士傅兰雅（John Fryer）和华人徐寿倡导发起成立上海格致书院，1901 年成立格致书院藏书楼并向华人开放，号称"第一所为谋华人读者便利的图书馆"[②]。教会大学是近现代西方基督教教会与传教士在华创办的高等教育机构，大多设立图书馆，较著名的有武昌文华公书林、圣约翰大学图书馆、燕京大学图书馆、上海沪江大学图书馆等。教会大学图书馆重视馆藏建设，为近现代中国带来新型图书馆的新观念、新模式，积极推动了封建藏书楼向近现代图书馆转化的历史进程。

3. 清末图书馆设立的热潮

晚清统治者为挽救将倾的大厦，采取了一系列措施，先后有洋务运动、戊戌变法、新政和预备立宪等活动，虽难以阻挡封建王朝的土崩瓦解，但是在社会文化方面开启了向西方学习的风气，掀起了清末设立各类图书馆的热潮。洋务运动使国人开始正视世界发展之巨变，在戊戌变法运动中，康有为、梁启超提倡"开大书藏"的观念，鼓励设立学会与学堂藏书楼。1897 年通艺学堂图书馆制定的《图书馆章程》，是近代第一个图书馆章程，也可能是近代中国第一个正式使用"图书馆"名称的图书馆。[③] 1898 年，光绪

---

① 谢灼华. 中国图书和图书馆史(第3版)[M]. 武汉：武汉大学出版社，2011：244.

② 胡俊荣. 西方传教士对中国近代图书馆的影响[J]. 图书馆，2002(4)：88-91，85.

③ 谢灼华. 中国图书和图书馆史(第3版)[M]. 武汉：武汉大学出版社，2011：262.

帝正式批准设立京师大学堂，其藏书楼是晚清最后的官学藏书，是近代教育兴起后中国人创办的第一个大学图书馆。[①] 1901年，续而下诏全国书院改为学堂，书院藏书成为大学图书馆的一部分。

新政与预备立宪催生了一场"公共图书馆运动"，由前期的自下而上自发设立，到后期应朝廷要求自上而下地奏请设立，十多个省份纷纷建立了公共图书馆。在这场兴办公共图书馆的潮流中，出现了很多具有代表性的图书馆。被誉为近代公共图书馆先河的古越藏书楼，由绍兴缙绅徐树兰捐巨资创办，1904年正式对全郡开放。[②] 1904年，湖广总督张之洞与湖北巡抚端方创办的湖北省图书馆，是官办的第一个公共图书馆。而在同一年，湖南图书馆的设立开启了各地疆臣主动奏请开办图书馆的新形势。学者缪荃孙为避免八千卷楼的藏书重蹈皕宋楼珍藏流失日本的覆辙，提议时任两江总督的端方收购八千卷楼藏书。端方奏请朝廷获准设立江南图书馆，并于1909年正式开馆。罗振玉在《京师创设图书馆私议》中以"保固有之国粹，而进以世界之知识，一举而二善备者，莫如设图书馆"[③]为由，提议创办京师图书馆。1909年，具有国家公共图书馆性质的京师图书馆正式设立。

但要指出的是，这一时期的图书馆多数还是带有传统藏书楼的遗风，形式上是公共图书馆，实际开放范围却很有限，真正意义上的公共图书馆的兴盛是在辛亥革命之后。不过随着公共图书馆观念的散播，私家藏书慢慢汇聚于公共图书馆，开启了近代公共图书馆事业的序幕。

(二)民国新图书馆运动时期(1912—1927)

辛亥革命推翻了清政府的腐朽统治，中国进入新的历史时期。在以"救亡图存"为大目标的近代中国社会背景下，崇文重教、开化民智逐渐成为政府与民众的共识，图书馆在教育文化中的地位日益显现。新文化运动促进了社会思想的解放，"五四"运动打开了新民主主义的大门。社会思想的激荡也让图书馆事业抓住了新的机遇，新图书馆运动在这一时期蓬勃开展。

---

① 程焕文.中国图书馆史(近代图书馆卷)[M].北京：国家图书馆出版社，2017：40.

② 吴晞.中国图书馆的历史与发展[M].北京：朝华出版社，2020：37.

③ 李希泌，张椒华.中国古代藏书与近代图书馆史料(春秋至五四前后)[M].北京：中华书局，1982：123.

1. 文华公书林与"文华图专"

1910 年，被誉为"中国现代图书馆运动之皇后"的韦棣华女士（Miss Mary Elizabeth Wood，1861—1931）在武昌文华大学创办了第一所美式公共图书馆——文华公书林。它是中国第一个真正名实相符的新式公共图书馆和大学图书馆，并面向文华大学师生及武汉三镇的普通民众开放。[1] 文华公书林成为新图书馆运动的策源地，中国第一代图书馆人也从这里出发，艰辛开创近现代图书馆事业。1920 年，韦棣华女士创办文华大学图书科，成为我国首个图书馆学教育机构，弦歌不绝，传承至今（现发展为武汉大学信息管理学院）。沈祖荣受韦棣华女士资助，于 1914 年赴美国纽约公共图书馆学校研修图书馆学，是第一位赴海外研修图书馆学的中国人。他于 1916 年回国，与韦棣华、胡庆生等在全国各地开展传播新式图书馆思想的巡讲，在全社会掀起了新图书馆运动的浪潮，有力地促进了民国图书馆事业的发展进程。

2. 各类型图书馆的兴建

新图书馆运动掀起了近代图书馆设立热潮，清末所建的各个省立图书馆逐渐开放，各地官办公共图书馆、学堂和大学图书馆纷纷建立，私立图书馆也崭露头角。清末，全国图书馆仅有 10 余所，到 1928 年中华图书馆协会统计时已有 642 所。[2] 1912 年，通俗图书馆开始建立，之后也称民众图书馆。民众图书馆具有平等自由性与通俗活动性，从中心城市到边陲乡村都有设立，旨在为社会各阶层普通民众提供通俗读物和日常阅览服务，不拘泥于近代图书馆的管理制度与藏书类型限制。民众图书馆常常通过推行巡回文库、流动书车、设立图书代理处、实施通信借书或函借筒、张贴壁报等措施，把知识送到真正需要但又不便来馆的民众手中。[3] 1917 年，天津开办了最早的儿童图书馆，是近代图书馆向专门类型发展的重要尝试。

民国私立图书馆数量虽不及公立图书馆，但它也是近代先进图书馆思想的表现。私立图书馆一曰为公，二曰为出版、为学生、为民族文化遗产的整理和传承，三曰为大众，唯独没有为私利。[4] 当时最大的私立图书馆是东方图书馆（原商务印书馆涵芬楼），1926 年正式向社会公众开放，藏书一度达到 50 万册以上，1932 年不幸毁于日寇轰炸。

---

① 程焕文. 中国图书馆史（近代图书馆卷）[M]. 北京：国家图书馆出版社，2017：99.
② 谢灼华. 中国图书和图书馆史（第 3 版）[M]. 武汉：武汉大学出版社，2011：31.
③ 张书美. 中国近代民众图书馆研究[M]. 南昌：江西人民出版社，2020：63.
④ 范凡. 晚清至民国时期私立图书馆研究[J]. 图书情报工作，2007（1）：19-22，27.

比较著名的还有上海的通信图书馆、梁启超为纪念蔡锷设立的松坡图书馆、李大钊等创建的收藏马克思列宁主义文学的"亢慕义斋"图书馆等。

3. 中华图书馆协会的成立

自 1918 年北京图书馆协会筹备开始，各地方图书馆协会纷纷成立。1923 年，韦棣华女士为促成美国退还的部分庚子赔款用于发展中国图书馆事业而奔走努力，并邀请美国派专家来华调查指导图书馆事业。1925 年，美国图书馆协会决定派遣鲍士伟博士来华考察，催生了中华图书馆协会的成立。4 月 25 日，中华图书馆协会在上海正式成立，杜定友被推为临时主席。① 同年 6 月，《中华图书馆协会会报》创刊，1926 年《图书馆学季刊》创刊。中华图书馆协会是我国历史上最早成立的全国性图书馆学术团体，也是国际图书馆协会联合会的发起单位之一。它的成立标志着新图书馆运动达到了高潮，从此中国开始由以宣传欧美图书馆事业为主的新图书馆运动转入新图书馆建设的高潮。②

新图书馆运动促使近代公共图书馆观念进一步确立，社会各界在新图书馆运动浪潮下，基本建立了近代各类型图书馆体系，并完全面向普通民众开放。图书馆管理走向规范化，为民国图书馆的兴盛发展奠定了思想与物质基础。刘国钧先生在 1926 年就指出："以书籍为公有而公用之，此近代图书馆学之精神，而亦近代图书馆之所以异于昔日之藏书楼者也。"③

(三)民国图书馆兴盛时期(1928—1936)

新图书馆运动之后，近代图书馆思想已深入人心，图书馆事业进入繁荣发展阶段。据南京国民政府教育部社会教育司公布的调查统计数据，1930 年全国各类型图书馆的数量为 2935 所，④ 到 1936 年增至 5196 所。⑤ 各图书馆建设都得到政府支持，各省、市、县立公共图书馆发展日新月异，管理与服务水平也有极大提升。

① 李彭元. 中华图书馆协会史稿[M]. 北京：国家图书馆出版社，2018：66.
② 程焕文. 百年沧桑 世纪华章——20 世纪中国图书馆事业回顾与展望[J]. 图书馆建设，2004(6)：1-8.
③ 徐雁，谭华军. 刘国钧先生任职金陵大学时期的专业建树[J]. 江苏图书馆学报，2000(5)：53-57.
④ 陈源蒸，张树华，毕世栋. 中国图书馆百年纪事：1840—2000[M]. 北京：北京图书馆出版社，2004：55.
⑤ 刘劲松. 抗战时期中国图书馆界研究[M]. 北京：商务印书馆，2018：5.

1. 国立图书馆稳步发展

1936 年以前，国立北平图书馆与国立中央图书馆兼具国家图书馆的性质。国立北平图书馆前身为清末的京师图书馆，后经鲁迅的指导与建设得到较好发展。1928 年，南京国民政府成立，京师图书馆改为国立北平图书馆。1931 年，国立北平图书馆新馆开放，图书馆开始平稳发展，规模不断扩大。1933 年，民国教育部派蒋复璁组织筹建了国立中央图书馆，并于 1936 年正式开放阅览。1930 年颁布的图书呈缴本制度，为国立中央图书馆提供了稳定的馆藏图书来源。

2. 大学图书馆的兴起

大学制度建立初期，大学图书馆往往从属于教务科等机构，未设独立的行政机构和馆舍，经费匮乏。1929 年，大学图书馆代表在中华图书馆协会第一次年会上呼吁要求行政独立，教育部也在之后的教育行政法规中明确大学须有完备的图书馆方为合格。此后，大学图书馆地位普遍提高，经费得以增长，馆藏量与馆员数量逐年递增。在当时民国教育部备案的 13 所国立大学中，清华大学、中山大学、北京大学、中央大学、武汉大学的图书馆藏书稳居前五，清华大学图书馆藏书在 1936 年已达到 279363 册。[①] 教会大学图书馆的发展也值得一提，1936 年，上海《申报》统计当时全国 15 所教会大学的平均藏书册数为 100689 册，远高于国立大学图书馆平均每馆 87426 册的藏书册数。[②] 燕京大学图书馆在 1936 年更是以 285083 册成为全国大学图书馆馆藏排名之首，规模与实力较雄厚的还有圣约翰大学罗氏图书馆、金陵大学图书馆、岭南大学图书馆、华西协和大学图书馆等。[③]

3. 民国私人藏书与寺观藏书的延续

私人藏书在战乱中饱受冲击，但旧式以官宦藏书楼为主的藏书风尚瓦解的同时，也出现了新式的实业家藏书楼，如刘承幹的嘉业堂、周叔弢的"自庄严堪"等。辛亥革命后，出版业繁荣，南北书业兴盛，书商活跃于新旧藏书楼与各新式藏书家之间。鲁迅、胡适、黄裳、郑振铎等当时的文人学者都乐于买书集书，出现了梁启超的饮冰室，傅增湘的双鉴楼，丁福保的诂林精舍等。寺观藏书由于社会动荡已不复往日繁荣，但仍在艰难延续，龙华寺、玉佛寺、广胜寺等仍在藏经。在新图书馆运动的影响下，很多寺院开

---

① 程焕文. 中国图书馆史 (近代图书馆卷) [M]. 北京：国家图书馆出版社，2017：219.
② 何建中. 民国时期我国私立大学图书馆发展史略 [J]. 图书与情报，2004(5)：77-79.
③ 孟雪梅. 近代教会大学图书馆研究 [D]. 福州：福建师范大学，2007.

始设立佛教图书馆。

（四）民国图书馆动荡时期（1937—1949）

"七七"事变后，抗日战争全面爆发，华北、华东、华中等地相继沦陷。日本帝国主义的侵略对中国图书馆事业是一场大浩劫，大批爱国志士和馆界前辈为保中华典籍之万全，护图书馆事业之存续，陆续开展图书馆的内迁与西迁。在国家存亡之际，图书馆肩负起保存文化、传承希望的历史使命，与国家命运紧密相连，展现了图书馆人忧国忧民、与国共存亡的民族气节。

1. 转移与保护珍贵文献

抗战全面爆发后，为保护珍贵典籍免遭日寇掠夺，国立图书馆、大学图书馆和其他类型图书馆纷纷进行内迁、西迁或文献转移。图书馆界与社会各界在文献保护上均有共识，虽长途跋涉、艰难险阻也在所不惜。浙江省立图书馆存有文澜阁，将《四库全书》和一批善本，"七七"事变后，馆长陈训慈便组织馆员装，将《四库全书》140箱及善本88箱转移，之后辗转数千里，途径多省，《四库全书》最终安全落脚重庆。1938年，国立北京大学、国立清华大学和私立南开大学合组的临时大学由长沙迁往昆明，改称西南联合大学，并在1939年组建了独立的西南联大图书馆，坚持到抗战胜利后随校复转北平、天津。复旦大学图书馆、浙江大学图书馆、中山大学图书馆、武汉大学图书馆、武昌文华图书馆学专科学校等都陆续内迁或西迁。战祸四起、民间哀鸿，张元济、郑振铎、张寿镛、何炳松等有识之士，深恐私家藏书因战争焚毁散尽，也忧江南典籍尽沦异域而后世无书可读，在1940年成立"文献保存同志会"，收购抢救了大批沦陷区散亡流失的古籍。①

2. 沦陷区和战区的图书馆

日本帝国主义在沦陷区施行"奴化"教育，通过查禁书刊、劫掠典籍、抢占馆舍、改弦易辙等方式，肆无忌惮地劫掠图书馆藏书。同时，建立了满铁图书馆、伪满图书馆等一批为日伪政权服务的图书馆。1937年10月，清华大学图书馆被日本华北陆军病院分院占用，馆舍被改为诊疗室、药房之类，藏书四散。湖南大学前身为岳麓书院，其图书馆内不乏宋元旧本等珍本，1938年日军轰炸湖南大学，图书馆在20分钟内全部被

---

① 程焕文.中国图书馆史（近代图书馆卷）[M].北京：国家图书馆出版社，2017：455.

毁。[①] 湖南大学图书馆的灾难仅仅是冰山一角，据统计，1937—1945 年，抗日战争时期沦陷区和战区共损失图书馆 2218 所、民众教育馆 839 所。藏书损失总数在 1000 万册以上，被焚毁和掠夺的文化典籍难以用金钱衡量。[②]

3. 国统区的图书馆

战火蔓延迫使国立、省立及大学图书馆纷纷内迁与西迁，各类图书馆在艰难条件下因地制宜开展工作。1939 年，民国教育部公布《修正图书馆规程》33 条，提出各省市至少设立省市图书馆 1 所，县市应于民众教育馆内附设图书馆，图书馆设立分馆、巡回文库、图书站及代办处等要求。从 1937 年到 1945 年，国民政府颁布的与发展图书馆事业有关法规共 13 部。[③] 虽然由于战时极端困难，这些政策对图书馆事业的发展影响甚微，但对于图书馆事业的法规体系形成有着积极意义。20 世纪 40 年代，国民政府先后筹建了国立西北图书馆、西安图书馆、罗斯福图书馆作为地域性的国家图书馆，以保存图书资料与抗战文献等。

4. 解放区的图书馆

1921 年，中国共产党在成立之初就创建了工农图书馆(室)等，开展宣传启发工农群众思想的进步图书馆活动，1932 年又建立了中华苏维埃中央图书馆。毛泽东一直重视图书馆的利用与建设，1922 年他就曾创办湖南青年图书馆，后又陆续创办湖南自修大学图书室、广州农民运动讲习所图书阅览室等。抗日战争期间，陕甘宁边区创建各类图书馆 100 所以上，影响较大的公共图书馆有延安中山图书馆、鲁迅图书馆(原中华苏维埃中央图书馆)，绥德子洲图书馆等。[④] 同时还创办了中共中央图书馆、干部学校图书馆、延安大学图书馆、各类基层图书馆等。解放战争时期，随着各个根据地的收复和根据地范围扩大，各解放区图书馆恢复开放，新解放区图书馆的接收与改造工作也在有序进行。

5. 港澳台地区图书馆

从鸦片战争到中日甲午战争时期，香港、澳门、台湾地区相继被英国、葡萄牙和日

① 刘劲松. 抗战时期中国图书馆界研究[M]. 北京：商务印书馆，2018：141.
② 陈源蒸，张树华，毕世栋. 中国图书馆百年纪事：1840—2000[M]. 北京：北京图书馆出版社，2004：74.
③ 李彭元. 民国时期公共图书馆思想研究[D]. 广州：中山大学，2012.
④ 谢灼华. 中国图书和图书馆史(第 3 版)[M]. 武汉：武汉大学出版社，2011：373.

本占领，受殖民统治，三地均建有殖民性质的图书馆。澳门有马礼逊教育会图书馆、八角亭图书馆等。香港也有大会堂图书馆、香港大学图书馆、冯平山图书馆等。与香港、澳门的殖民统治相比，日本在台湾地区的殖民统治十分严酷。台湾地区的图书馆被日本作为"皇民化运动"和奴化教育的工具，"七七"事变后更是演变成情报机关为侵略战争服务，当时建有台湾总督府图书馆、台北帝国大学图书馆、南方资料馆等。直到1945年日本战败投降，台湾地区才结束半个世纪的殖民统治的屈辱历史，回归祖国怀抱，图书馆事业才走上自主发展的道路。

回顾中国近代图书馆走过的峥嵘岁月，业界与学界都涌现出许多卓有建树的杰出人物。美国友人韦棣华女士为开拓中国图书馆事业竭尽毕生心血。李大钊、梁启超、张之洞、蔡元培、蒋复璁等社会贤达也心系图书馆事业并鼎力相助。沈祖荣、袁同礼、杜定友、刘国钧、桂质柏、洪有丰、李小缘、刘国钧、戴志骞等图书馆界先驱人物筚路蓝缕、踔厉奋发，耕耘于图书馆事业与图书馆学教育，开创了中国图书馆事业版图。近代以来，西方图书馆理论与方法在中国本土获得实践与发展，使外来的图书馆理念与方法逐渐本土化。虽然晚清和民国的时局动荡、西方列强的侵略使中国近代图书馆事业步履维艰，但道阻且长，行而不辍，图书馆事业在乱局与危难中仍浴火而生、赓续前行。

三、中国现代图书馆

中华人民共和国的成立开启了中国历史的新纪元，中国图书馆事业也迎来了崭新的发展阶段。从20世纪50年代开始，随着社会政治、经济和科学、教育、文化事业的发展，各种新兴科学技术在社会生产生活领域的广泛应用，与图书馆密切相关的出版业、科技情报事业的快速发展，中国图书馆事业进入现代发展阶段。现代图书馆在顺境中思变求新，在逆境中迎难而上，肩负起时代使命与历史责任，在我国现代化进程中发挥着重要作用。

（一）现代图书馆的起步时期（1949—1965）

1. 新旧交替的各类型图书馆

1949年，全国仅存公共图书馆55所、高校图书馆132所、科学和专业图书馆17所。[①] 新中国成立后，国家迅速对旧时图书馆进行接管和改造，开展藏书的整理与编

---

① 肖希明. 中国图书馆史（现当代图书馆卷）[M]. 北京：国家图书馆出版社，2017：12.

目，同时对图书馆工作人员进行政治思想教育。1951 年，原国立北平图书馆更名为北京图书馆，继续履行作为国家图书馆的使命。同时，国家陆续新建了一批高等院校，为高校图书馆奠定了迅速发展的基础。为详细掌握新中国的图书馆状况，1950 年文化部开展了图书馆事业调查工作，基本确立了图书馆事业向工农普及文化的阶段性任务。此后，图书馆通过大力创办文化馆、农村图书室和工厂工会图书馆，迅速践行向工农普及文化的工作。① 私有制的取缔使私人图书馆逐渐消失，很多私人藏书家向政府捐赠私藏，郭沫若、周叔弢、任凤苞、徐行可等著名收藏家都将毕生珍藏捐出。② 1957 年，我国颁布了《全国图书馆协调方案》，在该方案的指引下，通过文献的整理、调拨等工作，图书馆界较大程度地克服了全国图书馆事业发展不均衡的现象。③

20 世纪 50 年代前期，中苏图书馆界开展了频繁而深入的交流，通过翻译引进苏联图书馆专业文献、举办图书展览、馆际互借、人员互访等途径，苏联图书馆思想与建设经验对我国图书馆事业产生了深刻影响，在图书馆社会性质、服务观念与质量、图书分类法编制、文献收集原则等方面表现得尤为明显。这一方面促进了我国图书馆事业的发展；另一方面也存在照搬经验、盲目模仿等问题，例如图书馆的"泛政治化"、扭曲图书馆服务宗旨和服务对象、发展政策脱离发展实际等。④

2. "大跃进"时期的图书馆事业

1958—1960 年，国家开展"大跃进"和人民公社化运动。在此背景下，1958 年 3 月"全国省、市、自治区图书馆工作跃进大会"在北京召开，之后各地区图书馆也纷纷召开"跃进大会"，制定跃进规划与目标。政治运动对图书馆的发展产生了负面影响，全国掀起了突击式的办馆热潮，出现"社社有图书馆、队队有图书室、处处有图书馆站"的局面，海安县仁桥公社 3 天就建站 1608 个。⑤ 这种"大放卫星"的做法违背了客观规律，对图书馆事业发展有弊无利，最终削弱了图书馆基础业务的发展。随着"大跃进"的结束，全国县级以上图书馆从 1960 年的 1093 所调整到 1963 年的 490 所，⑥ 各图书馆

① 吴稌年，顾烨青. "17 年"图书馆事业与学术思想史研究［M］. 北京：国家图书馆出版社，2020：24.
② 肖希明. 中国图书馆史(现当代图书馆卷)［M］. 北京：国家图书馆出版社，2017：14.
③ 吴稌年，顾烨青. "17 年"图书馆事业与学术思想史研究［M］. 北京：国家图书馆出版社，2020：106.
④ 肖希明. 中国图书馆史(现当代图书馆卷)［M］. 北京：国家图书馆出版社，2017：69-70.
⑤ 肖希明. 中国图书馆史(现当代图书馆卷)［M］. 北京：国家图书馆出版社，2017：79.
⑥ 肖希明. 中国图书馆史(现当代图书馆卷)［M］. 北京：国家图书馆出版社，2017：611.

也开始总结经验教训，在调整中前进。

3. 图书馆业务的多元发展

随着现代图书馆事业与社会发展的深度融合，图书馆业务活动更加广泛，逐渐向专业化、个性化发展。各类图书馆通过对历史文献进行全面清理，彻底解决了历史遗留的图书积压问题。之后又提出了"一切为读者"的服务宗旨，各类图书馆深度调研读者需求，开展了各种特色服务，例如送书下乡、图书流动站、送书上门、读者心得座谈会等，充分体现了"开门办馆"的社会主义图书馆特点。与此同时，积极开展各类文献利用讲座和文献检索服务，如 1961 年北京图书馆成立了"科学技术服务组"，1962 年天津市人民图书馆成立了科技文献检索室，1964 年甘肃科学技术情报研究所和甘肃省图书馆成立了科技文献情报室。图书分类法的修订与编制持续开展，《中国科学院图书馆图书分类法》于 1958 年正式出版，《中国图书馆图书分类法》也于 1971 年开始启动编纂。全国性、地区性的联合目录编制也为资源共享与馆际合作奠定了基础。

新中国成立之初，受社会大环境与政治运动的影响，图书馆事业在探索前进中出现了走弯路、倒退停滞的迹象，但随着国家发展图书馆事业的方针政策不断完善，总体发展向好。1965 年，全国公共图书馆已达到 573 所，高校图书馆共 434 所。① 图书馆基础业务工作逐渐规范化，服务工作稳步推进，特别是在馆际合作、文献资源协调、图书分类法、联合目录编制、书目索引、读者服务等方面都取得了一定的成绩，使新中国图书馆事业赢得了良好开局。

(二)"文化大革命"时期的图书馆(1966—1976)

"文化大革命"是中华人民共和国历史上一段特殊时期，社会主义建设事业遭受严重的挫折与损失，图书馆作为科教文化领域的重要机构也受到影响。"文化大革命"初期，图书馆被作为"革命"的阵地、改造的对象，遭到大肆破坏，撤关转并导致图书馆事业规模急剧缩减，县级以上公共图书馆由 1965 年的 573 所降至 1970 年的 323 所。② 中国人民大学等多所高校图书馆被撤销或停办，其他类型图书馆也纷纷被关闭或撤销。图书馆业务工作基本停滞，馆藏结构失衡，大批藏书被封存或销毁。一些历经朝代更迭而幸得保存的文物与古籍，也在"文化大革命"中化为灰烬，如江西省公共图书馆收藏

---

① 肖希明. 中国图书馆史(现当代图书馆卷)[M]. 北京：国家图书馆出版社，2017：611-616.
② 鲍振西，许婉玉. 新中国图书馆事业 40 年[J]. 图书馆学通讯，1989(3)：38-48.

的 3.5 万余片古书板片皆被焚毁。①

"文化大革命"中后期的政策逐渐纠正了对图书馆事业的错误认识，各类图书馆逐步重新开放、恢复建制，并开始扩建或新建馆舍，图书馆事业得到一定的恢复与改善，各项业务工作逐步发展。1974 年，"汉字信息处理工程"启动，标志着图书馆自动化开始起步。1975 年，刘国钧开始将机读目录（MARC）理论与技术引入我国，推动了我国图书馆编目自动化进程。同年，《中国图书馆分类法》正式发布，《汉语主题词表》的编制也在有序进行。

"文化大革命"时期图书馆事业发展异常艰难，但图书馆工作者的坚守与奉献，使图书馆事业在总体停滞倒退的趋势下仍有所发展，为后来图书馆事业的迅速恢复和振兴奠定了基础。

（三）现代图书馆的振兴时期（1977—1999）

"文化大革命"结束后，国家制定了改革开放的路线和政策，各行各业都进入快速发展阶段。随着社会主义市场经济发展和信息化时代的到来，文献开始以多种载体形式出现，数字化信息管理的兴起使图书馆也在积极寻求突破，在复苏与发展中大胆探索，不断向现代化图书馆转型，开启了全面振兴的步伐。

1. 各类型图书馆的复兴

图书馆事业经过拨乱反正，走上了健康的发展道路。国家相继出台了涉及公共图书馆、高校图书馆、科技图书馆的工作条例，一系列方针政策为图书馆事业提供了良好的政策环境，各类型图书馆发展迅速。1987 年，北京图书馆新馆建成并投入使用，1998年正式更名为"中国国家图书馆"。从 20 世纪 80 年代到 90 年代，国家图书馆发展成果令人瞩目，特别是在为中央国家领导机关立法决策服务功能、读者服务工作创新举措、自动化和网络化建设等方面取得了显著成果，同时与国内外图书馆交流合作频繁，为全国图书馆树立了标杆。1999 年，国家图书馆各类文献资源已达 2194 万册（件），雄居亚洲图书馆第一、世界图书馆第五。②

公共图书馆作为社会主义精神文明建设的组成部分，进入了快速发展期。公共图书

---

① 黄源海. 江西省公共图书馆事业四十年综述[J]. 江西图书馆学刊，1989（4）：1-6.
② 肖希明. 中国图书馆史（现当代图书馆卷）[M]. 北京：国家图书馆出版社，2017：279.

馆数量从 1977 年的 851 所增加到 1999 年的 2669 所。① 图书馆经费得到有效支持，基础设施持续改善，新信息技术开始广泛运用于图书馆业务管理，大部分图书馆建立了电子阅览室和多媒体阅览室，馆藏质量与数量均稳步提升，读者对图书馆的利用率也得到极大提升。1999 年，全国公共图书馆文献总量已达 3.95 亿册，是 1979 年 1.83 亿册的 2 倍多。② 公共图书馆呈现蓬勃发展局面，代表性的有上海图书馆、首都图书馆、南京图书馆、浙江图书馆、山东省图书馆、福建省图书馆、青海省图书馆等。

随着高等教育事业的繁荣，高校图书馆也得到了长足发展，事业规模逐步扩大。20 世纪 90 年代，我国高校图书馆已有 1000 余所，文献购置经费较 70 年代都有显著增长。此外，馆舍面积、硬件设施、自动化网络化建设等方面都得到极大提升，高校图书馆开始探索内涵建设，开设文献检索课程、施行学科馆员制度等。1999 年，高等学校图书情报工作指导委员会成立，为进一步发展高等学校图书情报事业提供了指导和帮助。

2. 中国图书馆学会与行业发展

1979 年，中国图书馆学会成立大会在山西太原召开，并建立了 11 个专业研究组。在它的带动下，各地图书馆学会纷纷成立。1981 年，中国图书馆学会恢复了在国际图联的合法席位，开始在国际图书馆界发挥积极作用，图书馆国际交流日益频繁。1996 年，第 62 届国际图联大会首次在北京召开，这是国际图联会议第一次在中国召开。1981 年，国务院批准了《图书、档案、资料专业干部业务职称暂行规定》，确定了图书馆专业的馆员系列专业技术职称制度，有效推动了图书馆专业人才发展。20 世纪 90 年代，高校图书馆与公共图书馆均开展了大规模、多元化的评估定级活动，为图书馆事业的政策制定、强化管理、改进工作提供了有效依据。随着图书馆各项行业规章制度的完善，图书馆服务工作日趋开放化、专业化，情报服务、开架流通、阅读推广、参考咨询、文化宣传、联机信息检索等新型服务手段得到广泛推广。

3. 文献资源建设与信息资源共建共享

20 世纪 70 年代后，科技的发展带来文献载体的多样性，现代图书馆馆藏不再局限于纸质的图书报刊，缩微资料、电子资源等也成为图书馆的馆藏组成部分。"文献资源建设"开始成为图书馆界的通用词汇，联合编目、馆际合作、资源共享成为趋势。中断 10 年之久的全国联合目录在 1977 年开始恢复编制，《中国国家书目》《中国古籍善本书

---

① 肖希明. 中国图书馆史（现当代图书馆卷）[M]. 北京：国家图书馆出版社，2017：611.
② 肖希明. 中国图书馆史（现当代图书馆卷）[M]. 北京：国家图书馆出版社，2017：612-613.

目》《民国时期总书目》等专业书目陆续出版。图书馆编目工作也走向标准化与规范化，1979 年我国加入国际标准化组织文献工作标准化技术委员会，1987 年颁布"中国标准书号"（ISBN），1989 年"中国标准刊号"（CSSN）开始实施。20 世纪 90 年代，上海地区文献信息资源协作网、珠江三角洲公共图书馆自动化网络、江苏省高等学校文献信息保障系统等地区性文献资源共建共享网络陆续建成。1999 年，高等教育文献保障体系（CALIS）正式启动，全国文献信息资源共建共享协作会议也在北京召开，推动我国文献信息资源共建共享事业走向了新的发展阶段。

4. 图书馆的技术变革

信息技术的发展推动了图书馆自动化与网络化建设，使图书馆的管理与服务发生了质的飞跃。20 世纪 80 年代后，缩微技术在图书馆得到广泛应用，在抢救和保存珍贵的历史文献中发挥了重要作用。计算机、复印机等现代化设备也开始运用于各类图书馆，我国开始自行开发图书馆自动化集成管理系统，如深圳图书馆的"图书馆自动化集成系统"、北京现代文津信息技术研究中心的"文津图书馆综合管理系统"等。图书馆网络建设在 90 年代得到大力发展，"中国图书馆信息网络"（金图工程）规划了全国图书馆网络建设方案。1991 年，清华大学图书馆建成局域网，广东、山东、福建等地区图书馆网络也陆续建成并投入使用。数据库与数字图书馆建设也开始起步，并逐渐成为行业关注的热点。由清华大学主持的中国知识基础设施工程（CNKI）在 1995 年正式立项，1996 年 CNKI 中国学术期刊（光盘版）举行了首发仪式。中国数字图书馆工程也在 1999 年开始实施。

改革开放后，我国图书馆事业迎来了全新机遇与快速发展，现代图书馆事业规模逐渐扩大。随着信息技术日新月异的发展，互联网技术对图书馆事业的影响深远，也将图书馆推向转型变革的风口浪尖。虽然这一时期图书馆也曾面临困惑与挑战，但知识经济时代的到来与科教兴国战略让图书馆与社会的融合更加紧密，21 世纪的图书馆即将迎来新的发展契机与美好前景。

（四）现代图书馆的快速发展时期（2000—　）

21 世纪，综合国力的增强使我国各项事业欣欣向荣。科技的高速发展，多元融合的社会环境让图书馆事业面临更多挑战和机遇。随着网络时代的发展与移动阅读的盛行，"图书馆消亡论"甚嚣尘上，但现实社会的发展印证了图书馆存在的价值，也赋予图书馆更多时代特征与发展机遇。

1. 图书馆事业的宏观管理

进入新世纪后，各地和各行业系统陆续出台与图书馆相关的条例或规章，如《湖北省公共图书馆条例》(2001 年)、《北京市图书馆条例》(2002 年)、《河南省公共图书馆管理办法》(2002 年)等地方性法规或行政规章陆续出台，为图书馆事业的可持续发展提供了有力的政策支持。2016 年，教育部再次颁布了修订后的《普通高等学校图书馆规程》。2018 年，《中华人民共和国公共图书馆法》正式施行。图书馆的标准化与规范化建设继续推进，2008 年"全国图书馆标准化技术委员会"成立。图书馆的建筑标准、管理服务标准、文献资源建设评估标准、古籍保护工作标准、分类著录标准等陆续形成。中国图书馆学会充分发挥其协调作用与影响力，在全国范围内广泛开展图书馆界学术交流、科普讲座、阅读推广和图书馆志愿者活动等，促进图书馆行业与现代社会的协同发展。

2. 各类型图书馆蓬勃发展

21 世纪以来，全国公共图书馆稳步发展，数量持续增长。根据国家统计局数据，2020 年全国公共图书馆数量已达 3203 所。[①] 各地公共图书馆新馆林立，办馆水平显著提高，管理与服务各具特色。儿童图书馆、农村图书馆等基层图书馆建设得到重视与推进。公共图书馆在建筑、经费、文献、资源建设、馆员队伍建设方面都有长足发展，服务体系建设日趋完善。在 21 世纪高等教育改革与发展中，高校图书馆逐渐成为办学水平的重要标志，其文献信息资源中心、学术性机构、校园文化和社会文化建设基地的定位更加明确。总分馆体制在当代高校图书馆得到运用，而馆舍空间的开放性打破了传统的馆藏借阅功能，使高校图书馆成为集多种功能为一体的学习与共享空间。此外，随着社会文化发展，专业图书馆、民族图书馆、中小学图书馆、民办图书馆、企业图书馆、党校图书馆等各种类型图书馆纷纷建立。图书馆的现代社会职能进一步凸显，在公共服务、文化创新、传承文明、阅读推广、知识情报服务等方面展现独特的优势。

3. 资源共享与馆际交流

21 世纪，文献资源共享成为发展共识，全国性的信息资源共建共享组织或项目陆续成立，出现了一批具有代表性的成果，如中国高等教育文献保障系统(China Academic Library & Information System，CALIS)、国家科技图书文献中心(National Science & Technology Library，NSTL)、上海市文献资源共建共享协作网、全国文化信息资源共享

---

① 国家统计局. 中华人民共和国 2020 年国民经济和社会发展统计公报[EB/OL]. [2021-11-05]. http://www.stats.gov.cn/sj/zxfb/202302/t20230203_1901004.html.

工程等。各地区、各类型的区域图书馆联盟也逐渐形成，馆际互借得到进一步发展。科技的高速发展让图书馆产生了从内至外的变革，现代信息技术在图书馆界得到广泛应用，并与图书馆事业发展深度融合，数字图书馆、智慧图书馆成为建设热点。图书馆集成管理系统、Web 2.0、云服务、RFID、自助图书馆、智能设备等现代信息技术产物从概念到应用，为图书馆持续带来业务工作的变革。数字图书馆建设发展迅猛，中国高校人文社会科学文献中心（China Academic Social Sciences & Humanities Library，CASHL）、中国科学院国家科学数字图书馆（Chinese Science Digital Library，CSDL）等数字图书馆工程得到实施。北京万方、方正阿帕比、超星、重庆维普等商业型数字资源服务商迅速崛起。我国正在逐渐构建起以国家图书馆为核心，以各级数字图书馆为主要节点，覆盖全国公共图书馆的数字图书馆虚拟网。

纵观古今文献聚散、馆阁兴衰，图书馆事业历经荣辱波折，图书馆实体屡遭毁散，但图书馆在社会发展中留下的深刻印迹，图书馆人镌刻于历史长卷中的精神与梦想，成为横亘岁月的坚韧力量。图书馆对文献保存的理念从"以藏为主"到"藏用结合"，再到"藏用研学"，图书馆实体空间、形态特征、服务内容、社会职能的内涵也在不断丰富与变化，我国图书馆事业始终与社会和科技的发展同步前行。如今，伴随新时代的盛世华章，图书馆事业在伟大的中国梦和民族复兴梦之下充满生机，必将融入时代洪流，书写未来更新的篇章。

第三节　外国图书馆的产生与发展

追溯世界图书馆发展沿革，了解不同地理环境、政治背景、地域文化中图书馆事业的发展异同，对把握世界图书馆发展的规律与逻辑，充分借鉴世界图书馆发展的有益经验具有重要意义。以西方图书馆为代表的外国图书馆事业发展史，从两河流域孕育的古代文明开始，经历中世纪、文艺复兴、资产阶级革命等重大历史变革，逐步发展为现代图书馆，展现了图书馆事业在世界各国独特的发展历程。

一、外国古代图书馆

外国古代文明创造了楔形文字、象形文字等早期文字形态，从而产生了最初的文献收藏与整理活动。早期古代图书馆与档案馆是一体的，之后才逐渐发展为独立意义的图书馆。这一时期，原始的文献载体以泥版书、纸草纸、羊皮纸卷为主。

(一) 两河流域的图书馆

两河流域是人类文明的发源地之一, 位于幼发拉底河与底格里斯河流域, 又称美索不达米亚。公元前 3000 年左右, 奴隶制国家在美索不达米亚陆续出现, 苏美尔人创造了楔形文字, 并将泥版作为文字载体, 形成泥版文书。19 世纪末, 美国考古学家在两河流域发现了约公元前 3000 年的尼普尔神庙图书馆, 在神庙废墟中找到许多泥版文书, 这是可推测的最早图书馆之一。公元前 7 世纪, 亚述国王亚述巴尼拔在首都尼尼微修建了一所真正的"古代图书馆"①。它也是古代最大的图书馆之一, 考古学家在此处陆续发掘出 3 万多块泥版文书。尼尼微图书馆已经开始对泥版文书进行管理, 泥版文书均有识别标志, 载有藏书的室别、陶罐所在。

(二) 古埃及的图书馆

埃及的象形文字最早可追溯到公元前 3200 年左右, 现今留存的古埃及文献以纸草纸为主。美国图书馆史专家理查逊认为, "早在古王国时期已经有了王室图书馆"②。这种早期的图书馆还兼具档案馆性质。第四王朝(约公元前 2600—前 2500)与第五王朝(约公元前 2500—前 2350)就出现了载有"书库文牍""文献管理员"的人物墓碑, 说明有专职人员管理图书文献。古埃及的王室图书馆主要有阿玛拉王室图书馆, 以及拉美西斯二世建立的收藏宗教文献为主的图书馆。古希腊历史学家狄奥多洛斯编纂了一部《历史丛书》, 就曾提到第十九王朝的拉美西斯二世(约公元前 1300)在都城底比斯建立了一座图书馆, 被称为"神圣图书馆", 藏书大约 2 万卷之多。古埃及时期有些寺院也作为医疗中心, 因此当时的寺院藏书室可以看作早期的医学图书馆。权贵阶层和富商也拥有私人图书馆或档案室。在底比斯曾发现一个藏有几十卷纸草纸的家族文书库。③ 到公元前 332 年, 古埃及被希腊人占领, 其后数百年, 埃及的文化逐渐被希腊化。

(三) 古希腊的图书馆

公元前 4 世纪, 各哲学流派在雅典产生, 希腊开始出现名副其实的私人图书馆。从柏拉图创建的"柏拉图学园"的相关记载来看, 柏拉图应该拥有很大的私人图书馆。而

---

① 杨威理. 西方图书馆史[M]. 北京:商务印书馆, 1988:6.
② 杨威理. 西方图书馆史[M]. 北京:商务印书馆, 1988:9.
③ 陶静. 古代埃及文明与图书馆[J]. 河南图书馆学刊, 2004(2):91-93.

亚里士多德建立的"莱西乌姆学园"是当时著名的私人图书馆，估计至少有400卷纸草书。公元前300年左右，著名的亚历山大图书馆（地址在埃及）由托勒密一世建成，是古希腊最大的图书馆，极盛时期藏书逾50万卷。亚历山大图书馆及其附属学院吸引了众多学子，由希腊化时代的各个地区来到亚历山大，使之成为希腊知识与文化的新中心。[①]亚历山大图书馆的黄金时期延续了200余年，公元前48年因战乱受损，3世纪末全部毁于战火。另一座帕加马图书馆在希腊化时代同样享有声望，是仅次于亚历山大图书馆的图书馆。古希腊文化在希腊化时代普及了东方各国，文化遗产与思想也通过图书馆传给了古罗马。

（四）古罗马的图书馆

公元前30年，波利奥为实现恺撒"建立一所可与亚历山大图书馆媲美的大图书馆"的遗愿，在罗马城的艾温泰山上建立了古罗马第一座公共图书馆。恺撒的继承人屋大维在统治期间建立了两座大型图书馆，分别位于奥托维亚神庙内和阿波罗神庙内。古罗马最大的图书馆是公元114年图拉真皇帝在罗马广场上建立的乌尔皮亚图书馆，馆内不仅收藏拉丁文和希腊文图书，还有剧场与演讲厅等，堪称贵族的会所。到了5世纪，古罗马已有公共图书馆28所，所藏图书不下10万余卷。[②]

私人图书馆在古罗马图书馆发展史中占有比较突出的地位。文献中记载的第一所著名的私人图书馆是罗马将军保路斯·艾米利乌斯的图书馆（约公元前168）。他在罗马士兵抢夺马其顿宫殿的珠宝财物时，选择将图书馆作为战利品。他认为，对于子孙后代来说，图书馆比金银财宝还有价值。最著名的掳掠图书馆的事件可能要算卢基乌斯·科尔内利乌斯·苏拉。他在公元前86年从雅典阿佩利孔的私人图书馆掠回一批图书，其中包括亚里士多德藏书的一部分。[③]之后，图书作为罗马征服者的战利品成为常事。整个古罗马帝国时代，图书馆成为私人和帝国富裕的标志。[④]古罗马帝国在4世纪末期分裂为东西罗马，古代大型图书馆衰落，取而代之的是宗教图书馆。

二、外国中世纪图书馆

西罗马帝国灭亡后，封建割据战争频仍，宗教思想禁锢明显，科技和生产力发展停

---

① ［荷］H. L. 皮纳. 古典时期的图书世界［M］. 康慨，译. 杭州：浙江大学出版社，2011：52.
② 杨子竞. 外国图书馆史简编［M］. 天津：南开大学出版社，1990：15.
③ ［美］M. H. 哈里斯. 西方图书馆史［M］. 吴晞，靳萍，译. 北京：书目文献出版社，1989：55.
④ 朱龙华. 罗马文化［M］. 上海：上海社会科学院出版社，2003：129.

滞，欧洲文明史进入比较缓慢的时期，后人将这一时期称为中世纪（公元 5 世纪后期到 15 世纪中期）。中世纪图书馆有着强烈的宗教色彩，羊皮纸的流行与中国造纸术的传播，也让手抄书逐渐成为风气。同时，亚洲的朝鲜、日本受中国文化的影响也发展了自己的图书馆事业。14 世纪开始的文艺复兴对欧洲图书馆产生巨大影响，也推动了世界图书馆事业的近代化进程。

（一）拜占庭和阿拉伯的图书馆

公元 330 年，君士坦丁大帝迁都拜占庭后，将该城命名为君士坦丁堡，并建立了一所王家图书馆，收集和保存基督教的文献。公元 475 年前后，这所图书馆总藏书量已达 10 万卷以上。约公元 850 年，君士坦丁堡大学建成，该大学图书馆的前身就是 5 世纪狄奥多西二世建立的一所艺术院图书馆。拜占庭帝国境内有大量修道院图书馆，有的修道院规范中强调了建立图书馆的必要性。拜占庭帝国的图书馆把许多希腊和罗马古典文献保存下来，这些宝贵的古代文化遗产于十四五世纪传到了意大利和欧洲其他地区，促进了文艺复兴的到来。

公元 8 世纪，中国的造纸术传入阿拉伯，其优越性远高于纸草纸和羊皮纸，当地人开始用纸抄写伊斯兰教圣经《古兰经》。伊斯兰文化繁荣时期的阿巴斯王朝，从统治者到民众都喜欢收藏图书，首都巴格达的图书馆对世界各地学者开放并提供食宿，巴格达一城就有 30 多所公共图书馆，各地也陆续建立了伊斯兰教图书馆。阿拉伯的伊斯兰教信徒热衷于收藏图书，私人图书馆数量众多。高官阿米德雇用了一个专职的图书馆管理员，掌管需要用 100 头骆驼才能装运的图书。① 阿拉伯图书馆管理水平在当时较为发达，已开始对藏书进行分类、编制藏书目录。11 世纪后，内战和外来侵略几乎毁灭了阿拉伯的伊斯兰教图书馆，但是它曾经保存的那些古希腊和罗马文献陆续传到西方。

（二）修道院与大教堂图书馆

中世纪时期，基督教支配了欧洲的政治、思想、文化、教育等领域，古代大型图书馆已经覆灭，取而代之的是收藏基督教书籍、规模较小的修道院图书馆。6 世纪以后，欧洲很多国家普遍设立了修道院，并附设图书馆。意大利的博比奥修道院图书馆不仅收藏宗教书籍，而且有世俗作品。法国著名的科尔比修道院也设有图书馆与抄写室。僧侣

---

① 杨威理. 西方图书馆史［M］. 北京：商务印书馆，1988：51.

们对修道院图书馆的重视，可以从中世纪流行的一句话中体现："没有图书馆的修道院，就像没有武器的城堡。"①当时较著名的还有英国的坎特伯雷修道院图书馆、德国的赖赫瑙修道院图书馆、瑞士的圣加仑修道院图书馆等。

随着基督教的发展，主教或大教主布道的场所——大教堂出现了，并附设图书馆。大教堂的图书馆较之修道院图书馆规模更大、经费稳定、管理完善，藏书范围也更广泛，但数量远不及修道院图书馆多。比较著名的如巴黎圣母院、约克大教堂、班贝克大教堂等都设有图书馆。规模较大英国坎特博雷大教堂图书馆，最多时约有 5000 卷藏书。15 世纪，教皇尼古拉斯五世受人文主义的影响，重建了具有代表性的罗马教廷图书馆——梵蒂冈图书馆，并不遗余力地扩充馆藏。他的继承者们继续经营维护图书馆，并将它开放给梵蒂冈以外的学者们利用。② 梵蒂冈图书馆保存了大批宗教等文化的典籍，作为西方著名图书馆一直保存至今。

基督教图书馆对藏书管理甚严，为防止馆内的图书失窃，大多带有枷锁，由此逐渐形成了读书台制、座位制、读书间制。没有印刷业的中世纪，图书馆抄写图书以增加副本蔚然成风，精致华丽的书籍装帧也陆续出现。虽然中世纪的欧洲图书馆事业由于宗教思想的禁锢发展缓慢，但是基督教图书馆在保存文化和传播历史方面仍具有积极作用。

(三) 皇室图书馆与私人图书馆

中世纪时期，各国的皇室与贵族都乐于兴建图书馆。日本皇室设立了梦殿、艺亭等文献收藏机构，后期还出现了贵族图书馆。朝鲜的高丽王朝设置了中央青燕阁、西京修书院等。这些藏书机构都有藏书楼性质。波斯萨菲王朝创始者伊斯迈尔、匈牙利国王马提亚、奥地利马克西米连一世等都建立了皇家图书馆。法国的皇家图书馆在 15 世纪末左右建立，历代统治者把各国的图书作为战利品带回以充实皇家图书馆。1537 年，法国的统治者法兰西斯一世颁布了欧洲第一个图书呈缴本法令。

私人图书馆在欧洲依然盛行，出现了家族藏书。意大利统治者美第奇家族历代重视图书收藏，由米开朗基罗设计的洛伦佐图书馆就是为收藏该家族的藏书而建造的。私人藏书家对图书的热爱也体现在为藏书而著书上。13 世纪，法国贵族福奈维尔写了《藏书

---

① 　[美]查尔斯·霍默·哈斯金斯. 十二世纪文艺复兴[M]. 夏继果，译. 上海：上海人民出版社，2005：47.
② 　[美]弗雷德·勒纳. 图书馆的故事[M]. 沈英，马幸，译. 北京：北京时代华文书局，2014：123.

家》，描述了一座"书苑"的情况。14 世纪，英国著名藏书家伯里撰写了《爱书》，介绍如何收集与管理图书。文艺复兴的先驱学者彼得拉克、薄伽丘、瓦拉等均有自己的私人图书馆。

（四）大学图书馆的兴起

13 世纪左右，西方大学兴起，师生对图书的需求使大学图书馆应运而生。早期的大学图书馆藏书主要源自社会和校友的捐赠，藏书用铁链或木箱进行保管，馆内管理方式与修道院相似。1088 年创立的意大利博洛尼亚大学是欧洲第一所大学，其图书馆最初是由一些学生进行管理。久负盛名的哈佛大学图书馆最初的发展主要依靠私人捐书。牛津大学博德利图书馆也是由私人捐赠建立的。巴黎大学索邦学院的图书馆最初则是由教父索邦捐赠成立。大学图书馆主要为师生服务，允许阅览和外借，图书使用率远高于当时的修道院图书馆，在一定程度上打破了基督教的文化垄断。如果说中世纪的修道院图书馆保存了人类的文化知识，那么大学的图书馆则使这些知识发挥了作用。①

中世纪外国图书馆事业总体发展缓慢，但大学图书馆的兴起让图书逐步成为社会教育的工具，帮助图书馆走向更广阔的发展空间。由于当时世界的科学技术和社会交流仍然欠发达，图书馆的封闭性质仍然存在，公共性质体现并不充分。随着文艺复兴运动兴起到接近尾声，图书馆馆藏结构由收藏宗教图书为主，开始向收藏古典经典和世俗作品转变。读经式阅览桌、锁链固定的图书成为这一时期图书馆管理的特色，各馆开始交换藏书单，催生了联合目录的形成。15 世纪是世界图书馆发展的重要时期，为近代图书馆的快速发展奠定了基础。

三、16—20 世纪的外国图书馆

始于 14 世纪的文艺复兴运动席卷欧洲，宗教改革与启蒙运动极大地解放了人类思想。受中国活字印刷术的影响，15 世纪中期欧洲的古登堡发明了金属活字印刷术，印本书逐渐盛行。政治文化环境的改变推动各种新兴哲学思想与科学技术出现。随着资本主义浪潮冲破封建宗教的文化枷锁，西方图书馆逐渐摆脱宗教禁锢的阴影，从封闭的修道院与大教堂走向更加开放的社会空间。后期工业革命的发展与社会文化进步，也为外

---

① ［美］M. H. 哈里斯 . 西方图书馆史［M］. 吴晞，靳萍，译 . 北京：书目文献出版社，1989：123.

国图书馆的发展创造了物质基础与思想条件，让图书馆事业进入了新的历史阶段。

(一)国家图书馆的产生

17世纪开始，国家图书馆在英法德等国率先出现。到19世纪，美国、瑞士、日本、印度等国都先后建立了国家图书馆。在早期的国家图书馆中，1753年创建的英国不列颠博物馆图书馆(大英图书馆前身)在当时极具代表性。该馆的藏书以斯隆爵士、哈利家族和柯顿家族的三大私人图书馆为基础。帕尼齐在不列颠博物馆期间，将不列颠博物馆图书馆打造成了优秀的国家图书馆，成为当时世界上最大的图书资料中心。他制定了图书著录条例，修建了世界闻名的圆顶阅览室和铁质书库，被后人誉为"图书馆员的拿破仑"。

法国大革命后，宗教及贵族图书馆都被收为国有。1792年，法国皇家图书馆更名为国家图书馆。拿破仑热衷于图书馆建设，他在征战中从各地征收珍贵的图书，也有把法国国家图书馆建成为世界上最好的图书馆的愿景。德国由于是分邦治理，并没有严格意义上的国家图书馆。1871年，普鲁士建立统一的德意志帝国后，普鲁士皇家图书馆逐渐成为国家中心图书馆。1910年，另外一所德意志图书馆在莱比锡设立，也发挥着国家图书馆的作用。美国的国会图书馆始建于1800年，它原本仅为国会议员提供服务，后来慢慢承担国家图书馆的角色，1897年迁入新馆后得到迅速发展，逐渐成为世界上最大的图书馆之一。俄罗斯国家图书馆建馆之初称为帝国图书馆，奥列宁是第三任馆长，在他任职期间帝国图书馆实现了面向公众开放，变为帝国公共图书馆，奥列宁也因此成为帝国公共图书馆的首任馆长。1922年苏联成立后，列宁图书馆成为其国家图书馆，该馆前身是俄国的鲁缅采夫博物馆。

(二)会员图书馆与公共图书馆

1731年，富兰克林在美国费城创立了会员图书馆，这种图书馆由会员共同出资购入书籍而建立，会员可以借书、提出图书采购要求等。英国最早的会员图书馆于1741年由拉纳克夏铅矿一些工资稍高的工人建立，他们共同组成了"铅矿阅读社"。18世纪末到19世纪，会员图书馆在英美盛极一时，许多会员图书馆还兼具学术研究中心、会议交流场所、俱乐部等功能。20世纪后，一度风行的会员图书馆逐渐被新生的公共图书馆代替，会员图书馆也被看作是近代公共图书馆的雏形。

公共图书馆的实践可以追溯到公元前的亚历山大图书馆，而后在漫长的历史中，图书馆的公共性质逐步明显。公共图书馆思想的传播推动了公共图书馆的兴起。16世纪，马丁·路德等人倡导"德意志城镇图书馆应该为一般市民服务"的理念。17世纪，法国马萨林图书馆馆长诺德提出"图书馆不应该专为特权阶级服务"。长期担任公爵私人图书馆馆长的莱布尼茨(Gottfried Wilhelm Leibniz，1646—1716)提出了"图书馆的头等重要任务是想方设法让读者利用馆藏"①。1848年，美国波士顿市建立公共图书馆的法案通过，波士顿公共图书馆成为美国大城市依法设立的最早公共图书馆。1880年起，钢铁大王卡内基通过其资金会斥资5616万美元，在全世界范围内捐建了2509所公共图书馆，其中1689所建于美国本土。卡内基图书馆计划是人类历史上史无前例的慈善行为，其取得的成就与成功经验书写了美国和世界公共图书馆发展史上的神话。② 1939年，美国图书馆协会发布了《图书馆权利法案》，强调了公共图书馆面向所有公民的特性。近代以来，美国的图书馆事业发展迅速，令人瞩目，逐渐进入世界先进行列。

1850年，英国议会通过《公共图书馆法》，这是世界上第一部国家公共图书馆法。德国的公共图书馆摇篮为格罗森海因市的图书馆，是一所受会员图书馆影响的收费图书馆。德意志统一以后，公共图书馆开始大力发展，并出现了为郊区和农村读者服务的巡回图书馆。然而1933年，所有公共图书馆被法西斯政府控制，失去了其原有意义。苏联的公共图书馆极大受益于列宁对图书馆建设的热忱，在1941年已超过25万所，全国还形成了各类型图书馆组成的图书馆网。

(三)专业图书馆的出现

1735年，匈牙利创建的塞尔梅克矿业学院图书馆是世界上早期专业图书馆之一③。同年，德国汉堡建立了一所商业图书馆，收藏贸易、航海、地理、政治方面的书籍。1763年建立的德国曾肯堡图书馆是医学专业图书馆，到20世纪时已成为德国最大的自然科学图书馆。荷兰文学社图书馆建立于1766年，是欧洲重要的文学图书馆之一。其他早期的专业图书馆还有法律团体创建的英国伦敦林肯学院图书馆、法国巴黎的"兵工厂图书馆"、瑞典的皇家科学院图书馆、澳大利亚的悉尼法学图书馆等。

---

① 汪东波.公共图书馆概论[M].北京：国家图书馆出版社，2012：4.
② 郑永田.卡内基图书馆计划的回眸与反思[J].中国图书馆学报，2010(1)：111-118.
③ 杨子竞.外国图书馆史简编[M].天津：南开大学出版社，1990：111.

（四）大学图书馆的发展

大学教育的突飞猛进，推动了大学图书馆的迅速发展，图书馆逐渐成为大学不可或缺的基本机构，并拥有核心地位。这一时期比较著名的大学图书馆有巴黎大学图书馆、牛津大学图书馆、剑桥大学图书馆、耶鲁大学图书馆等。1757 年建立的德国哥廷根大学图书馆在德国大学图书馆中是典范，它将莱布尼茨提出的图书馆理论付诸实践，开展专业的图书采购业务，制定读者借阅制度，馆藏编有字顺目录、分类目录和主题目录。该馆在当时广受赞誉，歌德在参观哥廷根大学后留下赠言："图书馆就像是大宗的资金，默默流出无以数计的利息。"①哈佛大学在美国殖民地时期已经建立，其图书馆是美国大学图书馆中历史最悠久的，从建馆初期的几百册图书，到 1840 年迁入独立馆舍时已有 4 万册，1940 年时已有 400 万册。②

（五）私人图书馆的兴盛

16 世纪下半叶，法国、西班牙等地出现了君主和诸侯经营的"巴洛克"图书馆，这种图书馆以建筑和设施豪华浮夸为特色。"巴洛克"图书馆废除了中世纪以来盛行的读经台式管理方式，创造了墙壁式管理方式，在图书馆内部设置了又宽又高的大厅，周围摆满书架，因此也被称为"大厅图书馆"。1567 年建成的西班牙艾斯库略尔宫图书馆是最早采用墙壁式排架法的图书馆。图书馆内部结构的变化，被视为君主和诸侯所有的图书馆从封闭走向开放的一种过渡形式。17 世纪中叶，法国的红衣主教、首相马萨林建造的马萨林图书馆名气堪比法国皇家图书馆。该馆自 1647 年起开始免费向公众开放，但读者多为上层社会人士。这所图书馆由诺德管理，他是近代图书馆组织理论的创始人，其撰写的《关于图书馆建设的意见》是西方图书馆学的重要学术著作。

（六）图书馆事业的专业化

18 世纪后，德国等欧洲国家的图书馆事业发展迅速，图书馆事业更加学术化与规范化。1807 年，德国的图书馆学家施莱廷格在世界上首次提出"图书馆学"这一术语，之后还著有《图书馆学教科书试用大全》《图书馆学手册》等。专业馆员也开始出现，著

---

①　杨子竞. 外国图书馆史简编[M]. 天津：南开大学出版社，1990：80.

②　杨威理. 西方图书馆史[M]. 北京：商务印书馆，1988：221.

名的格林兄弟、歌德都曾在图书馆工作。艾伯特、齐亚茨哥、佩茨赫尔特等著名图书馆学专家为图书馆事业发展贡献了理论基础。1886 年，齐亚茨哥开始在哥廷根大学举办图书馆学讲座与研讨班。麦维尔·杜威（Melvil Dewey，1851—1931）的图书馆学校也在 1887 年建立，美国的图书馆学校从 1900 年的 4 所发展到 1950 年的 36 所。[①] 英国、法国、瑞士等国家都成立了图书馆学校。1876 年，美国成立图书馆协会，同年杜威十进制法公布。此后，英国、法国、意大利、日本等国家也先后成立了图书馆协会。1927 年，国际图书馆协会联合会（IFLA）在英国成立。

工业革命以来，社会经济文化较发达的欧美等西方国家的图书馆事业发展迅速，也极具代表性。但同时，亚非拉地区的很多国家由于受殖民主义等社会政治因素影响，国家发展相对落后，图书馆事业发展较为缓慢，乏善可陈。图书馆事业发展在世界范围内的不平衡也凸显了其与社会发展程度的正向关系。

四、外国现代图书馆（1945 年以后）

第二次世界大战结束后，世界各国向着工业社会、信息社会等更高级的方向延伸，推动了图书馆事业现代化进程。多种文献载体形式出现，出版物数量急速增加，图书馆馆藏结构、服务手段、技术手段都在发生极大变革。世界图书馆事业在现代社会持续面临新技术和新观念的巨大影响与挑战，由此催生了图书馆的新业态和新趋势。

（一）图书馆事业的国际化

现代社会世界融合发展趋势明显，也使图书馆事业走向国际化，一系列与图书馆界相关的国际合作组织成立，主要包括国际文献工作联合会、联合国教科文组织、国际标准化组织等。图书馆国际组织与国际活动的蓬勃发展，使各国图书馆之间交流合作日益频繁，现代图书馆在国际化环境中协同共生，推动图书馆理论与实践的不断融合创新。联合国教科文组织 1949 年公布了第一版《公共图书馆宣言》，为世界各国的公共图书馆确立了基本使命。1994 年修订版的《公共图书馆宣言》称："UNESCO 坚信公共图书馆是传播教育、文化和信息的一支有生力量，是促使人们寻找和平和精神幸福的基本资源。"[②]

---

① 杨威理. 西方图书馆史［M］. 北京：商务印书馆，1988：209.
② 柯平. 公共图书馆的使命——《公共图书馆宣言》在公共图书馆事业发展中的价值［J］. 图书馆建设，2019（6）：13-19.

(二)各类型图书馆的繁荣

随着各国社会经济发展趋于稳定，各类图书馆的发展得到了国家政策保障。近代以来，世界上许多国家陆续建立了国家图书馆，亚非拉地区的很多国家图书馆在"二战"之后也陆续建成。美国、俄罗斯、法国、英国、中国的国家图书馆居于世界前列。大学图书馆已经成为衡量办学水平的重要标志，优秀的大学图书馆可以孕育优秀的人才也成为教育界的共识。哈佛大学、牛津大学、剑桥大学、巴黎大学、北京大学等世界名校的图书馆都享有盛誉。专业图书馆随着社会分工的明确深度发展，美国在21世纪初就有近万个专业图书馆，如美国国家医学图书馆(The National Library of Medicine，简称NLM)是世界上最大的医学图书馆，其拥有的MEDLINE(美国国家医学图书馆生产的国际性综合生物医学信息书目数据库，是当前国际上最权威的生物医学文献数据库)在世界范围内得到广泛应用。

(三)图书馆的现代化发展

现代技术革命使图书馆与信息技术的融合日益密切，世界图书馆技术革新从初始缩微复制技术、存储技术、复印扫描技术等，发展到计算机、互联网、云计算、物联网等高新技术领域，并仍在向更加智慧和智能的方向发展。现代图书馆中，许多基础性人工服务逐渐被计算机代替，图书馆业务也向更加专业化和个性化的方向发展。馆藏文献载体从单一的纸本向缩微品、光盘、电子文献、数据库多样化类型发展。图书馆作为现代社会的文化教育机构，在基础业务日益规范成熟的同时，开始承担更多的社会责任，探索更广的职能边界，业务范围由传统的藏书借阅向更多的读者服务，如阅读推广、参考咨询、知识管理、决策支持等方向发展。

最为显著的变革是实体图书馆的单一形态已被数字化等新兴概念突破，数字图书馆在世界范围内得以广泛实践。1971年，美国的古腾堡计划是全球最早的数字图书馆计划，以"鼓励电子书的创建与发布"为原始使命。2005年，美国国会图书馆与联合国教科文组织合作推出了"世界数字图书馆计划"，旨在保护全世界的文化遗产，让全世界公众平等、免费地共享全人类的精神财富，最终建立全球的数字资源。[①] 其他具有代表性的数字图书馆项目还有全球数字图书馆、谷歌图书搜寻、开放内容联盟、欧洲数字图

---

① 程蕴嘉. 全球数字图书馆计划现况与发展[J]. 图书馆学研究，2009(10)：9-12.

书馆等。

（四）现代图书馆面临新的挑战

数字技术的更迭与技术依赖、信息资源的开放性与多样性、网络安全、人才与经费支持等是现代图书馆普遍面临的压力与挑战。为直面挑战和寻求解决方案，图书馆的转型变革已成为趋势。《国际图联趋势报告2019年新进展》围绕三个方面提出了当代图书馆事业发展的宏观主题，也提示了图书馆事业面临的主要挑战。一是应对不确定性。由于很多过去看似确定的事情已在发生改变，日趋变化的环境迫使政府、图书馆和个人都需要有应对陌生情况的能力。对图书馆来说，这可能意味着需要更大力度的宣传倡导以寻求支持，在信息内容方面的提供能力也要不断增强。二是采用整体方法。世界的复杂性要求图书馆界拥有全局观念，在处理相应情况时需要充分考虑到不同政策领域及事务之间的关系，采取全面的办法来处理日益复杂的问题。三是规模化工作。技术使区域乃至全球规模的工作比以往任何时候都更容易，这意味着图书馆界面临的挑战也需要大规模的应对措施，为其未来的发展提供新的可能性。[①] 未来图书馆还将面临何种挑战不得而知，但图书馆事业以其强大的适应性、包容性与学习性，必将在转型变革中得到长远发展。

回顾外国图书馆的产生与发展史，不难发现，社会与科技的变革是图书馆发展的强大动力，而优秀的图书馆管理者也对图书馆事业发展至关重要。虽然在世界图书馆历史中，不同时代、不同国家、不同地区的图书馆事业都各有差异与特色，但是图书馆保存文化与传承文明的社会功能几乎一致。外国图书馆事业的兴衰伴随着世界史波澜起伏，中国图书馆事业也走过漫长的古代藏书楼到近代图书馆的曲折过程，逐渐与外国的现代图书馆事业交汇融合、共谋发展。随着经济全球化和人类命运共同体意识的深化，未来世界图书馆界的融合会更加密切，世界图书馆的发展也将更具活力。

第四节　图书馆发展演化的社会动因

皮尔斯·巴特勒曾在《图书馆学导论》中指出，只有了解图书馆历史起源之后才能真正理解图书馆事业。[②] 因此，在梳理国内外图书馆的发展历史后，我们再来探析影响

---

① 屠淑敏，史梦琳，殷叶玲，胡洋，周宇麟. 国际图联趋势报告——2019年新进展[J]. 图书馆研究与工作，2020(1)：88-96.

② [美]皮尔斯·巴特勒. 图书馆学导论[M]. 谢欢，译. 北京：海洋出版社，2018：98.

图书馆发展演化的因素，发现图书馆的发展进程无不与社会因素紧密相连。社会动因无疑是图书馆发展历史中很多重大事件的决定性力量，在多方面影响图书馆的发展演化。

一、社会制度的变革影响图书馆发展演化的方向

社会制度建立在社会生产力发展水平的基础之上，反映社会的价值判断和价值取向。它的变革受社会生产方式、人类社会生活需要等因素的制约，反过来又影响社会经济与文化的发展。图书馆形态与内涵的演变，深受社会变革的影响。

首先，总体的社会制度表现为社会形态，决定了图书馆性质的演化方向。在奴隶社会与封建社会，图书馆必然为奴隶主和皇权服务。即便是私人藏书楼或私家图书馆，也并非一般民众所能拥有，大多是上层阶级的私产，普通民众难以接触和利用。随着生产力的发展，社会形态发展到资本主义和社会主义阶段之后，经济文化的繁荣使出版业得到空前发展，图书的垄断性显著降低，藏书楼的私有性被打破，图书馆逐渐发展成为开放性的社会公共服务机构。因此，社会制度变革的作用，从根本上决定了图书馆从古代私有的封闭性质发展演化为近现代的公共开放性质。

其次，社会制度中具体的经济、政治、文化、教育等制度的变革引导着图书馆的建设方向。从图书馆的发展历程不难发现，没有经济的支持是难以办好一所图书馆的，这个定律无论在何种经济主导的时代都适用。经济制度的变革是否适应图书馆的发展要求，全面影响着办馆规模、水平、内涵等。政治意识形态具有鲜明的阶级性，政治制度的变革决定了图书馆是为哪个社会阶层服务的。而文化与教育制度的变革决定了图书馆的具体社会职能。如近代大学和各类新式教育机构的兴起，民众教育程度逐步提升。他们对知识文化需求日益增加，自然对图书馆的社会职能提出了更多、更高的要求，使其文化教育功能得到强化。

图书馆是存在于社会中的机构，而社会制度作为人类普遍的规范体系，社会制度的变革必然会对图书馆未来发展方向产生重要的指引作用与导向作用。图书馆的发展方向也需要适应社会发展的需要，从而建立起图书馆在社会中相对稳定的角色定位。

二、社会力量的积极参与推动图书馆事业的发展

回顾中外图书馆的发展历程，社会力量的参与成为各类图书馆迅速发展壮大的重要因素之一。中国国家图书馆、大不列颠图书馆、法国国家图书馆、美国国会图书馆等都接受了众多私人珍藏，由此馆藏更为丰富、规模迅速壮大。我国近代也不乏以一己之力

兴办图书馆的贤达人士，韦棣华创办文华公书林开启了近代图书馆事业的序章，徐树兰等社会先贤也积极捐款赠书。英美等国的会员图书馆由私人发起成立，卡内基的公共图书馆计划影响深远。外国早期的著名大学与其图书馆大多是社会人士捐赠，如哈佛大学、牛津大学、巴黎大学等。私人捐赠的书籍中多有珍本、善本，这些珍藏能让更多人拥有宝贵的文化遗产。

社会力量捐助图书馆的公益意识与公益行动，或源自心怀忧患意识、强国之梦，有着以书济世的宏愿，凭借强烈的社会责任感回馈社会、为国奉献；或出于在社会环境中的文化熏陶与个人伦理自觉，形成了对公益的权利与义务意识，将捐赠视为"给予的自由"；或基于个人获得社会认可的驱动，以通过社会公益行为赢得社会承认和尊重，进而获取一定的社会资本等。但无论何种原因，那些早期捐助图书馆事业的知识精英、社会贤达、公益人士，皆对图书馆推动社会文明进步的作用有着深刻认知。他们的善举推动了图书馆事业的发展，他们的公益意识也成为珍贵的思想资源而被后人所珍视。①

三、社会强制是图书馆事业发展的基础保障

社会强制，是指政府职能部门运用强制性手段建立和维护社会基础秩序的过程。图书馆事业的发展也深受社会强制的影响。法律强制和社会环境强制是对图书馆发展影响较大的两个方面。法律强制主要通过法律法规提出各类强制性要求；社会环境强制是在社会情境和群体行为的压力下使个人或组织产生一种压力感和认同感，从而促使他们形成一致的观念和行为。

通过法律强制推动图书馆事业发展已经成为很多国家的共识，各国都陆续颁布和健全图书馆法，同时出台诸多相关政策法规。如《中华人民共和国公共图书馆法》就要求"县级以上人民政府应当将公共图书馆事业纳入本级国民经济和社会发展规划，将公共图书馆建设纳入城乡规划和土地利用总体规划，加大对政府设立的公共图书馆的投入，将所需经费列入本级政府预算，并及时、足额拨付"②。英国议会在19世纪就已通过《公共图书馆法》，大多数西方国家会拨款资助公共图书馆。此外，"呈缴本"(《中华人民共和国公共图书馆法》称为"交存")制度是根据国家和地方有关法律、法令，规定出版单位向指定的文献收藏机构缴送一定数量正式出版物的制度，以利于完整收藏本国或

① 王子舟. 社会力量是近现代图书馆事业发展的原动力[J]. 图书馆论坛，2009(6)：42-46，57.
② 《中华人民共和国公共图书馆法解读》编写组. 中华人民共和国公共图书馆法解读[M]. 北京：中国法制出版社，2019：16.

本地区出版物、保存文化遗产、编制国家书目、保护著作权益及出版物管理。这种制度有效保障了重要的国际性或区域性图书馆馆藏文献的完整性与系统性。

法律强制保证了图书馆获得的社会地位，而社会环境强制让公众更趋向认同图书馆存在的价值和功能，让图书馆具有更广泛的社会群体认同。社会环境对图书馆的价值评价与引导，可以促使普通读者产生更多利用图书馆、崇尚阅读的行为。如联合国教科文组织确定每年 4 月 23 日为"世界读书日"，我国政府近年来也积极倡导"全民阅读"与"建设书香中国"，在社会上营造了良好的阅读氛围，推动图书馆社会文化功能更加丰富。另外，社会环境强制也在一定程度上吸引各种社会力量参与图书馆的建设，让一些个人或组织自发或被动地进行捐助图书馆的慈善行为。

四、社会思潮是图书馆发展演化的精神力量

社会思潮是反映特定环境中人们的某种利益或要求，且对社会生活具有广泛影响的思想趋势或倾向。它的形成有时是自发的，有时则是因特殊群体或力量的推动、倡导而被动发生的。社会思潮是一定时期社会存在的反映，是社会环境的"晴雨表"，会对图书馆发展产生积极或消极的影响，作用于图书馆事业的各个方面。

社会思潮对图书馆的影响具有历史性。由于社会思潮总是社会历史发展到一定阶段的产物，并带有该时代的印记。无论是各国因思想专制而发生的禁书、毁书事件对图书馆发展的阻碍，还是中世纪神学化的西方社会思潮让图书馆陷入被宗教禁锢的缓慢发展状态，或是意大利文艺复兴时期的文艺思潮将图书馆推向更为开放的发展空间，以及中国自鸦片战争以来涌起的社会改革思潮让藏书楼向近代图书馆的转变，都具有浓厚的时代意义，对该时代图书馆的内涵、形态、规模、职能等都产生了不同程度的影响。

社会思潮对图书馆的影响具有群体性。当崇尚图书馆的思潮在一定阶级或阶层的人群中得到较为广泛的传播与支持，就会让支持建设图书馆成为绝大多数人的共鸣。17世纪，文艺复兴已深刻地影响了欧洲的社会文化，人文和科学已经成为时代精神，很多上层人士都热衷于建设图书馆，有些君主和诸侯还以建设"巴洛克"图书馆作为炫耀的资本。诺德在《关于创建图书馆的建议》中就提到建设图书馆的意义，他认为亚历山大等统治者的武功与政绩并不一定被后人称颂，也不能算作高尚，但是他们创办的图书馆却可以作为光荣的业绩，成为其政治生涯里崇高的象征。民国初年，社会各界贤达人士掀起建设图书馆的热潮，也是深受当时西风东渐、文化救国等思潮的影响。由此可见，各国群体性的社会思潮深刻地影响着社会对图书馆的认识与态度，成为图书馆事业发展

的巨大精神力量。

社会思潮对图书馆的影响具有区域性。不同国家和地区由于文化背景、生产力水平的差异，产生的社会思潮可能大相径庭，这也使不同地区的民众对图书馆的认识有所不同，图书馆的发展水平各有差异。20世纪初，当中国封建思想逐渐土崩瓦解、新民主主义思潮还未完全成熟时，欧美等国的资本主义思潮早已确立。这些不同的社会思潮折射到图书馆事业中，就是当中国图书馆事业还处在由古代藏书楼向近代公共图书馆转变的过程中，英美等国的公共图书馆已广泛开展各类实践活动。人类历史的社会思潮犹如起伏涨落的潮水，有着流动性与阶段性。但随着社会的进步，人们普遍认识到图书馆对于保存人类文明、传承历史文化与交流知识信息的重要性，图书馆事业的发展也将随着社会思潮的发展而不断被赋予新的内涵。

▤ 重要名词术语

官府藏书　秘书省　馆阁　翰林院　挟书律　私家藏书　寺观藏书　藏书楼　公共图书馆运动　文华公书林　中华图书馆协会　尼尼微图书馆　"巴洛克"图书馆英国《公共图书馆法》　美国《图书馆权利法案》

✍ 思考题

1. 图书馆的产生是社会自发的吗？

2. 中国古代藏书楼与近现代图书馆有何异同？

3. 假设没有西学东渐，中国古代藏书楼自身能否完成向公共图书馆的转变？

4. 文艺复兴运动对推动西方图书馆的发展有何意义？

5. 西方传教士在中国近代图书馆事业的产生和发展中扮演了什么角色？

6. 现代信息技术的进步与图书馆发展有什么正向或逆向的关联性？

7. 图书馆事业的发展与社会整体发展是一种什么关系？

8. 推动图书馆事业不断进步的根本社会力量是什么？

第三章

图书馆学的基本问题

第一节 图书馆学的概念与定义

概念是反映客观事物根本属性的思维形式。人类在认识过程中，把所感觉到的事物的共同特点抽出来，加以概括，就成为概念。定义则是对于一种事物的本质特征或一个概念内涵与外延的确切和简要的说明。概念的内涵是反映在概念中的事物的特有属性，给一个概念下定义，就是揭示这个概念所反映的事物的特有属性。人们运用定义的形式把在实践中形成的对事物的特有属性的认识巩固下来，并用以指导进一步的实践活动。同时，定义也是人们对一定认识对象的认识成果和总结。随着人对事物的认识不断深化，反映这一事物的概念的定义就需要作相应修改而形成新的定义。

一、"图书馆学"概念与定义的提出

18—19世纪，欧洲的资本主义快速发展，思想、文化领域也十分活跃，大师辈出。到19世纪上半叶，欧洲的大学图书馆、国家图书馆已有了相当大的发展，对图书馆的研究也受人关注。德国的图书馆事业，在欧洲是居于前列的。1807年，德国图书馆活动家施莱廷格（Martin Schrettinger，1772—1851）最早使用了"图书馆学"这个学科名称，表示图书馆学是一门独立的学科。1808—1929年，他出版了

两卷本的《试用图书馆学教科书大全》，将图书馆学定义为"符合图书馆目的的整理方面所必要的一切命题的总和"①。1834 年，他又出版了《图书馆学手册》，提出"所谓图书馆学，是在正确的原则之下，系统地确立符合图书馆目的的整理所必须的原理"②。

今天来看，施莱廷格将图书馆学定义为关于"图书馆整理"的学科是有局限性的。然而，施氏定义在图书馆学思想史上无疑具有重要意义。首先，它开启了图书馆学的正式研究起点，标志着图书馆学成为一门独立的学科。其次，它对图书馆工作给出了系统的理论指导。施氏的阐述关注到了实践层面的意义，而且该定义始终以图书馆工作实践为核心，充分表现了其实用性特征。施氏定义由单纯的对图书馆藏书的认识上升到关于图书馆整理的理论，在其后相当长一段时间内"整理说"都是作为图书馆学的重要的一种研究思想存在的。③

二、图书馆学定义的演变

自施莱廷格提出图书馆学的概念与定义的 200 余年来，随着世界图书馆事业的发展变化，以及人们对图书馆认识的不断深化，图书馆学的定义也在不断发展演变，其过程大体经历如下阶段。

(一)从图书馆具体工作的角度来定义图书馆学

施莱廷格提出的图书馆学定义的"整理说"，是源于他从事图书馆实际工作 45 年的实践经验。他曾担任慕尼黑皇家图书馆技术主管、副馆长，在实践中积累了丰富的图书整理工作经验，所以他据此将图书馆学定义为关于图书整理的学问。"整理说"关注了图书馆实际技能知识体系的构架，对图书馆学这一学科的建立是具有积极意义的。但即使是与他同时代的图书馆学者，也认为"整理说"过于狭窄。1821 年，德国图书馆学家艾伯特(Friedrish Adolf Ebert，1791—1834)在其著作《图书馆员的教育》中就对施莱廷格的图书馆学定义提出了异议，认为图书馆学至少应包括图书馆整理和图书馆管理两大部分内容，图书馆学应是"图书馆员执行图书馆工作任务时所需要的一切知识和技巧的总

---

① 徐跃权，徐兆英，刘春丽. 马丁·施雷廷格的图书馆学思想与贡献[J]. 中国图书馆学报，2016(6)：37-50.
② 刘正伟，略论图书馆学的技术性特征[J]. 图书馆理论与实践，2000(4)：39-41.
③ 柯平，弓克，孙情情. 图书馆学概念衍进二百年之思考[J]. 大学图书馆学报，2008(2)：2-6.

和"①。1829 年，丹麦人莫尔贝希(Christian Moltbeeh，1793—1857)出版的《论公共图书馆》将艾伯特的图书馆学思想进一步系统化，这就是后来被西方图书馆史学家所称的艾伯特-莫尔贝希图书馆学体系。1890 年，德国图书馆学家格雷塞尔(A. Graesel，1849—1917)写了《图书馆学纲要》一书，突破了艾伯特-莫尔贝希体系，加进了图书分类学、图书馆史的内容，图书馆学的外延进一步扩大。

20 世纪下半叶，公共图书馆在欧美资本主义国家兴起，图书馆事业得到长足发展。而在图书馆工作的一些主要环节，技术与方法的进步对促进图书馆的发展作用十分明显。因此，图书馆学的发展也明显偏向实用的技术与方法研究。著名的美国图书馆学家、实用主义图书馆学的代表人物麦维尔·杜威就在其编制的《杜威十进分类法》第一版导言中宣称，他不追求什么理论上的完整体系，而只是从实用的观点出发设法解决实际问题。"在图书馆学研究领域内，无论在任何问题上，哲学上理论的正确性都要让位给实际的应用。"②

显然，早期的图书馆学者是在亲历和总结当时图书馆活动实践的基础上定义图书馆学的。随着社会和图书馆实践的不断发展，学者们对于图书馆学的认识也在不断深化与扩展。但总体来看，早期的图书馆学定义大多将图书馆看作一个孤立的社会存在体，认为图书馆学只是关于图书馆具体工作的学问，未能触及图书馆学的本质。

(二)从图书馆与社会的互动关系来定义图书馆学

到 20 世纪 20—30 年代，国内外图书馆事业都有了较大的发展，图书馆与社会的联系越来越多，学术界开始注意到了图书馆与社会的互动关系。早在 1926 年，我国图书馆学家杜定友就在《图书馆学的内容和方法》一文中指出"图书馆学专门研究人类记载的产生、保存和应用，所以是人类学问中一种很重要的科学"③，自觉考察了图书馆与社会的关系，影响了后来的图书馆学理论研究。在国外，较早注意图书馆与社会的关系的是美国图书馆学芝加哥学派的代表人物皮尔斯·巴特勒。他在 1933 年的《图书馆学引论》中认为，图书馆学研究的是"通过图书馆这种媒体将社会积累的经验(或知识)传递给个体的过程"，就是将图书馆作为一种社会现象，试图从社会、心理、历史的角度来

① 徐引篪，霍国庆 . 现代图书馆学理论[M]. 北京：北京图书馆出版社，1999：3.
② 吴慰慈，董焱 . 图书馆学概论(第 4 版)[M]. 北京：国家图书馆出版社，2019：7.
③ 杜定友 . 图书馆学的内容和方法[J]. 教育杂志，1926，18(9)：1-15.

解释图书馆学。1954 年，德国图书馆学家卡尔斯泰特（P. Karstedt）出版的《图书馆社会学》一书认为，图书是客观精神的载体，图书馆则是客观精神得以传递的场所。图书馆是维系和继承社会精神不可缺少的社会机构，担负着把社会精神移入作为社会形象载体的社会成员职能，这一论述将图书馆与社会的关系上升到理论高度。1952 年，芝加哥学派的另一代表人物杰西·谢拉发表了《书目理论的基础》一文，提出了"社会认识论"的新概念。1970 年，杰西·谢拉又出版了一部研究图书馆社会学的专著——《图书馆学的社会学基础》，书中系统提出并阐述了他的"社会认识论"观点，认为这一理论可以作为图书馆工作和图书馆学的科学依据。① 以上诸家观点都试图跳出对图书馆具体工作的描述，而从图书馆社会化存在的意义来认识和定义图书馆学，但这些观点还是围绕图书馆这一实体进行的研究，只是扩大了研究的范畴。

（三）从探索图书馆活动规律的角度来定义图书馆学

20 世纪 50 年代，有的图书馆学者已不满足于从图书馆具体工作或图书馆机构的角度来认识和定义图书馆学，而是力图在研究中探索图书馆活动的规律。1957 年，刘国钧在《什么是图书馆学》一文中提出："图书馆学是关于图书馆的科学。也就是研究图书馆事业的性质和规律及其各个组成要素的性质和规律的科学。"后来的研究者将刘国钧的观点概括为图书馆学研究对象的"要素说"，其实刘国钧说得很清楚，图书馆学要研究的是宏观层次和微观层次的图书馆活动的规律。刘国钧的观点在图书馆学理论研究领域具有重要的影响。

1976 年，苏联图书馆学家 O. C. 丘巴梁在《普通图书馆学》第三版中提出："苏联的图书馆学是研究作为大众传播形式之一的图书馆工作过程的发展规律、属性、性质和结构的社会科学。"②O. C. 丘巴梁的《普通图书馆学》是苏联文化部教育司批准的苏联图书馆学专业通用教材，他的观点是具有代表性的。

1981 年，北京大学图书馆学系和武汉大学图书馆学系合编的我国改革开放后第一部图书馆学基础理论教材《图书馆学基础》采用并阐发了刘国钧的"规律说"，即"图书馆学是研究图书馆事业的产生发展、组织形式以及它的工作规律的一门科学"。1988 年，

---

① 范并思，等. 20 世纪西方与中国的图书馆学——基于德尔斐测评的理论史纲[M].北京：北京图书馆出版社，2004：70.

② ［苏]O. C. 丘巴梁. 普通图书馆学[M].徐克敏，郑莉莉，周文骏，译. 北京：书目文献出版社，1983：4.

黄宗忠的《图书馆学导论》给"图书馆学"的定义是"图书馆学是研究图书馆收集、加工、整理、保藏、控制图书与一定社会读者利用藏书之矛盾产生与发展规律的科学"。黄宗忠虽然是从他所主张的"矛盾说"的角度给"图书馆学"下定义，但最后的落脚点仍然是图书馆活动的规律。1993 年，《中国大百科全书·图书馆学情报学档案学》综合上述观点，提出"图书馆学是研究图书馆事业的产生发展、组织管理以及图书馆工作规律的科学"，说明这一定义已被广泛接受。《中国大百科全书(第三版)》对前一版的定义作了修订，认为"图书馆学是研究文献、知识与信息的收集整理、组织利用、保存与服务的理论与方法，以及图书馆管理与图书馆事业发展规律的科学"[①]。但这一定义也表明，从探索图书馆活动规律的角度来定义图书馆学仍然是被认同的。

(四)从探寻图书馆活动本质的角度来定义图书馆学

在人们从图书馆与社会的互动关系或图书馆自身活动规律的角度定义图书馆的同时，也有学者另辟蹊径，试图从图书馆活动的本质来认识和定义图书馆。他们认为，图书馆工作的对象表面上看是图书文献，实质上则是文献中所包含的信息或知识，图书馆学实质上是关于信息或知识收集、组织、保存和提供利用的学问。这一观点最早见于1943 年美国图书馆协会给图书馆学下的定义："图书馆学就是发现、搜集、组织及运用印刷的与书写的记录之知识与技能。"[②]

20 世纪七八十年代以来，随着计算机技术、现代通信技术和网络技术的迅速发展及其在图书馆的广泛运用，图书馆的工作对象和内容都发生了深刻的变化，一种新的图书馆形态——数字图书馆出现在人们面前。数字图书馆对知识信息的收集、组织、保存和传递利用已经超越了一个实体机构。这一变化促使人们不得不重新思考图书馆和图书馆学的定义。同时，20 世纪 70 年代，英国哲学家卡尔·波普尔提出了"世界 3 理论"，将图书馆与图书馆学视为世界 3(客观知识世界)的一部分。这一理论深刻地影响到之后的图书馆学研究，学者们开始自觉摆脱机构化定义的束缚，探寻深入本质的图书馆学定义。

1983 年，美国图书馆协会将图书馆学的定义重新修改为："为满足用户群体的信息

---

① 陈传夫. 图书馆学[M]//中国大百科全书(第三版)总编辑委员会. 中国大百科全书(第三版)图书馆学，北京：中国大百科全书出版社，2022：1.

② 王子舟. 图书馆学基础教程[M]. 武汉：武汉大学出版社，2003：74.

需求，对信息记录进行选择、获取、组织、利用所需要的知识和技能。"①这种定义的演变可代表图书馆学在逐步脱离机构化的束缚，去开辟更为广阔的学术发展空间。

在国内图书馆学界，学者们也逐渐摆脱"机构"研究的束缚去探寻图书馆学的本质。如台湾地区的学者顾敏在《现代图书馆学探讨》中就指出："图书馆学基本上是一种研究知识成长而融合各种工艺及技术的学问"②。大陆的许多学者也敏锐地注意到了知识正在逐渐成为图书馆学的核心概念，如有学者认为，图书馆学就是研究"客观知识、知识集合、知识受众及其相互之间关系"③的学科，或者认为图书馆学是关于知识资源的收集、组织、管理与利用，研究与文献和图书馆相关的知识资源活动的规律，以及研究知识资源系统的要素与环境的一门科学。④

上述的国内外图书馆学定义，已经不再将图书馆学局限于图书馆机构或图书馆事业的活动，而是深入对图书馆与图书馆学本质与内涵的探寻，反映了学界对图书馆学认识的进一步深化。

三、如何定义图书馆学：图书馆学与图书馆关系辨析

关于图书馆学的定义，目前仍然存在分歧，争鸣的焦点主要在于，图书馆学的定义要不要"去机构化"，要不要将"图书馆学"与图书馆"切割"。如前所述，国内外图书馆学领域有不少学者主张图书馆学的定义应该摆脱图书馆的束缚，甚至有不少学者对200多年前施莱廷格给出的"图书馆学"名称提出质疑，认为不应以一个具体的社会机构来命名一个学科。如当代德国图书馆学情报学家沃西格（G. Wersig）就曾经提出："只要没有诸如医院学或监狱学这样的学科，图书馆学的概念就不是令人信服的"⑤。国内也有学者认为，"任何真正的科学研究都不应局限于和依附于某一具体的单独的固定形式的社会机构"，"在研究工作中，人们总是超越具体的社会机构，把在这个社会机构的工作中反映出来的问题与更本质更普遍的基本社会或自然现象联系起来……因此只有医

---

① Young H. The ALA Glossary of Library and Information Science[M]. Chicago: The American Library Association, 1983: 132.
② 顾敏. 现代图书馆学探讨[M]. 台北：台湾学生书局，1988：1.
③ 王子舟. 图书馆学基础教程[M]. 武汉：武汉大学出版社，2003：1.
④ 柯平. 知识资源论——关于知识资源管理与图书馆学的研究对象[J]. 图书馆论坛，2004(6)：58-63, 113.
⑤ 徐引篪，霍国庆. 现代图书馆学理论[M]. 北京：北京图书馆出版社，1999：12-13.

学，没有医院学；只有法律学，没有法院学；只有教育学，没有学校学。"①

当然，质疑图书馆学"去机构化"的意见也有不少。如有学者就明确提出"图书馆学就是关于图书馆的科学"②，也有学者坚持"图书馆学必须研究图书馆事业，否则就不是图书馆学了"③。

图书馆学与图书馆究竟应该是什么关系？用客观的、发展的眼光来看，今天的图书馆学与图书馆确实不是完全对应的。当今社会对信息知识的选择、采集、组织、加工、保存和传递利用，已不是图书馆特有的现象。换言之，今天图书馆学所研究的对信息与知识收集、组织、加工、保存与传递利用，不但可以运用于图书馆，也适用于其他许多行业或职业活动，从这个意义上看，图书馆学的定义不必拘泥于图书馆。但是，图书馆学这些理论与方法知识毕竟大多来源于图书馆，同时也在图书馆微观和宏观层次的活动中得到运用和检验，然后在此基础上进行图书馆学知识的再生产。因此，从这个意义上说，图书馆学又是不能脱离对图书馆及图书馆事业研究的。正如福特(B. Ford)指出，图书馆学一方面必须解释信息如何被记录、保管、储存、检索，如何满足个人和社会的需要；另一方面必须包括对图书馆这一社会机构的研究。④

基于这一认识，借鉴其他学者对图书馆学定义的表述，我们不妨给图书馆学下这样的定义：图书馆学是研究信息与知识资源的收集、组织、管理与传递利用的原理与方法及其在图书馆的应用，以及图书馆与图书馆事业发展规律的学科。

第二节　图书馆学知识体系

科学是知识的系统化，图书馆学则是图书馆知识的系统化。从古至今，图书馆工作者在图书馆活动实践中获得和积累了大量关于图书馆的经验和知识，并对这些以感性认识为基础的经验和知识加以思考、提炼和抽象，形成概念、判断、推理，成为系统化的理性认识。这些理性认识，就是组成图书馆学的知识元素，而这些知识元素按照一定的逻辑关系形成知识单元，进而形成低层次学科、分支学科、学科门类，最终构成相互联系、相互制

---

① 张晓林. 应该转变图书馆研究的方向[J]. 图书馆学通讯，1985(3)：57-64.

② 程焕文. 图书馆学就是关于图书馆的科学——谨以此文纪念李大钊130周年诞辰刘国钧120周年诞辰[J]. 图书馆杂志，2019，38(12)：11-15.

③ 吴慰慈，董焱. 图书馆学概论(第4版)[M]. 北京：国家图书馆出版社，2019：13.

④ 于良芝. 图书馆学导论[M]. 北京：科学出版社，2003：21.

约的有机整体，就是图书馆学知识体系。图书馆学知识体系以逻辑化、结构化的方式将图书馆学知识系统地呈现出来，有助于人们从整体上认识和把握图书馆学的研究范畴，并通过对知识体系演化特征和规律的探究，把握图书馆学未来的发展方向。

一、图书馆学知识体系的探索与演变

图书馆学知识体系的形成，首先，有赖于图书馆实践的发展，实践的发展与变化为图书馆学知识体系的形成积累经验和知识元素，也为图书馆学提出研究的问题与课题，对图书馆学理论产生需求。其次，也取决于人们对图书馆和图书馆事业认识的深度与广度，随着人们认识的深化，有关图书馆的经验和知识元素才能升华为图书馆学理论，进而形成图书馆学知识系统。图书馆学体系形成的这两个条件是随着时代的发展而变化的，因此对图书馆学知识体系的探索和体系的演变也是一个历史过程。

（一）19世纪图书馆学知识体系：以图书馆工作内容和技术方法为主

人们对图书馆学知识体系的探索始于19世纪初。1807年，德国人施莱廷格首次使用了"图书馆学"这一概念，次年又在《试用图书馆学教科书大全》一书中试图构建一个图书馆学知识体系。他认为图书馆学需要研究的是"图书整理"，主要是图书的配备和目录的编制，因此他是以图书馆的具体工作内容为基础来建立图书馆学知识体系的。1821年，德国人艾伯特（Friedrish Adolf Ebert，1791—1834）认为施莱廷格以"图书整理"为研究对象的图书馆学体系内容过于狭窄。他认为图书馆学不仅要研究图书整理，还要研究图书馆管理，图书馆学体系是"图书馆员执行图书馆工作任务所需要的一切知识和技巧的总和"。艾伯特之后，丹麦人莫尔贝希（Christian Moltbech，1783—1857）将其图书馆学思想系统化，这就是后来西方图书馆学史家所称的艾伯特-莫尔贝希图书馆学体系。该体系虽然比施莱廷格的图书馆学体系内容更丰富，但仍然是基于图书馆具体工作内容和技术方法提出的。

1859年，英国人爱德华·爱德华兹（Edward Edwards，1812—1886）出版的《图书馆纪要》一书，提出一个以图书馆史、图书馆藏书、图书馆建筑、分类与目录、公共服务、图书馆内部结构等为分支学科的图书馆学体系。尽管这一体系出现了图书馆史，而"史"也是理论的一种形态，但真正的图书馆原理没有出现，以技术方法的应用为中心，仍然是这一体系的基本特征。

19世纪末，世界图书馆学研究的中心转移到了美国。1887年，美国麦维尔·杜威创办了哥伦比亚大学图书馆管理学校，开设了图书分类、编目、目录学、图书馆经营等课程。该课程体系在一定意义上标志着图书馆学学科体系形成，但这个体系仍是以图书馆的实际工作和技术方法为主要内容的。麦维尔·杜威"不追求什么理论上完整的体系，而只是从实用的观点来设法解决一个实际问题"的实用主义立场，在一定意义上延缓和阻碍了图书馆学体系科学化的进程。

(二)20世纪初至20世纪70年代图书馆学知识体系：理论与应用相结合

20世纪初，西方的图书馆与图书馆学传入中国。中国学者在引进、学习西方图书馆学的过程中，一直在探索如何建立更为科学、规范、完善的图书馆学知识体系，在思考如何在图书馆学知识体系中融入中国特色。1923年，杨昭悊出版了《图书馆学》一书，这是我国最早的图书馆学概论性著作。杨昭悊认为，外国图书馆学著作分类的多，通论的少，应用的多，原理的少，为此他极力主张自编图书馆学著作。在《图书馆学》中他第一次明确提出了一个由"纯正的"图书馆学(专为说明图书馆原理原则，或现有的事实)和"应用的"图书馆学(专为指导图书馆实施的方法)相结合的图书馆学体系。[①]

此后，对图书馆学体系进行研究具有代表性的观点有：1925年，杜定友出版《图书馆通论》一书，将图书馆学分为专门的(关于图书馆学的之专门学识)和辅助的(关于与图书馆学有连带关系之学识)两大部分，图书馆学的专门学识又划分为理论方面和实用方面两部分。[②] 他认为"凡是成为专门的学科，至少要有两个根本的条件：第一是原理，第二是应用，而应用是根据于理论而来"[③]。

1934年，刘国钧出版《图书馆学要旨》一书，他在"例言"中写道：写作本书的"目的在于说明图书馆学的原理，偏重理论阐发"[④]。他提出图书、人员、设备、方法是构成图书馆的四要素，分别研究这四种要素便成为各种专门学问，并以构成图书馆的四个要素为依据，提出了图书馆学体系。

1935年，李景新发表《图书馆学能成一独立的科学吗》一文，认为图书馆学的学科体系主要由两部分构成，即"历史的图书馆学"和"系统的图书馆学"，而"系统的图书馆

---

① 杨昭悊. 图书馆学(上)[M]. 上海：商务印书馆，1923：12-13.
② 杜定友. 图书馆通论[M]. 上海：商务印书馆，1925：42-43.
③ 杜定友. 图书馆学的内容和方法[J]. 教育杂志，1926，18(9)：1-15.
④ 刘国钧. 图书馆学要旨[M]. 上海：中华书局，1934：12-16.

学"又包含了"理论的图书馆学"和"实际的图书馆学"①。这一体系被认为是"19世纪以来内容最丰富、最全面、最系统的图书馆学体系，也是比较标准的体系"②。

1974年，联合国教科文组织专家委员会提出了一个图书馆学核心课程体系。虽然图书馆学教育的课程体系范围比图书馆学学科体系更大，因为其中还包含了从事图书馆工作所需要的其他学科的知识与技能，但课程体系中涉及的图书馆学专业知识，可以认为是一个图书馆学知识体系。这个知识体系尽管"理论"的色彩还比较淡薄，但已经比较充分地反映了图书馆的发展变化，吸收了当时应用于图书馆的新技术，如电子计算机、复制技术，同时用户研究、读者工作占有一定地位，图书馆管理受到重视，与图书馆相关的法律内容也被列入图书馆学体系。

这一时期的图书馆学体系，虽然没有完全摆脱以技术方法为中心的局限，但已经较为明显地由单一的技术方法为中心，进入到理论与技术，或原理与应用，或抽象与具体相结合的阶段，从而使图书馆学体系向科学化、规范化、成熟化的方向迈进了一大步。

(三)20世纪80—90年代的图书馆学知识体系：多维度的划分各显特色

20世纪70年代末以后，进入改革开放阶段的中国，图书馆学研究十分活跃，图书馆学体系结构成为研究的热点。随着图书馆学研究内容的丰富和人们对图书馆学认识的深化，对图书馆学知识体系认识的"维度"，也出现多元化的局面，具有代表性的维度划分，主要有以下几种。

1. 二分法

"二分法"将图书馆学分为理论图书馆学和应用图书馆学两部分。这大体上继承了20世纪20年代以来关于图书馆学体系结构划分的基本观点，当然"二分"下面延伸的分支增多，内容更为丰富。有较大影响的二分法体系有：

倪波、荀昌荣主编的《理论图书馆学教程》(1986)将图书馆学分为理论图书馆学和应用图书馆学。理论图书馆学分为图书馆学原理、图书馆学史、图书馆事业研究、图书馆学方法论，图书馆未来学、比较图书馆学、专门图书馆学(各类型图书馆研究)。应用图书馆学分为图书馆藏书、图书分类、图书编目、图书馆读者、图书馆管理、图书馆现

① 李景新. 图书馆学能成一独立的科学吗？[J]. 文华图书馆学专科学校季刊，1935，7(2)：263-302.
② 黄宗忠. 图书馆学体系的沿革与重构[J]. 图书与情报，2003(3)：2-9，54.

代化(以上称为狭义)；图书馆数学、图书馆经济学、图书馆教育学、读者心理学、图书馆统计学、图书馆建筑学、图书保护学(以上称为广义)。

郭星寿编著的《现代图书馆学教程》(1992)也将图书馆学分为理论图书馆学和应用图书馆学两部分。理论图书馆学分为图书馆原理、图书馆职业学、比较图书馆学、历史图书馆学、图书馆未来学、图书馆学文献学。应用图书馆学分为部门图书馆学(业务技术、管理等)、专门图书馆学(各类型图书馆)。与《理论图书馆学教程》不同的是，《理论图书馆学教程》将"专门图书馆学"列入"理论图书馆学"，而《现代图书馆学教程》则将其列入"应用图书馆学"。

将学科知识分为理论与应用，或普通与专门，或原理与方法等，符合人们的认识规律，是知识体系的基本形态。图书馆学"二分法"，不仅是对历史的承继，也在后来的研究中得到广泛应用。

2. 三分法

"三分法"将图书馆学分为理论图书馆学、专门图书馆学、应用图书馆学，或分为理论图书馆学、技术图书馆学、应用图书馆学。具有代表性的三分法体系有：

1981年出版的《图书馆学基础》是改革开放后正式出版的第一本图书馆学概论性著作。该著作尝试以普通、专门、比较图书馆学组成学科体系。

1983年，周文骏发表《概论图书馆学》一文，将图书馆学分为理论图书馆学、专门图书馆学、应用图书馆学。理论图书馆学包括图书馆学对象、任务、方法，图书馆性质、作用、发展，图书馆工作规律、原则、技术。专门图书馆学包括公共图书馆学、大学图书馆学、科学技术图书馆学、儿童图书馆学、特种图书馆学、其他。应用图书馆学包括图书馆政策、图书馆经济、图书馆事业组织、图书馆工作方法、图书馆技术、图书馆设备与建筑、图书馆计划、其他。

1988年，黄宗忠编著的《图书馆学导论》将图书馆学分为理论图书馆学、技术图书馆学、应用图书馆学三部分。理论图书馆学包括图书馆学导论、图书馆史、图书馆学史、图书馆学方法论、图书馆未来学、比较图书馆学；技术图书馆学包括图书采访学、藏书组织学、图书分类学、情报检索语言、图书馆目录学、图书文献学、图书馆读者学、图书馆管理学、图书馆建筑、图书馆自动化；应用图书馆学则包括国家图书馆学、公共图书馆学、高等学校图书馆学、科学图书馆学、专业图书馆学等各类型图书馆学。然后，他又将理论与技术研究归为普通图书馆学，以应用研究作为专门图书馆学，[①] 形

---

① 黄宗忠. 图书馆学导论[J]. 武汉：武汉大学出版社，1988：39.

成了一个二分法与三分法重叠的学科体系。

与此前的图书馆学体系相比,"三分法"内容更加完备,体系更趋完整。"三维"体系主要是从现实研究状况出发进行划分,是对"二维"体系的突破与创新。

3. 四分法

四分法把图书馆学分为普通图书馆学(或理论图书馆学)、专门图书馆学、应用图书馆学、比较图书馆学。最有影响的四分法体系出自 1985 年吴慰慈与邵巍编著的《图书馆学概论》,其阐述了由普通图书馆学、专门图书馆学、比较图书馆学、应用图书馆学四个一级分支组建的学科体系。普通图书馆学分为图书馆学理论、图书馆事业建设原理、图书馆事业组织与管理体制、图书馆网的理论与实践、图书馆工作原理与机制、图书馆学教育、图书馆事业史、图书馆未来研究、图书馆的性质、职能与地位、图书馆学研究规划、图书馆学发展史。专门图书馆学分为公共图书馆研究、大学图书馆研究、科学专业图书馆研究、儿童图书馆研究、其他类型图书馆研究。应用图书馆学分为图书馆藏书、图书馆目录、图书馆读者服务工作、图书馆科学管理、图书馆工作现代化(以上称狭义的),图书馆经济学、读者心理学、图书馆教育学、图书馆管理学、图书馆统计学、图书保护学(以上称广义的)。比较图书馆学分地域研究、跨国研究、实例研究。在 2002 年、2008 年和 2019 年修订出版的《图书馆学概论》中,吴慰慈与董焱依旧坚持普通、专门、比较、应用的四分法体系,该教材是许多高校图书馆学专业的本科教材与研究生招生参考书,影响广泛。

另一部有较大影响的教材是由宓浩主编的《图书馆学原理》(1988),其中也提出了理论图书馆学(基础研究)、专门图书馆学(各类型图书馆研究)、应用图书馆学(应用与开发研究)、比较图书馆学的四分体系,与《图书馆学概论》差别不大。

(四)20 世纪 90 年代末至今的图书馆学知识体系:基于信息、知识视角的构建

20 世纪 90 年代后期以来,互联网迅速覆盖全球,数字技术飞速发展,社会信息环境急剧变化,带来了图书馆业态巨大而深刻的变革。以文献管理和服务为主要业务内容的传统图书馆,向以信息和知识的管理和服务为核心内容的新形态图书馆转型,以传统的文献、图书馆等概念为基石的图书馆学知识体系,也在向以信息、知识为基本概念的方向转变。文献信息、信息管理、信息资源管理、信息资源体系、知识交流、知识管

理、知识资源、知识集合等都成为图书馆学知识体系重构的核心概念。基于信息、知识视角的图书馆学体系构建，成为这一时期的研究热点。

1999 年，徐引篪、霍国庆出版的著作《现代图书馆学理论》，运用 20 世纪 80 年代流行于西方的信息资源管理理论，融合了社会学等相关学科，将图书馆学理论构建在以因特网为核心的现代信息技术的平台上，较为系统地探讨了现代图书馆学的研究对象和学科体系。他们认为图书馆学的研究对象是图书馆，而图书馆的本质是一种动态信息资源体系。因此，该书构建了一个基于信息资源体系的图书馆学知识体系。该体系将图书馆学分为三大板块：信息资源体系理论研究、信息资源体系过程研究、具体信息资源体系研究。在信息资源体系理论研究下面又分为信息资源基本理论研究、历史研究、未来研究、方法研究；在信息资源体系过程研究下面包括了信息资源体系的形成、维护、发展、开发、过程管理；在具体信息资源体系研究下面包括了全球、国家、社区和社会组织的信息资源体系研究。① 这是基于信息资源管理理论构建图书馆学知识体系的探索。

除了信息资源论，以知识为逻辑起点重建图书馆学学科体系也成为进入 21 世纪以来图书馆学研究的一大亮点。具有代表性的成果是 2003 年王子舟出版的《图书馆学基础教程》，作者将图书馆的本质抽象为知识集合，并以知识集合为图书馆学的研究对象，试图超越"机构图书馆学"以"图书馆"为研究重心的范式规定，构建一个以知识论为理论基础的图书馆学学科体系。该书提出了一个由两个门类六个分支组成的图书馆学学科体系。两个门类包括理论图书馆学和应用图书馆学。理论图书馆学又分为现实图书馆学（包括图书馆学基础、比较图书馆学）、历史图书馆学（包括文献知识史、知识集合史、图书馆学史）、发展图书馆学（包括图书馆学教育、未来图书馆学）；应用图书馆学又分为客观知识研究（包括单元知识、群体知识）、知识集合研究（包括知识集合性质与类型、知识集合组织过程、知识集合组织方法、知识集合管理维护、知识集合价值评估）、知识受众研究（包括知识受众权益、知识受众需求、知识受众服务）。②

除了上述两部著作，还有不少论文探讨了以知识为中心的图书馆学知识体系的构建问题。这一趋势反映了在网络时代，图书馆学理论力图突破原有的研究范式，立足于更广阔的信息空间构建图书馆学的知识体系。

---

① 徐引篪，霍国庆. 现代图书馆学理论[M]. 北京：北京图书馆出版社，1999：7-30.
② 王子舟. 图书馆学基础教程[M]. 武汉：武汉大学出版社，2003：108-110.

二、图书馆学知识体系的构建原则

通过对图书馆学知识体系探索历程的梳理可以看到，图书馆学知识体系是随着图书馆实践活动的发展，图书馆学研究内容的丰富，以及人们对于图书馆学的了解和认识不断深化而发展演变的。当今社会，这些影响图书馆学知识体系的各种因素都在变化之中，因此，构建新的图书馆学知识体系也势在必行。然而，构建图书馆学知识体系不是随意的，而应该遵循一定的原则。

(一)继承性原则

任何一种图书馆学知识体系的产生都是历史进化的结果。人们在探索图书馆学知识体系 200 余年的历史中，已经积累了许多认识成果，这些成果应该成为我们今日重构图书馆学知识体系的起点与基础，也就是说，对以往图书馆学知识体系中的合理因素要继承和弘扬。如传统图书馆学知识体系中，自 20 世纪以来，把图书馆学知识体系划分为"理论图书馆学"和"应用图书馆学"两大门类。这种划分反映了人们对图书馆学从具体到抽象的认识过程，反映了理论与实践的关系，反映了图书馆学既有"学"，又有"术"，从而使图书馆学既有解释问题，说明现象的理论层次，又有解决具体问题，怎样做的应用层次，因而这种划分是应该继承的。对传统图书馆学体系不仅要继承门类的划分方法，还有许多分支学科、知识单元，今天仍然具有学术价值，是可以沿用的。

(二)发展性原则

对传统图书馆学知识体系不仅要继承合理的有用部分，还要不断发展创新，这样知识体系才有活力。发展性原则，就是要根据时代的发展、科学技术的发展和图书馆业态的发展变化，将一些经过实践检验、证明比较成熟的知识内容吸纳到图书馆学知识体系中。它们可以是某个分支学科，也可以是某些新知识单元，如某些新的概念、范畴、原理、研究方法等。当然，发展性原则也不是随意的，必须具有客观制约性，不能主观想建什么分支学科，就建什么分支学科，而应取决于图书馆实践的发展和需要，图书馆学研究的水平与程度，未来的发展空间等。

(三)科学性原则

图书馆学知识体系，是由若干相互联系、相互制约的图书馆学知识元素构成的整体。组成这个体系的各知识元素如何搭配、排列、组织以及各组成部分之间的联系，也就是这个体系的结构，是构建图书馆学知识体系必须研究的问题。所谓科学性原则，主要是指图书馆学知识体系构建要遵循学科发展规律，符合学科的内在逻辑性。系统理论认为，在系统的基本特征中，层次性、联系性是两个重要的特征。图书馆学体系结构的层次性，要求图书馆学应该由门类、分支学科、低层次学科、知识元素等层次构成。联系性则要求体现出图书馆学各知识元素存在的并列、相邻、交叉的关系。这就是说图书馆学知识体系既具有一种隶属、层次的结构关系，又是一种相互关联的系统。

(四) 开放性原则

开放性也是现代社会系统的基本特征之一。所谓开放性，就是指系统只有与外界环境进行物质、能量、信息的交换，才能维持和更新自身的结构。图书馆学知识体系的开放性，一是要求图书馆学体系及时融入来自本学科领域和实践领域的新理论研究成果和应用研究成果，形成新的概念、范畴、理论，拓展图书馆学知识体系；二是要求积极吸收其他科学的理论精华，与图书馆学交叉融合，当这些跨学科研究领域成熟、稳定以后，纳入图书馆学知识体系，形成新的分支学科；三是要求学习、借鉴国外图书馆学和其他相关学科优秀的理论研究与应用研究成果，进行本土化改造，将民族的与世界的优秀理论荟萃于图书馆学知识体系之中。

三、当代图书馆学的体系结构

进入 21 世纪以来，科学技术以前所未有的速度加快发展，互联网已深度融入社会生产生活各领域，图书馆工作的内容、方式乃至图书馆形态都发生了深刻的变化，图书馆与国家发展战略和社会重大需求联系越来越密切，在促进社会文明进步中的作用越来越凸显，图书馆学与各学科的联系进一步加强，跨学科发展的趋势日益明显。在这样新的时代背景中，根据上述讨论的图书馆学学科体系构建原则，我们初步构建了如图 3-1 所示的图书馆学知识体系。

图书馆学知识体系分两大门类：理论图书馆学和应用图书馆学。

(一) 理论图书馆学

理论图书馆学是研究图书馆学基本原理，图书馆发展与图书馆事业建设的基础理论、基本特点和规律的图书馆学。它是整个图书馆学研究的起点和根本，也从总体上规

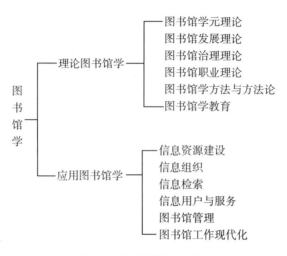

图 3-1 图书馆学知识体系

定了图书馆学的发展方向，为整个学科起到提供认识论与方法论的作用。理论图书馆学研究的深度和广度，可以反映学科的成熟性和研究水平，以及它在整个科学体系中的学术地位。理论图书馆学对应用图书馆学具有指导和统摄的作用。应用研究需要从基础研究中获得理论动力和支撑，没有基础研究，没有对这门学科的本质和运动规律的研究，应用研究就不会有根本性的变化。缺乏理论指导的实践，必然是盲目的实践。

理论图书馆学包括以下分支：

1. 图书馆学元理论

元理论是哲学社会科学中经常涉及的概念，是以理论为研究对象的理论。"元理论是源于人类企望理解并不断追求理解的本性而必然产生出来的一种具有普遍性意义的知识现象和知识形式"，其任务是"考察对象理论的论证结构、基本概念和基本原理的构成方式、定义和证明方法，分析和揭示理论论证所依赖的各种前提"①。图书馆学元理论就是对图书馆学领域的基本概念及其内涵和构成、基本研究范围、基本现象的原理性描述方式和方法论等进行的研究，它是从更根本、更深入的层次上对图书馆学理论逻辑进行的阐释和说明，也是图书馆学理论体系构建的逻辑基点。图书馆学元理论本身也是一个体系，大体上由以下几个方面构成：①图书馆的概念与本质，包括图书馆与数据、信息、知识、智慧等概念的关系；②图书馆的社会职能；③图书馆学的概念；④图书馆

---

① 李振伦. 元理论与元哲学[J]. 河北学刊，1996(6)：26-31.

学体系结构；⑤图书馆学的理论基础；⑥图书馆学的相关学科；⑦图书馆学研究方法与方法论体系。

2. 图书馆发展理论

研究总结图书馆事业发展规律，关注和解决当今图书馆事业发展遇到的问题，是图书馆发展理论研究的目标和任务。面对世界百年未有之大变局，国内外技术和人文环境的变化，图书馆如何变革与转型，图书馆未来的发展前景如何，是当代图书馆学基础理论必须研究的问题。图书馆发展理论大体包括：①图书馆产生的机理；②图书馆发展历史及其与社会的互动关系；③各类型图书馆研究；④图书馆系统的结构及其内在联系；⑤图书馆发展形态的演变；⑥信息技术与图书馆的发展；⑦图书馆精神与图书馆的发展。

3. 图书馆治理理论

从系统论的角度来考察，图书馆治理是国家治理体系的一个子系统。与图书馆管理不同的是，图书馆治理属于"制度"的范畴，核心是建立一个制度体系，科学合理地界定图书馆主要利益相关者的权利、职责和利益的关系，从而实现图书馆公共利益的最大化。随着现代信息技术的飞速发展和国内外政治、经济和文化环境的不断变化，图书馆发展也面临着复杂的局面。图书馆治理关联着各种不同的利益相关方，许多制度单元和制度体系之间相互嵌套，具有多重而交叉的联系。因此，为了最大限度地提高公共图书馆的治理效能，保障公共图书馆事业的可持续发展，必须建立一套系统完备、科学规范、运行有效的制度体系。图书馆治理理论大体包括：①图书馆权利；②图书馆制度；③图书馆法治；④图书馆事业；⑤图书馆治理结构。

4. 图书馆职业理论

图书馆工作作为一种专门化的职业，也有自己的理论，这些理论应该成为图书馆学基础理论中不可或缺的一部分。图书馆职业理论包括以下内容：①图书馆核心价值，即图书馆职业需要坚守的共同的价值观和观察世界、认识事物的基本标准；②图书馆职业精神，即图书馆人对职业持有的信念，其构成要素包括职业理想、职业态度、职业责任、职业技能、职业纪律、职业良心、职业信誉等；③图书馆职业伦理，即如何以守则、准则、规定等制度化的形式来规范图书馆员的职业行为，是对图书馆法治的重要补充。

5. 图书馆学方法与方法论

任何一门学科的理论研究和应用研究，都必须借助科学的研究方法，才能揭示事物的内在规律，促进学科的不断发展。一门学科的研究需要采用多种研究方法，形成它的研究方法体系，而对各种研究方法进行研究的理论化的成果，则是方法论。方法体系和方法论都是学科知识体系的重要组成部分。因此，理论图书馆学的研究，无疑应该包括图书馆学方法体系与方法论的研究。

6. 图书馆学教育

图书馆学教育是为图书馆职业培养专业化的人才而实施的学科教育。它为图书馆事业建设和图书馆职业的稳定发展提供源源不断的人才保障和智力支持。图书馆学教育产生于19世纪80年代的美国，在中国也已有百余年的历史，在其漫长的发展过程中已形成自身的理论和规律。因此，图书馆学教育应当成为图书馆学基础理论的组成部分。图书馆学教育理论包括：①图书馆学教育制度；②图书馆学教育活动；③图书馆学教育思想；④图书馆学教育与社会的互动关系。

(二) 应用图书馆学

应用图书馆学是运用图书馆学的基本原理和方法，对图书馆实践活动的主要领域进行研究而形成的理论与方法体系。应用图书馆学研究的内容几乎包括了图书馆工作的各个方面、各个环节，是图书馆学知识体系的主干部分，是图书馆在社会中的作用和价值的直接体现。应用图书馆学接受理论图书馆学的指导，同时又通过本身的实践和应用，不断完善图书馆工作和方法，不断总结图书馆实践经验并使之升华，为理论图书馆学研究提供最有价值的材料。因此，应用图书馆学是理论图书馆学的发展之本，同时理论研究又接受着应用研究的检验。

应用图书馆学包括以下分支：

1. 信息资源建设

信息资源建设是人类对处于无序状态的各种媒介信息进行选择、采集、组织和开发等活动，使之形成可资利用的信息资源体系的过程。"信息资源建设"是20世纪90年代才开始广泛使用的概念，但对图书馆来说，这是一个传统的业务工作和应用研究领域，起源于古代图书馆的藏书活动，具有悠久的历史。早期曾使用过藏书建设、文献资源建设等概念，主要研究以纸质文献为主的信息资源的鉴别、选择、采集、组织、加工、存储和管理等内容。90 年代以后，数字资源建设成为信息资源建设的重要内容。在今天的图书馆和其他类型的信息机构中，信息资源建设仍然是最基础的业务工作，是其他各项业务工作的起点。当今的信息资源建设，主要应研究包括馆藏文献资源建设、数字信息资源建设、信息资源共建共享、信息资源开放存取、互联网虚拟馆藏信息资源的链接、信息资源整合等在内的信息资源建设问题。

2. 信息组织

信息组织是依据一定的规则和方法，揭示和描述信息的内容特征和外部特征，按特定的顺序排列和一定的结构展示，形成有序化和结构化信息集合的过程。信息组织使信息从分散无序转向集中有序，从而方便用户对信息的获取和利用。图书馆中的信息组织活动主要包括文献目录工作、文献分类标引工作、文献主题标引工作等。主要研究文献著录和编目的一般原理和方法，目录的种类、目录的组织、目录的体系，分类法与主题法，以及计算机编目、联合编目（共享编目）、联机公共目录（Online Public Access Catalog，OPAC）知识组织标准与规范、网络环境下组织组织与检索方法、自动标引、自动分类等。由此产生了文献编目、文献分类、主题标引、索引学、文摘学、情报语言学等一系列的信息组织学科，成为应用图书馆学的重要组成部分。

3. 信息检索

信息检索是用户查询和获取信息的主要方式，有广义和狭义之分。广义的信息检索包括信息存储与检索，即按一定的标准与方式对信息进行加工、整理、组织并存储起来，再根据用户特定的需要将相关信息准确查找出来的过程。狭义的信息检索仅指信息查询，即用户根据需要，采用一定的方法，借助检索工具，从信息集合中找出所需要信息的查找过程。因此，信息检索研究一是要研究信息内容分析与编码，产生信息记录及检索标识；二是要研究信息的组织存储，将全部记录按文件、数据库等形式组成有序的信息集合；三是要研究用户提问处理和检索输出，即对给定提问与信息集合中的记录进行相似性比较，根据一定的匹配标准选出有关信息。与信息检索有关的理论、技术和服务构成了一个相对独立的知识领域，成为应用图书馆学的一个重要分支，并与计算机应用技术相互交叉。

4. 信息用户与服务

用户是图书馆的决定性因素，没有用户的存在和需求，就没有图书馆的产生和发展，而服务则是满足用户需求的基本手段。现代图书馆将"用户第一，服务至上"作为办馆宗旨和核心价值。用户与服务主要研究图书馆用户的构成、用户类型、用户信息需求、文献阅读需求，研究图书馆信息服务的类型，包括文献流通借阅、文献检索服务、参考咨询、专题文献服务、新型媒体文献信息的管理与服务、网络信息导航服务、知识挖掘服务、特殊读者服务等。信息用户与服务的研究往往运用许多其他学科的理论与方法，或与其他学科产生交叉，如教育学、心理学、社会学等，从而产生出图书馆教育学、读者心理学、图书馆与社会等分支学科。

5. 图书馆管理

图书馆管理是对图书馆的文献信息、人力、财力、物质资源，通过计划和决策、组织、领导、控制、协调等一系列过程，来有效地达成图书馆目标的活动。当代图书馆面临各种复杂的问题，需要进行管理研究的领域十分广泛，这使图书馆管理成为一个复杂的大系统。这个大系统，既有面向机构的微观层次的图书馆管理，主要包括资源(藏书)管理、设施(建筑、设备)管理、经费管理、人员管理、办公管理、读者管理、服务管理、信息(技术及系统)管理等；也有面向事业的宏观层次的图书馆管理，包括图书馆事业行政管理、图书馆事业法制化管理、图书馆事业标准化管理、图书馆事业发展规划、图书馆事业协作协调、图书馆事业人才管理。随着时代的发展，信息环境的变化，图书馆管理研究也出现了许多新的领域，包括图书馆战略管理、图书馆知识管理、图书馆管理体制创新、图书馆质量与绩效管理、图书馆业务外包管理、图书馆风险与危机管理、图书馆组织文化等。

6. 图书馆工作现代化

图书馆工作现代化是一个随着时代的发展而不断发展变化的领域。当今图书馆工作现代化主要研究信息化、网络化、自动化技术对图书馆工作的影响，如大数据、人工智能、云计算、物联网、移动互联技术、虚拟现实、区块链等技术，以及信息压缩技术、信息存储技术、信息传递技术、信息处理技术等在图书馆的应用。研究主题涉及图书馆工作的各个方面，主要包括图书馆资源数据化、图书馆工作网络化、图书馆功能智慧化、图书馆阅读移动化、图书馆工作规范化等。①

图书馆学知识体系就是这样一个由学科门类、分支学科、低层次学科、知识单元构成的有机整体，图书馆知识的科学化、系统化、规范化、有序化的产物，也是图书馆学

---

① 吴慰慈，董焱. 图书馆学概论(第4版)[M]. 北京：国家图书馆出版社，2019：20.

理论与技术，或原理与应用、抽象与具体融为一体的产物。图书馆学知识体系不是封闭的，它必然随着图书馆实践的发展和人们对图书馆学认识的不断深化而演化，知识体系的内涵和外延会不断丰富和发展。

第三节　图书馆学理论基础

一、图书馆学理论基础的含义与作用

关于图书馆学理论基础的内涵、外延，目前国内外图书馆界并没有明确的界定和一致的认识。按照《辞海》的解释，基础"泛指事物发展的根本或起点，如物质基础、理论基础、基础知识"。据此可以理解，理论基础就是理论及学科发展的根本或起点。任何一门学科的建立和发展，都必然有某种或某些理论作为立足的根基。图书馆学理论基础，就是图书馆学学科体系赖以立足的理论根基或基石。

作为一门学科，图书馆学的发展从来就受到一定理论或思想的影响和指导，但从世界范围来看，自觉探寻学科理论基础，却是在20世纪初理论图书馆学兴起以后。百余年来，从欧美到苏联、中国，各国学者都曾在这个领域进行过探索。在中国，虽然民国时期杜定友的"三位一体"理论，可以认为是涉及了图书馆学理论基础问题，但明确提出图书馆学理论基础的概念，并受到图书馆学界的广泛关注，则始于20世纪80年代初。国内诸多学者借鉴、吸收国外的新理论，提出了许多关于图书馆学理论基础的新观点、新论述，涉及的理论包括马克思主义哲学、卡尔·波普尔的"世界3"理论、文化学、教育学、信息科学、知识学说、传播学等。从众多的理论观点中，可以概括出图书馆学理论基础的含义主要包括以下内容：①理论基础是图书馆学理论创发的根本或起点，即发生学意义上的逻辑起点。逻辑起点一旦给定，图书馆学的原理、体系便可演绎而成。②理论基础是哲学与图书馆学沟通的桥梁，起着哲学与图书馆学相互连接与交通的作用。③理论基础是一些可辨析、可陈述的思想学说或理论观点，它们生成于哲学或抽象思维性质的某些学科（如数学、系统科学）之中。④这些思想学说或理论观点不仅对图书馆学具有启发、指导作用，而且具有很强的解释力。①

图书馆学理论基础与图书馆学基础理论，是两个需要区分的概念。图书馆学基础理

---

①　王子舟.图书馆学基础教程[M].武汉：武汉大学出版社，2003：189.

论是指图书馆学的基本理论、基本原理体系是人们在图书馆的长期实践中对所观察到的图书馆现象、过程与外部关系所做出的基本的系统的解释，是对图书馆本质和规律性的揭示，是系统化了的理性认识。图书馆学基础理论处于图书馆学体系的最高层次，指导和引领着图书馆学各分支学科和图书馆实践活动。图书馆学理论基础则是指图书馆学之外的相关学科理论在图书馆学领域的应用，为图书馆学提供思想观点、方法论、理论依据、理论支持、理论解释，因而常被图书馆学研究者视为理论视角、研究框架、指导思想等。这些相关学科处于图书馆学体系之外，是自然科学或社会科学的独立学科，它们并不是构成图书馆学的必然部分。但当这些学科的某些理论应用、融汇于图书馆学之中，成为图书馆学理论构建的依据、基础和支撑的时候，它们也就成为图书馆学知识体系的有机组成部分，是图书馆学基础理论研究的重要内容。

图书馆学理论基础的作用，主要有三个方面：①为图书馆学奠定认识论基础，提供指导思想与方法论；②为图书馆学研究的具体问题提供理论来源、理论依据和理论支持；③为图书馆学概念、原理提供有力的说明与解释。①

二、不同维度的图书馆学理论基础

当今的图书馆事业涉及的领域与问题都十分复杂，既有人文、社会科学领域的问题，也有科学技术领域的问题，而在"新文科"背景下的图书馆学研究，跨学科的趋势也日益增强。因此，图书馆学理论基础不应该是单一的学科，而是一个基于多种理论、学说的学科群。这一学科群的理论维度大致可归纳为以下几类。

(一)哲学维度的理论基础

1. 马克思主义哲学——辩证唯物主义和历史唯物主义

马克思和恩格斯创立的辩证唯物主义和历史唯物主义，科学揭示了自然、社会和人类思维发展的一般规律，是指导人们进行科学研究和社会实践活动的科学理论，是适用于自然科学、社会科学和思维科学研究的正确的哲学方法。它既是一种世界观，又是方法论。它指导一般方法论的研究，为一切科学方法规定了必须遵循的普遍原则。因此马克思主义哲学既是图书馆学的理论基础，又是图书馆学的重要研究方法，对图书馆学研究具有重要的指导意义。

---

① 黄宗忠. 图书馆学基础理论的再探讨[J]. 图书馆论坛，2006，26(6)：3-10.

习近平同志指出，要"实现'两个一百年'的奋斗目标、实现中华民族伟大复兴的中国梦，必须不断接受马克思主义哲学智慧的滋养，更加自觉地坚持和运用辩证唯物主义世界观和方法论，更好在实际工作中把握现象和本质、形式和内容、原因和结果、偶然和必然、可能和现实、内因和外因、共性和个性的关系，增强辩证思维、战略思维能力，把各项工作做得更好"①。在中国特色图书馆事业建设和图书馆学理论研究中，同样有许多问题需要我们运用唯物辩证法去解决和处理现象和本质、形式和内容、原因和结果、偶然和必然、可能和现实、内因和外因、共性和个性、主要矛盾和次要矛盾的关系。因此，中国特色图书馆学理论体系建设必须坚持以马克思主义哲学作为根本理论基础，以辩证唯物主义和历史唯物主义的认识论和方法论为指导。

2. 科学哲学

改革开放以后，西方图书馆学情报学理论纷纷被引入中国。由于传统图书馆学中经验主义色彩比较浓厚，理论建设相对薄弱，因而具有强大解释力的科学哲学吸引了中国学者的注意力。20世纪80年代初，有学者首先将英国哲学家卡尔·波普尔的"世界3"理论引入中国，认为这一理论可以作为图书馆学情报学的共同理论基础。② "世界3"是卡尔·波普尔在作为物理世界的"世界1"和作为主观世界(意识活动和心理过程)的"世界2"之外创立的一个独立的领域，它由思想的内容及其物质载体构成，是"客观知识"的世界，包含图书、情报等要素。"世界3"理论在中国图书馆学情报学领域引起很大的反响和争议。赞成者认为它为图书馆学情报学第一次提供了新的理论基础，反对者则认为其违背了辩证唯物主义和唯物辩证法。应该说，用"世界3"理论取代辩证唯物主义与唯物辩证法成为图书馆学唯一的理论基础是不可取的。但是，认为"世界3"所指的"客观知识"世界具有一定的独立性，如文献，作为这样一种客观知识的存在形式，其内涵就是脱离了主观世界(大脑)的知识、知识单元和信息的存在形式，既有物质属性，也有意识属性，这正是图书馆学情报学所要研究的问题，因此，以"世界3"作为图书馆学研究的理论依据或来源之一，是有其合理性的。

3. 信息哲学

信息哲学是对现代信息科学的一般理论成果进行的哲学概括。1996年英国牛津大

---

① 中共中央文献研究室. 习近平关于全面建成小康社会论述摘编[M]. 北京：中央文献出版社，2016：194-195.
② 刘迅. 论图书馆学情报学理论的共同基础——关于波普尔世界3理论的思考[J]. 情报科学，1982，3(1)：13-20.

学哲学教授 L. 弗洛里迪(L. Floridi)的研究成果认为，信息哲学研究内容涉及信息概念的本质和基本原理，包括信息的动力学、利用和科学，以及对哲学问题的信息理论和计算方法论的提炼和应用。① 英国学者 T. 托米奇(T. Tomic)通过对信息科学的各个子领域(信息检索、知识组织、信息管理、用户行为等)和哲学领域的知识概念进行分析，讨论它们的共性联系，展示了哲学和信息科学在核心概念与研究主体之间的存在的共性，说明了信息哲学(philosophy of information)是信息科学(IS)领域的基础原理理论。② 信息哲学将信息作为一种普遍化的存在形式、认识方式、价值尺度来探讨，而"信息"也是图书馆学研究长期关注的主题。信息哲学从哲学层面探讨信息的本质、信息的形态和形式、信息的质与量、信息与社会进化、信息本体论、信息认识论、信息方法论、信息价值论，以及信息社会学、信息心理学、信息美学等，这些都对图书馆学研究具有启发作用，因而信息哲学也就可以成为图书馆学的理论基础。

4. 其他基本理论/哲学假设(basic philosophical assumptions)

在国外，还有形形色色的理论被认为可以成为图书馆学情报学的理论基础，包括社会构建主义(social constructivism)、批判理性主义(critical rationalism)、经验主义和实证主义(empiricism and positivism)、女权主义认识论(feminist epistemology)、解释学与现象学(hermeneutics and phenomenology)、历史决定论(historicism)、范式理论(paradigm-theory)、后现代主义和后结构主义(postmodernism and poststructuralism)、实用主义(pragmatism)、理性主义(rationalism)、现实主义(包括批判现实主义)(realism, including critical realism)。除此以外，自 20 世纪 80 年代起，学界掀起了系统论、控制论、信息论"三论"研究热，以"三论"作为图书馆学理论基础的研究成果也有不少。

(二)社会维度的理论基础

1. 社会学理论

社会学是系统地研究社会行为与人类群体的社会科学。社会学在研究题材或研究法则上均有相当的广泛性，其研究对象包括社会分层、社会阶级、社会流动、社会宗教、

---

① 陈忆金. 现代情报学的理论基础——信息哲学[J]. 图书情报工作，2005，49(8)：55-58，62.

② Tomic T. The Philosophy of Information as an Underlying and Unifying Theory of Information Science [J/OL]. [2022-01-10]. Information Research，2010，15(4). https：//informationr. net/ir/15-4/colis714. html.

社会法律等，而采取的研究方法则包括定性和定量的研究方法。由于人类活动的所有领域都是在社会结构、个体机构的影响下塑造而成的，所以随着社会发展，社会学进一步扩大其研究领域至其他相关学科，包括图书馆学。同时，社会科学方法应用的范围也越来越广泛。

20世纪二三十年代，美国图书馆学领域的芝加哥学派第一次明确提出，图书馆活动是一个重要的社会实践领域，图书馆学研究对象是整个社会科学研究对象的主要组成部分，并为图书馆学引进了正规的社会科学研究方法。芝加哥学派以社会学为理论基础开展研究，促成了图书馆学科学化。自此图书馆学接受社会学理论的指导，产生了从社会角度探索图书馆学的研究路径。1970年，芝加哥学派的代表人物之一杰西·谢拉在他的专著《图书馆学的社会学基础》中提出了"社会认识论"，认为这一理论是图书馆学的认识论基础。按照杰西·谢拉的观点，"社会认识论"就是研究"知识经由社会而传播"的一门学科，其研究对象为人类知识。由于图书馆在社会知识交流中占有重要地位，图书馆员为了履行自己的职责，必须具有有关知识的知识，而为此提供理论基础的就是"社会认识论"。这一理论在国内图书馆学界也有较大的影响。黄宗忠曾明确指出，"社会学的社会组织、社会结构、社会功能、社会变迁、社会解体的理论是研究具体的图书馆的前提和理论基础"①。社会学注重研究社会运行规律，形成和完善了一套有关人类社会结构及活动的知识体系，并以运用这些知识去建设和改良社会为主要目标，图书馆学合理学习其精华，有助于认识图书馆与社会的关系，把握图书馆与图书馆学发展的规律。

2. 交流理论

交流理论是在国内图书馆学情报学领域具有广泛影响的理论。1980年科技文献出版社出版的苏联米哈伊洛夫的《科学交流与情报学》，这是改革开放后我国最早引进的国外图书馆学情报学著作之一。该著作认为："人类社会中提供、传递和获取科学情报的种种过程是科学赖以存在和发展的基本机制，这一过程的总和可称之为科学交流"②。而科学情报工作基本上是与科学文献联系着的，因此科学文献工作的实质就是科学交流。其实，这里的"科学文献"可以理解为不仅是指自然科学文献，而且应该包括各学

---

① 黄宗忠. 图书馆学概论[M]. 武汉：武汉大学出版社，1988：56.
② [苏]米哈伊洛夫 А.И，等. 科学交流与情报学[M]. 徐新民，等译. 北京：科学技术文献出版社，1980：47-48.

科文献。而对各种类型文献的收集、组织、加工、存储、传递和提供利用，正是图书情报工作的基本内容。因此，"科学交流学说"应该成为图书馆学情报学共同的理论基础。1983 年，周文骏发表了《概论图书馆学》一文，提出"图书馆学的理论基础是情报交流"[①]。他认为，图书馆的活动是以文献为基础的，而文献首先是一种情报交流的工具。图书馆就是文献这个交流工具的存储者、组织者和利用者。1984 年，宓浩、黄纯元在图书馆学基础理论讨论会上，提出以知识交流论作为图书馆学的理论基础，他们认为，知识交流是一种普遍的人类社会现象，图书馆只是实现知识交流的一个社会实体，图书馆履行它的知识交流功能，必须具有相应的内在机制来适应知识交流的要求。知识交流论具有重要的理论价值，它能够较好地解释图书馆工作的内容与本质，因而成为图书馆学理论基础研究的重要内容，并受到众多学者的关注。

3. 中介理论

唯物辩证法的中介理论认为，一切事物之间通过中介而联系、过渡和转化，唯物辩证法理论的一个重要内容，就是对事物之间相互联系的中介进行深入研究，揭示中介在事物联系中的地位和作用。图书馆在文献信息交流过程的角色和作用，就是一个中介物，是文献信息与用户之间联系的中间环节，它通过充分揭示文献的形式信息和内容信息，使文献的内容信息得以传播，为用户所获取。因此，诸多学者力图在"中介说"的基础上深入探索图书馆本质。1985 年吴慰慈等提出"中介性是图书馆的本质属性"的观点，认为图书馆的本质就是通过文献来实现人与人之间的间接交流的"中介物"，并在其后来的著作中一直坚持了这一观点。[②] "中介说"不仅能深刻分析图书馆本质，更有助于揭示社会知识的交流模式。此后，诸多学者力图在"中介说"的基础上深入探索图书馆本质，"中介说"作为图书馆学的理论基础得到更多的认同。

(三) 文化维度的理论基础

1. 宏观文化理论

立足宏观文化的整体思维，是图书馆学理论基础研究的重要维度。图书馆是社会文化的重要组成部分，图书馆学研究需要宏观文化层面的理论基础。习近平总书记在给国家图书馆老专家的回信中指出，图书馆是国家文化发展水平的重要标志，是滋养民族心

---

① 周文骏. 概论图书馆学[J]. 图书馆学研究，1983(1)：10-18.
② 吴慰慈，董焱. 图书馆学概论(第4版)[M]. 北京：国家图书馆出版社，2019：80-81.

灵、培育文化自信的重要场所，从宏观文化理论层面为图书馆的发展指明了方向。党的十九届五中全会明确提出了到 2035 年建成文化强国的远景目标，图书馆在文化强国战略中肩负着重要使命，因此文化强国理论也成为图书馆学宏观层次的理论基础。它要研究国家如何将图书馆事业发展纳入文化强国战略，在宏观层次上加强对图书馆事业的引领和治理，同时要研究如何激发图书馆的文化担当，在建设文化强国中完成时代赋予的重任。

公共图书馆是重要的公共文化设施，是公共文化服务体系中不可或缺的一部分，因此图书馆学与公共文化研究关系密切。公共文化研究中涉及的保障公民基本文化权益、满足公民基本文化需求，进而促进人的全面发展等重要理论问题，以及公共文化服务中的保基本、促公平的社会机制和社会功能研究，都为新时代在公共文化服务理论和实践的基础上构建具有中国特色图书馆学理论体系提供了坚实的基础。

2. 人文理论

人文理论或称人文主义，是发端于古希腊，形成于文艺复兴时期的思想体系，也是这一时期进步文化的中心思想。在 20 世纪，它形成了以肯定人的根本价值、强调人的尊严为主旨的思想运动。它主张一切以人为本，注重对人的个性的关怀，主张自由平等和自我价值，反对等级观念，崇尚理性。在文化上重视"人"的人文理论与现代图书馆学理念有诸多契合点，因而成为图书馆学研究的一个特别切入口。因此，早在 20 世纪 30 年代，美国芝加哥学派的代表人物西方图书馆学家皮尔斯·巴特勒、杰西·谢拉等人就明确地强调了图书馆学的人文性质。如杰西·谢拉在其代表作《图书馆学引论》中说："尽管图书馆学在逐渐利用各门科学的研究成果，……但其实质仍然是人文主义的"，图书馆事业"主要还是一个人文主义的事业"[1]。20 世纪 80 年代，美国学者 M. F. 施蒂格在一次讲话中强调指出："人文价值观念是图书馆职业的核心。"[2] E. C. 霍利则说："我们的职业（指图书馆——笔者注）基本上是一种人文职业，我们的目标实质上是人。"[3]在国内，有学者认为在图书馆学的理论研究与实践活动中"人的问题始终是一个头等重要的问题"[4]。还有学者则采用"人文进化学和文化人类学的基本原理"，重新

---

① ［美］谢拉 J. H. 图书馆学引论［M］. 张丽莎，译. 兰州：兰州大学出版社，1986：1-3.

② 卢泰宏. 图书馆学的人文传统和情报学科的技术传统［J］. 中国图书馆学报，1992（3）：4-10.

③ ［美］霍利 E. G. 步入第三个世纪［J］. 卢泰宏，译. 江西图书馆学刊，1992（2）：21-27.

④ 程焕文. 图书馆人与图书馆精神［J］. 中国图书馆学报，1992（2）：35-42，93.

分析了文献、图书馆、图书馆学的内涵，指出"图书馆学在呼唤人性的复归"[1]，提倡人文图书馆学研究。在图书馆技术至上之风日盛、工具理性膨胀的当今，人文理论为图书馆学价值理性的研究提供了有力的理论支撑。

3. 传统文化

中国特色图书馆学理论应该浸润着中国传统文化和学术智慧。中国传统文化中早就有"人本""民本"的思想，如记载着春秋时期齐国名相管子思想观点的《管子·霸言》中有"夫霸王之所始也，以人为本"之说，《尚书》中也说"民惟邦本，本固邦宁"。这说明人本、民本思想并不是西方的特产，而是中国传统文化的精华，应该成为当今图书馆以人为本、以人民为中心的办馆理念的渊源。发轫于周代，经孔孟及历代儒家传承和发展的社会教化理论，"在塑造民族性格、提升民众德性素养、促进国家统一、民族融合和维护社会和谐发展等方面产生了积极影响"[2]，今天图书馆的社会教育功能、阅读推广功能，莫不滥觞于此。中国的学术文化中向来有兼收并蓄、兼容并包的传统，主张多元文化融合发展，中国特色图书馆学理论应该继承这种优良的学术传统，善于吸收和借鉴古今中外一切优秀的思想文化成果。

尽管中国近代图书馆学传自西方，但中国古代的图书馆学思想，以及目录学、校雠学、文献学、版本学等学科的理论与方法，是中国图书馆学理论重要的渊源。如程俱关于"馆阁"即图书馆"资政"和"育人"功能的论述，章学诚"辨章学术，考镜源流"所包含的"治书"与"治学"关系的思想，从"文以载道"衍生的"藏书以传道"中所蕴含的图书馆价值理性等，都是中国特色图书馆学理论应该汲取的精神养分。

4. 信息文化

信息文化是以信息技术广泛应用于社会生活为主要特征而形成的新的文化形态。信息文化除具有文化的一般特征外，还有如下四个特征。第一，数字化、全球化的物质文化特征。数字化意味着各种形态的信息都可以按照一种简单的统一的机器"语言"被组织起来，全球化意味着人们可以通过互联网足不出户地了解到世界各地的文化，空间距离已经不再成为交流的障碍。第二，虚拟性、交互性的行为文化的特征。虚拟图书馆、虚拟实验室、虚拟办公室、网络商店和网上购物等深度融入人们的生活，互联网用户不但可以实现一对一的信息双向流动，而且还可以形成一对多、多对多的互动关系。第

---

① 蒋永福. 文献·图书馆·人——人文图书馆学研究札记[J]. 图书馆，1994(5)：11-13.
② 刘华荣. 儒家教化思想研究[M]. 北京：中国社会科学出版社，2018：1-2.

三，开放性、自治性、自律性的制度文化的特征。开放的技术环境使人们可以在网上随时获取各种信息并发表各种看法，同时又要求人们有高度的自治性、自律性，遵守信息伦理规范。第四，信息交流自由、平等、共享的理念正逐渐演化为信息时代精神。

信息文化的这些特征正是当代图书馆所具有的特征或者发展的方向，当代图书馆不仅已成为当今信息文化的一部分，而且成为信息文化形成的重要标志。信息文化理论无疑为图书馆学理论基础研究开辟了一个新的文化视角。

(四)信息与知识管理维度的理论基础

1. 信息资源管理

传统的图书馆学、情报学、档案学都是以"文献管理"为核心内容的学科。随着信息技术的迅速发展和人类思维和认识能力的提高，人们越来越深刻意识到"文献"的本质是其中包含的信息和知识，而这些信息与知识是人类社会可持续发展的一种重要资源。于是"信息资源"的概念应运而生。随着信息资源量的不断累积，信息资源管理作为新的学科范畴被学界所接受。显然，"信息资源管理"突破了"馆内"与"机构"的局限性，有利于更加科学地揭示图书情报与档案工作的本质内涵，人们也从"信息资源管理"层面找到了图书情报与档案管理学共同的理论基础。

2. 知识资源论

知识是人们对获取或积累的信息进行系统化的提炼、研究和分析的结果，知识能够精确地反映事物的本质，是认识的高级阶段。人们对资源的认知从"信息"深化到"知识"，认为知识是一种更为宝贵的资源。有学者从知识基础论、知识社会论、知识交流论、知识组织论、知识集合论、知识管理论等学说中提炼出了"知识资源论"，系统地阐释了"知识资源论"的基本内涵。[①] 知识资源论作为知识经济时代图书情报与档案管理学的理论基础，被越来越多的人所认知。

除了上述几个主要维度，关于图书馆学理论基础的维度还有许多观点，如管理的维度、制度的维度等。总之，图书馆学理论基础是一个基于多种理论、学说的学科群。图书馆学理论基础不仅要进行多元探索，而且要整合多元学说，将内涵各异的理论融入图书馆学学科理论基础，形成支撑学科发展的合力。

---

① 柯平，王平. 基于知识资源论的图书馆学基础理论体系研究[J]. 中国图书馆学报，2006，32
 (2)：9-14.

三、图书馆学理论基础是一个体系

据《现代汉语词典》的解释，体系是指"若干有关事物或思想意识互相联系而构成的一个整体"。图书馆学理论基础来源于不同学科的理论、学说，属于知识或思想意识的范畴。但这些理论、学说并不是孤立、散乱的概念、思想，而是为图书馆学提供理论支撑而形成的相互联系的整体。

图书馆学理论基础体系具有一般系统的特征：①集合性，理论基础体系涵盖了多个不同学科可以相互区别的理论；②目的性，理论基础体系有明确的目的，其特定功能就是作为图书馆学理论的基石，支撑图书馆学理论大厦；③关联性，即为了上述目的，理论基础体系各理论要素相互关联，要素间的特定"关系"体现出了系统的整体性；④层次性，理论基础体系由若干不同学科理论（子系统）组成，而理论基础体系又是图书馆学理论体系的一个组成部分；⑤环境适应性，理论基础体系具有随图书馆事业和图书馆学科的发展变化而进行自我调节、自我更新的能力，它要不断引入各学科领域的新理论、新思想，也要不断舍弃一些过时的理论和学说，以适应环境的变化。

图书馆学理论基础体系虽然由不同学科领域的理论组成，但各种理论在体系中所起的作用、具有的地位是不同的，因此，理论体系本身是可以划分为不同层次的。处于第一层次的是马克思主义哲学——辩证唯物主义和历史唯物主义。爱因斯坦曾经深刻地指出："如果把哲学理解为最普遍和最广泛的形式中对知识的追求，那么，哲学显然就可以被认为是全部科学之母。"① 而马克思和恩格斯创立的辩证唯物主义和历史唯物主义，是唯一正确的世界观和普遍适用的方法论，当然包括对图书馆学的研究，所以，在图书馆学理论基础的结构中，它处于最高层次。党的创新理论、中国特色社会主义理论体系，是马克思主义中国化的成果，同样也处于这一层次。它对图书馆学理论与实践起着指导和引领的作用。处于第二层次的是与图书馆学有着密切联系的学科理论，包括科学哲学、信息哲学、系统科学、社会学特别是社会学中的交流理论和中介理论、文化学说、信息与知识管理学等。这些学科与图书馆学有着直接的联系，其理论或思想，对图书馆学具有重要的支撑作用和很强的解释力。第三层次是与图书馆学有关联的其他一般学科理论。由于现代科学相互交叉、渗透的趋势日益加强，处于这一层次的学科也越来

---

① ［美］爱因斯坦. 物理学、哲学和科学进步［M］//许良英，李保恒，赵中立，等. 爱因斯坦文集（增补本）：第1卷. 北京：商务印书馆，2009：696.

越多，如一般意义上的管理学、经济学、教育学、传播学、心理学、数理统计等。这些学科不一定对图书馆学从整体上提供指导或理论支持，但它们的某些概念、思想或方法能给图书馆学提供一定的启示、参考和借鉴，因而可以认为是第三层次的理论基础。应该指出，图书馆学理论基础体系不是一个封闭的体系，它会随着时代的进步，图书馆实践的变化，图书馆学及其相关学科理论的发展而不断更新、创造，使图书馆学理论基础更加扩展、坚实。

第四节　图书馆学的相关学科

近代以来，科学发展一直呈分化的趋势，学科越分越细，新的学科层出不穷。但20世纪中叶以来，科学的综合化趋势在不断加强，各门学科之间相互联系、彼此渗透，形成了一个统一、完整的科学体系。每门学科不再是与其他学科没有关联的孤立的学科，而是整个科学体系的有机组成部分。

图书馆学在发展过程中，也必然与其他学科发生联系，相互影响，相互交叉。一方面，图书馆学需要从其他学科寻找理论与方法，有的作为理论基石，有的作为思想来源，有的作为方法工具。另一方面，图书馆学也向其他学科输出理论与方法。在当今"新文科"建设的背景下，这种学科之间的交叉与融合将进一步增强，它将促进图书馆学不断突破学科壁垒，开拓学科视野，增强学科竞争力。

图书馆学与众多的学科相互关联，但联系的程度、层次和方式是不一样的，据此，我们可以将图书馆学的相关学科分为不同的类型。

一、同族关系学科

图书馆学在产生与发展的过程中，与有的学科同宗同源，并且有基本相同的研究对象和实践活动对象，采用的研究方法也大体相同或相似，这些学科包括文献学、目录学、情报学、档案学、信息管理学等。它们被称为图书馆学的同族关系学科。

1. 图书馆学与文献学

文献学是研究文献收集、整理和传播的一般规律的学科。由于古今文献和文献工作差别很大，所以文献学分为"古典文献学"和"现代文献学"。古典文献尤其是许多珍贵稀有文献具有重要的史料价值、学术价值和文物价值。古典文献学以古典文献为研究对象，以研究古典文献的分类、编目、版本、校勘、辨伪、辑佚、注释、编纂、校点、翻译和流通为主要内容。随着科学技术的发展和人类知识的积累，现代文献数量急剧增加，现代文献工作随着社会对文献需求的增加在方法和技术等方面发生了深刻变革。在西方科学思想影响下，现代文献学逐渐形成，它侧重研究文献与文献工作，涉及文献的性质、载体、类型、生产、分布、计量、传播、交流和利用等内容，其学术体系尚在发展和完善之中。无论是古典文献还是现代文献，都与图书馆有着密不可分的关系。文献保存和利用的需要催生了图书馆，文献成为图书馆开展各项工作的基础资源，图书馆促进了文献的开发与利用。文献是文献学的直接研究对象，也是图书馆活动和研究的研究对象之一，两者可以互相利用对方的理论和方法来推动自身的发展。

2. 图书馆学与目录学

目录学在中国有着悠久的历史。早在西汉时期，刘向、刘歆父子奉命整理官府藏书，编撰了我国最早的图书分类目录，并总结了编制目录的方法。由此可见，目录学产生于对图书馆文献进行编目工作的实践。古代目录学研究将藏书分门别类，并标注好书籍的名称、作者、出版地、出版年月、概要，为读者选择书籍做参考，因而被认为是我国古代图书馆学思想的重要渊源。现代目录学是"研究目录工作形成和发展的一般规律即研究书目情报运动规律的科学"[1]，图书馆学与目录学的关系更为密切。目录学在长期发展过程中形成的理论和一套完善的方法被广泛应用于图书馆工作中，为馆藏目录的编制、文献的分类和检索、阅读工作的指导等都提供了知识支持，图书馆则既为目录学方法的采用提供实践的场所，同时又以运用过程中所取得的实践经验丰富了目录学的内容，为目录学开辟了新的研究领域。在新时代，目录学和图书馆学迎来了各自新的发展契机。信息技术的发展赋予了书目信息对网络信息资源进行描述与报道的新功能，对无序化网络信息资源的有效组织、揭示、报道、传递与利用成为目录学学科的新使命。[2]而图书馆学承担研究如何深度开发利用信息资源，助力教学科研、服务科技创新、推动科学普及，以及建设文化强国、提升全民文化素质等内容，仍与目录学有众多交集。

3. 图书馆学与情报学

情报学是研究情报产生、加工、传递、利用的一般规律以及情报系统管理基本原理的学科。第二次世界大战结束后，科学技术迅速发展，科技文献呈指数级增长，科技信

---

[1] 彭斐章，乔好勤，陈传夫. 目录学[M]. 武汉. 武汉大学出版社，1986：5.
[2] 郑建明. "辨章学术，考镜源流"：中国目录学的前世今生[N]. 社会科学报，2021-08-26.

息的积累与利用之间的矛盾突出。为解决这些问题，以对科技文献中的信息内容进行深入分析、综合、评价和预测为特色的情报工作脱颖而出。国内外研究成果普遍认为，文献工作和图书馆工作是情报事业和情报学真正形成的温床，① 而从情报学的研究对象、研究范畴、研究内容来看，情报学的知识体系起源更容易追溯至文献学和图书馆学。实际上，早期的科技情报工作与科技文献密切相关，许多情报机构派生或依附于图书馆。情报学创建之初的许多基础理论、研究方法与图书馆学并无明显的区分。在学科教育方面，20 世纪 60 年代末，随着计算机在文献加工处理中的应用，美国的很多图书馆学院就在其名称后面加上了"Information"。我国最早在 20 世纪 70 年代创办的科技情报专业就隶属于武汉大学图书馆学系。新时代的情报来源已经由传统文献转化为开源信息与多源信息，情报工作由提供传统信息资源服务转为决策支持。② 图书馆学和情报学共用了信息描述、信息组织、信息检索等核心基础理论。近年来，竞争情报、信息计量、情报分析、信息检索、网络舆情、社交媒体、信息经济学等情报学的研究热点也为图书馆学所关注；而信息资源建设与管理、馆员与读者、图书馆管理、阅读、图书馆规范与标准、文献学、目录学等图书馆学传统的研究领域也成为情报学研究的热点。③ 当然，图书馆学与情报学仍保持了各自的独立性，图书馆学的研究重心仍侧重于文献与图书馆，人文传统深厚；情报学研究侧重于知识的发现和深度挖掘，注重新技术的应用。图书馆学和情报学走向融合将是必然的发展趋势。

4. 图书馆学与档案学

档案学是研究档案、档案工作、档案事业和档案学科产生、形成及发展规律的一门学科。长期以来，图书馆学和档案学一直被认为是同宗同源的学科。最早的图书馆和档案馆是无法区分的。河南安阳出土的甲骨卜辞，既是商代的典籍，又是商代的档案；集中存储这些甲骨卜辞的场所，既是目前能见到的最早的图书馆雏形，也是最早的档案馆雏形。图书馆工作与档案工作在对各自的劳动对象——科学文献和档案文献的处理（如收集、分类、编目、保藏、开发和利用等）上，可以寻求共同的理论和方法，这使得两

---

① 王锦贵，王素芳. 图书馆学和情报学的分野与融合发展（上）——对相关理论探讨的考察［J］. 情报资料工作，2007（5）：5-12.
② 梁继文，杨建林. 关于中国情报学教育长效发展的思考［J］. 情报理论与实践，2021，44（12）：1-9.
③ 李健，李洋. 我国图书馆学与情报学发展的同归与分野［J］. 情报杂志，2017，36（5）：9-13，89.

者在应用理论和技术方法方面取得的成果可以相互通用和共享。当然，随着文献资料的大量增加，图书馆和档案馆有了各自的分工。档案馆趋向于管理作为人类活动信息的原始记录，图书馆则重在管理以传播知识为宗旨而批量生产的文献。图书馆学和档案学也有了各自的研究重心。图书馆学侧重于研究面向信息查询和获取的信息组织，而档案学则侧重于研究面向信息利用的信息保存。① 从发展趋势来看，随着信息技术在图书档案领域的广泛应用和科学综合化趋势的加强，图书馆学和档案学的交叉融合也势在必行。

5. 图书馆学与信息管理学

信息管理学是研究信息或信息资源的产生、加工、利用、传播及管理的特征、规律和方法的学科，是信息科学和管理学交叉形成的一个学科领域。信息管理学具有非常强的综合性，其理论与方法涉及计算机科学、信息科学、图书馆学、情报学、社会学、管理学、经济学、法学、心理学、伦理学等众多的学科。围绕信息管理的理论与实践已经形成了许多独立的学科领域，如信息组织、信息检索、信息系统、信息用户、信息经济、信息市场、信息法学等，它们从不同的侧面研究和解决社会信息流的控制问题。② 随着社会信息化的发展，图书馆学研究对象不再局限于传统的图书馆和文献，信息与知识也成为图书馆学必须研究的对象。图书馆学研究信息与知识资源的收集、组织、管理与传递利用的原理与方法，并通过图书馆实现其应用，这也是信息管理学研究内容的组成部分，因而可以认为图书馆学是信息管理学的分支学科，也是管理学的从属学科。未来的信息管理学作为图书馆学、情报学、档案学的上位学科，将统摄这些学科的融合与发展。

二、应用关系学科

图书馆学在发展过程中会借鉴、应用一些其他学科的理论、方法来补充和丰富自身的知识体系。这些学科便成为图书馆学的应用关系学科，包括管理学、经济学、心理学、传播学等。

1. 图书馆学与管理学

管理学是系统地研究管理活动的基本规律和一般方法的学科，是一门横跨自然科学、社会科学和工程技术等领域的综合性学科。管理学的原理和方法应用于图书馆活动

---

① 金胜勇，李雪叶，王剑宏. 图书馆学情报学档案学：研究对象与学科关系[J]. 中国图书馆学报，2011，37(6)：11-16.
② 马费成，宋恩梅，赵一鸣. 信息管理学基础(第3版)[M]. 武汉：武汉大学出版社，2018：23.

和图书馆学研究的方方面面，对有目的地、科学地控制图书馆系统的运动、发展和变化，从而保证图书馆系统发挥最大的效能，具有重要作用。从图书馆活动角度来看，图书馆是一个社会机构，如何应用现代管理学的理论和方法对图书馆的馆藏资源、工作流程、空间环境、人力资源等各方面进行管理，保证图书馆活动能够最大限度地服务社会，一直是图书馆学所关心的问题，从图书馆事业发展角度来看，针对图书馆事业发展及各组成要素的管理理论与实践，包括图书馆治理制度、图书馆战略管理、图书馆与社会关系的管理、图书馆标准化管理、图书馆管理效果的评价等，都是图书馆学研究的重要组成部分。

2. 图书馆学与经济学

经济学是研究人类社会各个发展阶段之各种经济活动、经济关系、经济运行规律的科学。图书馆作为人类社会活动的产物，不仅要为社会经济服务，其本身也是一种经济活动，也要讲求经济效益，追求以尽可能小的成本获得最大的收益。图书馆所管理的知识信息，也是社会经济发展的重要资源。经济学原理应用于图书馆的设计、建设、资源购置、人员管理、收支预算等各个环节，对图书馆的健康经营和持续发展至关重要。特别是在当今社会，图书馆的许多活动都不可避免地成为社会经济活动的组成部分，如文献数字化工作、应用系统开发与网站建设、图书馆业务外包、图书馆信息增值服务等，都成为信息产业的重要组成部分。这些活动中涉及投资、经营管理、获取收益等经济活动环节，因此产生了图书馆经济学、信息经济学。这些交叉学科的应用，对于图书馆提高信息资源利用率、开发和利用信息产品、合理配置信息资源、有效保护知识产权等，具有重要意义。

3. 图书馆学与心理学

心理学是探讨脑与思维的关系，研究人类心理和行为的发生、变化规律的科学。心理学与人类社会生活各领域密切相关，而知识获取则是人类社会生活不可或缺的一部分，图书馆则是人类获得知识的重要来源，因此心理学应用于图书馆活动与图书馆学研究是很自然的。在图书馆活动中，图书馆的服务对象是用户（读者），清楚地掌握用户需求才能有针对性地开展工作，而准确掌握用户需求，就必须研究用户的阅读心理活动及其机制，研究影响用户阅读心理的因素、用户获取信息的心理机制，研究提高用户阅读效率的方法，等等。心理学不仅在传统的流通服务、参考咨询、阅读推广、用户教育等工作中起到重要的作用，而且在新信息环境中，图书馆的图书馆读者决策采购、个性化服务、用户画像、用户行为分析、心理健康教育、阅读疗法等许多领域，都需要应用心理学的理论与方法。

4. 图书馆学与传播学

传播学是研究人类信息传播行为和现象及其规律的学科，是一门多学科交叉融合的综合性学科。杰西·谢拉最早将传播学应用于图书馆学理论，他的社会认识论及信息交流说直接借鉴了传播学的相关原理。在当代日新月异的媒介技术驱动下，人类传播实践跨越时空区隔、突破时空限制进入全球全媒全民传播阶段。多媒体平台不断更新，信息传播方式五花八门，信息传播效率日新月异，图书馆借助传播学的理论、技术和手段，能够更好地提升图书馆的信息传播能力。图书馆学也不再局限于信息资源本身的研究，而是更加关注信息用户的需求，关注信息的传播与推介，研究新媒体在图书馆中的应用和创新，利用传播学的创新观点丰富和发展图书馆学理论。

三、交叉关系学科

交叉关系是指不同学科虽然研究对象不同，但相互之间却具有某些特殊的联系，学科的部分内容可以互通互鉴。与图书馆学具有交叉关系的学科有教育学、文化学和社会学等。

1. 图书馆学与教育学

教育学是研究人类的教育活动及其规律的科学，它研究教育的本质、目的、方针、制度、各项教育工作的任务、过程、内容、方法、组织形式等。教育学与图书馆学的研究对象不同，学科之间也有较大差异，但两者在研究内容上存在着诸多联系。图书馆作为社会的科学、文化、教育机构，承担着社会教育的职能。社会教育与学校教育只是教育过程、方法、组织形式不同，教育的本质、目的、方针等是一致的，都是为了传播知识、培养人才，提高全民族的科学、文化和道德素养。特别是在学习型社会建设中，终身教育理念已成为社会共识，而在终身教育视野中，社会教育就是学校教育的延伸。因此，图书馆学和教育学在许多理论和方法上是有交叉的，也是可以相互借鉴的。教育学要研究如何让受教育者有效利用图书馆自主获取知识，构建合理的知识结构；图书馆学要借鉴教育学中的学习理论，以更有效地指导读者阅读，提升阅读推广服务的效能。除此以外，图书馆学专业教育也是教育事业的组成部分，是图书馆学与教育学的交叉地带，需要运用两门学科的理论与方法。

2. 图书馆学与文化学

文化学是一门研究与探讨文化的产生、创造、发展演变规律和文化本质特征的科学。文化学以一切文化现象、文化行为、文化本质、文化体系以及文化产生和发展演变的规律为自己的研究对象，它从总体上研究人类的智慧和实践在人类活动方式(包括思维方式和行为方式)上的表现及其发展规律。① 文化学和图书馆学有与生俱来的交叉关系。图书馆的产生和发展是一种典型的社会文化现象，因此，研究各种文化现象的文化学必然要关注图书馆学，同样，图书馆学的研究成果也势必会丰富文化学的内容。在社会发展的各个阶段，主流文化深刻影响着图书馆学思想。进入 21 世纪，文化软实力逐渐成为各国竞争的重要领域，作为科学、教育和文化机构的图书馆在保存人类文化遗产、传承民族文化、传播优秀文化、开展阅读推广、举办文化活动、创新信息服务等方面做了卓有成效的工作，为我国图书馆学研究提供了丰厚的实践基础。近年来，人民群众日益增长的文化需求和对美好生活的向往成为文化学关注的焦点，也引领了图书馆学对公共文化服务体系、乡村文化振兴、文化精准扶贫等重大课题的研究，为文化强国战略提供了强有力的理论支持。图书馆学的许多研究内容，如图书馆与阅读文化、校园文化、城市文化、乡村文化、文化素质教育等，成为文化学的重要组成部分。

3. 图书馆学与社会学

社会学是研究社会个体及其行动(社会行动)与社会整体结构和变迁之间的互动及规律性的科学。社会学的研究十分广泛，涉及人和人的行为、关系问题和劳动、职业、人口、文化、婚姻、道德、犯罪、经济生活、社会阶级等问题。图书馆是社会发展到一定阶段的产物，与社会的经济、政治和文化存在相互影响的密切关系。社会学要研究人类社会生活，尤其是研究社会文化，肯定离不开对图书馆的研究。图书馆学要研究图书馆产生和发展的社会基础和社会历史条件、研究图书馆社会职能的演变与社会环境的关系、研究图书馆在社会进步和变革中的作用机制，无疑需要社会学理论的支撑。在新时代背景下，社会学与图书馆学相结合，能够解决图书馆事业发展中的许多宏观现实问题，如根据社会经济的发展水平，调整图书馆的发展战略；根据人口分布和服务范围，合理规划图书馆的分布；根据读者的社会化特征进行个性化服务等。近年来图书馆学研究中所涉及的保障公民平等利用图书馆的权利、建立普遍均等惠及全民的公共图书馆服

---

① 陈华文. 文化学概论新编[M]. 北京：首都经济贸易大学出版社，2009：14.

务体系、实现基本公共文化服务的标准化均等化等重大问题，都是图书馆学与社会学交叉融合的成果，它既拓宽了图书馆学的研究领域，也丰富和深化了社会学的研究内容。

四、方法与工具学科

现代图书馆工作越来越离不开先进的技术方法和手段，图书馆学研究也越来越需要借助现代科学方法和工具的运用。能为图书馆学研究提供方法与工具的学科主要有计算机科学、数学、统计学等。

1. 图书馆学与计算机科学

对图书馆学来说，计算机科学与技术是一门工具性学科。计算机科学技术在图书馆活动中的广泛应用，使图书馆的工作方法和手段发生了巨大变化，出现了区别于传统图书馆的数字图书馆、虚拟图书馆和智慧图书馆，这些新的图书馆形态成为图书馆学研究的重要内容，不仅促进了图书馆传统观念和服务方式的转变，而且推动了图书馆发展、图书馆变革、图书馆转型等图书馆学理论的研究。计算机科学与技术在驱动图书馆发展变革的同时，也促使人们思考图书馆学中科技与人文、工具理性和价值理性的关系等图书馆哲学问题，同时还催生了公共数字文化建设、数字人文等新的图书馆学研究领域。

2. 图书馆学与数学

数学是研究现实世界中数量关系和空间形式乃至更一般的抽象形式及关系的科学。数学在图书馆学研究和图书馆工作中的应用大概分为两个方面：一是作为图书馆技术进步的工具和图书馆学研究的手段。如数学在图书馆计算机管理系统数学结构模型、文献流规律研究、目录信息综合利用、检索语言数学结构模型、检索系统数学模型等研究中是必不可少的工具，这些计算不用数学方法是难以完成的；二是作为图书馆各个子系统评价的工具，是图书馆学研究的重要部分。利用数学可以实现对图书馆计算机系统、图书馆管理效率、图书馆资源的利用率、图书馆的藏书质量和馆藏结构等方面进行量化和评价。数学虽然在图书馆学中有广泛的应用，但我们对数学应该保持求真务实的态度，不能不用，也不能滥用，要正确使用数学的理论和方法，理性地开展图书馆学研究。

3. 图书馆学与统计学

统计学是一门收集、分析、表述和解释数据的科学，由一套处理数据的方法和技术组成。统计学是图书馆学的方法工具类学科，一方面，统计学对图书馆学的定量研究起到关键性的作用。统计学与图书馆学相结合衍生出文献计量学，这是图书馆学理论研究和实际应用中常见的分支学科。文献资源是图书馆开展服务的基础资源，文献资源的增长、老化、更替规律都可以使用统计学的方法进行计算，常见的有布拉德福定律、齐夫定律、洛特卡定律、普赖斯文献指数增长规律等。另一方面，统计学经常被用在图书馆学对科研成果和学术期刊的评价方面，广泛应用于引文网络分析、期刊影响因子分析、关键词聚类分析、学术前沿分析、研究热点分析等方面，为研究人员了解研究进展、选择研究课题、开展科学研究提供参考。

五、指导关系学科

在科学体系中，有些与图书馆学有关联的学科，并不是与图书馆学处于同一门类，也不属于同一层次，但却能为图书馆学提供某些认识论或方法论的指导，这些学科可称为图书馆学的指导关系学科，它们与图书馆学的关系是指导与被指导的关系。

1. 图书馆学与哲学

哲学是世界观的理论形式，是关于自然界、社会和人类思维及其发展的最一般规律的学问。任何一门学科的发展，都要受到一定哲学思想的支配，都需要一定的哲学思想作为指导，图书馆学亦然。马克思主义哲学——辩证唯物主义和历史唯物主义是我国图书馆学研究最根本的指导思想。其他如科学哲学、信息哲学、文化哲学等，也从不同角度为图书馆学提供认识论基础。哲学还为图书馆学研究提供方法论指导，唯物辩证法、形式逻辑、辩证逻辑等为图书馆学范畴、体系、结构的构建提供支持。[①] 图书馆学与哲学的结合形成了图书馆哲学，探讨的是关于图书馆本质规律等图书馆学的根本问题、元问题，是一般的哲学原理在图书馆领域的应用。[②]

2. 图书馆学与系统科学

系统科学包括系统论，其与控制论和信息论，即人们所称的"三论"。系统科学是从事物的部分与整体、局部与全部以及层次关系的角度来研究客观世界，着重考察各类系统的关系和属性，揭示其活动规律，探讨有关系统的各种理论和方法，这对系统地、整体地研究图书馆学具有重要的指导意义。

系统论是研究系统思想和系统方法的哲学理论。系统论以系统为对象，从整体出发来研究系统整体和组成系统整体各要素的相互关系，从本质上说明其结构、功能、行为

---

① 黄宗忠. 图书馆学导论 [M]. 武汉：武汉大学出版社，2013：51.
② 吴慰慈，董焱. 图书馆学概论（第4版）[M]. 北京：国家图书馆出版社，2019：39.

和动态，以把握系统整体，达到最优的目标。系统论对图书馆学研究的指导意义在于：一方面图书馆是整个社会大系统中的子系统，用系统的思想去考察图书馆在人类社会文化交流中的地位和作用；另一方面图书馆本身就是一个由诸多要素组成的系统，运用一般系统论研究其内部各个子系统之间的关系，有利于各子系统协调发展。

信息论是研究信息的表示、传输、处理、存储和利用的理论学科。信息论所揭示的关于信息传递的原理与方法，对于社会信息传播现象的研究具有重要的指导意义。信息论与图书馆学有着密切的关系，信息是图书馆赖以生存和发展的资源，信息资源的揭示、组织、存储、转换、传播和利用都离不开信息论的指导。大数据时代，图书馆更加依赖信息技术的支持，对海量的数据进行处理和分类。信息论对图书馆学的指导作用将更加突出。

控制论是研究生命体、机器和组织的内部或彼此之间的控制和通信的科学。现代社会的许多新概念和新技术与控制论有着密切关系。控制论用抽象的方式揭示一切控制系统的信息传输和信息处理的特性和规律，研究用不同的控制方式达到不同控制目的的可能性和途径。控制论认为有效的控制一定要有信息反馈，适用于图书馆的各个工作环节，收集读者的反馈意见，有利于图书馆工作的改进和完善，促进图书馆的科学管理。除此之外，控制论对图书馆学中涉及系统协调和发展的研究都具有指导意义。

第五节　图书馆学的研究方法

科学研究方法是指人们在科学研究活动中，为认识和解决问题而采用的思路、途径和手段。任何一门学科的理论研究和应用研究，都必须借助科学研究方法，才能在研究中发现新现象、新事物，或提出新理论、新观点，揭示事物内在规律。现代科学的发展，科学研究成果的取得，更是离不开科学研究方法。科学研究方法是随着人们对客观世界认识和实践的不断深化而丰富和提高的，所以科学发展的进程总是与研究方法的进步相伴而行。

图书馆学研究当然也需要借助于科学研究方法。事实上，传统的图书馆学研究也是采用了一定研究方法的，但采用的方法比较单一，而且对现代科学中其他学科的研究方法借鉴、吸收不够，对现代科学研究方法的进步与变革也不够敏感，更没有建立起一套科学研究方法体系，从而使图书馆学本身的研究水平偏低。20世纪五六十年代，国外图书馆学界开始关注研究方法的问题；在我国，自20世纪80年代起开始重视对图书馆学研究方法的研究。近年来，科学研究方法的重要性已普遍为人们所认识，人们开始对图书馆学各种研究方法进行分析、比较、评价、综合等专门研究，图书馆学研究也因此出现了新的面貌。

由于人们认识问题的角度、研究对象的复杂性等因素，加之研究方法本身处于一个不断地相互影响、相互结合、相互转化的动态发展过程中，所以对于研究方法的分类很难有一个完全统一的认识。在我国图书馆学界，对图书馆学研究方法论的研究，有依据研究方法在应用中所起作用的性质和重要性划分的"层次论"，有依据研究方法与研究进程关联性划分的"过程论"，有依据方法对研究活动的适应性划分的"实用论"，等等。在最新的研究成果中，有学者在系统梳理方法论体系研究的基础上，选取了图书馆学领域 10 种核心期刊，对所载全部论文所使用的研究方法进行编码与统计，调查分析了图书馆学研究方法的应用现状，并沿用图书馆学方法论的"三层次说"体系，将研究方法划分为一般科学方法、专门研究方法和跨学科研究方法三个方法层次。①

显然，一门学科的研究需要采用多种研究方法，形成它的研究方法体系，图书馆学也不例外。综合关于图书馆学研究方法论的各种观点，我们认为图书馆学研究方法体系构成如图 3-2 所示。

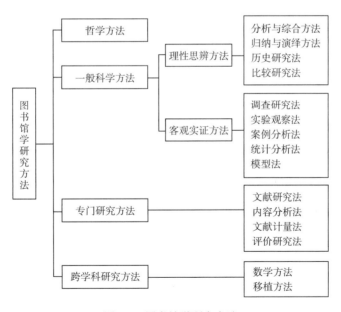

图 3-2　图书馆学研究方法

---

① 吴丹，樊舒，李秀园. 中国情境下图书馆学研究方法的识别、分类及应用［J］. 中国图书馆学报，2021，47（5）：33-47.

一、哲学方法

在上一节关于图书馆学相关学科的论述中，我们提到哲学是图书馆学的指导关系学科。哲学既是世界观，又是方法论。哲学既可以为认识图书馆的客观本体的性质、图书馆存在的价值等提供理论指导，也可以为图书馆学理论体系的建立、图书馆实践等提供方法论体系。作为一种方法论的哲学，可以为图书馆学提供依据方法，包括一般方法论，以及提供从哲学的角度处理图书馆问题的思路。①

马克思主义哲学——辩证唯物主义和历史唯物主义，是当代最科学的世界观与方法论。它为当代图书馆学研究提供了唯物主义物质第一性的一元论世界观，用联系和发展的眼光看问题的方法和在实践基础上认识和改造世界的观点。唯物辩证法中的对立统一规律、质量互变规律和否定之否定规律，以及所倡导的实事求是方法、通过现象看本质的方法、处理主要矛盾和次要矛盾关系的方法、理论与实践相结合的方法等，都为图书馆学研究提供了最科学的思维方法和研究方法，是图书馆学研究者取得科学认识成果最重要的保证。哲学方法处于研究方法体系的最高层次。

系统方法，包括系统论、信息论和控制论方法，是辩证唯物主义哲学基本原理和具体科学方法论之间的联系和纽带。② 20世纪80年代，系统方法（"三论"）在国内学术界备受关注，掀起一股研究热潮。近年来，系统方法除了"三论"之外，已发展成为包括集合论、图论、网络理论、对策论、博弈论等理论在内的理论和方法体系。在图书馆学研究领域，系统方法也被大量采用，并取得了许多研究成果。系统论将图书馆置于社会大系统中分析其相关联系，为图书馆信息资源共建共享、构建系统性和区域性信息资源保障体系、公共图书馆服务体系、信息与知识组织研究等提供了理论支撑；信息论主要围绕图书馆信息系统、信息化建设和信息测度研究展开；控制论是图书馆书目控制研究的重要理论来源和依据。

马克思主义哲学为图书馆学研究提供了最根本的方法指导，但并不排斥世界哲学史上其他一些有重要影响的哲学流派，如现象学、分析学、符号学、阐释学、实证学派、科学哲学、后现代主义哲学等，这些哲学思想中也有科学合理的成分。图书馆学研究应该以开放的心态借鉴和吸收一切人类精神文化成果，丰富图书馆学方法论体系。

① 吴慰慈，董焱. 图书馆学概论（第4版）[M]. 北京：国家图书馆出版社，2019：43.
② 李广建. 建立具有中国特色的图书馆学方法论体系[J]. 图书情报知识，1986（2）：4-7.

二、一般科学方法

一般科学方法指概括程度较高、适用范围较广的方法，主要包括两类方法：理性思辨方法和客观实证方法。理性思辨方法包括分析与综合方法、归纳与演绎方法、历史研究法、比较分析法；客观实证方法包括调查研究法、实验观察法、案例分析法、统计分析法、模型法等。

(一)理性思辨方法

理性思辨方法属于逻辑推理方法，将观点理论与逻辑分析相结合，借助重点概念进行理论思维分析，是我国图书馆学研究的重要方法。

1. 分析与综合方法

分析与综合是对感性材料进行抽象思维的基本方法。分析就是对图书馆整体和图书馆的复杂事物进行分解研究。由于图书馆是由相互联系的组成部分构成的整体，为了研究某一部分的特性，必须将部分从整体中分解出来，暂时切断与整体的联系，单独进行研究。综合方法则是通过分析，在了解各部分及各种要素的基本情况的基础上，将各个部分和各个要素联系起来考察，把获取的各种客观事实、现象在主观上给以明确、提炼和提高，从而得出对图书馆本质的认识。如果说分析是感性中的具体达到思维中的抽象，那么综合则是思维中的抽象达到思维中的具体。综合克服了分散研究带来的认识上的局限性，从而达到认识事物的整体性、联系性和规律性。分析和综合是统一的，没有分析就没有综合。但分析不是目的，分析是为了综合。而只有将整体的各个部分及各种要素分析清楚，综合才是科学合理的。

2. 归纳与演绎方法

归纳是从特殊事实中概括出一般原理，从个别的、单一的事物的性质、特点和关系中概括出一类事物的性质、特点和关系。归纳在科学研究过程中是一种重要的推理形式，也是人们从掌握到的客观事实中概括出一般科学原理的重要方法。演绎则是从一般到特殊和个别，是根据一类事物都有的一般属性、关系、本质来推断该类中的个别事物所具有的属性、关系和本质的推理形式和思维方法。归纳法和演绎法都是图书馆学研究中普遍使用的方法。如人们对图书馆性质、职能等问题的研究，往往用归纳法，从各种复杂的图书馆活动及与之相关的大量活动中，将个别事实上升为一般结论。而人们在引进相关学科的理论和方法时,往往用演绎法,以相关学科比较成熟的一般原理,去推导图书馆学研究的个别结论,或者用一般哲学原理,去推导图书馆学研究的个别原则和规范,这在图书馆管理学研究、读者心理学等分支学科研究中较多采用。

3. 历史研究法

用科学的方法搜集、检验、分析和解释历史资料,探求资料的背景及因果关系,判明社会历史发展的脉络与发展水平,进而了解过去和现在有关社会现象之间的关系及其规律性的方法就是历史研究法(又称历史文献研究法)。传统的史学方法主要是对文献进行校勘、考据和阐释,而现代历史研究法更多地与类型比较法、个案分析和统计方法相结合。历史研究法既是一种方法,又是一种研究角度,在图书馆学研究领域的应用十分广泛,如图书馆(学)史、图书馆学教育史、图书馆事业和图书馆的发展规律、藏书建设、地方文献等方面的研究。

4. 比较研究法

比较是人们认识事物最常用和最基本的方法之一。所谓比较研究法,就是将两个或两个以上的事物加以对照,以说明它们在某些方面的相似或差异及其原因的研究方法类型。比较研究可从时间、空间、进程、内容、形式、内部结构、外部联系等不同角度进行。图书馆学研究中经常使用比较研究法,如对不同国家、不同类型、不同阶段的图书馆进行比较,研究其发展规律;在图书馆学、图书馆学教育以及各个具体的研究课题中,都可以应用比较研究法。

(二)客观实证方法

客观实证方法是指通过多种方式获取客观研究资料,分析事物本质属性和发展规律的研究方法。运用于图书馆学研究的客观实证方法主要有以下几种。

1. 调查研究法

调查研究是一种科学的认识方法,通过考察了解客观情况直接获取有关材料,并对这些材料进行分析。毛泽东在《反对本本主义》中指出:"没有调查,没有发言权"[1],通过调查研究,可以获取研究所需的一手资料。调查研究的方式多种多样,主要有普查、抽样调查和典型调查等,其中抽样调查和典型调查应用比较广泛。抽样调查常以发放问

---

[1]　毛泽东选集(第一卷)[M]. 北京:人民出版社,1991:274-288.

卷和个人采访的方式了解和研究人们的态度、意见、行为和社会属性（如年龄、性别、政治归属和社会经济地位），以及这些属性之间的关系，从样本研究中推出总体。在图书馆学研究中，经常用于对图书馆、读者、社会公众等对象的调查，研究图书馆的工作、读者的需求、政策的实施、服务的评价等各方面的问题；典型调查是从研究总体中挑选少数具有代表性的对象进行调查，通过对典型对象的多方面情况的系统、细致的解剖分析，了解总体的特征和本质。它是个别与一般相结合的比较切实有效的方法。典型调查适用于对图书馆学研究中特定对象的调查，如对公共文化服务体系中的实施主体——图书馆、博物馆、文化馆、美术馆、文旅部门等相关主体的负责人、实施人等的调查。

2. 实验观察法

实验观察法是实验法和观察法的结合。实验法是指根据一定的研究假设，实行某项措施或施加某种影响，并通过观察、记录、分析，发现和证实变量间或社会现象间的因果关系。主要有两方面的作用：一是发现以往未知或未加解释的新事实；二是判断社会现象间或变量间的因果关系，检验为某一理论所提出的假设。观察法是指研究者用感官或借助科学仪器搜集资料的方法，常用来研究特定环境中群体或个人的行为表现，以及用来进行探索性研究。在图书馆学研究中，面对某些"讲道理"式的论辩无法达到统一时，[①] 运用实验观察法，以实验的数据和现实的现象来说明可能更有效。在图书馆实际工作中，实验和观察是重要的手段，适用于信息资源的荐购、图书的上架与流通、读者行为研究等方面。

3. 案例分析法

案例分析法是根据某些普遍原理，对社会生活中的典型事件或社会实践的典型范例进行研究和剖析，以寻求解决有关领域同类问题的思路、方法和模式，提出新的问题，探索一般的规律，检验某些结论的一种社会科学研究方法。案例分析法的优点是立足于典型的具体事例，一方面，可以提炼出适用于同类情况的一般原则、方法和模式，收到举一反三的效果；另一方面，又有具体的事例作为示范，从而避开抽象的议论，揭示出某种一般原则在实际上是如何表现出来的，某些问题在实践中是如何解决的，某些方法是如何具体实施的。案例分析法在图书馆学研究中经常被用于图书馆管理和服务、用户行为、公共文化服务等研究。

---

① 王子舟. 图书馆学基础教程[M]. 武汉：武汉大学出版社，2003：277.

4. 统计分析法

在管理科学中，统计分析法是根据研究目的和要求，对研究对象进行分析、对比和综合研究，以揭示事物的内在联系和变化规律的分析方法。常用的统计分析工具有：Excel、SAS、SPSS、Eviews、Stata、R 语言、MATLAB 等，这些具有统计分析功能的软件可以实现层次分析、聚类分析、回归分析、方差分析、因子分析等各种功能，用以满足图书馆学研究中的定量研究需要。

5. 模型法

模型法是指借用模拟方法对一些较为复杂的自然现象和过程，根据已经掌握的某些主要特征，设计一种在理论预料中能够产生与研究对象(原型)相似的模型来描述原型。模型法可分为物质模型法和思想模型法。物质模型法是用物质材料去设计或运用数学方程来表示原型。在图书馆学研究中，其应用于用户画像模型、知识共享模型、智能推荐模型等利用算法构建的模型。思想模型法是运用科学想象在头脑中构思出原型内在本质的必然联系，是原型在人脑中理想化的映象。思想模型法是图书馆学研究中常见的方法，用于图书馆学理论体系、图书馆学思想体系、公共文化服务体系、图书馆服务体系、公共图书馆总分馆体系、图书馆管理模式、图书馆创新模式、图书馆服务模式等体系、模式、模型构建类研究当中。

三、专门研究方法

图书馆学的专门研究方法是图书馆学独有或独创的，适用于图书馆学研究的独特的科学方法。但近年来这些方法越来越多地被引入其他学科领域，用于研究和解决许多学科领域的问题。这是图书馆学对整个科学体系的贡献。常见的图书馆学专门研究方法主要有：文献研究法、内容分析法、文献计量法、评价研究法等。

1. 文献研究法

文献研究法是指搜集、鉴别、整理文献，并通过对文献的研究形成对事实的科学认识的方法。这是一种传统而又实用的研究方法，也被认为是图书馆学研究的典型方法。国外较早地将其用于对文献内容、馆藏目录卡片、书名页内容等文献信息单元以及对某一具体文献的深入研究、分析和评价，20 世纪 70 年代开始应用于其他研究领域。[①] 国

---

① 杨文祥，焦运立，刘丽斌. 国外图书馆学学术源流与方法论思想的历史演进与嬗变——关于 21 世纪图书馆学方法论体系及相关问题的若干思考之二[J]. 图书与情报，2008(2)：1-5，129.

内梁林德、辛孟希最早将查找和资料积累法、分类研究法、摘要和述评研究法视为图书馆学专门研究方法。① 在现代的社会调查中，文献研究法占有重要地位。一般的社会调查研究必须借助于文献研究法，不论是初步探索还是实地调查和研究分析，都需参考大量与该研究有关的文献资料。借助于这些文献资料，研究者可以加深对研究对象的全面了解和认识。有些研究完全是建立在分析他人已经搜集并整理过的资料之上的。在图书馆学研究中，文献研究法应用于掌握国内外图书馆学相关研究的进展，了解国内外图书馆学的研究热点，对国内外图书馆学研究进行述评等。文献研究法经常与计量分析法、内容分析法结合使用。

2. 内容分析法

内容分析法是指以各种文献和文本为研究对象，从其语义、主题、背景和趋势等途径入手，采用概念推理和词频统计等定性和定量方法，全面揭示和深入剖析文献中显现的和隐含的内容信息的一种科学研究方法。其实质是对文献内容所含信息量及其变化的分析，即由具有表征意义的词句推断出准确意义的过程。

内容分析法最早产生于传播学领域，在图书馆学研究中发扬光大。19 世纪末就已经被俄国图书馆学研究者作为图书馆学的一种研究方法来采用，20 世纪 70 年代，苏联图书馆学研究者进一步完善和发展了这种方法。② 内容分析法将定量与定性结合，以定性研究为前提，找出能反映文献内容的一定本质的特征，并将它转化为定量的数据。它是一种规范的方法，对类目定义和操作规则十分明确与全面，它要求研究者根据预先设定的计划按步骤进行，客观性较强。③ 内容分析法和文献研究法常结合起来，用于对图书馆学研究中的领域前沿、基础理论、实践发展动态进行综述分析，尤其是对文献内容中高质量信息的挖掘、分析和总结。

3. 文献计量法

文献计量法是运用定量方法研究文献的分布结构、数量关系和变化规律的方法，是数学方法和统计方法在图书馆学、情报学研究中具体应用而形成的专门方法。文献计量法产生于 20 世纪文献工作中，文献工作者通过对某些文献的统计、分析和研究，探索出能够说明文献信息特征的具有普遍性、规律性的结论，如表达文献内容离散分布规律

① 梁林德，辛希孟 . 论图书馆学的研究方法［J］. 图书馆工作与研究，1987(2)：16-19.
② 黄宗忠 . 论图书馆学研究的专门方法［J］. 四川图书馆学报，1994(1)：1-13.
③ 吕斌，李国秋 . 信息分析新论［M］. 上海：上海世界图书出版公司，2018：586-589.

的布拉德福定律、表征文献中词频分布的齐普夫定律、表征文献生产者分布规律的洛特卡定律、表征文献增长与老化规律的普赖斯定律等。应用文献计量法，可以确定核心文献、优化文献选购和馆藏资源结构、判断文献使用寿命、指导馆藏文献处置，还可以评价某门学科的历史发展水平和现状，以及预测未来的发展趋势，进行主题词频分析、作者影响力分析，统计期刊影响因子即评定核心期刊等。随着信息技术和网络的发展，网络信息逐渐成为图书馆信息资源的重要组成部分，利用文献计量法对网络信息分布规律的研究成为潮流，文献计量法作为反映文献信息规律的重要工具也逐渐被引入其他领域或学科。

引文分析法是文献计量法中最常见也最重要的一种。它利用各种数学及统计学方法和比较、归纳、抽象、概括等逻辑方法，对科学期刊、论文、著者等各种分析对象的引证和被引证关系进行分析，以便揭示其数量特征和内在规律。引文分析法还通过对引文信息的可视化分析，清晰地展现出引文的数量、发表年份、语种、作者单位、基金情况、集中与离散规律等，用以评价核心期刊、研究期刊质量、分析学科之间的关系、进行人才评价和机构评价、了解作者的研究和合作特征、透视学科发展轨迹、研究专业文献的分布情况等，在图书馆学研究中被频繁使用。

4. 评价研究法

评价研究法，早在 20 世纪 60 年代就应用于美国图书馆学的研究，70 年代运用这一方法的论著与博士论文陆续出现。图书馆评价研究法主要是对图书馆活动作出系统说明，通过描述现象、表达变量之间的关系，随时可能辨别因果关系。主要应用研究领域有图书馆服务评价测量、图书馆与情报中心的评价、图书馆管理的评价、图书馆学情报学教育的评价、公共图书馆情报服务效能的评价等方面。①

四、跨学科研究方法

现代科学体系中各学科之间的交叉融合，已然成为科学发展的重要趋势。而学科交叉融合的重要表征之一，就是越来越多的学科借鉴、移植和引进其他学科的研究方法来解决本学科的理论研究和实践中的问题。同时也有这样一些学科或研究方法，能为众多学科所运用，成为跨学科的研究方法。图书馆学应用的跨学科研究方法，主要有数学方法、移植法。

---

① 黄宗忠. 论图书馆学研究的专门方法[J]. 四川图书馆学报，1994(1)：1-13.

1. 数学方法

运用数学所提供的概念、符号、技巧和规则，对研究对象的量和结构进行分析、推导和演算，用数学形式表达事物的状态、关系和过程，以形成解释、判断和预言的科学研究方法，就是数学方法。数学方法具有高度抽象性、严密的逻辑性、应用普适性和科学预见性，因而广泛应用于众多学科领域。马克思曾说："一种科学只有在成功地运用数学时，才算达到的真正完善的地步。"①

运用数学方法对图书馆学研究中遇到的问题进行数量计算和定量分析，是解决问题、创新理论的有效手段，推动了图书馆学的进步与发展。数学的分支，如数理统计、模糊数学、概率论、运筹学等都是目前图书馆学研究中经常使用的定量分析方法，在研究图书馆文献利用率、文献增长和老化规律、读者借阅率和拒借率、信息资源采购及流通、图书馆人事考核与评价、建立图书馆活动模型、探索图书馆运行机制等方面得到广泛应用。近年来，随着电子计算机的普遍使用和大数据分析技术的兴起，使得数学方法更为普及，图书馆学研究也在朝着定量化、精确化的方向发展。

2. 移植法

移植法是把某一领域或某一研究对象的概念、原理和方法等应用于其他领域或其他研究对象而取得成果的方法。由于图书馆学诞生的历史较短，专门的研究方法较少，又是一门具有综合性质的学科，更加需要运用其他领域的技术、理论和方法来加速自身的发展，所以移植法对图书馆学的发展至关重要。移植法的研究成本低，将其他领域新兴的、正在发展中的或成熟的技术、理论和方法科学地运用到图书馆学研究中，与图书馆学研究的实际情况相结合，能够扩大图书馆学的研究领域，解决一些图书馆学领域的难题，促进图书馆学的发展。计算机技术、网络技术以及新兴的人工智能技术的引入，将图书馆从传统时代带入信息时代，图书馆学理论也随之发展，出现了虚拟图书馆、电子图书馆、数字图书馆以及智慧图书馆等新的研究领域；管理学、社会学、经济学、心理学、教育学等学科研究方法的引入，规范和丰富了图书馆学的研究方法，出现了图书馆管理学、图书馆社会学、图书馆心理学等一系列的创新领域；数学、运筹学、统计学等学科的方法运用到图书馆学研究中来，创造性地产生了文献计量法、引文分析法、内容分析法等图书馆学专门研究方法，推进了图书馆学向着成熟化、科学化迈进。

① ［法］保尔·法拉格. 回忆马克思恩格斯［M］. 马集，译. 北京：人民出版社，1973：7.

📋 重要名词术语

图书馆学　理论图书馆学　应用图书馆学　图书馆学基础理论　图书馆学理论基础
内容分析法　文献计量法　引文分析法

📝 思考题

1. 试评述各种关于图书馆学的概念，谈谈你如何理解图书馆学的定义。

2. 图书馆学知识体系经历过怎样的发展演化过程？从中可以得到哪些规律性的认识？

3. 当代图书馆学知识体系是如何构成的？简述理论图书馆学和应用图书馆学的构成。

4. 试分析图书馆学基础理论与图书馆学理论基础的区分。

5. 简要分析不同学科理论在图书馆学理论基础研究中所起的作用。

6. 图书馆学与相关学科的关系可分为哪些类型？请分别举例说明。

7. 分析图书馆学同族关系学科，谈谈你对一级学科"图书情报与档案管理"更名为"信息资源管理"的认识。

8. 图书馆学研究方法体系包含哪些研究方法？分别适用于哪些方面的研究？

9. 以某一文献(著作或论文)为例，试分析该文作者运用了哪些研究方法。

第四章

图书馆学学科简史

第一节　外国图书馆学史

一、国外图书馆学的孕育

Library 传统上是指用于阅读或学习的藏书，或存放这些藏书的建筑或房间。该词来源于拉丁语"Librarium"，原指"书箱"，又可回溯至"Liber"，意指"图书、纸张、羊皮纸"。而在德语、俄语和罗曼语族中，"图书馆"一词源于 bibliotheca 这个拉丁化的希腊词。文字的书写及其载体的保存，客观上带来了藏书的出现。在图书馆学的孕育时期，人们既没有明确提出图书馆学的研究对象，也尚未形成对图书馆的系统认识。但相关言行与观念的文献记载和现存历史遗物表明了先人对图书与藏书的认识、思考和对实践工作中经验的总结。与图书馆学相关的思想可以上溯到古希腊时期。

1. 古希腊和古罗马时期对图书馆的认识

古希腊文明（公元前 800—前 146）是西方文明最重要和直接的渊源，其文明后为古罗马（公元前 753—前 476）所继承。在古希腊和古罗马，私人藏书皆先于公共图书馆出现，对于图书和书藏的认识、态度和知识已有了文字的记载。

　　古典时期，古希腊私人图书的收藏和利用已经广泛且普遍，其价值也在文化传播中逐渐得到重视。古希腊人通过语言文字获得知识和乐趣的方式非常多样，抒情咏唱、公众朗读、背诵、面授、对话等口头传播的方式曾经备受推崇。在柏拉图（公元前427—前347）的《斐德罗篇》中，苏格拉底认为书面文字在受到曲解时无力为自己辩护，因而更加推崇"伴随着知识的谈话"①。亚里士多德，被描述为"第一个收集图书的人，并且教会了埃及国王如何组织安排图书馆"，他的图书馆是"第一座按照特定规则，进行设计和排列的图书馆"，甚至日后亚历山大图书馆兴建时也以之作为范例。一些学者认为，"正是因为有了亚里士多德，希腊世界才由口头演示过渡到阅读的习惯"②。

　　除了众多爱书之人的收藏，社会风气也使得私人藏书盛行。古罗马时期，藏书在上流社会趋于狂热化，豪华书房成为乡村别墅的标配。一些暴发户成为没文化的"藏书家"，只求拥有，无心读懂，因炫耀富丽堂皇的私人图书馆而备受讽刺。

　　古希腊和古罗马公共图书馆对社会文化产生了巨大的影响，而且直接带动了图书产量的增加，图书的抄写、装帧、交易、收藏、整理、使用等领域出现了更为丰富的实践活动，引发了相关的思考和经验总结。著名的亚历山大图书馆兴建的政治目的就是使尼罗河流域希腊化，该图书馆所在国埃及的文献完全未予收藏，专收希腊文图书。著名哲学家、诗人卡里马科斯（Callimachus，公元前305—前240）曾在亚历山大图书馆任职，并撰有亚历山大图书馆馆藏书目《皮纳克斯》（*Pinakes*，又称《卷录》《各科著名学者及其著作目录》）120卷，将所藏图书分为11大类，再依作者编排，包含了古希腊主要作家传记、摘要和评论。③ 作为图书整理的典范，Pinakes的影响延续几个世纪，直至中世纪的伊斯兰图书馆时期。

　　公元前2世纪下半叶，罗马学者瓦罗（Marcus Terentius Varro，公元前116—前27）撰写了《论图书馆》一书，惜已失传。他曾受命于恺撒，负责起草一个图书馆的规划以兼藏希腊语和拉丁语图书。尽管当时该图书馆并未建成，但他的研究为后来阿西纽斯·波里翁（Asinius Pollio）图书馆的建立提供了不少帮助。在这座图书馆里，图书是按文学类型或书名的字母顺序整齐有序地摆放在书架上的。除了有方便读者查阅的书目外，摆

---

① 柏拉图. 柏拉图全集[M]. 王晓朝，译. 北京：人民出版社，2016：138-139.
② ［英］弗雷德里克·G. 凯尼恩. 古希腊罗马的图书与读者[M]. 苏杰，译. 杭州：浙江大学出版社，2012：54.
③ Witty F J. The Pínakes of Callimachus[J]. The Library Quarterly：Information, Community, Policy, 1958, 28(2)：132-136.

放图书的书架上还有作者的奖章和半身像，这让查寻更为方便。瓦罗是第一位生前就在阿西纽斯·波里翁图书馆里有了自己半身像的作家，后来这种做法普及开来。

2. 中世纪有关图书馆思想的记载

罗马帝国衰落，基督教兴起，中世纪的欧洲出现了大量修道院和教堂图书馆。尽管基督教神学带来对文化的宗教钳制，但古典文化仍然在一些神职人员中留存和延续。适应于当时的社会环境，围绕图书馆的活动和宗教紧密结合起来。

在谈论中世纪的图书馆时，通常使用 Armarium（本义为衣柜或书柜）一词。意大利僧侣本尼迪克特（Saint Benedict，480—547）在为其所建立的修道院制定教规（Rules of St. Benedict①）时，将读书作为修行手段，规定了修士和学生阅读与抄写图书的时间。几乎与之同时代的罗马贵族、基督徒和政治家卡西奥多罗斯（又译作迦修多儒，Flavius Magnus Aurelius Cassiodorus，490—585）在意大利南部建立了带有图书馆的修道院 Vivarium，不仅收集早期各版本的福音书，亦保存了希腊和罗马的文学遗产。他为僧侣们编写了《神圣文献和世俗文献指南》（*Institutiones Divinarum Et Saecularium Litterarum*）。在敦促僧侣辛勤地缮写和翻译图书馆藏书的同时，书中也对这些工作加以说明指导。宗教和世俗的思想在这部书目中被视为一个相互对应的整体并排序，这种格局也体现到其图书馆的布置中，从而影响后世。大多数中世纪图书馆的编目只是一份简化的书单，甚至并不具有专门的载体而只是记录在书籍的空白处，其内容也难称精确。从 13 世纪开始，带有联合目录性质的书单已经存在，这正是各图书馆之间交换馆藏书单的成果。

中世纪的私人藏书家留下了对书藏管理的文献。法国犹太人、哲学家朱达·伊本·提邦（Judah Ibn Tibbon，1120—1190）将私人藏书遗留给儿子，并在伦理遗嘱中向他传授了藏书的管理方法。法国藏书家理查德·德·福奈维尔（Richard de Fournival，1201—约1260）著有《藏书家》（*Biblionomia*）162 卷，被称为"中世纪文献编目艺术中最奇特的纪念碑之一"。作者用一个花园来比喻描述他的图书馆，各种知识分支都有各自的情节。书中构架了一个特定的分类方案，并用不同字体和颜色来标识。尽管部分内容被怀疑仅出于想象，但仍有一大批该书目中提到的图书曾经或仍然流传于世。英国藏书家理查德·德·伯里（Richard de Bury，1287—1345）在作于 1344 年的《爱书》（*Philobiblon*）中热情赞

---

① Benedict. Rules of St. Benedict［M/OL］. ［2022-02-25］. https：//www.solesmes.com/sites/default/files/upload/pdf/rule_of_st_benedict.pdf.

颂"智慧的珍宝多蕴于书中"。除了对图书价值的反复吟咏外，该书还论及藏书史、图书的购求、选择、利用、阅读偏好、抄录、保存、公开和外借等内容。[①] 这部作品是关于保存被忽视的手稿、建设图书馆和藏书价值的最早文章之一，它以手稿形式流传了一个多世纪，后于 1473 年在德国科隆刊行，随着印刷机的发明在中世纪晚期的世界传播开来。

3. 欧洲图书馆学的奠基

反映欧洲新兴资产阶级要求的文艺复兴运动推崇"人文主义"，借助复兴古希腊、古罗马文化的形式来表达自己的文化主张。这促使人文主义者投身于对古典著作的搜寻、复原、编辑、翻译以及分析和批评。被称为意大利"文艺复兴之父"的彼特拉克（Francesco Petrarca，1304—1374）和薄伽丘（Giovanni Boccaccio，1313—1375）就曾多次利用旅行的机会，从法国、比利时、德国和意大利各地修道院尘封的图书馆里广泛搜集古希腊、古罗马的古籍抄本。瑞士博物学家、医学家和文献家格斯纳（Conrad Gesner，1516—1565）编有《世界书目：拉丁语、希腊语、希伯来语全部书籍目录》（*Bibliotheca universalis*，*Sive Catalogus Omnium Scriptorum Locupletissimus*，*In Tribus Linguis*，*Latin*，*Graeca*，& *Hebraica*）。

西方由从中世纪步入近代，启蒙运动以理性之光驱散愚昧的黑暗。图书馆学出现了较为集中的理论探讨，为近代图书馆学产生奠定了基础。著名的代表人物有法国的诺德、英国的杜里和德国的莱布尼茨等。

法国近代图书馆学理论创始人之一诺德（Gabriel Naudé，1600—1653）于 1627 年撰写的《关于图书馆建设的意见》（*Avis Pour Dresser Une Bibliothèque*）一书，被誉为第一部具有理论意义的图书馆学著作。书中对图书馆的创设、意义、目的、建筑和装饰，图书的选择、访求、分类、排列和书目编制皆有所论及。他认为图书馆是高尚而慷慨的事业，应当提供给公众使用，令众人受益。[②] 1650 年，苏格兰牧师、理论家杜里（John Dury，1596—1680）写给友人哈特立布（Samuel Hartlib，1600—1662）的关于图书馆和教育改革的信件合集《新式图书馆的管理者》（*The Reformed Librarie-Keeper*，又名 *Two Copies of*

---

① Bury R. The Love of Books［M/OL］．［2022-02-26］．Thomas E C，translated. https：//www. philobiblon.com/philobiblon.shtml https：//www.philobiblon.com/philobiblon.shtml.

② Clarke J A. Gabriel Naudé and the Foundations of the Scholarly Library［J］．The Library Quarterly：Information，Community，Policy，1969，39（4）：331-343.

Letters Concerning the Place and Office of a Librarie-keeper）于 1650 年出版，其中充满了他对图书馆员和图书馆职责的定位和思考。他主张提高图书馆员能力和待遇，促进图书选择和采购，并让他们成为图书馆这一公共知识仓库和读者之间的中介。

德国著名数学家、哲学家莱布尼茨在政治学、法学、伦理学、神学、哲学、历史学、语言学等诸领域皆有建树。他从事图书馆工作长达 40 余年，他的数学和哲学思想与图书馆学思想理念相互映照，散见于各论著、随笔和信件之中。他提出了关于"图书馆应是学术交流中心"的思想、通过分类标引组建"世界百科知识体系"的设想、建立世界"图书馆网"的见解以及对馆藏建设、藏书目录、经费、开馆时间、建筑设备等工作的思想，其精辟和深刻之处为后世所称赞。

二、外国图书馆学的确立和初步发展

工业革命和启蒙运动推动了 19 世纪西欧和北美的迅猛发展，各种自然科学逐渐成形，众多社会学科在观念的革新中诞生。1807 年，德国人施莱廷格首次提出"图书馆学"概念，标志着近代图书馆学的正式诞生。① 随后，在欧美陆续出现了对图书馆学研究基本问题和对图书馆日常工作改进方法的不同观点与讨论，图书馆学教育和更为深入而体系化的研究逐渐展开。直至 20 世纪 20 年代的百余年间，图书馆学研究从以藏书为中心的管理，扩展到图书馆的日常制度、技术操作和人才培养等方面，同时将时间纵向的图书馆史和更为广阔的社会问题引入图书馆学研究和践行之中。这个阶段被视为外国图书馆学的确立和初步发展阶段。

1. 对图书馆学研究对象和内容的初步探索

对于图书馆学研究对象和内容等基本问题的探讨，在 19 世纪上半叶的欧洲先后开始。在各国不同的社会背景下图书馆事业发展的道路各异，从实践中总结提炼出的图书馆学思想也姿态万千而又相互呼应和影响。这个时期的一些观点被后世图书馆学家归纳为"图书馆整理论""图书馆技术方法论"和"图书馆管理论"等。其中具有代表性的人物包括德国的施莱廷格、艾伯特，丹麦的莫尔贝希，法国的海斯，英国的帕尼兹（Anthony Panizzi，1797—1879）和爱德华·爱德华兹，美国的朱厄特和麦维尔·杜威等。

---

① Richardson J V. History of American Library Science：Its Origins and Early Development［M］// Mcdonald J D, Levine-Clark M. Encyclopedia of Library and Information Sciences, Third Edition, Boca Raton：Taylor & Francis, 2018：2909-2918.

施莱廷格在 19 世纪初出版的《试用图书馆学教科书大全》①一书中，不但给"图书馆学"作了一个明确的定义，而且尝试构建图书馆学研究内容体系，为图书馆实践提供科学依据，强调图书馆工作的专业性，提出图书馆员的训练和教育问题。② 他注重图书馆藏书整理，并将图书收藏和目录编制作为图书馆学研究的基本内容③。同时代的德国图书馆学家 F. A. 艾伯特（Friedrich Adolf Ebert，1791—1834）认为，施莱廷格将图书馆学研究对象限定在"整理"方面过于狭窄。艾伯特也注重馆藏书目编制，还对前人与时人忽视的图书馆日常管理工作展开了细致的探讨。和施莱廷格一样，艾伯特希望推动图书馆学教育。他反复强调图书馆专业人才的培养，撰有《图书馆员的培训》（*Die Bildung Des Bibliothekars*，1820）。他认为图书馆学的主体内容是图书馆员完成图书馆工作所需要的一切知识和技巧的综合，只有接受良好的体系化训练的馆员才能组织和维系图书馆，为公众提供最大化的服务。④ 1829 年，丹麦图书馆员、语言学家和历史学家莫尔贝希（Christian Molbech，1783—1857）撰写了《论公共图书馆》（*Om Offentlige Biblioteker*）一书。他将艾伯特的图书馆学结构系统化，将其理论与实践划分为组织和管理两个分支，讨论其实现的可行路径。1839 年，法国的黑森（Léopold August Constantin Hesse，1779—1844）在艾伯特的基础上，于《图书馆学：收藏、保存和管理手册》（*Bibliothéconomie：Ou Nouveau Manuel Complet Pour L'arrangement，La Construction Et L'administration Des Bibliothèques*，1841）一书中提出，图书馆学的宗旨在于最有效地解决管理问题，并力图以此形成体系。

英国大英博物馆图书馆馆长、意大利流亡学者帕尼兹为所任职的图书馆争取经费和藏书、改善建筑布局和管理制度，其许多举措和思想影响至今。他领导编制的《91 条编目规则》（*91 Rules for the Compilation of the Catalogue*，1841），为英国乃至世界贡献了当时最先进的信息组织整理技术和图书馆目录，被认为是现代编目法的开端和基础。他利用 1842 年的版权法强化呈缴本制度的执行以保障图书馆的权利，倡导图书馆免费平等

---

① 该书于 1808—1910 年出版第 1 卷，1829 年出版第 2 卷，原名为 *Versuch eines vollständigen Lehrbuchs der Bibliothek-Wissenschaft oder Anleitung zur vollkommenen Geschäftsführung eines Bibliothekars in wissenschaftlicher Form abgefasst*，又译为《以科学形式撰写的图书馆员完全管理指南》。

② 柯平，弓克，孙情情. 图书馆学概念衍进二百年之思考[J]. 大学图书馆学报，2008(4)：2-6.

③ 况能富. 略述欧美十九世纪图书馆学的发展[J]. 大学图书馆通讯，1984(4)：16-20.

④ Goldschmidt E. Pioneer Professional：Friedrich Adolf Ebert（1791-1834），Librarian to the King of Saxony[J]. The Library Quarterly：Information，Community，Policy，1970，40(2)：223-235.

服务和开架服务思想，对国家图书馆的建设思想影响后世，被誉为"图书馆员的拿破仑""图书馆界最伟大的立法者之一"①。同为《91 条编目规则》主要编制者之一的爱德华·爱德华兹提出了现代公共图书馆理念，认为公共图书馆应该是全部或部分地由公共经费支持，免费向所有人开放的全民教育设施。从 1848 年起，他参与起草了《图书馆报告》，进而与倡导社会改良的政治家 W. 尤尔特联合推动英国议会 1850 年通过了《公共图书馆法》，即《促进城镇议会建立公共图书馆和博物馆的法案》（An Act for Enabling Town Councils to Establish Public Libraries and Museums），这也是世界首部公共图书馆的国家立法。随后，爱德华·爱德华兹出任了按照该法建立的第一所图书馆——曼彻斯特公共图书馆的首任馆长。他的图书馆思想在 1859 年出版的代表作《图书馆纪要：图书馆经营手册》（Memoirs of Libraries：Including a Handbook of Library Economy）中集中表达。该书包括图书馆史和图书馆管理两部分，后者包括图书收藏、馆舍、分类编目、内部管理与公共事务等。由于爱德华·爱德华兹在公共图书馆立法和公共图书馆运动中的巨大作用，被誉为"英国公共图书馆之父"。

以立法支持为基础，以公共资金为支持，对市民完全免费的公共图书馆引起了图书馆理念的变革，由"保存人类文献文化遗产"上升为"保障公民的信息获取权利"②。随着公共图书馆理念的传播，世界各国在 19 世纪下半叶至 20 世纪上半叶形成了公共图书馆建设的热潮。美国在公共图书馆建设方面的成就尤为突出。在 19 世纪 30 年代，就已经出现得到公共税收支持的公共图书馆，而波士顿公共图书馆也成为第一所根据法律建立起来的都市公共图书馆。美国卡内基财团的捐赠促成了美国公共图书馆的规模性发展。在 1876—1923 年，因此善款而建成的图书馆多达 2509 所，其大部分在美国。美国图书馆事业趋于兴盛，出现了大批具有影响力的图书馆员，如普尔（William Frederick Poole，1821—1894）、达纳（John Cotton Dana，1856—1929）等，图书馆学在美国也得到了巨大的发展，涌现出一批杰出的图书馆学家。

在分类编目方面朱厄特（Charles Coffin Jewett，1816—1868）和卡特（Charles Ammi Cutter，1837—1903）作出了里程碑式的贡献。1853 年，朱厄特在吸收 1841 年英国《91条编目规则》的基础上，于史密森宁（Smithsonian）研究院图书馆长任上出版了美国首部

---

① 石渤，舒牧，王铮. 帕尼齐，A[EB/OL]. [2022-03-25]. https：//www. zgbk. com/ecph/words？SiteID＝1&ID＝35201&Type＝bkzyb&SubID＝47260.

② 范并思，等. 20 世纪西方与中国的图书馆学——基于德尔斐法测评的理论史纲[M]. 北京：北京图书出版社，2004：4.

编目规则，他在其中贯彻了编目标准化的思想。工作于 Boston Athenaeum 的卡特编制了第一部字典式目录（1869—1882）并制定了《字典式印刷目录规则》（*Rules for a Printed Dictionary Catalog*，1876 年①），创制了著者号码表（1887），发表了《展开式分类法》（1891—1893）。《字典式目录规则》对将作者、标题、类目和形式作为条目，交叉引用和将类目作为标目的规定，成为国会图书馆印制图书卡片目录的指导之一，这奠定了卡特在编目领域的领袖地位。尽管直至 19 世纪末，向着合作和统一发展的美国图书编目仍然面临多种编目规则的选择，但这个阶段出现的大量对编目规则的探讨和成就，使一些图书馆学专家将 19 世纪称为"规则的世纪"（century of codes）。②

19 世纪美国图书馆学家中声名最盛的当推麦维尔·杜威，他被认为是这个时期图书馆学的集大成者，被誉为"现代图书馆事业之父"，甚至创造了美国公共图书馆发展史上的"杜威时代"。麦维尔·杜威对图书馆编目规则贡献了他首创的十进制图书分类法，即《杜威十进分类法》（*Dewey Decimal Classification*，DDC，在 1873 年 Amherst College Library 投入实践，出版于 1876 年），在很大程度上改进了当时的图书馆业务。麦维尔·杜威在谈到图书馆学时，通常使用"图书馆员的学问"（librarianship）一词而非"图书馆学"（library science），进一步表明他确实是把图书馆学理解为有关图书馆业务的学问，或以图书馆业务划定内容范围的学问。麦维尔·杜威的图书馆学思想集中体现在以下几个方面：①图书馆是最好的教育场所，是"人民的大学"；②图书馆工作是一种专门化的职业；③读者的需要高于一切；④图书馆的目标是"以最低的成本、最好的图书，为最多的读者服务"（3R 原则：Right Books，Right Readers，Right Times）；⑤倡导图书馆管理的科学化、标准化和规范化；⑥馆藏的多样性。麦维尔·杜威的图书馆学思想的核心在于：不追求理论上的完整体系，只从实用的观点解决实际问题。事实上，与前述成就相比，更多人认为麦维尔·杜威更大的影响和贡献在于开创了美国的图书馆学教育机构。

19 世纪末到 20 世纪初，学者们对图书馆学的认识有了进一步的扩展和完善。德国图书馆学家格雷赛尔（Arnim Graesel，1849—1917）在《图书馆学纲要》中（*Grundzüge Der Bibliothekslehre Mit Bibliographischen Und Erläuternden Anmerkungen*，1890）将图书分类学和图书馆史加入研究范畴。英国的学者和古物研究家约翰·克拉克（John Willis Clark，

---

① 1891 年第三版后，改名为《字典式目录规则》（*Rules for a Dictionary Catalog*）。

② Quinn M E. Historical Dictionary of Librarianship[M]. Lanham：Rowman & Littlefield，2014：77.

1833—1910）在《照管图书——图书馆及其设备的发展》（*The Care of Books：An Essay on Development of Libraries and Their Fittings，from the Earliest Times to the End of the Eighteen Century*，1901）收集了文献资料和第一手的考察记录，以实证式的方法研究了欧洲丰富的图书馆建筑、设施和方法制度。20世纪20年代德国历史学家和图书馆学家 G. 莱丁格（Georg Leidingen，1870—1945）提出图书学、书志学、图书馆管理学和图书馆史四部分的图书馆学结构。① 这种结构的划分也体现在20世纪30年代德国学者、图书馆员米尔考（Fritz Milkau，1859—1934）出版的《图书馆学手册》（*Handbuch der Bibliothekswissenschaft*，1931—1933）之中。这部著作内容丰富，涵盖所有图书馆业务，包括"文学与书籍""图书馆行政""图书馆史与民众图书馆"等部分，成为当时很多大学和图书馆的工作指南。

20世纪早期欧洲的"文献学家"开启了当今所称的"情报学"研究。最为集中的体现是比利时奥特勒（Paul Otlet，1868—1944）与拉封丹（Henri La Fontaine，1854—1943）于1895年创立非官方国际组织国际书目协会（International Institute of Bibliography，IIB），研究图书分类法和国际书目组织问题。他们以《杜威十进分类法》为基础，大量编制卡片，形成具有1100万款目的《世界书目仓库》（*Universal Bibliographic Repertory*），其第一次使用了分面分类技术，研制了《国际十进分类法》（*Universal Decimal Classification*，UDC）。他们以此开展国际情报检索服务，并对检索策略加以分析。

英国著名图书馆学家 J. D. 布朗（James Duff Brown，1862—1914）倡导开架借阅，他在1903年出版的《图书馆管理手册》（*Manual of Library Economy*）是一部图书馆工作的标准教科书。而他更为人称道的是1906年出版的《主题分类法》（*Subject Classification：With Tables，Indexes，Etc.，for the Sub-Division of Subjects*），其中提出了主题和范畴的思想，深入到了知识的检索层面，成为后来主题分析和分面标记制度的先驱。

2. 图书馆学教育的肇始

从19世纪初的施莱廷格开始，图书馆员的教育问题就得到了众多图书馆学家的关注。尽管并非现代意义上的图书馆学专门教育机构，但欧美各国陆续出现了对图书馆员的培训。1821年，法国巴黎建立了旨在培养古文献专家的"古典学校"（The École Nationale de Chartes），首开图书馆员专业培训讲授学术科目，但图书馆技术在很长一段

---

① 黄宗忠. 图书馆学的过去、现在与未来[J]. 图书情报工作，2009，53（23）：5-11.

时间内并未纳入教学内容。这种教学内容的导向对德国、意大利、西班牙等国有相当大的影响。1856 年，西班牙的高等外交学院（Higher School of Diplomatics）设立了档案管理员和图书馆员教学点。1861 年德国波恩大学（Universität Bonn）开办大学图书馆员的进修班，1865 年意大利的那不勒斯大学（Università di Napoli）图书馆指导课程开设。

对德国和美国的图书馆学教育产生直接推动作用的当属德国弗莱堡大学（Albert-Ludwigs-Universität Freiburg）图书馆馆长 F. 罗尔曼（Friedrich Rullman，1816—1909）。为施莱廷格图书馆学思想所启发，他在 1874 年的《关于图书馆整理学和图书馆学在德国大学的专门研究》（*Die Bibliothekseinrichtungskunde Zum Theile Einer Gemeinsamen Organisation，Die Bibliothekswissenschaft Als Solche Einem Besonderen Universitätsstudium In Deutschland Unterworfen*①）中为图书馆学教育提出了一个具体的方案，是为期三年的大学图书馆学教育课程的详细规划。1876 年，罗尔曼的思想被美国教育局发布的《美国公共图书馆历史、现状和管理报告》（*Public Libraries in the United States of America：Their History，Condition，and Management*）所吸收借鉴，进而促进了 1887 年全球第一所正规图书馆学教育机构的建立。

1886 年，德国哥廷根大学图书馆馆长齐亚茨科（Karl Dziatzko，1842—1903）上任，并在同年于该校开设了图书馆学讲座。这是历史上首次在大学讲授图书馆学课程，其内容包括目录学、抄本史、印刷史、文书学、图书馆管理法等。这项图书馆学讲座持续了 17 年。

1887 年，身为美国哥伦比亚大学图书馆首任馆长的麦维尔·杜威在该校筹备 3 年的图书馆管理学校（The School of Library Economy）开学，这是世界上第一所图书馆学学校。创办这所学校是麦维尔·杜威在 1883 年美国图书馆协会布法罗会议上就提出的设想。在办学中，麦维尔·杜威积极吸收女子入学，并支持女性参加图书馆的工作。虽然曾遭哥伦比亚大学的反对，但这种主张仍得以实施。第一批学生除了旁听的该图书馆工作人员外，共有 20 人，其中 17 名是女生。该校前两期课程教学 4~5 个月，讲授的科目包括：图书馆经营、书籍保管、书目、分类法、目录著录、参考咨询和外语等。大部分课程与图书馆管理技术有关，内容偏重实用性，也设有目录学和占有相当比例的图书馆经营法课程，并采用了讲座、阅读、研讨会、参观、提问和实践等多样化的教学方

---

① 该书名可直译为《图书馆设备信息，总体组织的一个部分：图书馆学作为德国大学学习的一个特殊之处》。

式。① 1889 年，麦维尔·杜威受聘为纽约州立大学秘书兼纽约州立图书馆馆长，该校迁至纽约州的奥尔巴尼并更名为纽约州立图书馆学校（New York State Library School），并将学制定为 2 年。一年级课程包括编目、登录、初级图书馆管理、字典编目、分类、图书馆管理、学徒工作（实习）和参观其他图书馆；二年级课程包括专题讨论会、目录学、编目、分类、图书馆管理、高级分类、高级图书馆管理、高级编目、高级字典编目和在图书馆的高级工作。1926 年，该校与纽约公共图书馆（New York Public Library）于 1911 年创办的图书馆学校合并，重新归入哥伦比亚大学，更名为图书馆服务学院（School of Library Service）。在这个正规的教学体系内，渗透了以麦维尔·杜威为代表的经验图书馆学思想。尽管后世学者们对该校发出诸多批评，但没有人能够否认，这所学校对美国乃至世界图书馆学教育产生了巨大影响。美国的图书馆学校在 1900 年以前仅有 4 所，至 1919 年时发展为 12 所，图书馆附设培训班、图书馆附设图书馆学校和独立的图书馆学校三种方式并存。② 这个时期对于入学学生的资格要求多为大学毕业生或高中毕业生。

随后，美国图书馆学教育机构缓慢增加，在 1900 年前有 4 所，至 1919 年共有 12 所。欧洲许多国家的图书馆学校都是在 20 世纪上半叶建立起来的，如 1913 年莫斯科的沙尼亚夫斯基大学开办的图书馆学课程，1918 年瑞士的日内瓦图书馆学校，1919 年英国伦敦大学的图书馆学院和 1930 年巴黎市立图书馆员学校等。中国的第一所图书馆学专门教育机构文华大学文华图书科创建于 1920 年。

3. 学科地位确立和交流渠道的增加

图书馆学在教育体系之中获得一席之地，往往以麦维尔·杜威在 1887 年创立的图书馆学校作为标志。而图书馆学在人类知识体系之中显示出有别于其他学术门类的独特性，并以其专业性开始得到承认，则可上溯到 19 世纪 70 年代。

无论是在欧洲还是美国，社会政治经济等因素尤其是战争及战后重建对图书馆学科发展的影响不容忽视。回顾图书馆学发展史，一些学者认为美国图书馆学在 1876 年之前已经具备了作为一门独立专业的基础。早在 10 余年之前，1848 年普尔的《期刊文献

---

① Miksa F R. The Columbia School of Library Economy, 1887-1888[J]. Libraries & Culture, 1988, 23 (3): 249-280.

② 程焕文. 美国图书馆学教育史[J]. 四川图书馆学报, 1990(2): 106-115.

索引》(*Index to Periodical Literature*)第一版出版，供不应求。1850 年朱厄特基于通过信件问卷调查搜集的事实和数据，完成了《美国公共图书馆通报》(*Notices of Public Libraries in the United States of America*)。1853 年全美图书馆员大会召开，来自北美 12 个州和哥伦比亚特区的 82 名代表齐聚纽约大学，以独立而积极的姿态向全社会昭示美国图书馆的行业地位和影响力。依据 1848 年通过的法案建立的波士顿公共图书馆于 1854 年正式对公众开放。但 1861—1865 年的美国南北战争大大延迟了图书馆学基础的构建，欧洲也面临着类似的问题①。

1876 年对于美国图书馆事业和图书馆学发展具有分水岭意义。这一年有众多突出的历史事件：美国教育局发布了《美国公共图书馆历史、现状和管理报告》(*Public Libraries in the United States of America：Their History，Condition，and Management*)，卡特出版了《字典式印刷目录规则》，麦维尔·杜威发表了《杜威十进分类法》，推动了《美国图书馆杂志》(*American Library Journal*②) 的创刊，召集了费城图书馆员大会，推动了美国图书馆协会的成立。图书馆事业专业化的发展趋势在这一系列事件的促动下，向前推进了一大步。从世界范围来看，图书馆学作为一门专门的学科逐渐得到了更为广泛的承认和重视。

1876 年来自全美 17 个州的 103 名代表在费城召开了馆员代表大会，《美国公共图书馆历史、现状和管理报告》在会场上引起了极大关注，普尔所提出的英美合作编制期刊文献索引的建议得到支持和响应，图书馆领域内的各种问题得到了广泛的讨论。会议的论文交流和探讨促使建立永久性组织的愿望达成一致。会上表决通过建立美国图书馆协会，并提议将《美国图书馆杂志》作为美国图书馆协会的官方刊物。③

随后，1877 年英国图书馆协会在伦敦召开的第一次图书馆员国际会议上决议成立，以"团结所有从事图书馆工作和关心图书馆事业的人们，以便大力推进现有的图书馆管理方法，并在需要之处建立新馆"为宗旨。1882 年开始出版图书馆职业的通讯性刊物，1899 年该刊定名为《图书馆协会记录》(*The Library Association Record*)。1895 年英国又成

---

① Lynch B P. Library Education：Its Past，Its Present，Its Future［J］. Library Trends，2008，56(4)：931-953.

② Frederick Leypoldt，Richard Rogers Bowker 和 Melvil Dewey 于 1876 年创办，1907 年成为 Library Association(LA) 会刊，改名为《图书馆杂志》(*Library Journal*)。

③ 1907 年该刊不再为美国图书馆协会官方刊物。该协会改以《美国图书馆协会通报》(*Bulletin of the American Library Association*，1907—1939，*ALA Bulletin*，1939—1969)为主要发表阵地，1970年改名为《美国图书馆》(*American Libraries*)。

立了更富有群众性的"图书馆助理员协会"①。

世界范围内各国图书馆协会陆续建立，日本(1892)、奥地利(1896)、瑞士(1897)、德国(1900)、丹麦(1905)、法国(1906)、波兰(1917)、中国(1925)、意大利(1930)都先后成立了图书馆协会。

国际性的会议也在 1877 年之后陆续召开。1897 年，第二次图书馆学界国际性集会再次在伦敦召开。此外，在瑞士(1898)、布鲁塞尔(1910)、巴黎(1923)、布拉格(1926)也召开过图书馆界的国际集会。经过反复的呼吁和努力，1927 年在爱丁堡召开的国际会议英国图书馆协会 50 周年纪念大会上终于成立了"国际图书馆协会与机构联合会"(The International Federation of Library Associations，IFLA②)，即"国际图联"。这是一个独立的、非政府的、非营利性国际组织。参与发起并参加成立大会的沈祖荣称其"意义乃在谋求国际图书馆协作之精神"③。其宗旨定为："促进图书馆事业所有领域，包括书目、情报服务、人员培养等各方面的国际研讨、协作和发展，在国际有关事务中作为图书馆界的代表机构从事活动。"日后，该组织发展为世界图书馆界最具权威、最有影响的非政府的专业性国际组织。

三、外国图书馆学的发展与裂变

20 世纪 20 年代以后，国外公共图书馆事业的继续推进、现代图书分类法的广泛利用和思想与工具的创新、正式的图书馆学教育制度在世界范围内陆续建立和发展、图书馆学专业期刊与学会的研究与讨论阵地的形成，不仅延续了 19 世纪图书馆学形成的传统，也孕育了下一个阶段的重大突破。

1. 图书馆学教育的改革

图书馆学教育思想是图书馆学理论的先声。自 19 世纪下半叶现代图书馆学校创设以后，麦维尔·杜威的实用主义思想及其教育模式占据了主导地位。20 世纪前 20 年，美国图书馆学教育呈现出专门化发展趋势，但仍处于自律自为的发展状态。图书馆员的短缺和教育问题成为"一战"后美国图书馆事业发展的瓶颈。1918 年卡内基公司委托查

---

① 杨威理. 西方图书馆史[M]. 北京：商务印书馆，1988：205.
② 现为 International Federation of Library Associations and Institutions.
③ 沈祖荣. 参加国际图书馆第一次大会及欧洲图书馆概况调查报告[J]. 中华图书馆协会会报，1929，(5)3：3-29.

尔斯·威廉姆森(Charles C. Williamson)对图书馆学教育现状进行调查，其报告成为图书馆学教育史上的里程碑之一。1923 年《威廉姆森报告》(*Training for Library Service*)基于 1919—1921 年对美国的 15 所图书馆学学校的走访调查，调查围绕图书馆学的组织管理和教学方法等方面开展。威廉姆森构建了制度化和专业化的图书馆学教育框架，其中所呼吁的高标准入学要求、图书馆学校并入大学、成立教育认证机构、以学术研究促进教学等建议在后来逐步变为现实，促进了图书馆学教育的制度化、专业化和科学化进程。①

《威廉姆森报告》一经出版就引起了美国图书馆学界的震动。一方面，1924 年美国图书馆协会设置了图书馆教育委员会(Board of Education for Librarianship)，于 1927 年制定了美国图书馆学校最低标准，对所有的图书馆学校进行了审核，到 1950 年之前美国图书馆协会认可的学校共 36 所。另一方面，该报告促使卡内基财团于 1926 年制订了《图书馆服务十年计划》(*Ten Years Program in Library Science*)并资助图书馆学教育。

1928 年，世界上首个具有博士学位授予权的图书馆学教育专业学院——芝加哥大学图书馆学研究生院(School of Library Economy at Columbia University，GLS)在卡内基财团、美国图书馆协会和芝加哥大学三方的合作努力下建立并正式开学，标志着图书馆学教育进入了以培养高水平的研究型人才为使命的新阶段。

2. 理性主义下的理论与方法变革

20 世纪初，以麦维尔·杜威为代表的美国经验图书馆学理论与方法在世界图书馆学中占据绝对上风，而一些欧洲文献学家们的情报学思想、具有实证式倾向的研究方法、对等级分类思想的改进和突破都为图书馆思想开辟了新的发展领域。

芝加哥大学图书馆学研究生院结束了以往技校式的经验主义人才培养模式，致力于发展具有高度理性的图书馆学知识体系，以期图书馆学能够像医学和法学那样支撑本领域的专业教育，从而提高图书馆职业的科学化水平。GLS 将科学研究置于重要地位，极力倡导图书馆学研究的实证方法，形成了一种新的研究范式。这一具有鲜明学术特色的学术群体，被后人称为"芝加哥学派"，代表性人物包括韦普尔斯(D. Waples)、伯埃尔森(B. Berelson)和皮尔斯·巴特勒等。

芝加哥学派最负盛名的图书馆学家当推皮尔斯·巴特勒，其代表作是 1933 年出版

---

① 周亚. 美国图书馆学教育思想研究 1887—1955[M]. 上海：学林出版社，2018：89.

的《图书馆学导论》(*An Introduction to Library Science*)。这部纯理论性著作以其对技术主义和实用主义的突破,强调以科学精神和科学方法来研究图书馆学,被视为芝加哥学派的"理论纲领"而受到高度评价。皮尔斯·巴特勒认为图书馆作为一门"专业",有技术、科学和人文学三个层面,而以往技术层面被过分强调。他注重图书馆与社会的联系,倡导哲学、社会学、历史学、心理学、教育学等多学科分析方法的应用。

芝加哥学派关注社会、历史与文化问题,强调把图书馆作为一个"社会机构"来研究。这批学者大部分具有社会科学知识背景,将当时最新的社会科学研究规范引入图书馆学研究之中。不同于以往的技术主义的图书馆学研究,芝加哥学派倡导采用内容分析、田野调查、调查统计分析等社会学的最新实证方法研究图书馆问题,形成了具有特色的"韦普尔斯-伯埃尔森模式"的研究思想和方法。芝加哥学派以新的图书馆哲学和图书馆学体系挑战经验图书馆学,将图书馆学发展与社会发展相联系,引进科学研究方法,由"术"到"学",赋予图书馆学以现代科学的特质,被誉为"作为科学的图书馆学"的起点,是图书馆学成熟的标志。

印度图书馆学家阮冈纳赞因提出了"图书馆学五定律"(five laws of library science)而对世界图书馆界产生了广泛而深远的影响。具有数学知识背景的阮冈纳赞在 1931 年出版了《图书馆学五定律》①,并撰写了大量贯彻"五定律"思想的论著。"五定律"包括:①书是为了用的(books are for use);②每个读者有其书(every reader his or her book/books are for all);③每本书有其读者(every book its reader);④节省读者的时间(save the time of the reader);⑤图书馆是一个生长着的有机体(the library is a growing organism)。"图书馆学五定律"得到了印度图书馆协会的认可,在世界范围内引起了强烈反响,广为传颂,被世界图书馆界誉为"我们职业最简明的表述",也被视为图书馆哲学研究的开端。后世亦有图书馆学家借鉴"五定律"这种具有数学美的形式对自己的思想加以提炼和表达。

在芝加哥学派以高水平的图书馆学教育影响研究风气的同时,图书馆的技术与应用方面仍不断出现新成果,最重大的进展在图书分类领域。其中具有鲜明理论风格且影响最大的是阮冈纳赞的分面分类理论和布利斯的书目分类法。

1933 年出版的《冒号分类法》(*Colon Classification*)由阮冈纳赞所创,采用了"分面组配"式分类法,与传统等级列举式体系分类法具有完全不同的理论基础,在概念、语词、

---

① Ranganathan S R. The Five Laws of Library Science[M]. London:Edward Goldston,LTD:1931.

标记符号等方面都具有创新性研究成果。尽管这部分类法并未通行于世，但其分面分类的思想直接导致了对传统分类法的大规模改造，成为现代图书分类技术的重要组成部分。美国图书馆学家布利斯(Henry Evelyn Bliss，1870—1955)于1929年出版了《科学的组织与科学体系》(*The Organization of Knowledge and the System of the Sciences*)这部分类理论著作，并在1935年出版了《书目分类法体系》(*A System of Bibliographic Classification*)，后在1940—1953年出版了《书目分类法》的全部内容。该分类法以其灵活性著称，广泛采用新的分类技术，受到了专门图书馆的欢迎，也被认为是最适用于计算机分类的综合性分类法之一。①

3. "二战"后理论的繁盛与裂变

"二战"后，在各国社会经济重建过程中，国家和社会对图书馆事业的认同使图书馆事业的发展得以加速。经过19世纪中叶爱德华·爱德华兹的"平民化图书馆"理念，19世纪末20世纪初麦维尔·杜威的"人民的大学"的理念，发展到20世纪中叶，公共图书馆已经成为一种社会化事业。1949年联合国教科文组织通过了《联合国教科文组织公共图书馆宣言》②，将公共图书馆的社会角色定位于"民众教育及国际互谅的生力军，进而推动和平"，是"民主教育的机构"和"重要的社区力量"。这一标志性事件传达了公共图书馆是"民主社会的保障"这一具有时代特色的理念。该宣言后经1972年和1994年③两次修订，在适应时代变化的基础上，对公共图书馆始终保持着"保障社会民主和基本人权"的社会定位。

"图书馆社会学"首先由联邦德国图书馆学家卡尔施泰特(Peter Karstedt，1909—1988年)的专著《图书馆社会学研究》(*Studien zur Soziologie der Bibliothek*，1954)所提出，此后逐渐发展成为图书馆学的分支学科，该领域的著名学者包括兰德赫尔(Bartholomeus Landheer，1904—1989)④、杰西·谢拉和加藤一英等。杰西·谢拉是美国著名图书馆学

---

① 范并思，邱五芳，潘卫，等.20世纪西方与中国的图书馆学——基于德尔斐法测评的理论史纲[M].北京：北京图书馆出版社，2004：53.
② United Nations Education. A. L, Scientific and Cultural Organization. The Public Library：A Living Force for Popular Education[EB/OL].[2022-03-25]. https：//www.ifla.org/wp-content/uploads/2019/05/assets/public-libraries/documents/unesco-public-library-manifesto-1949.pdf.
③ IFLA.教科文组织公共图书馆宣言[EB/OL].[2022-03-25]. https：//repository.ifla.org/bitstream/123456789/691/1/pl-manifesto-zh.pdf.
④ 著有《图书馆的社会功能》(*Social Functions of Libraries*，1957).

家，他对公共图书馆、情报检索、图书馆管理、图书分类编目等图书馆技术问题也有相当的贡献。1952 年，杰西·谢拉首次提出"社会认识论"（social epistemology）这一独特的术语。① 他指出"应该有效地研究社会的知识发展这个复杂的问题，通过对于整个社会的研究，来探索它与所有环境的关系"，从信息、通信、生理、文化、社会等相关联的领域来认识图书馆，重视图书馆的交流功能。

信息技术在图书馆中的应用给图书馆事业发展带来巨大的机遇和挑战。20 世纪 30 年代"芝加哥学派"思想的鼎盛带来图书馆界对图书馆技术与应用的忽视，对此感兴趣的学者们在文献学（documentation）领域展开了对缩微复制技术、通过光电元件和数字电路进行文献检索等方面的研究。由技术方面的突出发展带来了学科的裂变，以 1945 年时任美国"科学研究与发展局"局长之职的 V. 布什（Vannevar Bush，1890—1974）发表的《诚如所思》（*As We May Think*②）为标志，情报学（Information Science，IS）宣告诞生。在研究领域出现了情报学与图书馆学理论内容和方法的大辩论，以二者合并为融贯的图书情报学（Library and Information Science，LIS）告终。自 20 世纪 60 年代起，美国的一些高校图书馆学院将情报学和文献学的新研究成果整合到图书馆学课程体系之中，陆续改名为"图书馆和情报学院"（School of Library and Information Science）。

20 世纪 60 年代开始，应用图书馆学领域以机读目录的产生为标志进入了新的发展时期。图书馆传统的资源、技术、服务和工作制度在计算机这种新工具的引入下，出现了自动化、标准化和范围不断扩展的共建共享。围绕这些变革，出现了相应的方法理论探讨和行业标准。

1978 年美国俄勒冈图书馆学研究生院关闭。以此为转折点，曾对世界图书馆学发展作出巨大贡献的美国图书情报教育发生了剧烈震荡。此后 20 年间，全美近 20 所大学的图书馆学院关闭，其中不乏历史悠久且在本学科力量强大的学院，而同期图书馆数量却在不断增加。这引起了对图书馆学教育的反思。

对图书馆发展前景的思考以对图书馆未来的研究表现出来。F. W. 兰卡斯特（Frederick Wilfrid Lancaster，1933—2013）在情报检索系统、图书馆评估和图书馆未来三方面都颇有研究，他在《走向无纸化的情报系统》（*Toward Paperless Information Systems*，

---

① Egan M E, Shera J H. Foundations of a Theory of Bibliography [J]. The Library Quarterly：Information，Community，Policy，1952，22(2)：125-137.

② Vannevar Bush. As We May Think[EB/OL]. [2022-03-25]. http：//web. mit. edu/STS. 035/www/PDFs/think. pdf.

1978)和《电子时代的图书馆和图书馆员》(*Libraries and Librarians in an Age of Electronics*,1982)中预言了作为机构的图书馆在 20 年内的衰落和消失,表达出"图书馆萎缩论"。他对图书馆领域技术可实现功能的预测很多都成为了现实。但他在 20 世纪 90 年代,开始修正之前相对激进的"技术决定论",转而肯定和倡导图书馆的人性关怀。1993 年哈里斯(Michael H. Harris)和翰奈(Stan A. Hannah)出版了《走向未来:后工业时代的图书馆情报服务的基础》(*Into the Future: The Foundations of Library and Information Services in the Post-Industrial Era*),从经济学和新公共管理理论角度审视图书馆价值。1995 年克劳福德(Walt Crawford)和戈曼(Michael Gorman)在合著的《未来图书馆:梦想、疯狂与现实》(*Future Libraries: Dreams, Madness, & Reality*)中提出了"图书馆学新五定律",认为图书馆在未来社会中将依然是一个重要的组成部分,图书馆的未来是印刷文本与电子文本的统一、线性文本与超文本的统一、以图书馆员为中介的存取与直接存取的统一、拥有与存取的统一、建筑与界面的统一。①

第二节　中国图书馆学史

一、中国图书馆学的孕育

1. 中国古代图书馆学观念和思想内容

中国作为"四大文明古国"之一,拥有悠久的历史和灿烂的文化,为人类文明进步作出了杰出贡献。图书作为以文字对思想的记录,在中国历史上延绵不绝地发挥着巨大力量。尤其是在中国造纸术和印刷术的推动下,与图书和藏书相关的活动在广阔的时空范围内和社会生活的其他方面紧密联结,为中国图书馆学思想的孕育提供了丰厚的物质基础、现实需求和文化滋养。

中国最早的文字记录可以上溯至殷商(约公元前 1300—前 1046)的甲骨。神话传说中黄帝的史官仓颉发明文字。"惟殷先人,有册有典"(《尚书·多士》),夏商时期,史官制度逐渐形成,根据殷商甲骨卜辞的和西周铭文的记载,"贞人""作册""大史"等史官掌管了文献资料的书写、保存和管理。《周礼》中记载了"大史""小史""内史""外史"

---

① 蒋永福.图书馆学通论[M].哈尔滨:黑龙江大学出版社,2009:35.

和"御史"等周代五史对文书图籍的分工执掌。大史所执掌的"约剂"(《周礼·秋官》，郑玄《注》曰"要盟之载辞及券书也")副本，不但归入府库收藏，还专备"司约"(《周礼·秋官》，为专门管理券书的机构)在必要时启库查考，即"辟藏"，这反映了我国早期对文献的藏用观念。

春秋战国时期，随着"学在官府"的局面被打破，学术下移到民间，私学勃兴。孔子首开私人讲学之风，编定"六经"(《诗》《书》《礼》《乐》《易》《春秋》)。而后政治和学术思想上出现"百家争鸣"之势，诸子百家及其弟子个人著述书于竹帛，私家已有书藏。

及至秦始皇统一中国，统一文字，向民间颁挟书禁令并焚书，利用前朝各国遗留典籍文书，建立多处宫廷和政府机构藏书。汉代，我国封建社会官府藏书制度得到确立，专设石渠阁、天禄阁和麒麟阁等以藏书。官府藏书的建设、整理、编目和利用等工作都得到进一步发展。汉成帝时，刘向、刘歆等受命点校藏书，并撰成《别录》《七略》等书目，此后历代在藏书整理和官目编修时往往效法。藏书管理人员的设置也在官制中有所体现，汉桓帝时设立秘书监是我国有专门藏书管理机构的正式记载，此制历代相延。"佣书"，即抄写图书，逐渐成为一种专门的职业，官修和私撰的各种书籍以手抄笔录的方式流传。

西汉时期发明了可用于书写的植物纤维纸，经过东汉蔡伦的改进，我国图书的书写载体逐渐由简帛转向纸张。至两晋南北朝时期，纸张成为主要的书写材料，写本书在唐代达到鼎盛。自魏晋以降，私人藏书渐兴，不但公开借抄，也与官藏相互裨补。至唐代以后，私人藏书家中更多人开始注重藏书特色、内容精审和装潢优雅，而风气转向收藏与自珍。佛寺与道观也逐渐成为重要的藏书处所。造纸术的发明与技术改进，为隋唐间中国雕版印刷术的发明奠定了必不可少的物质基础。在雕刻、印染等技术积累和强烈的社会需求驱动下，雕版印刷术发明之后多在寺院和坊间流传使用。五代，出现了见于记载的私人刻书，国子监雕印儒家"九经"标志着官府刻书的开始。

印本书在宋代兴盛，官刻、坊刻、私刻图书各具特色，官府、书院、寺观和私人皆有书藏。官府馆阁之藏，整理编目、征求阙书、提供借阅和校勘刻印的工作，在制度上有所进展并取得成果。由于得书容易，积书便利，私家藏书风气日盛。一些学者以抄写扩大藏书内容，以校对提高藏书质量，这种"抄、校、藏一体"的做法也成为我国私家藏书的优良传统。私人藏书目录的编制已为常见，《郡斋读书志》等私藏目录流传至今。

雕版印刷术带来了图书形制变化，后续活字印刷术和套版印刷术相继发明与推广。历经宋辽金元，印本书到明清时期走向发达，官私图书著述、编订、刊印、收藏皆趋于兴盛，出现了《永乐大典》《四库全书》等基于丰富书藏而成的大型类书和丛书及为数众多的各类型书目。在图书收集、保存、整理、编目、流通和利用等方面出现了一批具有代表性的论著和成果。

受到政治和军事等历史背景的影响，现代图书馆学的概念与内容界定，皆贯穿着西方人文、社会和科学发展的意趣与精神。立足于现代的图书馆学讨论，往往在与中国传统文化相异的观念体系中对中国图书馆学史加以研判。这并不妨碍今人尝试转换本位，体味和发掘中国古代图书馆学思想的光辉。

一些学者认为，尽管内容上异于现代图书馆学，中国古代图书馆学已然自成体系。谢灼华提出中国古代图书馆学思想酝酿于汉魏六朝，形成于隋唐五代，其体系建立于宋元，并在明清得以完善。在中央集权制和社会主流的儒家思想影响下，中国封建中央政权的皇家图书馆是所有类型图书馆的主流，表现出管理程序和制度的集中、严密和封闭性。封建社会图书馆学的内容可以归纳为：藏书沿革与馆阁制度的记述、藏书建设理论与方法的研究、藏书管理方法的研究、典籍作用和藏书利用的认识和公私藏书史料的汇辑。① 蒋永福将中国古代图书馆学思想归纳为文献价值观、文献整理观、文献藏用观和馆阁观四个方面，并认为中国古代图书馆学表现出悠久性和自发性的历史特征，本体性和价值性的思维特征，非论证性和非学理性的论理特征。②

2. 对典籍和书藏的价值肯定

中国传统文化中爱书惜书的情怀反映了对典籍、书藏和阅读行为的价值肯定。文以载道，图书如同其撰写者生命的延续，不但可以达成跨越时空的交流，还因揭示真理与奥义而与贤哲的思想融汇。图书对民众的教化作用也得到了历代统治者的重视。

著书立说是古人所称的"三不朽"之一。《左传·襄公二十四年》中有："太上有立德，其次有立功，其次有立言，虽久不废，此之谓不朽。"唐代史学家刘知几说："苟史官不绝，竹帛长存，则其人已亡，杳成空寂，而其事如在，皎同星汉。用使后之学者，坐披囊箧，而神交万古；不出户庭，而穷览千载"(《史通·史官建置》)。以《汉书》《隋书》为代表的一批正史收有"艺文志"或"经籍志"，甚至有一些学者开展了"补史艺文志"的工作，说明图书的编撰和收藏被视为社会发展的重要组成部分，历来为学者所关

---

① 谢灼华. 中国图书馆学史序论[J]. 武汉大学学报(社会科学版)，1985(3)：122-127.
② 蒋永福. 中国古代图书馆学研究[M]. 北京：中国社会科学出版社，2021：439-456.

注。清乾嘉年间洪亮吉以其藏书目的将藏书家分为五等，包括考订家、校雠家、收藏家、鉴赏家、掠贩家，足见藏书价值为世人所共知。

在中国的封建统治时期，图籍在政治方面的影响也非常突出。《吕氏春秋》载"夏太史令终古出其图法，执而泣之。夏桀迷惑，暴乱愈甚。太史令终古乃出奔如商。……殷内史向挚见纣之愈乱迷惑也，於是载其图法，出亡之周"（《吕氏春秋·先识览》）。其中，对文献典籍之保存与继承具有道义和正统的象征意义。隋代牛弘在《请开献书之路表》中称："有国有家者，曷尝不以《诗》《书》为教，因礼乐而成功也"，突出了以图书教化民众的作用。《隋书·经籍志》将"经籍"看作治国理政不可缺少的工具，能"经天地、纬阴阳、正纲纪、弘道德"。宋代程俱的《麟台故事》称"典籍之府，宪章所由"，"千古治乱之道，并在其中矣"，强调了藏书对于"资治"的作用。也同样出于对图书价值的肯定和重视，一些统治者以"焚书""禁书"等方式对百姓的思想加以钳制。秦始皇令"非博士官所职，天下敢有藏《诗》、《书》、百家语者，悉诣守、尉杂烧之"。清乾隆时修《四库全书》采取了"寓禁于征"的政策。

勤勉和广泛的阅读及对书藏的利用历来为人称颂。寒门学子为了阅读而"凿壁偷光""囊萤映雪""悬梁刺股"。宋真宗赵恒在《励学篇》中写下金句"书中自有黄金屋"。丰富的藏书和专注的阅读令董仲舒"三年不窥园"（《汉书·董仲舒传》）。李谧为专心读书著述不惜放弃产业，认为"丈夫拥书万卷，何假南面百城？"（《魏书·李谧传》）读书人因读书明理而肩负使命，如北宋儒学家张载的"横渠四句"："为天地立心，为生民立命，为往圣继绝学，为万世开太平。"

3. 在与图书相关的各领域活动的经验总结

从中国文化土壤中生长出与图书馆学相关的思想理念，大多基于对图书和藏书的各项活动经验总结、思考和体悟，突出表现在图书收藏、整理和利用等方面。

图书的聚集是书藏形成的前提条件。为充实官府藏书，汉成帝时，派遣谒者陈农求遗书于天下，光武帝"采求阙文，补缀漏逸"。历朝官方采访和民间献书促进了官府藏书的聚集。隋代牛弘在《请开献书之路表》中对于政府搜求民间书籍的方法加以归纳："若猥发明诏，兼开购赏，则异典必臻，观阁斯积，重道之风，超于前世，不亦善乎！"建议施行"每书一卷，赏绢一匹，校写既定，本即归主"的政策。"于是民间异书，往往间出"，可见效果甚佳。郑樵在《通志·校雠略》中提出"即类以求""旁类以求""因地以求""因家以求""求之公""求之私""因人以求""因代以求"的图书收集方法。明代藏书家祁承㸁的《澹生堂藏书约》中提出购书时应"眼界欲宽，精神欲注，而心思欲巧"，识鉴文献时应"审轻重，辨真伪，核名实，权缓急，别品类"。清代藏书家孙从添在《藏书记要》中称购求书籍是"最难事、最美事、最韵事、最乐事"，对财力、偏好、时机和求购的经验与能力方面均有要求，他和清末藏书家、目录学家叶德辉也总结了前人根据书目搜求图书的经验。

中国古代读书人在对图书的整理工作中形成了考据、校雠、版本和目录之学，这些学问源头可上溯至西汉刘向、刘歆校书之时。当时对图书的搜集、校对、核查、正误、编定和目录编写都已有一套完整的工作流程和方法。其中不乏当前已经归入历史学和文学范畴内的文献学内容，如注疏、辑佚等，但其中仍有大部分与当今所称的图书馆学内容相关。中国传统目录学取得了辉煌的成就，贯穿其始终的是各官私书目中对图书分类体系的探讨。对官私所藏图书的编目和所知所见之书的目录大多各有分类体系。

中国古代官修书目的分类始于刘向、刘歆所编的《七略》，其以"辑略"序说各类图书内容之源流演变，实分为"六艺略""诸子略""诗赋略""兵书略""数术略""方技略"六类三十八子类。至魏晋南北朝，间有私人所撰分类目录以"七"为名，尝试七分法，如王俭的《七志》，阮孝绪的《七录》等，但官目如荀勖的《中经新簿》和李充的《晋元帝四部书目》等多用四分法。至唐编修《隋书·经籍志》确定了经、史、子、集四分法，并成为后世官私书目分类的主流思想。自宋代起，又屡有突破"四分"藩篱的分类书目，如郑樵《通志·艺文略》设十二类、八十二家、四百四十二种。明代官修《文渊阁书目》采用千字文编号，每字为一类，以下再分子目三十九类，对应收藏排架。明代的众多私藏目录通过对不同层级类目的调整，以增、删、改、并等方式，或尝试抛弃"四部"成例，或对"四分"的方法进行深化、拆解或扩充。清代的《四库全书总目提要》被认为是"四部"分类法中集大成之作。

古人对图书分类的思想往往可以从书目的凡例、大小序和分类体系中得到展示。《汉书·艺文志》将《七略》中的《辑略》内容分类归于各"略"之中，《隋书·经籍志》和《四库全书总目》等备受推崇的史志目录和官修书目皆从其例，以序阐明各大小类之学术源流。宋人郑樵《通志·校雠略》中云："类例既分，学术自明"。明代胡应麟《经籍会通》中云："观其类例，而四部之盛衰始末亦可以概见矣"。可见即便是没有大小序的书目，仍可能通过结合时代和写作背景从其类目体系中解读文献兴衰、学术变迁和编撰者的观点。

一些目录学家对图书分类编目的思想和方法进行了集中的论述和总结。郑樵通过

《通志》的《艺文略》和《校雠略》，从书目编撰实践和理论两个方面阐释和贯彻了"会通"观念，认为应"通录古今图书之有无""泛释无义""类例不患其多"，并探讨部次之得失，影响后世。明代目录学家祁承爜和清代思想家章学诚对互著和别裁的书目编撰方法进行了理论阐发。"辨章学术，考镜源流"以"申明大道"正是章学诚从学术方面对目录学功用的总结概括。此外，在文献版本鉴别、校勘考订、各部类图书内容价值判断等方面，古代目录学家也多有相应成果面世。

为了使文字得以更为久远地流传，中国古代曾采用金属器物铭文和刻石等方法。而书写和印刷于竹帛纸张之上的图书，则更多重收藏而谨借阅，以期传之子孙后代。东汉之前，官府藏书的阅览往往限于最高统治者。自东汉始设有秘书监制度，官府藏书管理得到了制度保障。在利用方面也逐渐发展出皇帝御览、颁赐臣属、馆阁校读、借阅士子等渠道，同时也有以石经、官刻书等方式传布官方校订后的图书正本，更有以官藏为基础编订的大型类书、丛书和辞典等。各地官学和书院等地方文化教育机构皆有藏书，为师生乃至更大的群体提供了借阅图书的处所。书院所制定的藏书管理条例反映了当时各时代藏书借阅的思想。

一些私人藏书家秘藏珍本不轻借人，亦有藏书家发出倡导私人藏书的开放和流通，以传抄和雕印避免珍贵典籍的湮灭，甚至化私为公，天下共享。晋代范蔚世代藏书，积七千多卷，"远近来读者恒有百余人，蔚为办衣食"。明代姚士粦主张"以传为藏"，曹溶以《流通古书约》倡导藏书家"有无相易"，明末清初丁雄飞和黄虞稷订《古欢舍约》，清代的诸多藏书家也持有开放流通的观念。为了更多读书人能够有书可读，金代孔天监提倡兴建书楼，为"有志而无书"者所用。清代曹学佺和周永年等倡导仿照佛道藏而修"儒藏"。周永年特别提出，儒藏编成后多置复本，分藏各地供读书人使用。乾隆时期修建"南三阁"（文宗阁、文汇阁和文澜阁）以收藏《四库全书》复本并面向江南士子开放，就是这一理念的实现。

二、中国图书馆学的确立和初步发展

1. 清末西方图书馆学思想的传入

中国近代图书馆学的形成是西学东渐的结果，伴随中国古代藏书的衰落和近代图书馆的兴起而产生和发展。清末，西方图书馆学思想随西方传教士的活动和国人对西方图书馆的译介与考察逐渐在社会上传播开来。

早在明末清初，来到中国的西方传教士已经在其著作之中对欧洲国家的图书馆略有提及。如意大利耶稣会士艾儒略（Giulios Aleni，1582—1649）的《职方外纪》中对欧洲国家的图书馆进行了简单介绍，区别于作为教育机构的"学馆"而称之为"书院""书堂"，描述其藏书和借阅盛况。该阶段，天主教耶稣会也在北京为自用而开展了一系列藏书活动，终因禁教而或毁或封。尽管东来的图书馆记载和藏书活动在当时并未在中国思想界引起太大影响，但为有识之士打开了认识西方图书馆的窗口。19世纪英国马礼逊的《外国史略》和美国祎理哲的《地球说略》、戴德江的《地理志略》、高理文的《美理哥合省国志略》等书中也对西方各国图书馆进行了记述。鸦片战争之后，上海成为西方传教士图书馆活动的中心。上海出现了一系列具有西方思想背景的图书馆，如1847年建成的上海徐家汇天主堂藏书楼，西方侨民以"书会"的形式在1851年发展起来的 ShangHai Library，1871年的"亚洲文会北中国支会图书馆"，发轫于1894年的圣约翰大学罗氏图书馆等。尽管能够利用这些图书馆的中国读者极为有限，但它们展示了异域文化和图书馆理念。徐家汇天主堂藏书楼甚至成为不少出洋使臣往返途中了解"洋情"的站点。清末新政时期，美国人韦棣华女士募捐于中美两国，在1910年创建文华公书林，以开架借书的公共图书馆之姿向民众宣传现代图书馆思想。清末西人对欧洲图书馆的介绍和图书馆活动，以西方传教士为主体，对中国图书馆思想的传播影响发挥了一定影响，更重要的是为中国人对西方图书馆的考察与将图书馆作为社会文明发展的重要标志加以宣传埋下了伏笔。

从鸦片战争、洋务运动、戊戌变法，直到清末新政，晚清各历史时期都有中国人以翻译等方式对图书馆观念加以引介和宣传或直接对西方图书馆加以考察和介绍。

近代中国"开眼看世界"的第一人林则徐所著的《四洲志》和魏源所著的《海国图志》中均有对欧美图书馆的介绍。洋务运动时期，郑观应的《盛世危言》中专设"藏书"一章，批判了中国传统藏书"私而不公"的弊病，阐述了图书馆对国家强盛和教育进步的作用，应该"广置藏书以资诵读者"，并提出学习西方图书馆的倡议和具有可操作性的方法。①戊戌变法前后，康有为和梁启超等人对西方图书馆开放观念和管理思想的接受和融会，也随其政治与学术思想而对中国思想界产生了巨大影响，直接推动了新式学会和学堂藏书楼的创办。

与此同时，中国人对西方图书馆的考察也日趋深入。中国国门在鸦片战争的炮火中

---

① 郑观应. 盛世危言[M]. 陈志良，选注. 沈阳：辽宁人民出版社，1994：43-46.

被迫打开，洋务运动之前偶有出国的中国人留下记述国外的文字，其中仅有容闳（1828—1912）对图书馆的点滴记载。中国考察西方图书馆的第一人应推王韬（1828—1897）。他自 1867 年开始，两度出国漫游，他对欧洲和日本的图书馆考察详细具体，载于《漫游随录》和《扶桑游记》中。洋务运动中政府以外交目的派出官员，其中张德彝、郭嵩焘等人对西方图书馆加以考察和评价。这已非国门初开时的对国外图书馆的被动偶遇，而是主动、有意识地参观和记述，也直接对统治阶级产生影响。戊戌变法之后，梁启超对美国图书馆的考察则已经上升到图书馆学术思想的层面。他在《新大陆游记》中特别关注美国图书馆，不仅使用了专业术语来描述图书馆的体制与日常工作，还对公共图书馆和开架服务等图书馆理念加以阐述。梁启超对图书馆事业的持续关注、考察和研究，使他成为中国图书馆学思想新旧交替过程中的重要人物。

清末新政时期，围绕公共图书馆的建设，从地方士绅自发创设到封疆大吏主动奏请，最后由政府统一倡导，自下而上地推动了公共图书馆运动。同时，西方的图书馆思想与技术方法，如法规章程、分类方法、巡回文库、儿童图书馆等，也随之传播开来，并得到一定的实际应用。宣统二年（1910）清政府颁布的《京师图书馆及各省图书馆通行章程》成为中国第一个正式的图书馆法规，其中虽有消极和保守倾向，但比较全面地反映了鸦片战争以来新的图书馆思想观念，也是公共图书馆运动兴起的重要标志。

2. 中国图书馆学学科的建立

随着清末新政自上而下地推进建立各地公共图书馆，对相应理论指导和专门人才的需求日益迫切。一些关注教育的报章杂志中刊出图书馆学译著与介绍性文章。1909—1910 年，《教育杂志》上连载了孙毓修参考美国和日本成果编撰的《图书馆》，本拟包括建置、购书、收藏、分类、编目、管理和借阅等内容，惜未完结，但仍可称我国第一部较为系统的图书馆学著作。1910 年谢荫昌在译文《图书馆教育》中率先使用"图书馆学"一词，[①] 赋予了对图书馆设立、管理、使用和推广等讨论一个新的起点。

1920 年，韦棣华、沈祖荣和胡庆生以文华公书林为基础，创建了文华大学文华图书科，开创了我国图书馆学专业教育的先河，也标志着我国现代图书馆学的正式诞生。武昌文华公书林的创办者韦棣华在实践中深切体会到中国图书馆事业发展急需本国人才

---

① 吴稌年，顾烨青."图书馆学"一词的引进与我国图书馆学体系的初步形成[J].中国图书馆学报，2018，44（5）：104-113.

和本土化的理论指导，她资助其学生沈祖荣、胡庆生等前往美国纽约公共图书馆学校深造，为文华图书科的创办积累了师资力量。沈祖荣成为留学修习图书馆学的第一人，他回国后，于1917年开始在全国以巡回演讲宣传欧美新式图书馆思想，以推行"民众的图书馆""人民的大学"为理念的"新图书馆运动"于中国大众面前拉开了序幕，也为有识之士了解和接受图书馆学专业教育打开了窗口。

在沈祖荣和胡庆生之后，一批学者负笈海外研习图书馆学，包括戴志骞、杜定友、洪有丰、袁同礼、李小缘、刘国钧、杨昭悊、李燕亭等，成长为后世所称的中国"第一代图书馆学家"。他们对图书馆专门人才的培养尤其注重，回国后倡导和参与了图书馆学教育事业。从20世纪20年代开始，他们活跃于各暑期图书馆学讲习班、大学和中学内的演讲与课程等不同层次和形式的图书馆学教育活动之中。1925年上海国民大学在教育科中设立的图书馆学系，1927年金陵大学设立图书馆学系。这些图书馆学教育机构与活动花开遍地，然而亦常如昙花一现。至1929年，始终坚持办学的仅有自文华图书科发展而来的武昌文华图书馆学专科学校（简称"文华图专"）一家。在日寇入侵、山河破碎、流离辗转之间，"文华图专"也一直坚持办学，直至新中国成立后于1951年改为公立，1953年并入武汉大学，其图书馆学毕业生大多投身于图书馆事业之中。随着中国图书馆事业发展中实践经验和本土专业教育的成果积累，1930年江苏省立教育学院设民众教育系，内设图书馆组，1941年停办。及至1941年国立社会教育学院成立于四川璧山，内设图书馆博物馆学系，"文华图专"校友汪长炳任系主任。1947年国立北京大学中文系附设图书馆学专修科，王重民任科主任。"文华图专"和北京大学图书馆学专修科都延续到了新中国成立以后，在20世纪50年代成为南北并立的教学和研究基地。

图书馆协会的建立，也是图书馆学科确立的一个重要标志，它表明图书馆学人群体开始以整体面貌示于世人，对现代图书馆学思想理念传播和研究体制的形成产生了强大的推动力。在我国，首先建立的是地方性图书馆协会组织。1918年年末，北京图书馆协会成立，袁同礼被推举为会长。我国近代最早的全国性图书馆研究组织是中华教育改进社图书馆教育组。1922—1925年，该组通过中华教育改进社年会，提出了一系列议案，宣传和普及了现代图书馆理念，在《新教育》等刊物上发表了一批高水平论文，并倡导和推动了各地方图书馆协会的建立。在各地方图书馆协会、中华教育改进社和教育文化界人士的共同努力下，中华图书馆协会于1925年4月25日在上海宣告成立，并于同年6月2日在北京举行了成立仪式。梁启超在成立仪式上发表了演说，主张"建设中国图书馆学"①。中华图书馆协会"以研究图书馆学术，发展图书馆事业，并谋图书馆之协助"为基本宗旨。协会鼓励和组织研究图书馆学术、发展图书馆事业、调查图书馆资源、培养图书馆人才、开展对外学术交流，在抗战中对外募集图书资料、谋划图书馆事业复兴，对民国时期图书馆事业的发展起到了重要的推动作用，也将新图书馆运动推向了高潮。

我国近代图书馆学期刊肇始于 1915 年 12 月创刊的《浙江省立图书馆年报》。在此之前，图书馆学文章只能零星刊载于一般性学术期刊上。中华图书馆协会建立后，图书馆学期刊得到了更大的发展。《中华图书馆协会会报》（1925—1948）和《图书馆学季刊》（1926—1937）这两种由协会主办的刊物带动了众多图书馆和地方性图书馆协会出版刊物。一些内容丰富、学术价值较高、存续时间较长、具有影响力的刊物陆续面世，如《国立北平图书馆馆刊》（1928—1937）、《文华图书馆学专科学校季刊》（1929—1937）、《图书季刊》（1934—1936，1939—1942，1943—1948），等等。民国时期，图书馆学刊物先后出版 150 余种，一些报社也编辑出版了图书馆学副刊。

20 世纪 20 年代，以"文华图专"为代表的中国图书馆学教育机构开办，图书馆组织形成进而建立全国性的协会，一批专业刊物面世，为图书馆学研究群体提供了更为广阔的交流平台，图书馆学在我国成为一门独立的学科。

3. 图书馆学理论研究群体的崛起

新图书馆运动之前，宣传图书馆理念和研究图书馆学术的知识分子对近代图书馆的产生和发展作出了重要贡献，如梁启超、罗振玉、王国维、徐树兰等，但是他们大多并非长期和专职的图书馆从业者或研究者。

伴随中国图书馆学的确立，一批学者投身于图书馆学理论研究并由此形成一个群体。这个群体主要包括具有海外留学背景的第一代图书馆学家和具有"国产化"特征的第二代图书馆学家。第一代图书馆学家主要接受的是美国图书馆学思想，回国后往往担任各大图书馆要职，宣传图书馆事业的功用和价值，主张公众平等利用图书馆的权利，推动新技术和方法在图书馆的使用，引领了早期图书馆组织的成立和发展。他们在图书馆学理论研究方面成果斐然，不但出版和发表了大量专著和论文，更是图书馆学众多学术领域和技术方法的引路人和奠基人，以非凡的创造力作出了卓越的贡献。随着中国现

---

① 梁启超. 中华图书馆协会成立会演说辞［J］. 中华图书馆协会会报，1925（1）：11-15.

代图书馆事业的发展和图书馆学教育的推进，一批具有"国产化"背景的图书馆学家成长起来，他们是一批接受过本土图书馆学专业教育或长期从事图书馆工作的人才，如桂质柏、裘开明、皮高品、徐家麟、周连宽、吕绍虞、张遵俭、严文郁、毛坤、查修、汪应文、汪长炳、钱亚新、马宗荣、柳诒徵、陈训慈、王重民、王献唐、张秀民等。他们之中的一部分也出国深造，留学海外，成为沟通中西的桥梁。他们与第一代图书馆学家一样，成为众多图书馆的领导与骨干，并活跃于各图书馆协会之中。随着图书馆学研究重心的转移，他们主要的研究成果集中在图书分类、编目、索引和文献学等图书馆技术问题方面，在基础理论领域也有涉足。

在新图书馆运动之中，图书馆学研究领域名家辈出。他们不仅直接促成了 20 世纪 20 年代末到抗战全面爆发前这段时期图书馆学理论成果的喷涌，还塑造了中国图书馆学在 20 世纪前半叶的理论体系，部分理论影响延绵至今。他们中的杰出代表有：

沈祖荣（1883—1977）被誉为"中国图书馆学教育之父"，新图书馆运动的发起者。他以教育救国、振兴中华为终生理想，长期担任文华公书林主任，从 1920 年开始从事图书馆学教育，担任"文华图专"校长 30 余年，桃李满天下。他担任校长期间还设立档案学课程和专业，于我国档案学教育有开创之功。他开展和引领了多项图书馆调查，倡导科学方法在图书馆学研究中的运用。其撰述和编译的主要著作包括《仿杜威书目十类法》（与胡庆生合著，1917 年初版，1922 年再版）、《简明图书馆编目法》（1929）、《标题总录》（1937），等等，在国内外专业期刊上发表了 40 余种贴近图书馆实务、倡导图书馆学本土化和饱含爱国之情的学术论文，在图书馆性质、图书馆事业建设、管理和服务以及图书馆学教育方面多富有开创性意义的论述。

杜定友（1898—1967）于 1918 年留学菲律宾，1921 年获得文学、图书馆学和教育学三个学士学位回国，曾任职于广东省立图书馆、复旦大学图书馆、上海交通大学图书馆、南洋大学图书馆、中山大学图书馆等。他创办了我国第一所"图书馆管理员养成所"和上海国民大学图书馆学系，并参与过十数种图书馆学各层次的图书馆学教育活动。他在图书馆学基础理论、图书分类学、汉字排检法、校雠学、图书馆管理、图书馆建筑、地方文献等领域有突出的理论成果。杜定友著述文字逾 600 万字，其理论研究全面而系统，在研究范围、理论深度、创新高度和论著数量方面远超前人亦独步一时。① 其主要著作包括《图书馆通论》（1925）、《图书馆学概论》（1934）等。他提出的图书馆"公

① 周文骏，王红元. 杜定友先生的学术成就[J]. 图书馆理论与实践，2005（1）：53-57.

器说"和"要素说"，对图书馆功用的讨论，以及中国化、实用化的价值取向皆为后人称道，影响至深。

刘国钧(1899—1980)曾在美国威斯康星大学修习哲学和图书馆学，于1925年获哲学博士学位后回国，投身于图书馆事业，历任金陵大学图书馆馆长、教授，北平图书馆编目部主任，《图书馆学季刊》主编，北京大学图书馆学系教授。他在图书分类、编目、图书馆学基础理论、书史、图书馆自动化技术等方面皆有建树，主要论著包括《中国图书分类法》(1929)、《图书馆要旨》(1934)、《图书馆目录》(1957，与陈绍业、王凤翥合编)和《中国书史简编》(1958)等。他提出的图书馆"要素说"、对图书馆教育职能的深刻论述、对现代图书馆"自动"即主动服务的强调等思想和观点成就了他在图书馆学理论研究中的地位。在当代图书馆学论著中往往以"南杜(定友)北刘(国钧)"并提，将二人作为民国时期图书馆学界的代表人物。

这个时期图书馆学理论研究英才辈出，成果斐然。如以《图书馆学》(1923)为现代图书馆学理论奠基的杨昭悊，在图书馆权利、公共图书馆立法和图书馆的"信息服务"等方面有超前认识，还有组织创办金陵大学图书馆学系的李小缘，① 在《图书馆组织与管理》(1926)中贯彻本土化思想的洪有丰，以《现代图书馆序说》(1928)等"现代图书馆"系列论著探讨图书馆学基础理论的马宗荣等，他们的学术观点和思想皆融汇于现代图书馆学理论体系之中。

4. 新图书馆运动时期的研究高潮

自1917年至1937年的新图书馆运动时期，迎来了中国图书馆学研究的第一次高潮，中国图书馆学实现了学科的建立和学术思想的初步发展。新旧交替之间的图书馆学研究者肩负着现代化和本土化的历史使命，在图书馆事业发展的强烈需求之下对基础理论和应用研究并重，他们的研究成果使中国图书馆学学科体系初步成型。

中日甲午海战后，中国思想界曾为去弱图强而"师法日本"，20世纪初又兴起"留美运动"。中国图书馆界亦经历了由"取法日本"转向"步武美国"的历史阶段。1917年沈祖荣回国之后，国内介绍美国图书馆学的论著逐渐增多。1920年文华图书科在建立时仿照美国图书馆学校办学，1925年前后韦棣华女士促成退还庚款用于资助中国图书馆

① 范并思，等.20世纪西方与中国的图书馆学——基于德尔斐法测评的理论史纲[M].北京：北京图书馆出版社，2004：219.

事业，进一步增强了中美图书馆界的交流。《文华图书馆学专科学校季刊》和《图书馆学季刊》中，刊登了众多译著，其中原作者多为美国人。美国成为当时当之无愧的图书馆学发展潮流引领者，而新图书馆运动的宗旨正是要反对封闭的封建藏书楼，建设面向大众开放的"公共、免费、共享"的美国式图书馆。19 世纪七八十年代美国图书馆学的学科地位就已经得到确立，尽管中国图书馆学起步较晚，但也因此可以吸收和借鉴世界先进经验，从而在建立和发展初期借力美国，较快进步。在对西方图书馆学论著进行译介、评论、对比和改编的同时，也往往含有对中国传统图书馆学思想理念的批判和富有中国特色的理论创新。如 1917 年出版的《仿杜威书目十类法》，尽管从名称上看因袭原书，但实际上该书远超译文，被杜定友称为"第一个为中文图书而编的新型图书分类表"①，并使众多学者突破中国传统目录学分类思想和体系，展开"仿杜、改杜、补杜"的分类编目系列研究。

在将图书馆视为实现国家富强和民族复兴的重要社会机关的共识之下，图书馆学人对实践工作高度参与、关注和促进，众多图书馆员参与学术的切磋琢磨。李钟履对民国时期图书馆学类论文的统计表明，这个阶段对图书馆史尤其是中国图书馆史（大多数文章是对某图书馆某阶段发展状况的概述，占 26%）的论文数量居首，紧随其后的是图书补充（13%）、编目（10%）、各种图书馆专论（8%）、图书馆学总论（7%）、分类（5%）、借阅（4%）等，上述七项共占论文总数的八成。

众多图书馆学名家致力于不断推进图书馆学基础理论在社会民众中的普及和向更深入层次的研究，同时亦在应用图书馆学领域中颇有建树。在图书馆学基础理论方面，以杜定友和刘国钧为代表的图书馆学家提出和改进了"要素说"，并在争鸣中取得了具有中国特色和世界先进水平的理论成果。沈祖荣、李小缘、杜定友和刘国钧等一批图书馆学家倡导摒弃传统藏书楼的封闭自守，在认识新式图书馆本质、特点和价值等方面与时俱进地展开了理论研究和宣传工作。在更为引人注目的应用图书馆方面，立足实际的图书馆工作理论逐步发展，洪有丰、李小缘、马宗荣等皆有突出成就，到了 20 世纪 30 年代中期，我国图书馆管理理论体系基本形成。分类编目是这个时期研究的重点成果，沈祖荣和胡庆生将杜威十进分类法引入之后，引起了众多新型分类法的编制和改进，进而激起系列争论和商榷，其中以杜定友、王云五、刘国钧和皮高品等人的分类法声名最著，并多有图书馆及相关机构加以采用。在汉字排检法、民众图书馆、儿童图书馆等方

① 杜定友，钱亚新，钱亮，钱唐. 图书分类法史略[J]. 广东图书馆学刊，1987(1)：1-9, 13.

面，亦有不少专门的论著和学术讨论。

新图书馆运动时期的理论家们注重实践，富有"实证"精神，他们推动了这个时期图书馆学理论研究与事业发展的紧密结合与互相促进，形成了理论研究与应用研究并重的形势。图书馆学理论体系在新图书馆运动时期得到了多方面的探讨。"西学东渐""新文化运动"和"整理国故运动"等激发的社会思潮促使图书馆学理论体系的形成兼具中国特色和时代性。杨昭悊、杜定友、刘国钧、李景新等都对图书馆学体系构建提出了自己的观点。在论著方面，如1935年程伯群的《比较图书馆学》设图书馆行政、图书馆技术、分类编目学和书志目录学四编。刘国钧在1934年《图书馆学要旨》中提出图书馆成立的图书、人员、设备和管理方法"四要素说"。"要素说"后来得到了众多图书馆学者的认可和阐发。而对图书馆事业发展极具影响力的理论体系代表当推文华图专的课程体系，其变化发展也集中体现了各时期图书馆界对图书馆学科知识体系的认识。当其初创时，1920年前后仅有图书选读、编目、分类和参考工作四门。至1929年形成图书馆学教学体系的雏形，包括中西并举的目录学、参考书举要、书籍选读、编目学、分类法、图书馆史，以及各种图书馆研究、图书馆经济学、建筑学等。杜定友1926年为国民大学图书馆学系拟定的课程体系则理论性更为突出，包括：图书馆概论、图书馆原理大纲、图书馆行政学、图书馆实习、图书选择法、图书分类学、图书目录学、图书参考法、学术研究法。①

新图书馆运动中高涨的研究势头被1937年抗日战争的全面爆发打断。在此之前，图书馆界已有应对国难的种种呼吁。此后，文华图专西迁重庆，在轰炸和校舍被毁的情况下坚持图书馆学教学，自强不息、弦歌不辍。又有1941年国立社会教育学院图书馆博物馆学系之设。历经至暗，积蓄力量，图书馆学研究终于迎来改天换地之后的曙光。

三、中国图书馆学的发展与繁荣

1. 1949—1976年图书馆学的重建和顿挫

新中国成立初期，百废待举，图书馆事业逐渐复苏，在1949—1966年的"十七年"间图书馆学经过调整进而重建。1966年"文化大革命"开始后陷入停滞状态。"文化大革命"后期，逐渐出现了局部的回暖。

---

① 金敏甫. 上海国民大学图书馆学系概况[J]. 图书馆学季刊, 1926, 1(1): 141-148.

在饱受战火摧残之后，图书馆事业终于在新中国成立后迎来一个较好的社会环境。武汉大学和北京大学的图书馆学办学点经过一系列调整，于 1956 年改为 4 年制本科并成立图书馆学系。以短期培训班、函授教育和业余教育形式出现的图书馆学教育活动也在全国范围内进行。1958 年，图书馆学正规教育的规模也进一步扩大。在新中国成立初期的"17 年"中，尤其是在 1956 年"向科学进军"的号召和"百花齐放、百家争鸣"的"双百"方针思想引领之下，图书馆学研究获得了新的起点，图书馆学界出现了理论探讨的又一次热潮。

1956 年召开了三次与图书馆事业密切相关的全国性会议。文化部召开的"全国图书馆工作会议"是新中国成立后政府组织的第一个全国性图书馆会议，其中明确提出了公共图书馆承担为科学研究服务和为人民大众服务的双重任务。教育部召开了全国高校图书馆工作会议，明确了高校图书馆服务于科学研究和教学工作的方针任务，起草和讨论了《高等学校图书馆试行条例》《高等学校图书馆馆际互借办法》和《高等学校图书馆调拨书刊暂行办法》等条例。南京图书馆举办了第一届(全国)图书馆学科学讨论会，与会单位包括全国 11 个省市 63 个图书馆的 100 多名图书馆工作者。

有感于图书馆学被列入《1956—1967 哲学社会科学规划草案(初稿)》，而图书馆学的概念仍有待普及，1957 年刘国钧发表了《什么是图书馆学》。该文将具有中国特色的"要素说"扩展为"五要素"，随后在国内引起了一场围绕图书馆学研究对象和内容的大讨论，由此打开了新中国图书馆学基础理论研究的争鸣局面。随后，黄宗忠、彭斐章和谢灼华运用马克思主义哲学思想，从新的角度对图书馆工作加以剖析，提出了图书馆学研究对象"矛盾说"。这个时期图书馆学基础理论方面较有代表性的作品还包括文化学院第一期图书馆研究班学员所编的《社会主义图书馆学概论》(1958)，虽然难免有时代的局限性，但也是为系统地建立图书馆学理论体系的一次尝试。同时，对图书馆史的研究得到了学人的关注。

1957 年 6 月国务院批准了《全国图书协调方案》，促进了全国各系统图书馆加强横向联系和协作，推动了这个时期图书馆事业的发展。在其促动下，对联合目录的研究成为这一时期的亮点，为这一时期大规模的文献资源共享工作提供了理论指导。书目和索引工具取得了显著的成绩，也推动了相应研究的开展。在图书分类编目方面，新的社会环境和意识形态为图书分类法的调整和修订提供了新的动力。《中国人民大学图书馆图书分类法》(1953)、《中小型图书馆图书分类法》(1957)、《中国科学院图书馆图书分类法》(1958)等分类法陆续问世，在分类理论方面，刘国钧和杜定友等也有所建树，该时期还出现了对杜威十进分类法和阮冈纳赞冒号分类法修订版理论进展的介绍。

20世纪50年代，在全国文化界学习苏联的风气中，中国图书馆学研究也"以苏为师""以苏为鉴"。为了引进苏联图书馆理念和经验，翻译和出版了苏联的重要图书著作90余种，并对苏联图书馆工作状况和图书馆学研究成果进行了宣传介绍。同时，鲍振西、佟曾功、彭斐章、赵世良、郑莉莉、赵琦等图书馆学者被派往苏联深造，研习图书馆学。对苏联的追随和模仿一定程度上促进了中国图书馆学的复苏，但也使图书馆学研究出现了全盘照搬、脱离中国实际的弊端。

在这个阶段，阶级斗争扩大化影响到社会生活的各个层面。在图书馆学领域，人们对"资产阶级图书馆学"展开了批判，许多知名学者、专家的学术观点受到非理性、非学术性的批判，留下的教训极为深刻。这一阶段的图书馆学研究成果也多局限于具体工作的经验总结，理论体系建设没有取得重要进展。1966年"文化大革命"开始后，大量图书馆关闭，图书馆学教育停止了招生，图书馆学研究完全陷入停顿。

直至"文化大革命"后期，1972年，北京大学和武汉大学的图书馆学系恢复招生，图书馆学研究开始缓慢重启。1973年，经中共中央、国务院批准，周恩来总理亲自签阅，由9人组成的中国图书馆代表团访问美国，重启了中美图书馆界交流的大门。1974年，作为国家"汉字信息处理系统工程"即"748工程"配套项目的《汉语主题词表》开始编制。1975年，刘国钧首次公开介绍了美国国会图书馆MARC计划。同年，《中国图书馆图书分类法》第一版正式出版。图书馆学研究生机渐现。

2. 1977—1989年图书馆学研究的新气象

"文化大革命"结束后，在改革开放的春风中图书馆学研究逐步恢复。在图书馆学教育方面，1977年，北京大学和武汉大学图书馆学系正式恢复高考招生。此后，图书馆学教育获得了空前迅速的大发展，至1989年全国已有教学点50余家。各层次的专业教育也陆续兴起。1981年，北京大学和武汉大学获得了图书馆学硕士学位授予权，至1986年具有硕士学位授予权的机构扩大到13所。以图书馆学的办学为基础，一些高校在20世纪70年代末和80年代陆续创设和恢复了科技情报（后发展为情报学）、档案学、图书发行等专业，形成了更为广阔的学科平台。一些图书馆学系基于学科内容的发展，在图书情报教育一体化的趋势下兴起了更名潮，往往以"图书情报"并称。

恢复高考之后迎来的前几届大学生，集中了"文化大革命"10年中的青年精英，他们与高校中经历"十年动乱"后蓄势待发的优秀科研人才教学相长，为图书馆学研究注入了生机与活力。在 1956 年曾拟筹办的中国图书馆学会于 1978 年再次开始筹备，并于次年成立。其下设的学术委员会组织了许多重要的学术研讨会，引领了学术研究的风气。从 1977 年开始数年之间，由图书馆学会、图书馆、图书馆学系或相关组织主办的图书馆学专业刊物已达数十种，其中包括 1979 年开始正式复刊的中国图书馆学会会刊《图书馆学通讯》(1991 年更名为《中国图书馆学报》)。图书馆学研究条件向好，理论研究成果随之陆续绽放。

1977 年开始，北京大学和武汉大学图书馆学系联合编写了系列图书馆学"统编教材"，其中 1981 年出版的《图书馆学基础》在学术史上具有里程碑意义。它排除了政治批判性色彩，以科学态度系统总结了经验图书馆学的理论成就，成为集其大成之作，完成了对已有学术成果的清理和总结。更重要的是，在这个图书馆学理论研究蓄势待发的时候，它为具有开放性、科学性和建设性的理论批判与深入探索提供了视角和标的。

进入 20 世纪 80 年代后，我国图书馆界的国际交流日益频繁，翻译和引进国外图书馆学名作成果丰硕，译著达 130 余种。而将国外成果作为重要参考资料的论著更数不胜数。这个时期对国外的学术借鉴，已经脱离了意识形态倾向的束缚，更具理性和客观性。

通过吸收国外图书馆学理论成果，引进和借鉴其他学科的理论与方法，图书馆学研究者更多地超脱于经验图书馆学，拓展了理论研究的深度，关注抽象和宏观的概念，图书馆学理念趋于多元化。"知识学"、卡尔·波普尔的"世界 3 理论"、"情报交流"理论、"知识交流说"、"文献信息交流"观点等陆续被提出并引起强烈反响。1984 年中国图书馆学会基础理论组在杭州的研讨会和 1986 年武汉大学图书情报学院召开的全国青年图书馆学情报学理论研讨会等会议也扩大了多种学术观点和流派的影响力，尤其激发了青年学者活跃的思想驰骋于图书馆基础理论领域。一批重要的论著和教材相继问世，吴慰慈、邵巍编著的《图书馆学概论》(1985)、周文骏的《文献交流引论》(1986)、倪波和荀昌荣主编的《理论图书馆学教程》(1986)、黄宗忠的《图书馆学导论》(1988)、宓浩主编的《图书馆学原理》(1988)等是其中的代表。对图书馆理论探讨的热点从图书馆学研究对象扩大到图书馆学的理论基础、定义、学科属性、内容、方法和学科框架等各方面。

同时，一系列新兴的图书馆技术和应用领域逐渐为研究者甚至政府所关注与重视。受到电子计算机等工具应用发展的影响，图书馆学领域以 MARC 为代表的现代化研究带动了文献编目领域对标准化的研究。图书分类领域，《中国图书馆图书分类法》第二版出版，并逐渐为更多图书馆所使用，成为主流的分类法。张琪玉等开辟了情报检索语言领域，出现了一批言之有物且富有创造性的成果。肖自力等力促文献资源建设研究，原本局限于一馆之内的藏书建设研究被取而代之，覆以更为宏观的视角。具有更为广阔视野的图书馆事业发展战略研究，可为图书馆宏观现实问题提供政策思想、决策依据和方案，也得到了更多关注。

这个时期，图书馆学出现了较多专业工具书，对已有成果加以整理和归纳。它们以资料汇编、论著索引、论著选集、书目提要、辞典等形式，从中国古代图书与藏书理论和著作直至最新出现的论文著作和理论学说皆有纳入。这些工具书传承了中国图书馆学术思想，也为具有创造性的理论提出提供了素材。

3. 20 世纪 90 年代之后的图书馆学理论研究

进入 20 世纪 90 年代，伴随着信息技术的浪潮，图书馆学界在迎接和拥抱新世纪的历史进程中，面对着前所未有的机遇和挑战。在 1992 年后改革开放的新高潮中，图书馆事业加快了向现代化转型的步伐。在市场经济的发展和社会信息化的冲击下，图书馆开展了全面的改革。1996 年年底第 62 届国际图联大会在北京召开，推动了中国图书馆事业进入发展的新时代。

为了适应时代的发展，拓展图书馆学学科发展空间，在彭斐章等一批图书馆学情报学家的积极推动下，20 世纪 90 年代初期国务院学位委员会批准于北京大学和武汉大学分别设立图书馆学和情报学博士学位授权点，图书馆学教育在办学层次上取得了新的突破。社会对信息管理人才的需求旺盛，1992 年北京大学图书馆学情报学系改名为信息管理系，由此掀起了第二次"更名热"，全国众多院系由"图书馆学"改名为"信息管理系"或近似名称。随着教育部"新专业目录"颁布和全国高校"学院化"院系调整，许多独立的图书馆学教学点必须与经济管理、计算机、社会学或公共管理院系合并重组。与此同时，图书馆学学科类别也在国家公布的各目录中几度调整。图书馆学教育向着宽口径、厚基础、高素质的复合型信息人才需求的培养目标发展。

图书馆学理论研究经过一段时间的总结回顾和沉淀，走向了一个大发展时期。1995—1996 年，吴建中在《图书馆杂志》上以其与国内外专家"关于图书馆未来的对话"为专题发表了 14 个主题，以全球视野全方位地考察了处于信息技术革命中的图书馆事业。理论研究的国际化视野在更多研究成果中得到突出表现，如黄纯元受到西方图书馆学理论新进展启发而在 1996—1999 年撰写的系列论文，大大提高了我国对西方当代图书馆学的研究水平。图书馆学基础理论研究在此时期也取得了丰硕的成果，20 世纪 90

年代和 21 世纪初出版的相关著作有 10 余部,如吴慰慈的《图书馆学概论》、王子舟的《图书馆学基础教程》、于良芝的《图书馆学导论》、徐引篪和霍国庆的《现代图书馆学理论》、范并思的《21 世纪西方与中国的图书馆学》、蒋永福的《图书馆学通论》等,其中不少著作都表现出鲜明的学术观点和风格,对后续研究产生了广泛的影响。关于图书馆哲学、图书馆学史、图书馆精神、图书馆权利和图书馆行业等方面的研究不断推陈出新。众多学者亦致力于重构图书馆学理论体系,尝试在信息技术、观念和理论发展下图书馆学科转型过程中对其加以革新和完善。图书馆学界一再呼吁,图书馆学理论研究要与图书馆事业发展相结合。这个时期图书馆学应用研究方面,在文献资源共建共享、数字图书馆等方面,多有可圈可点之处。

21 世纪,科技发展尤其是计算机与网络技术的普及和不断升级对图书馆学发展产生了深远的影响。技术的浪潮促使图书馆学界对图书馆学相关基本概念进行了又一轮反思,重新审视数据、信息、知识和图书馆等概念的本质及其联系,并对图书馆学在新时代的研究对象、历史发展、价值和使命进行了再思考。对学科发展历史的考察为这些反思提供了比对的素材,尤其是民国时期图书馆的革旧鼎新与中西交流中的图书馆学发展史借鉴意义十分突出。与此同时,数字图书馆、融合图书馆和智慧图书馆等图书馆事业未来发展的模式也在进一步讨论之中。智能化和人性化的信息服务研究双线并进,在资源整合、信息检索和用户需求方面在经典模型的基础上将情景、情感和用户认知等因素纳入而展开了理论模型的探讨。图书馆学与时俱进地运用新技术,拓展新领域,展现出新风貌。[①]

重要名词术语

施莱廷格　麦维尔·杜威　阮冈纳赞　韦棣华　沈祖荣　杜定友　刘国钧
芝加哥学派　《威廉姆森报告》　"图书馆学五定律"　国际图书馆协会联合会
联合国教科文组织《公共图书馆宣言》　武昌文华图书馆学专科学校

思考题

1. 从世界范围内来看,图书馆学确立时期有哪些重要人物和代表性著作? 有

---

① 吴丹,陆柳杏,董晶,樊舒,徐爽,李秀园. 近十年图书馆学理论研究中的基础性问题[J].
中国图书馆学报,2020,46(4):20-38.

哪些标志性事件?

2. 中国古代图书馆学成就和思想主要体现在哪些方面?在当今有何借鉴意义?

3. 试述麦维尔·杜威、阮冈纳赞对图书馆学的贡献。

4. 中国图书馆学的建立有哪些标志性事件?

5. 新图书馆运动时期,中国图书馆学学科发展有何特点?

6. 了解沈祖荣、杜定友、刘国钧的图书馆学思想。

7. 什么是芝加哥学派?有哪些代表人物?为什么说芝加哥学派是现代图书馆学形成的标志?

8. 1949 年后中国图书馆学研究大体可分为哪几个阶段?各有哪些标志性成果?

9. 现代信息技术的发展对中外图书馆学的发展产生了哪些方面的影响?

第五章

各类型图书馆

第一节 图书馆类型的划分

不同类型的图书馆的产生是社会分工的产物。随着社会分工向着精细化、专业化方向发展，不同人群对图书馆产生了不同的需求。为了满足不同人群的多样化需求，各式各样的图书馆逐步建成。当各类图书馆发展到一定数量时，为了对图书馆事业进行科学管理，充分发挥各类图书馆的作用，就需要划分图书馆类型。所谓划分图书馆类型，实际上是对自然形成的图书馆类型的整序，即依据一定的标准，将性质相同或相近的图书馆归并在一起，将性质相异的图书馆区别开来，① 使之形成一个职责明确、优势互补的图书馆体系，能够为特定用户提供专门化、高质量的服务。

一、国外图书馆类型的划分

各国根据本国图书馆发展历史、政治体制、文化传统和国家战略形成了不同的划分标准和图书馆类型，多个国际组织也纷纷制定了相应的图书馆类型划分标准。然而，不同的图书馆类型划分标准给图书馆管理和图书馆界交流造成了困难。

国际标准化组织在《ISO2789：1974 国际图书馆统计标准》中，根

---

① 霍国庆. 论行业图书馆[J]. 图书情报工作，1999(1)：17-21，50.

据图书馆的使命和任务，将图书馆划分为国家图书馆、高等院校图书馆、其他主要的非专门图书馆、学校图书馆、专门图书馆和公共图书馆,① 这一标准得到许多国家的认可，但也有部分国家不太认同。2013 年国际标准化组织对图书馆类型进行了修订，将图书馆类型合并为学术图书馆、公共图书馆、学校图书馆、专业图书馆、国家图书馆。②

　　基于上述 ISO2789 标准，为了统计全世界各类型图书馆的基本数据，国际图联联合世界各地的国家图书馆协会、国家图书馆、图书馆支持组织和其他机构创建了世界图书馆地图，并对各类型图书馆进行了定义:③

　　(1)国家图书馆。国家图书馆是指负责获取和保存图书馆所在国出版的所有相关文献副本的图书馆。国家图书馆的概念允许一个国家有一个以上的国家图书馆。

　　(2)学术图书馆。学术图书馆是指主要功能涵盖学习和研究的信息需求的图书馆。这包括高等教育机构的图书馆和普通研究图书馆。

　　(3)公共图书馆。公共图书馆是指向公众开放的普通图书馆(其服务主要是针对所服务的某一部分人群，如儿童、视力障碍者或医院病人)，它为当地或地区社区的全体居民服务，通常全部或部分由公共资金资助。它的基本服务是免费的或有补贴费用。

　　(4)社区图书馆。社区图书馆不属于一个地区的法定图书馆，也不是由地方政府管理或全部资助的图书馆。社区图书馆为当地或地区社区的居民提供图书馆服务，可能由社区团体、慈善机构、非政府组织和其他机构管理和资助。然而，它们仍可能从地方当局获得一些公共资金，根据不同的资助模式提供图书馆服务。

　　(5)学校图书馆。学校图书馆是指高等教育水平以下学校的图书馆，其主要功能是为这类学校的学生和教师服务，但它也可以为普通公众服务。

　　(6)其他图书馆。其他图书馆是指没有出现在其他类别图书馆(国家图书馆、学术图书馆、公共图书馆、社区图书馆和学校图书馆)中的所有其他图书馆。例如，特殊图书馆、政府图书馆、医学图书馆、工业和商业图书馆以及其他地方没有包含的图书馆。

　　联合国教科文组织在 2010 年颁布的《图书馆服务法》(*Library Service Act*)中，根据图

① ISO. ISO2789: 1974 International Library Statistics [EB/OL]. [2022-02-14]. https: //www. iso. org/standard/7777. html.

② ISO. Information and Documentation — International Library Statistics [EB/OL]. [2022-02-14]. https: //www. iso. org/obp/ui/#iso: std: iso: 2789: ed-5: v1: en.

③ IFLA. Definitions of Library Types [EB/OL]. [2022-02-14]. https: //librarymap. ifla. org/files/lmw-library-types-definitions-en. pdf.

书馆的馆藏文献和服务用户类型，将图书馆分为国家图书馆、公共图书馆、学校图书馆、学院图书馆、大学图书馆和特殊图书馆六类；根据图书馆的创办者，将图书馆分为公共图书馆、私人图书馆和宗教团体图书馆。①

美国图书馆协会根据图书馆服务的群体和功能的不同将图书馆划分为学术图书馆、公共图书馆、学校图书馆和特殊图书馆四种类型。② 康奈尔大学图书馆从服务对象角度对这四种图书馆类型进行了解释：学术图书馆的服务对象是学院和大学；公共图书馆的服务对象是各类城市和城镇的居民；学校图书馆主要服务从幼儿园到 12 年级的学生；特殊图书馆指的是特殊环境中的图书馆，如医院、公司、博物馆、军队、私人企业和政府的图书馆。③ 美国《图书馆服务和技术法（1996 年）》规定了公共图书馆、学校图书馆、学术图书馆、研究图书馆和特殊图书馆五种类型。④

这些国际图书馆类型划分标准多是根据图书馆的使命和任务、功能、馆藏文献类型、服务用户群体、创办者等。这些标准被广泛运用于各类图书馆机构、协会，出现在许多国内外图书馆学著作、论文、机构网站中，并一直沿用至今。但是，这些划分标准仅仅获得各自组织内部或部分区域内认可，或在部分国家内实行，并没有被国际社会普遍地接受。

二、我国图书馆类型的划分

我国对图书馆类型的划分，没有统一的标准，国内许多学者围绕图书馆各组成要素从不同角度对我国图书馆划分类型进行了归纳，从图书馆管理体制（隶属关系）、馆藏文献范围和服务用户类型进行了分类。⑤

按照我国图书馆管理体制（隶属关系），图书馆可以划分为：①文化系统图书馆，包括由文化主管部门领导的国家图书馆、各级公共图书馆、各级少年儿童图书馆；城乡

① UNESCO. Library Service Act［EB/OL］.［2022-02-14］. https：//en. unesco. org/sites/default/files/montenegro_libraryserviceact_engtof. pdf.

② American Library Association. Types of Libraries［EB/OL］.［2022-01-26］. https：//www. ala. org/educationcareers/careers/librarycareerssite/typesoflibraries.

③ Books & Bytes：Librarians as Information Managers：Types of Libraries［EB/OL］.［2022-01-26］. https：//guides. library. cornell. edu/c. php? g=30898&p=198569.

④ Library Services and Technology Act（1996）［EB/OL］.［2022-01-26］. https：//digitalcommons. uri. edu/pell_neh_I_54/.

⑤ 黄宗忠. 图书馆学导论［M］. 武汉：武汉大学出版社，2013：231；吴慰慈、董焱. 图书馆学概论（第 4 版）［M］. 北京：国家图书馆出版社，2019：102-103.

基层图书馆(室)、社区图书馆，有的是公共图书馆的延伸服务或分馆，有的则由街道乡镇等基层行政机关管理；②教育系统图书馆，包括教育部和各级教育行政部门领导的大、中、小学校图书馆(室)；③科学研究系统图书馆，包括中国科学院、中国社会科学院、中国医学科学院、中国农业科学院、中国地质科学院以及其他专业科学研究机关所属的图书馆(室)；④工会系统图书馆，包括中华全国总工会及各级工会所领导的工人文化宫和各厂矿企业所属的工会图书馆(室)；⑤共青团系统图书馆，包括各级共青团组织所领导的青年宫、少年宫、少年之家图书馆(室)；⑥政府系统和社会团体的专业图书馆，包括各级政府部门、社会团体、事业单位图书馆；⑦厂矿企业的技术图书馆；⑧军事系统图书馆，包括军事领导机关图书馆、军事科学图书馆、军事院校图书馆及连队基层图书馆(室)等。

按照馆藏文献范围，图书馆可以划分为：①综合性图书馆，包括公共图书馆、综合性大学图书馆、科学院和分院图书馆、工会图书馆等；②多学科性科学技术图书馆，包括多学科的理工科院校图书馆、厂矿企业的技术图书馆等；③专科图书馆，科学研究所图书馆、高等学校的院、系、科(研究所)图书馆(室)等。

按照服务用户类型，图书馆可以划分为：①儿童图书馆(室)，服务对象是14岁以下少年儿童，广义上包括独立设置的儿童图书馆和在一些公共图书馆设立的少年儿童分馆或少年儿童阅览室及服务部；②青年图书馆，服务对象是14~30周岁的青年；③盲人图书馆(室)，是以盲人为主要服务对象，专门收藏盲文书刊、图册、有声读物并供盲人借阅的图书馆；④少数民族图书馆；⑤普通图书馆，主要包括城市街道图书馆、乡村图书馆、中小学图书馆、工会图书馆等，图书馆的服务价值在于为每一个人提供均等利用图书馆的机会。[1]

可以看到，图书馆种类的多样性使得我国图书馆类型划分标准也具有多样性。这些划分标准从不同角度揭示了图书馆的类型，具有一定的指导和参考意义。但是任何单一的标准都不能完全揭示各类型图书馆的特点，这就决定了对图书馆类型的划分不能只采用单一的标准，必须把各种标准结合起来使用才具有完整的意义。因此，从现有的实际情况出发，依据人们通常的认识，结合多种标准，是划分我国图书馆类型的基本原则。根据图书馆的隶属关系、用户群、馆藏文献范围等标准，目前我国图书馆的类型主要有：国家图书馆、公共图书馆、学校图书馆、科学图书馆、专业图书馆、技术图书馆、

---

①　霍国庆. 我国信息资源配置的模式分析(一)[J]. 图书情报工作，2000(5)：32-37.

工会图书馆、军事图书馆、儿童图书馆、盲人图书馆、少数民族图书馆，以及民办图书馆等。由于公共图书馆、高等学校图书馆、科学与专业图书馆这三大系统图书馆馆藏文献资源丰富，用户面广，技术力量强，是我国图书馆事业的骨干力量，因而被认为是我国图书馆事业的三大支柱。

20世纪90年代以来，随着信息技术的快速发展、互联网的广泛普及应用，以及全球信息高速公路建设的热潮，图书馆向着高度自动化、电子化、网络化、虚拟化的深度和广度发展，图书馆形态发生了巨大变化。因此，图书馆形态也被作为图书馆类型划分的标准。① 依据这一标准，人们将图书馆分为传统图书馆、电子图书馆、虚拟图书馆、数字图书馆、复合图书馆、智慧图书馆等。但这主要是人们对图书馆在不同发展阶段所呈现形态及其所具有的不同特征的认识，各种形态彼此交叉重叠，因而并不能作为现实中划分图书馆类型的标准。

第二节　国家图书馆

国家图书馆对本国图书馆事业的发展起着重要的推动与指导作用。在很大程度上，国家图书馆的水平代表着一个国家的图书馆事业的发展水平。一般来说，国家图书馆是本国的藏书中心、书目中心、图书馆学研究中心、馆际互借和国际书刊交换中心。

一、国家图书馆的概念

目前国内外学界对"国家图书馆"的定义各不相同，差异较大。这是由于不同国家的国家图书馆有不同的起源，导致其在名称、性质和功能方面存在差异。因此，梳理国内外国家图书馆的概念有助于进一步理解国家图书馆这一类型。

美国图书馆协会在《图书馆术语汇编》中简单地将国家图书馆定义为"一个由国家维护的图书馆"②。很明显，这个定义只关注了图书馆的管理主体，未能揭示国家图书馆的本质特征。

1974年国际标准化组织颁布的《ISO2789：1974国际图书馆统计标准》中提出："凡是按照法律或其他安排，负责搜集和保管国内出版的所有重要出版物的副本，并且起贮

① 王知津，徐芳. 图书馆多样性研究[J]. 图书馆论坛，2008，28(6)：26-31，58.
② Belanger T, Corbin J B, Magrill R M, et al. The ALA Glossary of Library and Information Science [M]. Chicago：American Library Association，1983：151.

藏图书馆的作用，不管其名称如何，都是国家图书馆。"该定义从国家图书馆的实际功能出发，认为只要满足法定、收藏本国所有出版物副本这两点就可以称作国家图书馆，至于其实际名称并不重要。

2013年，国际图联认为国家图书馆在一个国家的图书馆和信息系统中负有特殊责任，通过罗列具体责任的方式规定了国家图书馆的定义。它提到国家图书馆的责任包括：通过法定渠道收集国家印本(包括印刷品和电子版)，并对其进行编目和保存；直接或通过其他图书馆和信息中心向用户提供服务(如参考、书目、保存、借阅)；保存和弘扬国家文化遗产；获取有代表性的外国出版物；推进国家文化政策实施；领导国家扫盲运动。[①] 这一定义虽然清晰直观地展现了国家图书馆的责任，但是未能穷尽所有责任。

《中华人民共和国公共图书馆法》规定了国家图书馆的职能：国家设立国家图书馆，主要承担国家文献信息战略保存、国家书目和联合目录编制、为国家立法和决策服务、组织全国古籍保护、开展图书馆发展研究和国际交流、为其他图书馆提供业务指导和技术支持等职能，国家图书馆同时具有本法规定的公共图书馆的功能。[②] 可以认为，这是从职能角度对国家图书馆的定义。

上述国内外关于国家图书馆的定义虽然在国家图书馆的领导地位和基本功能方面具有共同点，但是关于国家图书馆的概念仍然未能形成标准的具有普遍意义的定义。每个国家的政治和社会传统不同，因而很难形成统一的认识。上述这些定义既有模糊、狭义的概述，又有准确、广义的解释，反映了当时国家图书馆的特征，以及当时人们对国家图书馆的认识。尽管国家图书馆随着时间变化在不断发展，如今既有实体的国家图书馆，又发展出了虚拟形态的国家数字图书馆。但是，国家图书馆的领导地位和基本功能并未发生变化。

因此，从上述定义可以概括出国家图书馆概念所包含的要素：

第一，国家图书馆的设置主体是国家，它是依赖国家公共财政建立起来的图书馆。

第二，国家图书馆位于全国图书馆系统的最高层，是一个国家的中心图书馆，是国家的藏书中心、书目中心、图书馆学研究中心，以及馆际互借和国际书刊交换中心。

---

① IFLA. Newsletter of the IFLA Section on National Libraries[EB/OL]. [2022-02-09]. https：//archive. ifla. org/VII/s1/news/apr00. pdf.

② 中国人大网．中华人民共和国公共图书馆法[EB/OL]．[2022-02-09]．http：//www. npc. gov. cn/npc/c12435/201811/3885276ceafc4ed788695e8c45c55dcc. shtml.

第三，国家图书馆的主要职能有：通过法定渠道收集、保存和编制国内外出版物目录，包括国内所有重要出版物的副本和国外有代表性的出版物；服务于国家立法和决策；开展图书馆发展研究和国际交流；直接或通过其他图书馆和信息中心向用户提供服务（如参考、书目、保存、借阅）；为其他图书馆提供业务指导和技术支持；保存和弘扬国家文化遗产等。

基于上述认识，可以将国家图书馆定义为：国家图书馆是由国家设立的图书馆，在国家图书馆事业发展中起中心作用，是国家的藏书中心、书目中心、图书馆学研究中心，以及馆际互借和国际书刊交换中心，具有收集、保存和编制国内外出版物目录、传播交流、读者服务、科学研究等职能。

二、国家图书馆的建立与发展

（一）国外国家图书馆的建立与发展

西方国家图书馆的历史可溯源于中世纪古老的皇室图书馆，西方国家图书馆最早形成于法国。法国国家图书馆是由皇家图书馆发展起来的，其前身是 14 世纪的皇家图书馆和拿破仑时代的帝国图书馆。[①] 1789 年制宪会议颁布充公法令，宣布将该馆收归国有，并给予国家图书馆负责收集和保存全国所有出版物呈缴本的任务，后更名为国家图书馆并向国民开放。

美国国会图书馆是世界上最大的图书馆。1800 年，美国国会法令要求建立美国国会立法机构的研究图书馆。于是，美国国会图书馆建立并随国会从费城迁往华盛顿，致力于收藏法律、经济和历史著作，原专供美国国会议员及政府高级官员使用，后来对联邦政府各部门及公众开放。

英国国家图书馆前身是不列颠博物馆图书馆。1753 年，英国一位既是医生又是博物馆学家的德斯爵士将其收藏的 8 万件珍贵藏品捐献给了国家，成为不列颠博物馆发展的基础。1754 年，经英国议会立法，明确分设为图书馆和博物馆两部分，并于 1759 年向公众开放。1973 年，不列颠博物馆图书馆与国立中央图书馆、国立科学技术外借图书馆等机构合并成立不列颠图书馆。

俄罗斯国家图书馆的前身是始建于 1795 年的国立萨尔蒂科夫-谢德林公共图书馆，

---

① 黄宗忠. 图书馆学导论[M]. 武汉：武汉大学出版社，2013：233.

位于当时俄国首都彼得堡。图书馆建馆时仅有 10 万藏书。这些藏书主要来自捐赠，包括个人和机构。1863 年 1 月，第一个阅览室开始使用时只有 20 个座位，虽然规模较小，但也开始提供阅览服务。1991 年苏联解体后，它开始履行俄罗斯联邦国家图书馆的功能，并于 1992 年根据法令被正式命名为俄罗斯联邦国家图书馆。

日本国立国会图书馆有两个源流。一是 1890 年设立的隶属于旧宪法下帝国议会的贵族院众议院图书馆，二是 1872 年设立的隶属于文部省的帝国图书馆。其中帝国图书馆经历了自书籍馆（1872）、东京书籍馆（1875）、东京府书籍馆（1877）、东京图书馆（1880）至帝国图书馆（1897）的变迁，1947 年改称为国立国会图书馆。该馆是参照美国国会图书馆建立的，于 1948 年 6 月 5 日正式向一般读者开放。①

可以看出，除了法国国家图书馆形成较早外，其他国家的国家图书馆主要形成于 18、19 世纪。在建立之初，各国国家图书馆藏书规模较小，管理也不尽完善，既不是作为国家图书馆而建立，在性质上也不是一个单纯的研究机构，但是部分国家的国家图书馆已经向公众开放。

19 世纪到 20 世纪是各国国家图书馆的发展时期，全球国家图书馆数量不断增加。尤其是 20 世纪 50 年代以来，随着科学技术的发展、出版物数量的增长和读者需求的转变，国家图书馆的地位与职能发生了变化。

首先，各国国家图书馆藏书日益丰富，逐渐成为国家的藏书中心。如不列颠图书馆根据 1911 年英国版权法规定的"版本备案法"制度，具备了收藏英国出版的所有文献的职能。据 2021 年 7 月英国国家图书馆发布的 2020—2021 年年度报告，英国国家图书馆馆藏总量超过 1.7 亿册件。② 美国国会图书馆是世界上最大的图书馆，其馆藏总量超过 1.71 亿件，包括 470 种语言的 4000 多万册编目图书和其他印刷品，7400 多万份手稿，拥有北美最大的珍本图书收藏，是世界上最大的法律资料、电影、地图、乐谱和录音收藏地。③ 中国国家图书馆馆藏文献超过 3500 万册件并以每年百万册件的速度增长，馆藏总量位居世界国家图书馆第七位，其中中文文献收藏世界第一，外文文献收藏国内首位。④

① 朱荀，魏成刚. 国家图书馆是公共图书馆吗？——论国家图书馆的属性与功能［C］//第五次全国图书馆学基础理论研讨会论文集，2007：131-142.

② 英国国家图书馆发布 2020—2021 年年度报告［J］. 国家图书馆学刊，2021，30（4）：38.

③ General Information［EB/OL］.［2022-02-09］. https：//www. loc. gov/about/general-information/.

④ 中国国家图书馆. 关于国图［EB/OL］.［2022-03-14］. http：//www. nlc. cn/dsb_footer/gygt/lsyg/index_2. htm.

其次，国家图书馆从法律上被定义为国家图书馆事业的核心。如为了适应社会发展需要，1972年英国议会通过了单独成立国家图书馆的建议和《不列颠图书馆法》，并于1973年将不列颠图书馆从不列颠博物馆中正式分出。《不列颠图书馆法》规定不列颠图书馆的职责是作为国家参考中心、研究中心、书目中心和其他信息服务中心。

再次，国家图书馆的定位为研究型图书馆，以为国家机关和科学研究服务为主。不列颠图书馆自1973年成立以来，一直是英国研究和创新的核心。该图书馆在其2023年愿景中提到支持科学研究已成为图书馆的优先发展事项。① 具体来说，其目标是确保其基础设施和服务能够满足研究人员不断变化的需求，并通过与合作伙伴开展合作，提高图书馆作为独立研究组织的能力。此外，不列颠图书馆还准备开发远程访问服务，推动大规模数据分析创新，从而为世界各地的研究人员提供事实调查、研究和数据分析资源。芬兰国家图书馆也在其发布的《2021—2030年发展战略》中将为学术研究提供有力支撑、打造专业化知识服务中心作为重要发展目标。②

此外，国家图书馆也具有为公众服务的职能。如苏格兰国家图书馆在《2020—2025年发展战略》中提到吸引读者是其优先发展战略之一，具体内容包括为以用户为中心，优化服务、创新文化体验；打造集调查研究、终身学习、探索发现和休闲娱乐为一体的公共开放空间；创新服务内容与形式，将资源与活动延伸至苏格兰的所有社区，希望能够为公众参与苏格兰丰富多彩的文化生活创造机会。③

伴随信息化和数字化的快速发展，国家图书馆朝着国家数字图书馆方向发展。美国国会图书馆是馆藏文献数字化的先驱，早在1980年就开始调查美国其他图书馆读者对数字化资料的需求，是世界上最先将馆藏数字化的图书馆。为了更好地应对日益数字化的环境，美国国会图书馆于2018年制定了《2019—2023数字战略规划》。④

（二）中国国家图书馆的建立与发展

中国国家图书馆历史悠久。中国古代西周的故府、盟府，秦代的石室可视为古代国家图书馆的雏形。国家藏书机构在中国典籍传承中一直起着主导作用。《周礼·外史》

---

① British Library. Our Vision [EB/OL]. [2023-03-13]. https：//www.bl.uk/about-us/our-vision/research.

② 芬兰国家图书馆发布2021—2030年发展战略[J]. 国家图书馆学刊，2021，30(2)：33.

③ 苏格兰国家图书馆发布2020—2025年发展战略[J]. 国家图书馆学刊，2020，29(6)：53.

④ 王丽媛，高凌云. 美国国会图书馆《2019—2023数字战略规划》的分析与启示[J]. 图书馆研究与工作，2020(7)：81-85.

记载中央专设官员执掌三皇五帝之书和四方之志。传说老子曾担任周王朝的守藏吏，这可能是最早有关国家图书馆馆长的记述。①

中国国家图书馆前身是建于清代的京师图书馆。20世纪初，在变法图强和西学东渐的背景下，有识之士力奏清政府建立西式的文化设施，兴办图书馆和学堂。1909年9月9日，清政府批准张之洞《学部奏筹建京师图书馆折》中关于调拨文津阁《四库全书》并避暑山庄各殿座陈设书籍，在德胜门内净业湖及南北修建图书馆的建议，标志着国家图书馆的前身京师图书馆正式筹建。当时的藏书主要有南宋缉熙殿、明代文渊阁的部分珍本：清朝内阁大库、翰林院、国子监南学的藏书、热河避暑山庄文津阁的《四库全书》以及敦煌石室所藏写经八千卷等，图书总数不到十万册。②

百余年来，国家图书馆的荣辱兴衰与国家的命运息息相关。辛亥革命后，京师图书馆由中华民国北京政府教育部接管，并将其改名为国立京师图书馆。1912年8月27日，京师图书馆正式开馆接待读者。1916年，教育部饬京师图书馆，凡在内务部登记的出版图书均交一份入京师图书馆庋藏，从而开启了京师图书馆接受图书缴送的历史，国家图书馆的职能开始体现。

1928年，京师图书馆更名为国立北平图书馆后，教育部与中华教育文化基金董事会决定将国立北平图书馆和北平北海图书馆合为一体，仍用国立北平图书馆之名。1931年，文津街新厦落成，建筑采用欧美最新材料与结构，形式仿中国宫殿之旧貌，书库可容书50万册，阅览室可容200余人，成为当时全国最先进的图书馆。1937年卢沟桥事变后，日军全面侵华，国立北平图书馆沦入日伪之手。日本文化特务机构兴亚院所属宪兵闯入馆中，拿走全部钥匙，接管图书馆。切肤之痛，至此尤显。1945年抗战胜利后，又经历三年内战，直到1949年1月北平和平解放，北平图书馆才回到人民手中，结束了40年多灾多难的岁月。

新中国成立后，国立北平图书馆更名为北京图书馆，在原地扩建书库，并先后新建三栋附属楼，总面积达3.4万平方米。由于馆藏增长迅速，政府先后拨借故宫神武门城楼、北海松坡图书馆、故宫西路寿安宫、柏林寺等地储存图书，暂解藏书燃眉之难。1975年，周恩来总理在病中指示建立北京图书馆新馆，并选址北京西郊紫竹院。1987年新馆落成，邓小平同志为北京图书馆题写馆名。1998年，北京图书馆改称中国国家

---

① 李致忠. 中国国家图书馆馆史（1909—2009）[M]. 北京：国家图书馆出版社，2009：1.

② 李致忠. 中国国家图书馆馆史（1909—2009）[M]. 北京：国家图书馆出版社，2009：2.

图书馆，时任中共中央总书记、国家主席江泽民视察国家图书馆，并指出，社会的发展，人类的进步，都离不开知识。2019年，在国家图书馆建馆110周年之际，习近平总书记给国图老专家回信，肯定了国家图书馆在传承中华文明、提高国民素质、推动经济社会发展等方面发挥的积极作用，高屋建瓴地指出了图书馆事业在国家发展特别是文化发展中的重要作用和重要地位，强调"图书馆是国家文化发展水平的重要标志，是滋养民族心灵、培育文化自信的重要场所"①。

国家图书馆总建筑面积28万平方米，居世界国家图书馆第三位。国家图书馆拥有实体文献和数字文献融汇的浩瀚馆藏，品类齐全，古今中外，集精撷萃。馆藏文献超过3500万册件并以每年百万册件的速度增长，馆藏总量位居世界国家图书馆第七位，其中中文文献收藏居世界第一，外文文献收藏居国内之首。作为研究型图书馆，国家图书馆以为国家机关和科学研究服务为主，承担着为国家立法决策机构、教育科研单位、图书馆业界和社会公众服务的重任。国家图书馆在其网站中明确提出：中国国家图书馆要为党和国家领导人、中央立法决策机关提供文献信息支持、保障；从跟踪国家重大战略领域和重点建设项目的需求入手，加强对教育、科研与企业用户的服务；积极开展以"引领业务、开放资源、主动服务、合作共赢"为特色的图书馆业界服务，引领和协调全国公共图书馆事业发展。②

面对全球图书馆数字化热潮，中国国家图书馆也开展了数字图书馆建设项目。1998年10月，文化部与国家图书馆启动了中国国家数字图书馆工程。该工程由"中国数字图书馆有限责任公司"负责，标志着中国数字图书馆工程进入实质性操作阶段。1999年年初，国家图书馆完成"数字图书馆试验演示系统"的开发。同年3月，国家图书馆文献数字化中心成立，年扫描3000万页以上。③ 2011年，数字图书馆推广工程正式启动。随着服务器等硬件设备的统一配置、应用系统的统一搭建以及专网和虚拟网的同步铺设，各省、市级图书馆资源的加工能力和服务能力逐步加强。④ 2015年，数字图书馆推广工程资源联建项目正式启动。截至2020年年底，国家数字图书馆形成了包括电子图书、

---

① 中共中央党史和文献研究院. 习近平关于社会主义精神文明建设论述摘编[M]. 北京：中央文献出版社，2022：261.

② 中国国家图书馆. 关于国图[EB/OL]. [2022-03-12]. http://www.nlc.cn/dsb_footer/gygt/lsyg/.

③ 杨沛超，魏来. 论中国数字图书馆发展策略[J]. 情报资料工作，2001(3)：34-37.

④ 童忠勇. 国家数字图书馆特色资源云平台的建设与实践[J]. 国家图书馆学刊，2018(5)：99-105.

电子期刊、电子报纸、数据库、音视频资源、网络资源在内的海量数字资源，数字资源存储总量超过 2200TB。①

三、国家图书馆的类型

通过梳理各个国家图书馆的概念、形成和发展脉络，可以发现不同国家图书馆在名称、创办者、数量、形式等方面均不相同，各有侧重。因此，根据各国国家图书馆的性质和发展脉络，在国际图书馆界，国家图书馆类型可以归纳为以下几种：

(1)公共性的中央综合图书馆。公共性的国家图书馆在经费来源、功能职责和服务对象上体现了图书馆的公共性，但是在服务重点方面更侧重于为科学研究服务。中国国家图书馆属于公共性中央综合图书馆，其他如俄罗斯国家图书馆、法国国家图书馆、英国国家图书馆、澳大利亚国家图书馆等，都属于这种类型的图书馆。

(2)国会图书馆兼作国家图书馆。国家图书馆较为典型的是美国国会图书馆。它是美国的国家图书馆，位于华盛顿国会山，原专供美国国会议员及政府高级官员使用，后来对联邦各部门和公众开放，不仅为国会议员、各委员会、政府的行政与司法等机构服务，也为全美国的图书馆乃至世界各国图书馆服务，同时还为学者、研究人员、艺术家和科学家提供资料。参照美国国会图书馆的模式，日本将原隶属于旧宪法下的贵族院众议院图书馆和隶属于文部省的帝国图书馆合并改造为日本国立国会图书馆，专门为国会服务。②

(3)大学图书馆兼作国家图书馆。大学图书馆兼作国家图书馆的形式在北欧的一些国家较为常见。例如，芬兰的赫尔辛基大学图书馆、丹麦的哥本哈根大学图书馆以及挪威的奥斯陆大学图书馆都在实际上履行国家图书馆的职能。以丹麦皇室图书馆为例，它由原皇室图书馆与哥本哈根大学图书馆合并而来，其中的大学图书馆部能为哥本哈根大学人文学科、神学、社会科学和法律方面提供大量文献，并且开展教学和科研服务，而其中的国家图书馆部则主要承担国家图书馆的责任义务。

(4)科学图书馆兼作国家图书馆。这种国家图书馆的主要代表是罗马尼亚的国家图书馆。在 1955 年之前，罗马尼亚社会主义共和国科学院图书馆是事实上的该国国家图

---

① 中华人民共和国文化和旅游部. 国家图书馆［EB/OL］.［2022-02-09］. https：//www. mct. gov. cn/gywhb/jgsz/zsdw_jgsz/201903/t20190315_837801. htm.

② 朱荀，魏成刚. 国家图书馆是公共图书馆吗？——论国家图书馆的属性与功能［C］//第五次全国图书馆学基础理论研讨会论文集，2007：131-142.

书馆。1955 年，罗马尼亚在布加勒斯特建立了国立中央图书馆作为国家图书馆，但是科学院图书馆仍然作为罗马尼亚的国家图书馆之一而存在。

（5）专业图书馆兼作国家图书馆。这种国家图书馆往往依托其在某一专业领域的丰富馆藏和专业服务，而成为本国该专业的藏书中心和图书馆资料检索中心，例如美国的国家农业图书馆和国家医学图书馆。

（6）档案馆兼作国家图书馆。一般情况下，这种类型的图书馆往往出现在规模较小的国家，例如，摩洛哥的国家图书馆和档案馆、玻利维亚的国家图书馆和档案馆、巴拉圭的国家图书馆和档案馆，以及柬埔寨的国家图书馆和档案馆等。

四、国家图书馆的职能

国家图书馆作为一个国家的图书馆与信息系统的重要组成部分，为促进本国图书馆事业的发展履行重要职能。各国国家图书馆的职能受该国政治、经济、历史、文化和意识形态的影响，略有不同，通常以法律等书面形式确定。一般来说，国家图书馆的职能主要有：①

第一，与馆藏发展和保存有关的职能。主要表现为：①最大限度完整、系统地收集本国主要出版物，在此基础上使国家图书馆成为国家总书库。国家图书馆的基本任务是保存以手写、印刷、电子、录音和视频等形式呈现的国家知识和文化遗产。②重点地采选外国出版物，使国家图书馆拥有丰富的外文馆藏。对国外的出版物，国家图书馆应当根据图书馆性质、承担的责任及其面向的服务对象，决定其藏书范围和入藏标准。可以看出，这是国家图书馆有别于其他类型图书馆的独有职能。

第二，传播交流职能。即在国家和国际层面上交换数据和文件。具体表现为：①国际交流。国家图书馆参加国际图书馆组织及各项外事交流活动，执行国家对外文化协定中有关开展国际书刊交换和国际互借工作的规定；开展国际图书馆界的合作与交流。②作为一个国家图书馆的最高机构，可以为其他图书馆工作人员提供培训并制定规则；在资源层面也与本国其他图书馆相互协调以推动国家的图书馆事业发展。

第三，国家书目职能。主要是国家图书馆以印刷品或缩微品或机器可读形式编制和制作的国家书刊书目和其他非印刷材料书目。具体包括：①编印回溯性书目和联合目录。国家图书馆依托丰富的馆藏资源，在本国范围内最具编印回溯性书目的有利条件。

---

① 黄宗忠. 图书馆学导论［M］. 武汉：武汉大学出版社，2013：233.

联合目录反映的是若干图书馆的馆藏资源。联合目录的编印有利于推进馆际互借，为实现文献资源共享提供便利。②编制国家书目，开发和维护不同的书目数据库，充当国家书目信息中心。

第四，读者服务职能。国家图书馆在履行研究性职能的同时也被赋予公共图书馆的职能，其服务对象包括国家领导机关、社会各界及公众。具体服务有：①提供馆内阅读、咨询等设施，如研究室/房间；②提供参考、书目和信息服务；③提供借阅图书馆间服务，并作为国家和国际图书馆间借阅中心；④向政府及社会各界提供专门服务，如应政府部门的要求编制特定主题的特别清单/参考书目或是回答工商界的技术查询；⑤提供社会教育服务，通过文化活动、讲座、课程和展览等方式推进全民阅读，进行社会教育。

第五，图书馆学研究职能。主要表现为：①组织图书馆现代化技术装备的研究、试验、应用、推广工作，在图书馆现代化建设中起到中心和枢纽作用。②开展图书馆学研究，推动本国图书馆学研究的发展，是图书馆学情报学研究的重要基地。③积极开展情报工作，为科学研究服务，这是国家图书馆的重要职能之一。

第三节　公共图书馆

一、公共图书馆的定义

国内外关于"公共图书馆"概念的定义大体上是一致的。国际图联将公共图书馆定义为由中央、地方政府或其他组织建立、支持、资助的，旨在为全体公民提供信息服务，确保公民能够自由平等获取知识、信息及创作类作品并支持终身学习、意识和创造力发展的机构。联合国教科文组织将公共图书馆定义为地方的信息中心，是提供个人及社会团体终身学习、独立决策和文化发展的知识门户。《中华人民共和国公共图书馆法》将公共图书馆定义为"向社会公众免费开放，收集、整理、保存文献信息并提供查询、借阅及相关服务，开展社会教育的公共文化设施"。

纵观各种关于"公共图书馆"的定义，可以归纳出公共图书馆的基本特征：

第一，政府兴办为主，社会力量参与。公共图书馆主要是由国家或地方政府出资兴办，经费主要来源于地方公共财政或政府税收。同时，国家和政府鼓励公民、法人和其他组织自筹资金设立。

第二，极具包容性的用户群体。公共图书馆面向全体社会公众开放，其服务对象包括不同年龄、性别、种族、阶层、语言、文化程度和宗教信仰的读者。公共图书馆可以为一般社会民众服务，也可以为儿童等某一特定读者群体服务。

第三，免费向社会公众开放。公共图书馆作为公益性的文化场所，免费向全体社会成员开放，每个社会成员都有平等使用公共图书馆资源和获取公共图书馆服务的权利，"实现无障碍、零门槛进入"是公共图书馆服务体系建设的立足点。①

第四，综合性的馆藏体系。公共图书馆担负为科学研究服务和大众服务的双重任务，其馆藏兼具综合性、通用性、学术性、大众性等特征，既要能满足研究型用户需求，也要能满足大众型读者的需求，还要特别注重收集反映地方特色的文献，以及承担收集、陈列和提供地方政府的政策、文件、报告等职责，且载体种类也比较多。

第五，广泛性的业务活动。由于公共图书馆用户需求的多样性，需要与用户直接接触的业务也非常宽泛，包括：流通、阅览、参考咨询及各种信息服务，以及讲座、展览、培训等活动。

二、公共图书馆的产生与发展

公共图书馆是人类社会文明发展的产物，早期图书馆史上曾出现过一些具有公共性质的图书馆，如古罗马向城市自由民开放的图书馆，中世纪欧洲的贵族、僧侣等兴办的向学者或部分市民开放的私人图书馆等。

而近代真正意义上的公共图书馆则是资本主义发展的产物，其产生可溯源至14世纪兴起的文艺复兴运动的影响。资本主义的萌芽为图书馆事业的发展创造了新的条件，资产阶级思想影响的日益扩大和产业革命冲破了封建宗教的文化禁锢，使图书馆从教堂中解放出来，发展到了社会中。近代公共图书馆最初是于19世纪中叶在英、美两国诞生的。1848年，美国马萨诸塞州在波士顿建立的公共图书馆，是世界上最早建立的公共图书馆。1850年，英国议会通过世界上第一部全国性的《公共图书馆法》，促使英国的公共图书馆获得较大发展，到1900年英国已建立公共图书馆360所。当时，印刷品已成为具有广泛影响的传播媒体，而公共图书馆是使书籍能为一般群众所利用的最合适的场所。到19世纪至20世纪初，世界大多数国家建立了公共图书馆和较发达的公共图书馆系统。公共图书馆的建立成为近代图书馆产生的标志。

---

① 程焕文，刘佳亲. 三不政策：新时代公共图书馆"零门槛"服务的制度创新方向[J]. 图书馆建设，2022(1)：4-13.

19 世纪末，在西方文化和制度的影响下，我国维新派倡导和建立的公共藏书楼和学会藏书楼已初具公共图书馆的性质。而中国真正意义上的公共图书馆是于 20 世纪初出现的。1902 年，浙江绍兴徐树兰创办的古越藏书楼对公众开放，这是我国第一家具有近代公共图书馆特征的藏书楼。1903 年，美国人韦棣华女士在她供职的武昌县华林文华学校筹办图书阅览室，这是我国第一家按西方近代图书馆模式管理的具有公共性质的图书馆。1904 年，湖南省图书馆和湖北省图书馆成立，它们分别是中国第一家以"图书馆"命名的省级公共图书馆和中国近代史上最早成立、最先对外开放的省级公共图书馆。1910 年，清政府颁布的《拟定京师图书馆及各省市图书馆通行章程》促进了我国各省、市公共图书馆的进一步建立和普及。

自新中国成立以来，我国的公共图书馆得到了较快的发展，逐渐形成了一个规模较大、馆藏资源丰富的公共图书馆系统。从发展规模上来看，1949 年我国仅有公共图书馆 55 所，1978 年发展到 1256 所，到 1999 年其数目已增至 2669 所。21 世纪之后，由于制度、理念、技术和服务不断创新，中国公共图书馆呈现出前所未有的繁荣发展局面，截至 2021 年，我国公共图书馆数量已达到 3217 个。① 目前，全国公共图书馆设施网络进一步完善，文献资源保障能力明显增强，县级图书馆总分馆制基本建立，公共图书馆服务标准化、均等化水平显著提高，信息网络等新技术应用更加普及，法人治理结构建设积极推进，人才队伍建设有效加强，政策法律保障更加有力，社会力量广泛参与，公众对公共图书馆服务的满意度持续提升。

作为《中华人民共和国公共图书馆法》所定义的公共文化设施，公共图书馆是现代公共文化服务体系的重要组成部分，其建设与发展对个人、社会和国家都至关重要。公共图书馆长期以来是信息技术运用的重要领域，而大数据时代对公共图书馆的建设提出了新的挑战。大数据转变了图书馆采集、分析、管理、存储、应用数据的方式，公共图书馆也将转变资源建设与服务模式，借助大数据技术建立新的服务平台，实现大数据与公共图书馆服务相结合，以适应时代的发展。在元宇宙背景下，公共图书馆在未来将朝着更加智能化、沉浸化、交互化以及云端化的方向发展。②

---

① 国家统计局. 中华人民共和国 2021 年国民经济和社会发展统计公报[EB/OL]. [2023-03-15]. http：//www. gov. cn/xinwen/2022-02/28/content_5676015. htm.

② 郭亚军，李帅，马慧芳，李捷. 图书馆即教育：元宇宙视域下的公共图书馆[J/OL]. [2022-03-15]. 图书馆论坛，2022：1-10. http：//kns. cnki. net/kcms/detail/44. 1306. G2. 20220121. 1613. 004. html.

三、国内外图书馆界对公共图书馆的认识

(一)国外图书馆界对公共图书馆的认识

联合国教科文组织于 1949 年发布了《公共图书馆：大众教育的生力军》(*Public Library：A Living Force for Popular Education*)，被认为是《公共图书馆宣言》的第一版。1972 年，联合国教科文组织在国际图联的协助下对其进行了修订，并正式将其更名为《联合国教科文组织公共图书馆宣言》。1994 年国际图联和联合国教科文组织再次修订和发布了《国际图书馆协会联合会—联合国教科文组织公共图书馆宣言(1994)》(*IFLA/UNESCO Public Library Manifesto*，1994)，为世界各国的公共图书馆确立了基本的价值与使命。1949 年版《公共图书馆宣言》提出"自由地利用图书馆信息是人类的一种基本权利"，强调自由是公共图书馆的理念；提出"公共图书馆是教育、文化和信息的有生力量，是促使人们寻找和平和精神幸福的基本动力，是所有人自由、平等获取知识和信息的中心"①，将自由、平等、开放、共享确认为公共图书馆的理念。②

2022 年 7 月，联合国教科文组织与国际图联又一次修订并联合发布了《IFLA/UNESCO 公共图书馆宣言》更新版。2022 年版"宣言"确立了公共图书馆社会价值，相信"公共图书馆是教育、文化、包容和信息的有生力量，是可持续发展的重要因素，是每个人通过人们的思想实现和平与精神福祉的重要因素"。这既是公共图书馆社会价值的最新概括，也是公共图书馆社会价值的全球共识。③ 2022 年版"宣言"对 1994 年版的 12 项使命进行了归纳整合，并补充了新内容，同时又根据社会和公共图书馆的发展变化增加了新的使命，最后归纳为以下使命：①突出公共图书馆的素养教育使命，提出"图书馆将担负起媒介与信息素养、数字素养等各种技能教育与培训的责任"；②明确公共图书馆社区服务使命，新增"确保所有人都有获取各种社区信息和参与组织社区活动的机会"的表述；③强调公共图书馆的知识服务使命，提出"作为各地方获取知识的窗口，公共图书馆为个人和社会群体的终身学习、独立决策和文化发展提供了基本的条件。通

① Richards J. Help Us Demonstrate How the Public Library Manifesto Makes a Difference[EB/OL]. [2022-08-08]. https://www.ifla.org/node/91704? og=49.
② 程焕文，高雅，刘佳亲. 理念的力量：中国公共图书馆迈入黄金时代——纪念《公共图书馆宣言》颁布 25 周年[J]. 图书馆建设，2019(3)：14-19.
③ 刘佳亲. 公共图书馆的社会价值与时代使命——《国际图书馆协会联合会—联合国教科文组织公共图书馆宣言(2022)》阐释[J]. 图书馆建设，2022(6)：30-39.

过提供获取信息、促进知识(包括没有商业、技术或者法律壁垒的科学的和本地的知识)创造与共享的机会,助力健康的知识社会发展";④宣示公共图书馆促进人类社会可持续发展的目标,认为"公共图书馆为实现联合国可持续发展目标及构建更加公平、人道和可持续的社会作出贡献"。

除了联合国教科文组织和国际图联外,其他国家和国际组织也制定了有关公共图书馆发展的宣言。美国公共图书馆协会(Public Library Association,PLA)作为美国图书馆协会的下级分支机构,于1987年出版了《公共图书馆规划与角色确定:选项与程序手册》,确定了公共图书馆的八个角色,分别是社区活动中心、社区信息中心、正式教育支援中心、独立学习中心、通俗资料图书馆、学前儿童学习所、参考图书馆、研究中心。① 1995年,美国图书馆协会发表了《美国图书馆事业发展12条宣言》,内容分别是:①图书馆向市民提供获取信息的机会;②图书馆应消除社会障碍;③图书馆是改变社会不公平现象的基地;④图书馆尊重个人的价值;⑤图书馆为儿童打开心灵的窗户;⑥图书馆培育创造精神;⑦图书馆服务会得到丰厚的社会回报;⑧图书馆构建社会群体;⑨图书馆是连接家庭的纽带;⑩图书馆激励每一个人;⑪图书馆是心灵的圣地;⑫图书馆保存历史记录。

在美国公共图书馆协会相关政策的影响下,英国负责公共图书馆事业的机构——英国文化、传媒与体育局(Department for Culture,Media and Sport,DCMS)也开始制定关于公共图书馆的政策文件,如2003年出版的《未来框架:新十年的图书馆、学习与信息》(*Framework for the Future:Libraries,Learning and Information in the Next Decade*)。在《未来框架:新十年的图书馆、学习与信息》一书中将图书馆的现代使命界定为演化(Evolution)、公共价值(Public Value)、特殊性(Distinctiveness)和本地化(Local Interpretation of National Programmes)。可以看出,英国政府认为公共图书馆扮演着传统的教育角色,具有保障社会民主、社会公平的作用。②

1950年,日本颁布了《图书馆法》。它作为一部专门规范公共图书馆的法律,不断修订至今。该法明确了日本公共图书馆的主要任务:一是文献资源的收集、整理、提供、参考咨询;二是提供以文献资源为中心的相关活动;三是提供服务于社会教育的设

---

① McClure C R. Planning and Role Setting for Public Libraries:A Manual of Options and Procedures[M]. Chicago:American Library Association,1987:1.
② 周旖. 英美公共图书馆的社会角色设计[J]. 图书情报知识,2014(1):52-61.

施、设备等基本条件；四是与相关机构开展合作。①

(二)国内图书馆界对公共图书馆的认识

国内图书馆界对公共图书馆的认识经历过一段曲折的过程。进入 21 世纪后，图书馆界一批理论研究者与实践工作者发起了一场以弘扬图书馆精神，倡导现代图书馆理念，推动建立保障公民基本文化权益的公共图书馆制度为宗旨的"21 世纪新图书馆运动"。学者们的探讨和宣传使以《联合国教科文组织公共图书馆宣言》为核心理念的现代公共图书馆思想得到了广泛传播，也推动了政府和行业组织一系列关于促进公共图书馆事业发展方针政策的制定。

2008 年，中国图书馆学会发布的《图书馆服务宣言》，向社会公众表达了中国图书馆人对于现代图书馆理念的认同，向世界传达了一种中国化"知识公共、信息公平、普遍平等、惠及全民"的图书馆公共精神，标志着中国图书馆人重建现代图书馆理念的工作初步完成。②

《图书馆服务宣言》发布以来，对推动中国图书馆事业发展发挥了重要作用。但随着近年来图书馆的政策环境、社会环境、信息技术环境，以及国际图书馆服务理念的变化，《图书馆服务宣言》也需要与时俱进。因此，中国图书馆学会于 2022 年启动《图书馆服务宣言》修订工作。2023 年 9 月，《图书馆服务宣言》(修订版)正式发布。③《图书馆服务宣言》(修订版)清晰地界定了当代中国图书馆的地位、职责和任务，表明了图书馆的目标，具体包括：①向全社会普遍开放；②对全体公民平等服务；③彰显人文关怀；④发展专业化服务；⑤促进资源建设与共享；⑥保护传承优秀文化典籍；⑦推动、引导、服务全民阅读；⑧坚持可持续发展；⑨加强社会合作。《图书馆服务宣言》(修订版)的发布是中国图书馆人持之以恒探索图书馆服务理念的成果，也是中国图书馆人践行现代图书馆服务理念新征程的起点。《图书馆服务宣言》(修订版)的发布成为中国图书馆人持续关注并深入研究图书馆价值与使命、图书馆管理与服务，推动中国图书馆事

---

① 李国新. 日本公共图书馆立法[J]. 中国图书馆学报，2011，37(2)：75-82.
② 范并思. 现代图书馆理念的艰难重建——写在《图书馆服务宣言》发布之际[J]. 中国图书馆学报，2008(6)：6-11；郭海明. 读《图书馆服务宣言》论中国化图书馆公共精神[J]. 图书情报工作，2009，53(19)：126-129.
③ 中国图书馆学会. 图书馆服务宣言[EB/OL]. [2023-12-19]. https://www.lsc.org.cn/cns/contents/1676363541657/1703426584604184576.html.

业和图书馆学研究不断进步的新的里程碑。

2017 年 11 月 4 日,《中华人民共和国公共图书馆法》颁布,并于 2018 年 1 月 1 日起正式实施。这是我国第一部关于图书馆的专门法,也是党的十九大之后我国颁布的第一部文化立法。该法明确了公共图书馆的基本定义、主要任务、建设主体、服务对象、服务理念以及发展保障,规定了"坚持社会主义先进文化前进方向,坚持以人民为中心,坚持以社会主义核心价值观为引领"是我国公共图书馆的根本遵循,"传承发展中华优秀传统文化,继承革命文化,发展社会主义先进文化"和"推动、引导、服务全民阅读"是公共图书馆的重要任务。该法规定公共图书馆建设主体应坚持政府主导,鼓励社会参与,规定"县级以上人民政府应当设立公共图书馆",确立了我国公共图书馆的"必置制度"[1]。关于服务理念,该法规定公共图书馆应当按照平等、开放、共享的要求向社会公众提供服务,免费向社会公众提供文献信息查询、借阅;阅览室、自习室等公共空间设施场地开放;公益性讲座、阅读推广、培训、展览;国家规定的其他免费服务项目等服务。该法还规定了公共图书馆的发展保障,具体包括制度、馆舍、人员、经费、文献信息资源以及现代科技等方面的保障。《中华人民共和国公共图书馆法》结合中国的国情,将现代公共图书馆理念法条化,保障了我国公共图书馆事业的发展既具有中国特色,又能与国际接轨,因而具有重要意义。

四、公共图书馆的职能

公共图书馆是知识和信息聚集、传播、交流、共享的枢纽,担负着为科学研究服务和为大众服务两大任务,在促进国家政治、经济、科学、文化、教育事业的发展上发挥着极其重要的作用。具体来说,公共图书馆具有以下职能:

(1)社会记忆职能。早在 1928 年杜定友就在《研究图书馆学之心得》一文中指出,图书馆是"社会上一切人的公共脑子"[2]。公共图书馆担负着保存人类知识记录、传承人类文化遗产的重要使命,是人类文明发展的"记忆器",具有收藏和保存文献、文化以及传承中华优秀文化的功能。随着信息技术和数据存储技术的发展,公共图书馆的收藏向人类各种文明记录及其载体延伸,也使图书馆真正成为存储知识信息的宝库。党的十八大提出"建设优秀传统文化传承体系,弘扬中华优秀传统文化",而公共图书馆作为

---

① 李国新. 新时代公共图书馆事业发展的新航标[J]. 图书馆杂志,2017,36(11):4-5.
② 杜定友. 研究图书馆学之心得[J]. 国立中山大学图书馆周刊,1928,1(1):1-6.

保存文明、传播文明的机构，对中华传统文化的保存、传承和发展起到了不可或缺的作用。公共图书馆应该坚持社会主义先进文化前进方向，坚持以人民为中心，坚持以社会主义核心价值观为引领，传承发展中华优秀传统文化，继承革命文化，发展社会主义先进文化。

（2）书目中心职能。公共图书馆作为地区的图书情报资源中心，具有编辑和出版各种藏书目录和索引的功能，具体表现为积极开展编目、索引工作，编辑出版地区馆藏图书资料目录、索引以及与科研生产项目有关的书目资料。在大数据时代，海量网络资源以及语义网、关联数据等技术的应用使得公共图书馆需要紧跟时代变化，建立智能的书目查询系统以便在全球互联网环境中描述和呈现各类资源。

（3）社会教育职能。社会教育是公共图书馆的核心职能，公共图书馆一方面对各级正规教育的学生提供支持，帮助他们完成各阶段教育计划；另一方面鼓励公众从事自主学习，支持他们从事继续教育，帮助他们实现个人发展。联合国教科文组织的《公共图书馆宣言》（2022版）强调公共图书馆作为获取知识的门径，要为个人和社会群体的终身学习、独立决策和文化发展提供基本的条件，要有助于确保尽可能多的人享有受教育、参与知识社会和社区文化生活的权利。《中华人民共和国公共图书馆法》第三条规定"公共图书馆是社会主义公共文化服务体系的重要组成部分，应当将推动、引导、服务全民阅读作为重要任务"。因此，公共图书馆应当承担为公民提供终身教育和全民阅读的重任。

（4）情报服务职能。《中华人民共和国公共图书馆法》第三十五条规定"政府设立的公共图书馆应当根据自身条件，为国家机关制定法律、法规、政策和开展有关问题研究，提供文献信息和相关咨询服务"。目前，公共图书馆基于本馆的丰富资源和科研能力，通过参考咨询服务为用户提供科学研究和生产所需的情报，如为国家和各省市两会服务、为各类智库提供文献信息服务、为大众进行政策解读和科技普及等。①

（5）教学科研支撑职能。公共图书馆是自主学习、课外学习的重要场所，能够为读者提供自主学习与研究的场所、资源和服务。《中华人民共和国公共图书馆法》第三十四条规定"政府设立的公共图书馆应当设置少年儿童阅览区域，根据少年儿童的特点配备相应的专业人员，开展面向少年儿童的阅读指导和社会教育活动，并为学校开展有关

---

① 王世伟. 论中国特色公共图书馆新型智库建设的定位与发展［J］. 情报资料工作，2020，41（5）：14-22.

课外活动提供支持"。由此可见，公共图书馆的教学科研支撑服务主要面向正规教育利益相关者(包括学生、教师和家长等)，[①] 为其配备和提供多样化乃至一站式的资源与服务，包括空间、设备、与课程相关的学习资料、工具书、数据库、经馆员筛选和组织的网上资源、与各学期研究性作业相关的其他资料、馆员咨询、帮助热线等。

(6)社区活动中心职能。公共图书馆利用其空间资源和服务，为社区所有人提供安全、温馨的社交空间，帮助社区居民建立共同的社区身份意识，促进社区居民的交流，减少社会排斥，通过信息服务和终身教育服务帮助弱势群体参与社会生活。欧美发达国家的城市公共图书馆常常依托其深植社区的体系化优势，扮演社区活动中心角色。美国公共图书馆协会的调查结果显示，美国的公共图书馆正在经历转型，从"以图书馆为中心"向"以社区为中心"转型，主动创新社区活动，满足社区居民需求。[②] 国际图联在其2016—2021年战略计划中也指出社区服务是图书馆发展的十大亮点之一。[③] 随着中国城镇化建设的快速发展，公共图书馆基层网点社区图书馆应以文献和文化活动为载体，以社区居民为主要服务对象，以开放、多元的服务模式满足不同层次的社区居民知识及信息需求，并在社区的发展、文化建设、信息交流、休闲娱乐等方面发挥积极作用。

五、我国公共图书馆的层级体系

我国公共图书馆服务体系的层级划分自上而下主要包括省级公共图书馆、地市级图书馆和县(区)级及以下基层公共图书馆三个部分。

(一)省级公共图书馆

省级公共图书馆是由省级人民政府出资兴办的面向社会公众免费开放的综合性图书馆，是具有文献信息资源收集、整理、存储、传播、研究和服务等功能的公共文化设施，[④] 是各省的文献信息、目录、馆际互借、自动化建设、图书馆学研究和业务辅导的

---

① 于良芝，许晓霞，张广钦．公共图书馆基本原理[M]．北京：北京师范大学出版社，2012：72.

② 韩卫红，杨秋宇，于成杰．美国公共图书馆协会《2018—2022年战略规划》解读与思考[J]．图书馆工作与研究，2020(5)：122-128.

③ 国际图联网站．国际图联2016—2021战略计划[EB/OL]．[2021-08-02]．http：// www. ifla. org/node/10342.

④ 中华人民共和国文化和旅游部．文化行业标准 WH/T 87.1—2019 公共图书馆业务规范 第1部分：省级公共图书馆[EB/OL]．[2022-02-07]．http://zwgk. mct. gov. cn/zfxxgkml/hybz/202012/t20201205_915547. html.

中心。与其他层级公共图书馆相比，省级公共图书馆规模更大、馆藏文献更多、人员与设备条件以及各项工作的水平更先进，在省域范围内公共图书馆服务体系建设中发挥着引导者和示范者的作用，引领着全省公共图书馆事业的协调和可持续发展。省级公共图书馆的具体职能主要包括以下几个方面：

第一，文献信息资源保障职能。省级公共图书馆应该成为全省文献信息资源保障中心，承担省域内最全面文献信息资源（含各类介质载体的实体、虚拟文献信息）的收藏、保存、传递职能，注重系统搜集、整理、开发及利用具有区域文化特色的地方文献信息资源，成为本地区文化传承保护和发展中心。当市、县级公共图书馆在服务资源不足时，省级图书馆能够给予资源保障。

第二，服务地区经济建设和科学研究的职能。省级公共图书馆根据本地区经济建设和科学技术发展的特点和优势，搜集、统计、分析各种形式的文献信息和舆情资料，参与、支持政府的决策参考，为社会企业及个人提供信息咨询和情报分析，为地区各行各业的生产建设提供科技和市场信息。

第三，普及科学文化知识，服务大众的职能。省级公共图书馆致力于提高广大人民群众的思想道德和科学文化水平，探索针对不同群体、不同需求的公共文化服务，尤其是对青少年、老年人、残疾人的特殊服务及社会教育，深入推进全民阅读；组织策划大型公共文化服务活动；举办高层次、高品位的公益展览、讲座、课堂等。

第四，现代技术研发应用和推广的职能。省级公共图书馆要承接国家重大文化工程项目及任务，做好相关推送、实施和管理工作，重点向基层、边远、欠发达区域倾斜；开展现代技术在公共图书馆应用的对接研制，并进行试点推广；利用互联网、人工智能、大数据分析等新技术保障、推进图书馆事业发展；协助、支持地区图书馆现代技术的普及应用；培训地区图书馆技术人才等。[①]

第五，协调地区性图书馆合作和推进资源共享的职能。省级公共图书馆要负责组织本地区各系统图书馆之间的合作与协调工作，是地区图书馆网的中心；要负责组织或参与区域性图书馆联盟，开展区域性文献信息资源的协调采购和分类编目，推进文献信息资源共建共享；要对市、区、县图书馆，以及基层图书室负有业务辅导责任，为在职馆员提供业务培训服务，不断提高馆员的政治、文化、专业知识水平和图书馆业务技能。

---

① 贺美华，邓文池. 现代省级公共图书馆功能定位的思考及构建[J]. 图书馆，2020(5)：1-6.

（二）地市级公共图书馆

地市级公共图书馆是指由地市级（省辖市、地、州、盟）人民政府出资兴办的面向社会公众免费开放的图书馆，是具有文献信息资源收集、整理、存储、传播、研究和服务等功能的公共文化设施。[①] 地市级公共图书馆在我国公共图书馆服务体系中地位特殊，上承省级图书馆，下接区县图书馆，在促进我国基层公共图书馆服务体系建设、整体化发展方面有着独特而重要的作用。[②] 地市级公共图书馆除履行公共图书馆承担的一般职能以外，还应履行市中心馆的职能。具体包括以下几个方面：

第一，地市级公共图书馆承担着对城市信息进行整理和收集的重要工作，为市民提供相关的工作、学习、生活、娱乐等相关信息，保障公民获取所需的图书馆信息资源的权利。

第二，地市级公共图书馆是地区性图书馆间合作与协调的组织者，在为社会提供文化服务的同时，还应担负起引领县（区）级公共图书馆各项管理服务工作的职能。并且，作为连接省级和县级图书馆的枢纽，市级公共图书馆在实施援助、资源配送、组织协调等方面发挥作用。

第三，地市级公共图书馆是图书馆业务辅导和图书馆学研究的推动者。市级公共图书馆对县（区）图书馆乃至基层图书馆（室）都负有业务辅导的责任。它应开展在职馆员的业务培训工作，促进馆员业务水平的提高；它还应该为图书馆学的研究广泛搜集和提供国内外的信息资料，组织学术研讨出版专业刊物，推动本地区图书馆学研究的发展。

（三）县（区）级及以下基层公共图书馆

县（区）级图书馆是由指县（县级市、大中城市所设的区）级人民政府出资兴办的面向社会公众免费开放的图书馆，具有文献信息资源收集、整理、存储、传播、研究和服

① 中华人民共和国文化和旅游部. 文化行业标准 WH/T 87.2—2019 公共图书馆业务规范 第2部分：市级公共图书馆［EB/OL］.［2022-03-14］. http://zwgk.mct.gov.cn/zfxxgkml/hybz/202012/W020200108340769602307.pdf.
② 刘淑华. 地市级公共图书馆发展困境与发展方略研究［J］. 图书情报工作，2015，59（23）：23-29，123.

务等功能的公共文化设施，① 属于基层公共图书馆。县(区)级公共图书馆是地区公共图书馆服务体系的重要组成部分，也是县域公共图书馆总分馆体系的总馆，在基层社会公共服务体系建设中起到关键支撑作用，是省、市级公共图书馆服务体系的补充。

县(区)级公共图书馆除履行公共图书馆的一般职能以外，还履行本区域的总馆职能，承担面向基层群众的文献信息建设、服务和社会教育职能，具有收集、整理、保存、保护地方文献，促进地方文化传承与发展的职能。具体来说，主要包括：

第一，收藏适合广大城镇居民、农村读者实际文化水平的通俗实用图书资料，如社会科学、自然科学、农业技术读物或文艺作品等。同时，收藏适当数量的科技或理论著作。

第二，县级公共图书馆的服务对象主要是生活在县级城市的民众，也包括偏远地区的农村居民，特别要关注信息获取困难的社会弱势群体。

第三，根据本地经济文化发展特点和基层民众的实际需求，进行特色资源建设，建立特色馆藏和地方文献收藏，开展特色服务。

此外，县级以下的基层公共图书馆还包括社区图书馆、街道图书馆、农村乡镇图书馆(室)等。社区图书馆和街道图书馆是公共图书馆的一种补充形式。它是基层群众文化机构，所担负的主要任务是为居民服务，普及科学文化知识，丰富群众的文化生活。社区图书馆是指建立在社区内，根据社区居民的需要，通过对文献信息及其他来源的信息进行选择、搜集、加工、组织，并提供社区居民使用的文化教育机构和社区信息交流中心。② 社区图书馆是社区文化建设的中心环节，与其他文化设施一起，向社区内所有居民开放，为社区居民提供便捷的信息服务。而街道图书馆是区图书馆和社区图书馆之间不可或缺的纽带和桥梁。我国城市街道图书馆是在街道里弄居委会领导下，居民集体自办的群众性文化单位，是新中国成立后发展起来的基层图书馆的一个类型。

农村乡镇图书馆(室)是我国基层图书馆的另一类型。乡镇图书馆是指建立在农村乡镇地理区域内，与农业人口生产、生活和学习有关的图书馆。其性质是乡镇人民政府举办和领导的文化事业单位，是我国农村科学、文化、教育事业的组成部分，是农村建设社会主义物质文明和精神文明的重要基地。它通过借阅书刊，为农民和乡镇居民提供

---

① 中华人民共和国文化和旅游部. 文化行业标准 WH/T 87.3—2019 公共图书馆业务规范 第 3 部分：县级公共图书馆 [EB/OL]. [2022-03-14]. http：//zwgk. mct. gov. cn/zfxxgkml/hybz/202012/W020200108356743948659. pdf.

② 刘兹恒，薛旻. 论社区图书馆的功能、模式及管理机制[J]. 中国图书馆学报，2002(5)：31-34，59.

公共文化服务，普及科学文化知识，活跃农村的文化生活，促进农业生产的发展。在乡村振兴战略中，应当加强乡镇图书馆的建设，充分发挥乡镇图书馆"教育、继承、融合、社交、休闲"等公共文化服务功能，建立普遍均等、惠及全民的乡镇图书馆服务模式。

第四节　高等学校图书馆

一、高等学校图书馆的产生与发展

高等学校图书馆，简称高校图书馆，是指大学或学院等高等教育机构设置的图书馆。图书馆是任何一所大学的基本配置，它伴随大学的兴起而产生，被认为是高等教育机构的心脏或神经中枢。[1] 早在12—13世纪，欧洲就出现了大学图书馆，如牛津大学、剑桥大学、巴黎大学、海德堡大学、维也纳大学、哥本哈根大学、萨勒诺大学等都设立有图书馆。特别值得注意的是，1737年建立的德国戈廷根大学图书馆的第一位管理人克里斯琴·哥特洛·海尼创建了采购和编目方法，为现代大学图书馆开展相关业务提供了参考模式，并产生了深远的影响。目前，高校图书馆已成为图书馆系统中的重要力量。国外如美国的哈佛大学、耶鲁大学、哥伦比亚大学、斯坦福大学，英国的牛津大学、剑桥大学，俄罗斯的莫斯科大学，日本的东京大学、京都大学等，国内如北京大学、清华大学等世界一流大学图书馆均已成为重要的学术研究图书馆。

我国高校图书馆发展历史悠久。19世纪末20世纪初，近代大学图书馆出现，如1894年建立的圣约翰大学、1895年建立的天津西学堂、1897年建立的南洋公学师范学院等大学均设有图书馆。其中，创办较早、规模最大的大学图书馆是1902年建立的京师大学堂藏书楼，即北京大学图书馆的前身。新中国成立之初，全国只有132所高等学校图书馆。经过近30年的曲折发展，到1978年高校图书馆增加到598所。[2] 改革开放以来，我国高校图书馆事业发展迅速。特别是进入21世纪后，随着我国高等教育规模的迅速扩大，高校图书馆不仅在数量上与高等学校同步增长，而且在馆舍与设施设备建设、工作人员队伍建设、信息资源建设、图书馆自动化、网络化和数字化建设、图书馆

---

①　Abubakar B. M. Academic Libraries in Nigeria in the 21st Century [J]. Library Philosophy and Practice，2011，3(5)：15-23.

②　肖希明. 中国图书馆史·现当代图书馆卷[M]. 北京：国家图书馆出版社，2017：207.

用户服务水平提升等方面都取得了历史性的长足发展。① 为振兴高校图书馆事业，加快推进全国高校图书馆的业务发展，1981 年教育部成立了全国高等学校图书馆工作委员会(1987 年更名为全国高等学校图书情报工作委员会，1999 年更名为教育部高等学校图书情报工作指导委员会)。高校图工委为推进高校图书馆事业现代化作出了重要贡献。

信息时代的高校图书馆也面临着转型与发展。美国大学与研究图书馆协会(Association of College & Research Library，ACRL)在发布的《2020 年高校图书馆发展大趋势》报告中，提出了高校图书馆未来的几项发展趋势，分别为：变革管理、不断发展的图书馆集成系统、学习分析、机器学习和人工智能、开放获取转变与变革、研究数据服务发展和伦理问题、社会正义、流媒体等。②

二、高等学校图书馆的定位、性质与基本特征

高校图书馆虽属于学校图书馆的范畴，但又不同于一般的学校图书馆。在国外，通常把中学图书馆划归为学校图书馆，而高校图书馆则属于科学或研究图书馆，两者在规模、性能和馆藏文献量，以及服务范围和方式上都有很大的不同。

2015 年，我国教育部修订的《普通高等学校图书馆规程》中对高校图书馆的定位、性质和作用都作了明确的规定，即"高等学校图书馆是学校的文献信息资源中心，是为人才培养和科学研究服务的学术性机构，是学校信息化建设的重要组成部分，是校园文化和社会文化建设的重要基地。图书馆的建设和发展应与学校的建设和发展相适应，其水平是学校总体水平的重要标志"。这一条文确立了高校图书馆在高等学校乃至整个高等教育事业中的地位和作用。在历史上，大学图书馆在大学的地位是很高的，但在过去相当长的一段时期里，高校图书馆往往被视为只是一个单纯的"教辅部门"而逐渐被边缘化。事实上，任何一所大学，要建设一流大学和一流学科，要培养适应现代化需要的高质量的人才，要产出高水平的科研成果，没有高质量文献信息工作的保证是根本不可能的。高校图书馆顺应时代发展的要求，努力改革创新，积极采用新技术，不断提高服务水平，已成为高校教学科研不可或缺的组成部分和重要的保障条件。因此，明确高校图书馆在高校中的地位和作用，具有重要意义。

---

① 吴岩. 加快高校图书馆现代化建设 助力高等教育高质量发展[J]. 大学图书馆学报，2022，40 (1)：7-8.

② ACRL. 2020 Top Trends in Academic Libraries：A Review of the Trends and Issues Affecting Academic Libraries in Higher Education[J]. College & Research Libraries News，2020，81(6)：270-278.

《普通高等学校图书馆规程》还明确了高校图书馆的性质是"为人才培养和科学研究服务的学术性机构"。这就是说，高校图书馆不是一个独立的教学机构或科学研究机构，也不是一个行政机构或单纯事务性的服务机构，而是兼具"服务"和"学术"双重性质。高校图书馆要做好为教学科研的服务工作，但这种服务又不同于一般后勤服务，而是深度嵌入教学和学术研究过程中的一种高层次服务，这种服务本身就是具有学术性的。因此，高校图书馆的服务性和学术性是相互交融、不可分割、不可对立的。明确高校图书馆的学术性，不是削弱它的服务性；同样，强调它的服务性，也不是否定它的学术性。两者的有机统一，才是高校图书馆独特的、真正的价值所在，也是它全部工作的出发点和归宿。

高校图书馆具有与其他类型图书馆不同的一些特征：

第一，相对固定的用户类型。高校图书馆面对的服务群体，主要是本校的本科生、研究生、教职员工等，用户类型基本是固定的。

第二，相对稳定的用户需求。高校图书馆主要是为教学科研服务。教学的主要任务是向学生系统地传授各学科知识，科研则主要是围绕一定的学科方向开展研究活动。高校的学科建设、专业设置、教学计划、教学内容具有相对稳定性，读者对教学科研用书品种和数量的要求也相对比较稳定。

第三，阶段性的教学用书需求。教学工作是按教学计划、教学大纲进行的，具有阶段性，这就造成了读者用书的相对集中性和阶段性，从而导致高校图书馆工作和藏书供求关系存在阶段性紧张的特点。

第四，丰富和高质量的藏书体系。高校图书馆的藏书不仅要有一定的数量，同时还必须保证一定的质量。高校图书馆馆藏体系建设的首要目标就是依据学校的总体目标和系科设置，根据人才培养和科研规律，配备和优化教学和科研过程所需的信息资源。21世纪以来，很多高校图书馆还将机构知识库建设纳入了馆藏体系建设。[①]

第五，专业化和学术性的读者服务。高校图书馆的服务内容、服务手段和服务方法，无不反映它的学术性质。高校图书馆的学术性同样贯穿于它全部工作的各个环节之中。高等教育事业和科学技术的发展，必然要求高校图书馆迅速提高各项工作的学术水平。[②]

---

①　于良芝. 图书馆情报学概论[M]. 北京：国家图书馆出版社，2016：261.

②　吴慰慈，董焱. 图书馆学概论(第4版)[M]. 北京：国家图书馆出版社，2019：115.

三、高等学校图书馆的职能与作用

图书馆的职能是图书馆学基础理论问题之一。图书馆只有在明确自己的职能后，才能认识到自身应承担的责任，从而制定正确的发展规划，明确发展方向，发挥自身应有的作用。《普通高等学校图书馆规程》明确将高校图书馆的主要职能规定为教育职能和信息服务职能，认为"高校图书馆应充分发挥在学校人才培养、科学研究、社会服务和文化传承创新中的作用"，这是对高校图书馆的职能与作用最清晰的表述。

(一)高校图书馆的职能

1. 教育职能

教育职能是高校图书馆与生俱来的职能。美国著名图书馆学家麦维尔·杜威于1876年提出"图书馆是个学校，图书馆员是广义的教师"这一观点。① 在我国，民国时期图书馆学家李小缘就提出"图书馆即是教育"的著名论断。② 现代社会更是将教育职能作为高校图书馆最重要的职能。

高校图书馆的教育职能具有丰富的内涵，具体表现为：第一，立德树人。习近平总书记关于教育的系列重要论述中的核心思想就是强调立德树人是教育的根本任务和中心环节。高校图书馆作为高校"教书育人、管理育人、服务育人、环境育人"的育人体系的一部分，可以利用丰富的馆藏资源，开展红色经典阅读推广、红色文化讲座、专题展览等系列活动，对学生进行理想信念、思想品德教育，帮助他们树立正确的世界观、人生观和价值观。第二，教学支持。为教学活动提供参考资料和参考咨询服务，是高校图书馆传统的教学支持服务。随着教育教学内容的丰富和图书馆技术设备服务能力的加强，图书馆教学支持活动的范围日益扩大，如在馆内提供教学空间各种教学设施(视听室、研讨室等)、参与远程教学(参与教学课件开发、MOOC制作、数字化教材的提供与开发)、开办各种与教学相关的培训等。第三，自主学习支持。高校图书馆一直被认为是学生的第二课堂，通过在图书馆的广泛阅读来加深理解课堂所学的知识和课堂之外更广泛的各学科门类的知识。高校图书馆要通过培养学生的阅读习惯、为学生提供适合的自学场所、解答学生在自学中遇到的问题等活动，为学生的自主学习提供支持。第四，

① 卓毓荣. 高校图书馆教育职能辨析与提升[J]. 图书馆论坛, 2011, 31(4)：20-23.
② 李小缘. 藏书楼与公共图书馆[J]. 图书馆学季刊, 1926, 1(3)：12-33.

信息素养教育。高校图书馆要通过线下、线上及线下线上融合的方式，开办各种讲座、培训、竞赛等活动，帮助学生增强信息意识，提升信息获取能力及信息道德水平。在数字化环境中，数字素养教育成为信息素养教育的重要内容。

2. 信息服务职能

高校图书馆的信息服务不同于一般服务，它具有专业性、学术性等特点，是其他职能的主要实现途径。随着计算机技术、大数据和移动互联网技术深入发展，信息资源和读者需求不断变化，高校图书馆服务方式也在悄然转变，其信息服务领域在不断拓展。《普通高等学校图书馆规程》第三十条规定"高等学校图书馆应不断提高文献服务水平，采用现代化技术改进服务方式，优化服务空间，注重用户体验，提高馆藏利用率和服务效率。图书馆应积极拓展信息服务领域，提供数字信息服务，嵌入教学和科研过程，开展学科化服务，根据需求积极探索开展新服务"。这表明高校图书馆的信息服务已经从单一的文献信息服务转化为包括传统文献服务、学习支持服务、教学支持服务、知识服务和文化服务在内的新的服务体系。随着"双一流"建设和高校智库的发展，高校图书馆信息服务不断创新，形成学科知识服务、知识产权信息服务、全流程科研数据服务、学术出版、信息素养教育、阅读推广、空间服务、知识共享服务等新趋势。[①]

(二)高校图书馆的作用

1. 在人才培养中的作用

《普通高等学校图书馆规程》第三十一条规定"图书馆应全面参与学校人才培养工作，充分发挥第二课堂的作用，采取多种形式提高学生综合素质"，并提出"图书馆应重视开展信息素质教育，采用现代教育技术，加强信息素质课程体系建设，完善和创新新生培训、专题讲座的形式和内容"。当前，中国特色社会主义进入新时代，教育强国、人才强国、科技强国、文化强国等战略深入实施，高校图书馆事业面临前所未有的机遇与挑战。《国家中长期教育改革和发展规划纲要(2010—2020)》明确指出，人才培养是大学工作的中心任务，学校教育要促进学生长远、全面发展，"着力提高学生服务国家服务人民的社会责任感、勇于探索的创新精神和善于解决问题的实践能力"，培养德智体美劳全面发展的人才，使其全心全意为社会主义建设、为人民利益服务。提高人才培

---

① 肖珑. 支持"双一流"建设的高校图书馆服务创新趋势研究［J］. 大学图书馆学报，2018，36（5）：43-51.

养质量、培养创新型人才成为教育、教学改革的核心任务，这要求图书馆在人才培养方面需要发挥更大的作用。① 因此，分担高校思想政治工作的重任，做好立德树人工作，是当前高校图书馆应尽的职责和使命，也是高校思想政治工作贯穿学校教育全过程，实现全员育人、全程育人、全方位育人的重要举措。

2. 在科学研究中的作用

在科学研究活动中，信息情报资料是最基本保障条件之一。开展科学研究是《中华人民共和国高等教育法》赋予高等学校的三大功能之一。因此，高校图书馆必须为高校科学研究提供强有力的信息保障。面对世界百年未有之大变局和日趋复杂严峻的外部环境，实现科学技术的自主创新，建设科技强国比以往任何时候都更为迫切。因此，高校图书馆必须服从和服务于国家的战略目标。随着社会信息环境的快速变化，高校图书馆的资源类型、技术、用户需求、服务和空间都在发生急剧变化，高校图书馆必须突破传统束缚，走转型发展之路。具体来说，高校图书馆应该由传统的文献服务转变为知识信息服务，将图书馆服务嵌入教学和科研过程，为科研人员提供有针对性的研究支持，建立基于科研生命周期的研究支持服务体系，为科研人员提供选题构思服务、组建合作团队服务、科研立项服务、项目实施服务和出版服务，以及各种形式的数字学术服务；要有计划地开展学术研究，组织和参与国内外学术交流活动，发表研究成果；积极参加专业学术团体，按国家有关规定申请加入国际学术组织；应鼓励馆员申报各级各类科研项目，有条件的可根据需要自行设立科研课题。

3. 在社会服务中的作用

高校图书馆社会服务是指高校图书馆基于其信息资源优势，以有偿或无偿的方式向社会大众提供多元化的信息资源服务。② 它是社会服务体系的一个重要组成部分，能够为社会弱势群体提供支持性服务，从而有助于促进社会融合、维护信息公平。③《普通高等学校图书馆规程》第三十七条指出"图书馆应在保证校内服务和正常工作秩序的前提下，发挥资源和专业服务的优势，开展面向社会用户的服务"，这表明高校图书馆在充分满足在校师生的信息服务需求的前提下，具有为社会提供服务的职能。2017 年颁

---

① 雷震.《普通高等学校图书馆规程》修订前后之比较[J]. 大学图书馆学报，2016，34(2)：14-19.

② 江秋菊. 活动理论视角下高校图书馆社会服务理论模型构建要素研究[J]. 国家图书馆学刊，2020，29(2)：69-78.

③ 邹文开. 社会服务研究[M]. 北京：社会科学文献出版社，2014：3-4.

布的《中华人民共和国公共图书馆法》第四十八条指出"国家支持学校图书馆、科研机构图书馆以及其他类型图书馆向社会公众开放"，这为高等学校图书馆开展面向社会的服务提供了法律依据。因此，高校图书馆有责任有义务利用其丰富的文献信息资源和人才、设备优势，为社会政治、经济、文化事业发展提供信息服务，为地方政府科学决策提供信息参考，从而促进社会信息化的实现。

我国高校图书馆开展社会服务始于 20 世纪 80 年代。随着计算机技术、互联网技术、数字化技术、人工智能技术等的广泛应用，高校图书馆的社会服务也逐渐从对社会公众的借阅服务转向数字化、多元化、专业化的服务。如南开大学图书馆面向高科技企业提供信息服务，联合教育、科研、企业等领域的机构建立科技联盟服务平台，面向社会大众开展公益讲座、素质教育基地建设、数字图书馆建设以及科技查询站建设等社会服务；武汉大学图书馆利用其在测绘学科方面积累的技术、人才以及设施等资源优势，为社会用户提供科技查新、代查代检和收录引用等科技文献服务，在国内同行业中享有很好的声誉。[1]

4. 在文化传承创新中的作用

2023 年 6 月，习近平总书记在文化传承发展座谈会上的讲话强调："只有全面深入了解中华文明的历史，才能更有效地推动中华优秀传统文化创造性转化、创新性发展，更有力地推进中国特色社会主义文化建设，建设中华民族现代文明"[2]。因此，文化传承创新也是高校图书馆的职能之一。2015 年国务院印发的"双一流"建设总体方案提出高校要"传承创新优秀文化，加强对中华优秀传统文化的研究"。《普通高等学校图书馆规程》也明确指出"高等学校图书馆是学校校园文化的重要基地，要充分发挥其在学校文化传承创新中的作用"。因此，当前高校图书馆在日益重视数字化、学科化和先进技术应用的同时，也应积极参与文化传承创新、校园文化建设。首先，高校图书馆应积极发挥资源优势，创新服务方式，运用新媒体，充分利用物联网、大数据、云计算等技术开展阅读推广等文化活动，努力发挥图书馆弘扬和传承优秀文化、培养学生人文素养的功能。[3] 其次，要坚持以社会主义核心价值观为引领，注重用社会主义先进文化、革命

---

① 欧亮，万慕晨. 我国"985 工程"高校图书馆向社会开放的调查分析[J]. 图书馆学研究，2015（4）：77-81.

② 习近平. 在文化传承发展座谈会上的讲话[M]. 北京：人民出版社，2023：1.

③ 赵飞，吴亚平，汪聪，胡希琴. 高校图书馆文化传承创新服务新探索——以北京大学图书馆文化工作坊为例[J]. 大学图书馆学报，2019，37（6）：95-99.

文化、中华优秀传统文化培根铸魂，充分挖掘并利用好文献中的红色故事、革命故事，将理想信念教育融入阅读推广。最后，还要加强国际合作交流，善于总结并积极将中国高校图书馆的实践创新和理论探索向世界展示，讲好中国故事，推广中国经验。[①]

目前我国高校图书馆探索了多种多样的文化传承创新服务，如上海交通大学图书馆布局图书馆文化环境，举办形式多样的文化活动，包括主题展览、文化讲座、竞赛、沙龙、名师库建设、真人图书馆等；浙江大学图书馆打造出"文化展览+文化讲座+悦空间"的立体文化育人平台；海南大学图书馆基于地方特色文化建设了"文化人类学实验室"和"海南与海上丝绸之路展厅"等创新案例以保护和传承地方文化；华东师范大学图书馆举办家书家训、大咖讲历史、名人传记、丝路书语、中国服饰等传统文化系列主题书展，开展以孔子为典范的国学思想的立体推广，形式包括学术讲座、主题书展、思想图文展、经典语录书写、读书会、征文活动等。这些都是高校图书馆在文化传承创新中积极发挥作用的范例。

第五节　科学与专业图书馆

一、科学与专业图书馆的概念

科学与专业图书馆是随着人们对各种专业资料的需要而产生的。科学与专业图书馆的数量很多，分布很广，是图书馆的一种重要类型。国内外对科学与专业图书馆的概念分别进行了探讨，并基本形成共识。

在国外，special library 的概念与国内的科学与专业图书馆含义比较相似，通常称作专业图书馆，也可以称作信息中心、信息分析中心、文献中心、信息资源中心或知识管理中心。[②] 这类图书馆是为某一群体服务的图书馆，主要目标是提供专门的信息需求服务。[③] 政府部门、专业协会、工业公司、律师事务所、医院、企业、博物馆、研究协

---

① 高凡. 坚持新发展理念，推动高校图书馆高质量发展[J]. 大学图书馆学报，2021，39（6）：12-14.

② Rubin R E, Rubin R G. Foundation of Library and Information Science[M]. Viram Khand：Excel Books Private Limited, 2013：143.

③ BLS. Librarians［EB/OL］.［2022-02-14］. https：//www.bls.gov/ooh/Education-Training-and-Library/Librarians.htm.

会或研究所或任何类似团体组织的图书馆都可以算作专业图书馆。① 这些图书馆通常不对公众开放，其图书馆员也是基于该图书馆的专业领域和特殊服务对象而聘用的领域专家。②

关于科学与专业图书馆的定义，国内有学者认为是指政府部门、议会、协会、科学研究机构(大学研究所除外)、学术性学会、专业性协会、事业单位、社会群众组织、博物馆、商业公司、工业企业等或其他有组织的集团所属的图书馆，它收藏的大部分是某一特殊领域或课题的图书资料，提供适合个别需要的服务是专门图书馆赖以存在的理由。③ 也有学者认为它是依靠专门人才及其所掌握的专业知识，用科学的方法收集、整理、保存、提供信息资料的文献信息机构。④ 一个比较简洁而准确的定义是，科学与专业图书馆是具有明确的专业属性、面向特定的专业化人群，提供相应学科领域或实践领域的信息和服务的图书馆，如医学图书馆、法律图书馆、企业图书馆等。⑤ 在我国，中国科学院系统、中国社会科学院系统、中国医学科学院系统、中国农业科学院系统、中国军事科学院系统、大中型企业系统、医院系统、人民团体系统以及隶属于国务院的各部、委、局系统等所支持的图书馆，是科学与专业图书馆的主体。

二、科学与专业图书馆的发展历史

专业图书馆历史悠久，最早可以追溯到巴比伦国王阿苏尔巴尼帕尔的黏土图书馆，它是由收藏品组成的专门图书馆。公元 1500 年以前，欧洲许多修道院和大教堂图书馆的藏书大部分只限于宗教典籍，使用者也只是教士和僧侣，具有专业图书馆的性质，但在 16—17 世纪大多随着教堂的衰落和修道院的关闭而不复存在。16 世纪开始，西欧开始出现了一些专门图书馆。英国伦敦的皇家科学院图书馆成立于 1518 年，巴黎高级药学图书馆成立于 1570 年。⑥ 尽管这些图书馆已经存在了很多个世纪，但"专业图书馆"

---

① Foskett D J. Library Classification and the Field of Knowledge[M]. London：The Library Association，1958.
② Poll R. Quality Measures for Special Libraries[EB/OL]. [2022-02-14]. https：//archive. ifla. org/IV/ifla73/papers/152-Poll-en. pdf#：~：text＝Quality%20measures%20for%20special%20libraries%20will%20depend%20on，customised%20services%2C%20and%20the%20cost-effectiveness%20of%20all%20services.
③ 黄宗忠. 图书馆学导论[M]. 武汉：武汉大学出版社，2013：258.
④ 吴慰慈，董焱. 图书馆学概论(第 4 版)[M]. 北京：国家图书馆出版社，2019：115-116.
⑤ 于良芝. 图书馆情报学概论[M]. 北京：科学出版社，2016：268.
⑥ 黄宗忠. 图书馆学导论[M]. 武汉：武汉大学出版社，2013：258.

一词最早出现在 1908 年美国一次图书馆员会议上，用于定义新出现的图书馆形式。①
当时的新泽西州纽瓦克公共图书馆馆长约翰·科顿·达纳（John Cotton Dana）认识到需要
有专门的收藏和专门的技术为他所在城市里的商人服务，其他的图书馆馆长们也都感到
了同样的需要。于是，达纳于 1909 年创立了专门图书馆协会。这是最接近现代意义上
的专业图书馆。随着科学技术的发展和新技术、新设备的应用，专业图书馆得到了迅速
的发展。作为美国国家图书馆组成部分的美国国立医学图书馆和国立农业图书馆都是美
国重要的专业图书馆。②

20 世纪以后，由于现代科学技术的发展，人们对图书资料的需要愈趋专门化，专
门图书馆的建立逐渐增多。第一次世界大战和第二次世界大战加速了由科技研究支持的
工业发展进程，研究和发展日益制度化。尤其是第二次世界大战后，情报获取需求强
烈，为了更好地满足专业人员的需要，专业图书馆得到了迅速的发展。1939 年，德国
柏林市的专业图书馆已达 200 多所。英国国家科技外借图书馆以及欧洲其他著名的专业
图书馆已经形成了一套工作方法，并广泛地为专业图书馆工作人员所使用。③

我国的专业图书馆主要是新中国成立以后发展起来的，规模较大的有中国科学院文
献情报中心、中国社会科学院文献情报中心、中国农业科学院图书馆、中国地质科学院
图书馆、中国医学科学院图书馆、中医研究院图书馆等。它们都是本系统的中心图书
馆，在外文书刊采购、文献调拨、编制联合目录、馆际协作、图书馆自动化、馆员培训
等方面起着组织和推动的作用。④

2000 年 6 月，经国务院批准，国家科技图书文献中心正式成立。该中心是一个基
于网络环境的科技文献信息资源服务机构，由中国科学院文献情报中心、中国科学技术
信息研究所、机械工业信息研究院、冶金工业信息标准研究院、中国化工信息中心、中
国农业科学院农业信息研究所、中国医学科学院医学信息研究所、中国标准化研究院标
准馆和中国计量科学研究院文献馆九个文献信息机构组成。历经多年建设，该中心已经
发展成为国家科技文献资源的战略保障基地，大幅度提升了对全国科技界和产业界的文

---

① Abdullahi I. Global Library and Information Science：A Textbook for Students and Educators［M］.
With Contributions from Africa, Asia, Australia, New Zealand, Europe, Latin America and the
Carribean, the Middle East, and North America. Berlin, New York：K. G. Saur, 2009：68.

② Rubin R E, Rubin R G. Foundation of Library and Information Science［M］. Viram Khand：Excel
Books Private Limited, 2013：144-145.

③ 黄宗忠. 图书馆学导论［M］. 武汉：武汉大学出版社, 2013：259.

④ 吴慰慈，董焱. 图书馆学概论（第 4 版）［M］. 北京：国家图书馆出版社, 2019：116.

献服务能力，创新和开拓了多样化、个性化、专业化服务，成为文献服务共建共享的国家枢纽，引领了国家科技文献事业的发展，被誉为我国科技服务业服务科技创新和社会发展的重要典范。

三、科学与专业图书馆的服务与职能

(一)科学与专业图书馆的服务

科学与专业图书馆是交流科学信息的机构，主要是面向研究所等科研一线提供文献情报与知识服务。它应该努力做好文献基础工作，大力加强科技情报工作，积极开发信息资源，为科学研究和生产技术提供文献情报保证。一般来说，科学与专业图书馆所提供的服务有：

(1)空间服务。主要表现为对阅览空间和藏书空间的利用，提供信息共享空间、学习共享空间、研究共享空间等服务。数字化环境下，该服务整合了图书馆的物理空间和网络空间，实现了图书馆信息组织加工、发布、咨询服务的整合。①

(2)检索服务。主要表现为建立文献数据服务系统，集成各学科领域的优秀文献数据，用户可以从集成的大规模文献数据集合中检索和浏览信息。

(3)推送服务。表现为定期调查用户，主动向用户提供与其研究相关的信息，如自动推送某期刊的最新目次信息到用户的 RSS 阅读器或者邮箱。

(4)学科服务。主要表现为具有某一专业学科背景的学科馆员提供针对用户专门需求的教育培训和学科专题服务。

(5)情报研究服务。根据用户的特定需求，对信息内容及其内在关系进行深入的分析和知识化表现，② 包括战略情报研究、知识组织加工、数据集成与挖掘服务、区域咨询服务、学术评估服务等。

(6)参考咨询服务。与其他图书馆相比，科学与专业图书馆更加强调速度和准确性。服务范围从回答简单问题到进行复杂的文献和研究服务。用户通常会希望在自己检索文献过程中得到帮助。此外，馆员在查找用户所需信息时也会提供相关方面的专业知

---

① 刘细文，贾苹，王保成. 中国科学院国家科学图书馆阵地服务的转型探索[J]. 图书情报工作，2013，57(18)：6-10.

② 王春，方曙，杨志萍，张娴. 中国科学院国家科学图书馆"学科馆员"的学科化服务[J]. 图书情报工作，2007(2)：107-109，148.

识服务，如翻译服务等。

(7)预印本服务。预印本是指科研工作者的研究成果还未在正式出版物上发表，但出于和同行交流目的，自愿先在学术会议上或通过互联网发布的科研论文、科技报告等文章。与刊物发表的文章以及网页发布的文章比，预印本具有交流速度快、利于学术争鸣、可靠性高的特点。因此，预印本文献资源服务有助于实时学术交流。

(8)专题定制服务。面向科学研究团队、科研管理工作者、情报服务人员等不同人群，按领域专题定制用户服务，包括热点主题、个人档案、提醒服务等。该服务可以帮助用户快速了解和掌握领域内科研发展态势，掌握同行或竞争对手的科技活动动向，发现领域重点及热点主题，把握领域发展概貌，辅助科技决策。

(二)科学与专业图书馆的职能

随着数字时代新媒体、大数据、云计算技术的发展，以及网络信息技术的普及，读者信息需求日益个性化、多元化，对图书馆资源与服务有了新的要求，图书馆资源建设与服务方式不断发生变革，① 科学与专业图书馆的职能也在不断拓展与延伸。但总的来说，其职能主要体现在为科学研究服务方面：

(1)信息资源保障与开发职能。科学与专业图书馆应紧密结合本系统、本单位的科研方向与任务，通过数字化工具和大数据挖掘技术搜集、整理、保存、管理国内外科技文献，了解各科技研究领域的最新成果和发展趋势，为专业研究人员提供文献信息资源服务，还要承担起文献信息资源的建设、开发、利用以及深层次信息挖掘的任务。

(2)科学情报分析与研究职能。科学与专业图书馆要开展图书馆信息理论方法、文献情报理论方法的研究，新技术、标准化、自动化的应用，学科建设研究以及智库研究。

(3)科技信息交流与传递职能。科学与专业图书馆应积极开展情报调研和分析，厘清各研究领域的国内外发展水平和趋势以及有关的指标、参数，不断向科研人员和领导部门提供分析报告和有科学价值的情报资料。

(4)图书情报工作协作协调职能(组织信息资源共建共享)。科学与专业图书馆要在做好本系统的图书情报资料调剂、工作经验交流和干部培训工作的同时，组织和参与各系统之间以及国内外科技情报交流活动，宣传和报道国内外的最新理论和技术。

---

① 赵慧，孙洁琼. 新时代专业图书馆人才队伍建设实践——以中国社会科学院图书馆为例[J].
文献与数据学报，2022，4(1)：86-93.

四、科学与专业图书馆的特点

科学与专业图书馆在规模上存在差异，在馆藏文献范围上也有专科性和综合性的区别。但与其他类型图书馆相比，具有如下一些特点。

(1)图书情报工作一体化。科学与专业图书馆以各种类型各种载体的文献为工作对象，负责收藏、整理和传播文献以及提取、研究和加工文献所含的有价值的情报，兼有图书馆与科学情报单位的工作特点。随着计算机技术、网络通信技术以及其他新技术、新设备在图书馆工作中的应用，图书馆工作与情报工作将进一步结合，使科学与专业图书馆更好地为用户服务。

(2)馆藏文献来源多样，学科专业性强。与其他图书馆相比，科学与专业图书馆的馆藏不仅包括公开出版的文献还包括非公开出版的文献(如会议论文、内部交流文献、课题项目结题原件、本单位活动形成的各类资料等)。在馆藏数量上，它强调文献收集的全面性和系统性，尽可能全面、系统地收集与本单位科研方向、本门学科及相关学科相关的文献信息资料，注意收藏学科基本理论著作；在收藏时效上，尤为强调采集最新的科学出版物；在馆藏文献语种上，强调收藏外文文献，尤其以国外期刊为主。随着大数据、数据库建设以及数据挖掘技术的发展，科学与专业图书馆的文献资源建设转向数字信息资源建设，建立了包括数字化的科技文献资源、开放数据、科学数据、科技教育信息、技术信息、产业与市场信息、经济与社会信息、战略与政策信息等的筛选、组织和检索系统，形成数字信息资源保障体系，并实现各类内容的知识化组织、关联化检索和可视化利用。

(3)服务方式的多样化。科学与专业图书馆通常需要依托数字资源、文献信息平台开展信息监测与分析服务，如开展文献信息定题跟踪报道，受理大宗的专题回溯检索、科技查新，编制各种推荐性和参考性的书目索引，定期提供国际国内有关政治、经济、文化等多个领域热点的信息参考报告等；在数字资源服务上，积极利用邮件、微信的方式，开展线上宣传、线上咨询。①

(4)服务对象的特殊性。科学与专业图书馆主要是为从事某一主题或某一特定类型文件等工作的特定用户或专家群体提供服务。这里的特定用户多是指科研和工程技术人

---

① 王岚，赵以安.新时代哲学社会科学专业图书馆服务探索[J].文献与数据学报，2021，3(4)：3-11.

员，通常具有较高的科学文化水平和信息素养，有较为专深的信息需求，既包括获取碎片化的信息资源，还包括寻找以问题为导向的创新智慧型解决方案。

（5）服务内容的针对性。科学与专业图书馆服务对象的特殊性决定了其服务内容的针对性。因此，科学与专业图书馆要以用户的信息需求为中心，为用户提供个性化体验，如密切跟踪科研人员需求，加强与科研人员的面对面交流，开展上门培训、上门调研；建设远程访问系统、资源发现系统等工具，辅助资源发现与使用。同时，科学与专业图书馆需要扮演嵌入式协作化知识实验室的角色，为科研人员提供基于科研生命全周期的协助、管理、平台服务，深挖各流程中的用户需求以支撑科学研究。[1]

（6）馆员能力的专业化。科学与专业图书馆的图书馆员应当是受过学科专门训练的专业人员，或者是具备某一学科和图书馆专业知识的领域专家，[2] 不仅需要具备图书馆学情报学教育背景，而且需要接受领域学科训练，如科学、技术、工程、医学、法学、商学等。他们通常具备较高的专业素质、专业能力以及外语水平，能够向服务对象提供广、快、精、准的文献信息和多样化、专业性服务。

第六节　其他类型图书馆

依据不同的分类标准，还有许多其他类型的图书馆，如少年儿童图书馆、中小学图书馆、民办图书馆、军事系统图书馆、工会图书馆、社区图书馆、街道图书馆、农村图书馆、行业图书馆等。以下择其要者进行具体介绍。

一、少年儿童图书馆

（一）少年儿童图书馆的产生和发展

19世纪后期，在社会改革运动的影响下，美国和英国的公共图书馆开始建立儿童服务机构，例如1861年英国在曼彻斯特市立图书馆设立儿童室。世界许多国家十分重视儿童图书馆工作，但是大多数国家倾向于将儿童服务整合到所在的公共图书馆系统

---

①　张晓林. 研究图书馆2020：嵌入式协作化知识实验室？[J]. 中国图书馆学报，2012，38（1）：11-20.

②　Lefebvre, L. The Special Library：What it is and What it Can Do for Business and Industry（Reprinted from Special Libraries, February 1958）[J]. Special Libraries, 1996, 87（4）：286-292.

中，如法国、德国、日本等通过公共图书馆为儿童提供服务。除此之外，也存在其他模式，例如，印度一些大学图书馆设有儿童区；科特迪瓦等一些发展中国家将儿童服务作为国家图书馆的职能之一；伊朗通过广泛的独立儿童图书馆系统提供儿童服务。①

我国少年儿童图书馆于 20 世纪初开始发展。1914 年，京师通俗图书馆儿童阅览室在北京建立，这是中国公共图书馆首次创建的儿童阅览室。中国最早的儿童图书馆于1917 年由直隶省天津社会教育办事处创办。中华人民共和国成立后，少儿图书馆得到短暂的发展，但在"文化大革命"时期遭到重创。改革开放后，少儿图书馆事业得到长足发展，其规模和服务质量都有了显著的提升，在促进未成年健康成长、文化学习等方面发挥了重要作用。近年来，我国少儿图书馆机构数量逐年上升，到 2019 年我国少儿图书馆机构数量达到 128 个，公共图书馆中有少儿文献 11465.8 万册。②

但是，我国不同地区少儿馆的建设现状呈现一种不均衡的状态，主要表现为东部沿海发达地区少儿馆事业在各方面发展都比较良好，如资金投入、设备设施、文献资源、馆员队伍等；而西部偏远区域以及农村区域的少儿馆事业则呈现一定的滞后性，甚至很多地方并没有建立少儿图书馆。③

(二)少年儿童图书馆的职能

少年儿童图书馆，简称少儿馆，是指为少年儿童服务的图书馆。广义上，包括独立设置的少年儿童馆和在公共图书馆之下设立的少年儿童分馆、少年儿童阅览室及服务部。少儿馆以为少年儿童提供适合的图书资料，满足其获取文化知识和发展智力需要为服务宗旨。

少年儿童图书馆是一个国家图书馆事业的重要组成部分，是以少年儿童为服务对象的重要社会教育机构，是未成年人在学校之外的第二课堂。④ 少年儿童图书馆的建设，有利于保护未成年人享有基本的教育权利，保障其享有基本的公共文化服务，有利于满

---

① Encyclopedia of Children and Childhood in History and Society[EB/OL].[2022-04-07].http://www. faqs. org/childhood/Ch-Co/Children-s-Libraries. html#:~:text = By%20the%201890s%20many%20 public%20libraries%20in%20the, of%20widespread%20library%20construction%20in%20the% 20early%201900s.

② 国家统计局.中国儿童发展纲要(2011—2020 年)[EB/OL].[2022-04-07].http://www.199it. com/archives/980357.html.

③ 曹海霞.中美少年儿童图书馆服务比较研究[J].图书馆工作与研究,2010(5):109-112.

④ 文化部.文化部关于进一步加强少年儿童图书馆建设工作的意见[EB/OL].[2022-02-07]. http://zwgk.mct.gov.cn/zfxxgkml/zcfg/gfxwj/202012/t20201204_906181.html.

足少年儿童日益增长的精神文化需求，全面提高儿童综合素质，培养造就德智体美劳全面发展的社会主义建设者和接班人。

《中华人民共和国公共图书馆法》第三十四条规定"政府设立的公共图书馆应当设置少年儿童阅览区域，根据少年儿童的特点配备相应的专业人员，开展面向少年儿童的阅读指导和社会教育活动，并为学校开展有关课外活动提供支持。有条件的地区可以单独设立少年儿童图书馆"。可以看出，少年儿童图书馆作为公共图书馆事业的重要组成部分，其职能在一定程度上与公共图书馆类似，同时又因其独特的服务对象而具有自己的特色。总的来说，少年儿童图书馆的职能主要包括：

(1)贯彻落实国家关于公共文化服务的法律法规以及少年儿童社会教育方面的方针、政策，保障少年儿童阅读权益，培育少儿智力，激发社会灵感，构建智慧的少儿阅读体系。①

(2)开展数字化图书馆建设。少年儿童图书馆要充分利用各种载体为少年儿童提供喜闻乐见的资源，选择有利于少年儿童身心健康的数字资源，提供网上延伸服务，为少年儿童提供多种表现形式的资源内容。

(3)开展面向少年儿童的阅读指导。少年儿童图书馆要培养少年儿童阅读兴趣、阅读能力以及阅读习惯，提供广泛的儿童读物，启发儿童丰富的想象与创造力。近年来，随着全民阅读时代的开启，少年儿童阅读问题受到各界重视。《国际图联儿童图书馆服务发展指南》指出："好的儿童图书馆应能帮助儿童获得终身学习和信息素养的能力，使他们能够参与社会并为社会做出贡献。"②

(4)开展社会教育活动。少年儿童图书馆应充分发挥对中小学生的社会教育职能，培养少年儿童的图书馆意识，引导他们认识图书馆、走进图书馆、利用图书馆，其对于少年儿童培养自觉学习、自主学习、终身学习的理念，养成良好的读书习惯，成为有理想、有道德、有文化、有纪律的社会主义新人，以及促进少年儿童素质教育发展，提高整个民族的国民素质等都有极其重要的作用。

(5)为学校开展有关课外活动提供支持。少年儿童图书馆还应联合学校开展馆校协同的儿童阅读推广以解决儿童阅读时间不足、公共图书馆阅读资源利用不充分等问题，

---

① 上海少年儿童图书馆．上海少年儿童图书馆主要职能[EB/OL]．[2022-02-07]．https：//www.shanghai.gov.cn/cmsres/ab/abc2ae955b2a42dfa309ab11120f4fe9/b68c0e76b851a4b882c413b3dc232cc8.pdf.

② 胡旋．少儿图书馆服务体系创新研究[D]．南京：东南大学，2018：I.

从而提高我国儿童阅读率。①

（6）对弱势群体，如贫困地区儿童、进城务工人员子女、残障儿童等提供延伸服务。

二、中小学图书馆

（一）中小学图书馆的发展概况

世界上许多国家十分重视中小学图书馆事业的发展与建设，主要通过立法和颁布标准的方式来为其保驾护航。同时，许多国家的中小学图书馆与公共图书馆联系紧密，例如 1964 年的丹麦《公共图书馆法》要求每一所小学都建立图书馆，并与公共图书馆儿童部合作；1964 年的英国公共图书馆条例确定中小学图书馆可通过公共图书馆购买书籍并由公共图书馆整理加工后交给学校图书馆；1965 年美国国会通过的《初等和中等教育法》第二部分（关于学校图书馆）中规定政府根据各州入学儿童人数按比例提供经费。20 世纪 60 年代末，美国、加拿大等国家的中小学图书馆改称"知识传播媒体中心""教学资料中心"或"知识资源中心"。

在我国，1884 年在北京创办的汇文学校图书馆是较早的学校图书馆。1911 年建立的上海市立万竹小学图书馆、1912 年建立的北平公立第一中学图书馆都是我国著名的中小学校图书馆。中华人民共和国成立后，在发展教育、创办大批中小学校的同时，加强了学校图书馆（室）的建设。进入 21 世纪，随着相关政策文件出台，如《教育部 文化部 国家新闻出版广电总局关于加强新时期中小学图书馆建设与应用工作的意见》（2015）、《中小学图书馆（室）规程》（2018），我国中小学图书馆迎来新发展时期。其中，《中小学图书馆（室）规程》将中小学图书馆的定位提升到了前所未有的高度，特别是将中小学图书馆与教育教学的关系进一步显化。②

（二）中小学图书馆的职能

中小学图书馆又称"学校图书馆"，是指为中小学师生教学活动和学习任务服务的

---

① 孙蕊．馆校协同：《公共图书馆法》对儿童阅读推广的启示[J]．图书馆建设，2018（10）：9-15.
② 教育部．关于印发《中小学图书馆（室）规程》的通知：教基〔2018〕5 号[EB/OL]．[2022-04-08]．http：//www.fcgs.gov.cn/zxbs/msfw/jyfw/xxjy/201806/t20180615_59831.html.

图书馆。作为中小学的文献信息中心，中小学图书馆是学校教育教学和教育科学研究的重要场所，是学校文化建设和课程资源建设的重要载体，是促进学生全面发展和推动教师教学的重要平台。①

中小学图书馆的特点可以归纳为三个方面。首先，图书馆资源类型需要符合少年儿童的兴趣和特点，以收藏直观性强、形象生动的视听型资料为主。其次，中小学图书馆的服务活动形式更为活泼。最后，图书馆的书架、桌椅等与少年儿童身体情况相匹配。

国际图联在最新的《学校图书馆宣言》中指出"学校图书馆致力于通过其合格的学校图书馆专业人员、藏书以及在包容性和公平教育中的文化素养、思维拓展以及全球公民意识的积极合作，改善和提高整个学校社区的教学和学习"②。在我国，中小学图书馆是基础教育现代化的重要体现，是社会主义公共文化服务体系的有机组成部分，③ 理应通过藏书建设和阅读推广活动在思政教育中发挥积极的导向作用、基地作用、激励作用和保障作用。因此，总体上，少年儿童图书馆的职能包括：

第一，收藏和提供传统的印刷出版物以及不断增加的、各种形式的媒体资料，为中小学和学前儿童提供阅读课外书籍和文艺作品，为学校教师教学提供必要的图书资料和制作教学材料的设备，并利用书籍和图书馆对中小学生和学前儿童进行辅导等。

第二，中小学图书馆在学生思政教育过程中具有组织开展思想政治教育活动的环境、阵地及网络监管等优势，④ 可以基于本馆文献资源和文化传播的优势，举办相关主题活动，充分践行"三全育人"理念，积极融入学校思政教育，更多参与到中小学教育全过程。⑤

第三，培养青少年儿童群体的阅读兴趣和阅读能力是中小学图书馆的基本工作职

① 教育部. 中小学图书馆（室）规程［EB/OL］.［2022-03-12］. http：//www. moe. gov. cn/srcsite/A06/jcys_jyzb/201806/t20180607_338712. html.

② IFLA. IFLA School Library Manifesto（2021）［EB/OL］.［2022-04-08］. https：//www. ifla. org/wp-content/uploads/2019/05/assets/school-libraries-resource-centers/publications/ifla_school_manifesto_2021. pdf.

③ 教育部. 中小学图书馆（室）规程［EB/OL］.［2022-03-12］. http：//www. moe. gov. cn/srcsite/A06/jcys_jyzb/201806/t20180607_338712. html.

④ 胡璇. 基于大学生思想政治教育视角的高校图书馆阅读推广探析［J］. 图书馆工作与研究，2018（S1）：49-51.

⑤ 杨玉麟，郭武，熊伟霖. 论中小学图书馆的"基础教育价值"和"图书馆职业价值"［J］. 图书馆论坛，2020，40（12）：102-106；江新. 学校图书馆服务思政课改革策略研究［J］. 图书馆工作与研究，2020（2）：123-128.

能，更是其教育价值和阅读引导专业价值的体现。中小学图书馆应深入挖掘馆藏资源，发挥思政教育的阵地作用，积极引导中小学生阅读和学习马列主义理论课程与思想品德课教材资料。

第四，中小学图书馆应根据少年儿童的特点，积极开展形式多样、生动活泼的服务，可以充分利用互联网平台和网络资源以加强对少年儿童利用计算机、网络等现代化手段获取信息能力的培养，① 发挥网络环境下的图书馆教育功能。

第五，开展多种形式的中小学图书馆员培训，培养专业技能，强化专业知识，提升职业素养，保障图书馆正常运作。②

三、军事系统图书馆

军事系统图书馆是指为军队以及军事人员提供服务的图书馆，主要是指中国人民解放军系统的各军种、各兵种、各机关、院校和野战部队里的图书馆(室)。它主要包括军事科学图书馆、军事机关图书馆、军事院校图书馆和连队图书室等类型，它们分别隶属于不同的军事机构。

其中，军事科学图书馆和军事机关图书馆是指军事科学研究机构，各军种、兵种、各军区、军、师等军事机关所设立的图书馆，其主要任务是为军事科学研究服务，向各级指挥员提供军事理论和战略战术等方面的文献资料。

军事院校图书馆是指设置在各个军校的图书馆，其主要任务是服务于军校培养部队高级将领的总体目标，支持军校的教学和科研工作。军校图书馆与一般的高校图书馆有很多相似之处，但又具有极强的专业特色和超高的保密性要求。

连队图书馆是指团以下单位所设置的俱乐部图书室，其主要任务是帮助战士提高其政治思想觉悟和科学文化水平，掌握先进军事理论和作战技术，同时也丰富其文化生活。

四、工会图书馆

工会图书馆是工会组织举办的群众文化事业单位，是我国基层图书馆事业的一个重要类型。其种类丰富，有中华全国总工会图书馆，有省、自治区总工会图书馆，有市、

---

① 严婉芝. 日本"全国学校图书馆协会"活动对我国中小学图书馆建设的启示[J]. 图书馆学研究，2021(9)：95-101.

② 谭玉，朱思慧. 美国学校图书馆员职业化建设及对我国的启示[J]. 新世纪图书馆，2018(12)：70-74.

县、区工会图书馆，有专门的产业工会图书馆，还有基层工会图书馆(室)等。工会图书馆具有普通读者居多、需求多样化、藏书面广、普及与提高并重等特点，所藏书籍以专业技术书、科普读物、基础读本和通俗易懂的文艺作品为多。工会图书馆主要服务对象是所属系统、地区或单位的职工、干部及其家属，是工会组织举办的群众文化事业，是向职工进行思想教育的重要阵地，是职工学习政治、科学文化知识的场所。

在我国，工会图书馆数量多，联系群众广。工会图书馆在发展中能够与信息化技术结合，形成数字化图书馆，并积极改善图书馆环境，有利于职工查找书籍，提升自身专业素质。工会图书馆承担的主要任务是：

第一，宣传、普及中国特色社会主义文化，宣传马列主义、毛泽东思想、邓小平理论、"三个代表"重要思想、科学发展观和习近平新时代中国特色社会主义思想，帮助职工提高政治理论水平和政治思想觉悟。

第二，以终身学习理念为引领，以文化交流、展示、互动等为文化生活和活动形式，并为开展活动提供场所。作为文化传播载体，利用图书报刊，开展流通阅览和宣传辅导工作，组织职工开展读书活动，提高广大职工的科学文化水平。

第三，基于民众文化水平的差异性，为民众提供针对性较强的多样性服务，为职工的技术单新和创造发明提供图书资料，满足职工家属(包括少年儿童)学习文化和阅读文艺作品的需要。

五、城市街道图书馆(室)和农村图书馆(室)

城市街道图书馆(室)和农村图书馆(室)是我国公共图书馆体系的重要组成部分，是基层图书馆的延伸。它们与广大城市居民群众和农民的联系最直接、最紧密，是公共图书馆的重要补充形式。[①]

街道图书馆(室)是指由街道办事处或乡镇政府主办的群众文化机构，主要服务对象为街办工厂、企事业单位的职工、居民、在校学生和少年儿童。其主要任务就是为居民服务，为生产服务，通过图书报刊宣传马克思列宁主义、毛泽东思想，普及科学文化知识，丰富群众文化生活，与广大居民和少年儿童保持着密切的联系。街道图书馆(室)的特点在于它的群众性，经费来源于街道工厂、企事业单位积累的公益金或群众

---

① 于良芝，李亚设，权昕. 我国乡镇图书馆建设中的话语与话语性实践——基于政策文本和建设案例的分析[J]. 中国图书馆学报，2016，42(4)：4-19.

自愿捐献，馆舍、工作人员都由群众自己解决，借阅等规章制度也由群众制订。同时，这也决定了街道图书馆（室）的藏书以通俗性的科技书刊等普及性读物为主。

农村图书馆（室）是指农村地区为广大农村居民服务的图书馆设施，是针对农民群众兴办的基层图书馆。[①] 其主要任务则是为农民服务，为生产服务，通过借阅书刊对农民宣传党和政府的政策、法令，进行政治思想教育，普及科学文化知识，活跃农村文化生活，促进农副业生产。农村图书馆（室）应根据本地农民群众的文化水平和本地农业生产特点来采选图书。一般来说，应以普及性的通俗读物为主。

2018 年 9 月，中共中央、国务院印发了《乡村振兴战略规划（2018—2022 年）》，提出要科学有序推动乡村产业、人才、文化、生态和组织振兴。其中，乡村文化振兴是实施乡村振兴战略的重要内容。在乡村振兴战略背景下，城市街道图书馆（室）和农村图书馆（室）作为基层公共图书馆的延伸，应该承担如下职能：[②]

第一，文化休闲职能。伴随社会的发展，基层群众的生产生活方式发生了变化，文化休闲成为一种新的时尚，成为人们对美好生活向往的重要组成部分。因此，城市街道图书馆（室）和农村图书馆（室）应充分利用各种文化资源，挖掘和培育地域特色文化，为群众提供文化休闲娱乐服务。

第二，教育培训职能。城市街道图书馆（室）和农村图书馆（室）要结合自身实际，开办各种讲座、展览、培训等教育活动，开展中国特色社会主义教育和爱国主义教育。同时，可以利用远程技术、数字化手段更新教育培训方式，弥补欠发达地区匮乏的教育资源，向信息相对贫乏的基层用户输送工农业生产技能、现代信息技术，促进社会教育的优质均衡发展和乡村留守儿童义务教育的公平实现。

第三，文化扶贫职能。城市街道图书馆（室）和农村图书馆（室）应通过"文化下乡""农家书屋"等方式助力文化扶贫，向欠发达地区的基层居民提供纸质文献资源和数字资源，开展信息素养活动。

第四，弘扬传统文化职能。我国具有丰富多样的地域文化，作为基层文化部门，城市街道图书馆（室）和农村图书馆（室）应收集整理反映地方民风民俗、文化源流等富有传统文化特色的地方文献资源作为特色馆藏，保护和传承中华民族传统文化。

第五，全民阅读职能。《乡村振兴战略规划（2018—2022 年）》提出"推动全民阅读

①　韩永进. 中国图书馆事业发展报告·农村图书馆卷[M]. 北京：国家图书馆出版社，2016：2.

②　陈子君. 乡村振兴战略背景下基层图书馆的角色转换分析[J]. 图书馆，2020（8）：58-61.

进家庭、进农村，提高农民科学文化素养"，而城市街道图书馆(室)和农村图书馆(室)散布在全国各地的行政区县，可以凭借其资源和地理优势，成为基层全民阅读的推进者、提倡者、引导者和组织者，成为全民阅读进农村的促进者，深入民间开展阅读推广活动，从而吸引更多的基层民众利用图书馆。

六、民办图书馆

我国民间图书馆的历史可以追溯到清末。[①] 1897 年，我国近代史上第一座以中文"图书馆"命名的民办图书馆——通艺学堂图书馆建立。[②] 改革开放后，随着经济的发展，国家大力提倡公民和非政府组织积极参与公共文化服务供给，民办图书馆数量不断增加，越来越多的民办图书馆出现在我国的大江南北，并从沿海发达地区逐步扩展至中西部地区。进入 21 世纪后，在社会公众日益增长的文化需求的影响下，民办图书馆作为公共文化服务体系的有效补充，逐渐扮演着越来越重要的角色。[③]

民办图书馆目前尚未有一个统一明确的定义，相近的概念有民营图书馆、个人图书馆、私人图书馆等。一般来说，关于"民办图书馆"的定义，在西方国家一般是指与公共图书馆相对的私人图书馆，例如美国大多将为私人或股份集资创办的图书馆定义为民办图书馆；英国则将民办图书馆定义为那些创办主体和资金来源为非政府财政支持的图书馆。国内学者认为民办图书馆是指由非政府组织、社会团体及其他社会组织和公民个人利用非国家财政性经费兴办、依法自行管理并面向公众提供有偿或无偿文献信息服务的机构，是所有民间社会力量创办的一切图书馆的统称。[④]

综合国内外学者的观点，无论是经营性还是纯公益性，只要是非政府力量创办的，由民间出资举办的，依法自行管理，以开放方式向公众提供信息资源的外借和阅览等图书馆服务为主要活动的社会机构和公益性图书馆都属于民办图书馆。《中华人民共和国公共图书馆法》第四条规定"国家鼓励公民、法人和其他组织自筹资金设立公共图书馆。县级以上人民政府应当积极调动社会力量参与公共图书馆建设，并按照国家有关规定给予政策扶持"，从法律上确定了社会力量兴办公共图书馆的可能性和可行性。这改变了公共图书馆设立主体的单一化，实现了设立主体的多元化和民主化，使得社会力量出资

---

① 张玉珍. 近 5 年我国民间图书馆研究综述[J]. 图书情报工作，2013，57(2)：130-135.

② 宋兵. 张元济和我国近代最早的民间图书馆[J]. 大学图书馆学报，2014，32(5)：123-126.

③ 李旗齐. 我国民办图书馆可持续发展研究[D]. 昆民：云南大学，2019：1.

④ 马艳霞. 民办图书馆的概念界定与类型[J]. 图书情报知识，2015(2)：58-63.

兴办的公共图书馆在我国具有了合法地位。民办图书馆虽然由社会力量设立，但其承担的仍是国家应该提供的图书文化给付行政任务，是国家依靠社会力量提供图书文化公共服务的新模式。① 民办图书馆是我国公共文化服务事业发展的新形式，是现阶段和今后一段时期我国公共图书馆文化事业发展的重要组成部分。

重要名词术语

图书馆类型　国家图书馆　公共图书馆　高等学校图书馆　科学与专业图书馆

思考题

1. 为什么要划分图书馆类型？你认为应该怎么划分图书馆类型？

2. 国家图书馆有哪些重要的职能？与其他公共图书馆相比有何特殊性？

3. 试述中国国家图书馆在"传承中华文明、提高国民素质、推动经济社会发展"等方面发挥的积极作用。

4. 什么是公共图书馆？它具有哪些基本特征？明确这些特征有何重要意义？

5. 2022 年联合国教科文组织《公共图书馆宣言》宣示了现代图书馆的哪些核心理念？对当今图书馆的发展有何启示与指导意义？

6. 试述公共图书馆的功能及其时代特点。

7. 高校图书馆有哪些职能和作用？在数字时代这些职能和作用有何新的内涵？

8. 科学与专业图书馆的服务与职能在新时代有哪些新的特点？

9. 在乡村振兴战略中如何建设农村图书馆？

---

① 杨彬权. 民办图书馆立法问题研究[J]. 图书馆杂志，2021，40(9)：22-28.

第六章

图书馆事业

当社会上各类型图书馆发展到一定规模，并逐渐形成具有一定组织形式、管理体制和运行机制的体系时，就形成了图书馆事业。我国图书馆事业经历了不同发展阶段，在不断变革中进步和壮大。改革开放以来我国图书馆事业迅速发展，中国特色社会主义进入新时代以来，更进入高质量发展的时代。

第一节　图书馆事业建设原则

一、图书馆事业的一般含义

人们一般把行业的构成和整体业态称为"事业"。图书馆事业这个概念，大约在19世纪末到20世纪初已为人们所通用。在早期，人们往往把图书馆与图书馆事业这两个概念等同起来，没有认识到那些孤立地行使其职能的单个图书馆，从社会意义上说还不能算是已经构成了图书馆事业。只有当社会上各种图书馆的数量、质量、规模、发展速度和组织形式发展到一定程度，成为联系紧密的图书馆整体时，才构成社会的图书馆事业。总的来说，图书馆事业就是以满足社会文化信息需求为目标，达到一定数量规模，具有一定的组织形式、管理体制和运行机制，并对社会发展产生影响的图书馆活动的统称。

图书馆事业是社会科学、文化、教育事业的重要组成部分。图书馆事业的状况及其发展水平，是整个社会的经济、文化水平的标志之一。

二、图书馆事业建设的原则

图书馆事业建设受到政治制度、社会结构和经济发展水平的制约。在各国图书馆事业建设中，有共性，也有各自的特殊性。我国图书馆事业的建设原则主要有以下几个方面：

(一)坚持党对图书馆事业的统一领导

中国共产党领导是中国特色社会主义最本质的特征。把党的领导落实到国家治理各领域各环节是中国特色社会主义的必然要求。因此，我国图书馆事业建设必须始终坚持党的领导，以党的全国代表大会、中央全会制定的国家发展战略和繁荣发展社会主义文化的方针作为图书馆事业发展的根本指导思想。我国图书馆事业建设的总体目标是在《中华人民共和国宪法》的法律框架下，以中国的现实国情为依据，以最大限度保障公民的基本文化权益为价值取向，以切实提高图书馆服务效能为功能目标，理顺图书馆的各种内外关系，构建一个完备、稳定和科学的图书馆体系。

图书馆事业应当遵循党对图书馆事业的要求，服务于国家的重大发展战略和社会的实际需求。我国确立了"两个一百年"奋斗目标，第一个百年奋斗目标即到2021年中国共产党成立100周年时全面建成小康社会的目标已经胜利实现，党的十九届五中全会又提出了到2035年基本实现社会主义现代化远景目标。在这个远景目标中，科技强国、教育强国、文化强国、数字中国、文化软实力建设等都是与图书馆事业发展密切相关的重大发展战略。图书馆事业发展必须以国家和社会的需要为基础，以现行的国家法律制度和政策法规为基本依据。

(二)政府主导与社会力量办馆相结合

根据《中华人民共和国公共图书馆法》，政府应当在图书馆事业建设中起到主导作用，尤其是在公共图书馆事业建设中，政府应当在设施建设、法定条件、经费和人员等方面担负起设立、保障图书馆的责任。[①]《中华人民共和国公共图书馆法》规定设立公共

---

① 李国新.《中华人民共和国公共图书馆法》的历史贡献[J]. 中国图书馆学报，2017，43(6)：4-15.

图书馆应具备的六大条件是：①有章程；②有固定的馆址；③有与其功能相适应的馆舍面积、阅览坐席、文献信息和设施设备；④有与其功能、馆藏规模相适应的工作人员；⑤有必要的办馆资金和稳定的运行经费来源；⑥有安全保障设施、制度及应急预案(第十五条)。其中，政府对图书馆的馆舍建设、经费和人员的保障是图书馆事业建设的基本条件。该法规定政府应当将公共图书馆事业纳入本级国民经济和社会发展规划，将公共图书馆建设纳入城乡规划和土地利用总体规划，加大对政府设立的公共图书馆的投入，将所需经费列入本级政府预算，并及时、足额拨付。

政府主导是图书馆事业发展最基本和最重要的保障条件。但由于我国地域辽阔、人口众多，经济基础还较薄弱，完全依靠政府力量来满足广大群众文化生活的需要是难以做到的，也不符合文化发展的实际情况。因此，充分调动社会力量，多方协作，共同治理，依靠社会团体、个人等的积极性，举办类型多样、方便群众的基层图书馆(室)是发展图书馆事业、适应社会公众信息需要的重要原则和措施。因此 2006 年《国家"十一五"时期文化发展规划纲要》明确公共图书馆事业必须坚持"国家办馆和社会办馆相结合"的原则。2016 年出台的《关于推进县级文化馆图书馆总分馆制建设的指导意见》和 2017 年颁布的《中华人民共和国公共图书馆法》都规定了社会力量参与公共图书馆建设的方式，包括自筹资金设立公共图书馆、政府积极调动社会力量参与等，建立了政府购买公共图书馆服务、捐赠者冠名、税收优惠等引导和鼓励社会力量参与的制度。

(三)图书馆事业要与国民经济和科学教育文化事业协调发展

经济发展水平是影响图书馆事业建设的决定性条件。只有经济发展了，才能为图书馆事业提供物质基础条件。同时，图书馆事业作为科学文化教育事业的一个组成部分，它的发展又是由整个科学文化教育事业发展水平决定的。今天，我国经济与社会发展仍然存在发展不平衡、不充分的问题，因而作为公共文化事业一部分的图书馆事业也存在发展上的地域差异。如部分欠发达地区基层公共图书馆经费困难，资源贫乏，图书馆不能满足人民群众的文化和信息需求，也难以为地方的经济和社会发展提供智力支持。这些发展的滞后反过来又使得社会对图书馆的认可度较低，进而制约了图书馆事业的发展。因此，必须在国民经济与社会发展的同时，保证图书馆事业的同步发展。《中华人民共和国公共图书馆法》规定，"县级以上地方人民政府应当根据本行政区域内人口数量、人口分布、环境和交通条件等因素，因地制宜确定公共图书馆的数量、规模、结构和分布，加强固定馆舍和流动服务设施、自助服务设施建设。"

图书馆事业与国民经济和科学教育文化事业协调发展，同时也要求必须根据社会发展的需要和客观条件来统筹安排图书馆事业的建设规划，不能超越客观条件，脱离现实需求，提出不符合图书馆事业发展规律的高指标。世界范围内图书馆事业发展的基本规律告诉我们，图书馆事业是一项在社会进入追求全面文明进步阶段才有可能迅速发展的事业，而不是在经济发展还比较落后的阶段就能够迅速发展的事业，这一规律，任何社会形态概莫能外。[①] 今天我们建设具有中国特色的图书馆事业，必须结合现阶段中国的国情，以实现基本公共文化服务均等化、标准化为目标，协调好图书馆事业建设与经济、文化发展的关系。只有这样，我国图书馆事业才能健康地、可持续地发展。

（四）统筹规划，合理布局，分工协作，资源共享

图书馆事业建设的重要内容之一是整合原来分散建设的图书馆资源，以优化图书馆事业体系中资源建设的成本/效益，提高事业体系的整体效能。这就要求图书馆事业建设应当坚持统筹规划，合理布局。具体来说，就是对图书馆事业的发展进行顶层设计，宏观调控，根据科学标准或原则对一定区域内满足合理要求的所有图书馆及其服务网点进行全面规划和安排，如图书馆的区位选择与规模确定，各级各类图书馆的设立及其在空间上的区域分布关系，图书馆服务网点的配置及其与其他类型图书馆在区域上的相邻协作关系，甚至包括区域内整个图书馆资源的统筹规划和合理安排。

分工协作、资源共享是图书馆实现可持续发展的最佳选择。具体来说，就是以系统的整体性为基本出发点，对整个地区图书馆事业建设进行合理规划与布局，各类型图书馆开展分工与协作，从而使整个地区乃至全国图书馆事业形成一个具有较强功能的有机整体，最大限度地满足社会对信息资源与精神文化方面的需求，进一步提升城乡文明与发展水平。

图书馆事业建设坚持统筹规划、合理布局、分工协作、资源共享，重点需要解决的问题，一是妥善安排沿海地区、内地、边疆和社会少数民族地区，以及农村、牧区图书馆事业的发展；二是要将大、中、小型图书馆结合，保证重点图书馆的建设，使重点图书馆在馆藏、设备和专业人员培养等方面都达到先进水平，发挥对图书馆事业建设的促进作用和示范作用；三是要搞好协调和业务辅导工作，以便逐步建立一个分工协作的图书馆网络体系。

---

① 李国新．关于中国图书馆立法的若干问题[J]．中国图书馆学报，2002(1)：15-19.

第二节　我国的图书馆事业建设的成就

新中国成立之后，特别是改革开放以来，经过中国图书馆界的不懈努力，已经把一项基础薄弱、水平低下的图书馆事业，建设成为具有中国特色、拥有相当规模、稳步持续发展的图书馆事业体系，取得了令人瞩目的成就。

一、党领导制定的各项政策制度保证了图书馆事业的繁荣发展

政策与制度是我国图书馆事业发展的基础与保障。在图书馆学理论和实践之间，制度与政策是必不可少的中间环节。理论、观念只有转化为具有可操作性的制度与政策条文，才能直接指导实践。图书馆制度与政策往往以法令、法规、规定、条例、通知、标准、规程、意见等形式来体现。据相关研究统计，截至2020年，改革开放以来与图书馆密切相关的制度和政策共计490多项。①

1978年年底即改革开放开始之时，我国图书馆事业正百废待兴。国家出台相关制度与政策引导图书馆事业稳步恢复，1978—2006年共发布制度与政策176项，占总数量的35.9%。有关"图书馆工作综合规定"的制度与政策数量最多（50项），涉及图书馆设施设备、人员职责、组织机构、业务范围、工作改革与规划等方面。如1980年中央书记处第23次会议通过的《图书馆工作汇报提纲》作为"文化大革命"后我国图书馆事业拨乱反正、改革开放的总纲领，直接促成了文化部图书馆事业管理局的建立以及我国公共图书馆事业分系统管理体制的确立，是具有里程碑意义的重要政策。此外，有关"图书馆服务"的制度和政策数量位列第二（29项），涉及借阅服务、服务收费、服务推广、免费开放服务等方面。"文献资源建设"位列第三（25项），涉及文献征集、图书呈缴、古籍整理、藏书建设、资源采访及资源协作共享等方面。

2006年后我国图书馆制度与政策的发布增多，2006年至2020年间共发布相关制度与政策314项，占总数量的64.1%。有关"图书馆服务"的制度与政策数量最多（139项），内容涉及全民阅读推广、服务均等化、政府信息服务、突发事件（疫情防控）服务等方面，有关全民阅读推广的政策最为集中。如国家新闻出版广电总局2016年印发《全

---

① 司莉，陈辰，郭思成. 中国图书馆学的应用实践创新及发展研究[J]. 中国图书馆学报，2021，47（3）：23-42.

民阅读"十三五"时期发展规划》，提出举办重大全民阅读活动等十项主要任务，这是我国制定的首个国家级全民阅读规划。此外，有关服务均等化的政策也较为集中，如2017年国务院印发《"十三五"推进基本公共服务均等化规划》，保障全体公民都能公平可及地获得基本公共服务，是推进基本公共服务体系建设的综合性、基础性、指导性文件。其次，"基础设施建设"位列第二(55项)，集中在图书馆工程建设、数字图书馆建设、电子阅览室建设、总分馆建设、一体化联合图书馆建设，尤其在中小学图书馆、乡村综合文化站图书室、社区图书馆等方面较为突出。该时期其他主题的制度与政策数量较均衡，且覆盖多个方面，如文献资源建设(27项)、宏观事业发展规划(25项)、图书馆工作综合规定(25项)、图书馆管理(20项)、图书馆评估(17项)，这说明国家对图书馆事业发展的政策引导是全方位的，其导向与指引作用促进了我国图书馆事业的繁荣发展。

二、各类型图书馆全面发展，齐头并进

(一)公共图书馆的发展

1949年新中国成立时，全国仅有55所公共图书馆，且大多分布在一些大、中型城市里，广大农村、边远地区，特别是少数民族聚居的地区基本上是空白的。为了改变这种状态，党和政府在整顿、改造旧馆的同时，积极建设新馆。到1956年，公共图书馆增长到375所，1965年增长到573所。到改革开放之初的1979年，公共图书馆增加到1651所。至此，公共图书馆已经形成一个规模较大、藏书丰富的图书馆系统，在全国图书馆事业中处于重要的地位。党的十八大以来，中国特色社会主义进入新时代，我国公共图书馆不断完善公共文化服务体系建设，进一步满足人民群众的基本文化需求，并在多方面取得显著成就。截至2022年年底，全国共建有公共图书馆3303个，藏书总量达13.59亿册件，[①] 形成了一个布局合理、藏书比较丰富、具有全国规模的公共图书馆系统，在全国图书馆事业中发挥着重要的作用。

(二)高等院校图书馆的发展

在新中国成立时全国仅有高等院校图书馆132所，藏书总计794万多册。随着新中

---

① 中华人民共和国中央人民政府.文化和旅游部：2022年全国公共图书馆总藏量达135959万册[EB/OL].[2024-02-26].http://www.gov.cn/lianbo/bumen/202307/content_6891866.htm.

国高等教育的迅速发展，高等院校图书馆也有了相应的发展，1956 年达到 225 所，1965 年增加到 434 所，藏书达 3728 万册。1981 年 9 月，教育部在北京召开了全国高校图书馆工作会议，制定了高校图书馆工作条例，成立了全国高校图书馆工作委员会及其秘书处，作为教育部主管全国高校图书馆工作的机构。20 世纪 90 年代，党和政府提出"科教兴国"发展战略，90 年代初和 21 世纪末，我国高校大规模扩大招生，高等教育进入大众化阶段，到 2009 年，全国共有普通高等学校和成人高等学校 2689 所，每所学校都建有图书馆。据"教育部高校图书馆事实数据库"①的数据，至 2022 年 10 月 7 日，共有 1400 所高校图书馆在该数据库中提交了 2021 年基本业务统计数据，其中提交有效的年度总经费数据的高校馆为 1322 所，各高校馆年度总经费约为 77.42 亿元；有 1220 所高校图书馆提交了有效的 2021 年度纸质书刊外借量数据，书刊外借总量为 6586.6 万册；共有 1290 所高校图书馆提交了有效的 2021 年度馆藏纸质图书累积量，纸质图书累积总量约为 16.97 亿册；此外，共有 1399 所高校图书馆提交了有效的 2021 年度非书资料累积量，非书资料累积总量约为 857.8 万件。②

(三)科学与专业图书馆的发展

科学与专业图书馆是专门为科学研究和生产技术服务的图书馆。新中国成立初期，我国仅有科学与专业图书馆 17 所。经过数十年的努力建设，科学与专业图书馆门类增多，数量增大，藏书逐渐专深。科学与专业图书馆大多是按照专业系统组织起来的。在一个专业或系统内，形成一个上下沟通、紧密联系的图书馆体系。目前，主要有中国科学院系统图书馆、中国农业科学院系统图书馆、中国医学科学院系统图书馆、中国地质科学院系统图书馆、中医研究院系统图书馆以及其他政府部门所属研究系统图书馆等。这些图书馆紧密结合本系统的科研方向与任务，搜集、整理、保管、提供科学研究所需要的书刊资料。

(四)少儿图书馆

长期以来，少年儿童图书馆是我国图书馆事业建设中的薄弱环节。为了改变这种局面，遵照党中央关于切实加强对少年儿童抚育、培养和教育的指示精神，文化部同教育

---

① 教育部高校图书馆事实数据库[EB/OL]. [2024-02-26]. http://libdata.scal.edu.cn/Index.action.

② 吴汉华，王波. 2021 年中国高校图书馆基本统计数据分析[J]. 大学图书馆学报，2022，40（6）：42-49.

部、团中央于 1981 年 5 月联合召开了我国有史以来的第一次全国少年儿童图书馆工作座谈会,少年儿童图书馆事业呈现出蓬勃发展的新局面。在 1981 年,全国只有 7 所省辖市级以上专门的少年儿童图书馆,到 2020 年增长至 147 所、从业人数增长至 3965人。近年来随着公共图书馆事业的发展,各级政府越来越重视并加强少年儿童服务建设,在人力、物力、财力上支持力度有所加强,少儿图书馆总藏书量整体呈现递增趋势,2020 年达到 9856 万册。2020 年我国少儿图书馆累计发放有效借书证 788 万个,书刊文献外借人次达 983 万人,图书流通人次为 3115 万人。2020 年少儿图书馆举办培训班 4402 个,组织各类讲座 6194 次。虽然我国少年儿童图书馆事业有了迅速的发展。但是,从绝对数量上看,并不算多,与我国庞大的少年儿童总人口,更显其少,尚不能很好地满足当前少年儿童的阅读需要。

除此之外,工会图书馆、农村图书馆(室)、中小学图书馆、党校图书馆、团校图书馆、医院图书馆、军队院校图书馆、民办图书馆等多种类型图书馆都得到了较大的发展,共同组成我国图书馆事业系统。

三、图书馆标准规范体系更加健全,业务基础建设加强

标准化是"为了在一定范围内获得最佳秩序,对现实问题或潜在问题制定共同使用的重复使用的条款的活动"[1]。在长期的业务实践中,图书馆界认识到标准化建设的重要意义。早在 19 世纪下半叶,美国著名图书馆学家麦维尔·杜威在发起公共图书馆运动时就曾大力提倡并身体力行地推行图书馆标准化工作,他通过自己创设的图书馆用品公司,大量生产标准化的图书馆用品和设备,为美国图书馆事业的迅速普及作出了突出贡献。[2] 为促进图书馆标准化建设,许多国家建立了相关的标准化组织,如德国国家图书馆的图书馆标准办公室、美国国家信息标准组织、国际图书馆协会联合会的标准委员会,等等。此外,各国的图书馆协会大多承担发布图书馆行业标准的职责。[3]

(一)标准规范的建设

截至 2020 年,改革开放以来我国图书馆的标准规范共 379 项。从标准规范的状态

---

① 中华人民共和国国家质量监督检验检疫总局. 标准化工作指南(第一部分):标准化和相关活动的通用词汇;GB/T2000.1—2002[S]. 北京:中国标准出版社,2002.

② 韩永进. 中国图书馆事业发展报告(数字图书馆卷)[M]. 北京:国家图书馆出版社,2016:342.

③ 王秀香,李丹. 我国图书馆标准规范体系构建研究[J]. 图书馆,2017(9):9-12.

上看，现行标准 293 项，作废标准 57 项，处于标准计划状态的 29 项。主要涉及五个主题：资源类、管理类、技术类、服务类及基础建设类。①

其中资源类所含标准规范数量最多(257 项)，资源类是指围绕图书馆资源采集、编目和典藏等制定的标准，占总量的 67.8%。管理类(61 项)是指为支持图书馆人、财、物的有效运转而制定的标准，包括对设施设备、业务、环境和组织机构人员的管理等。技术类(31 项)是指支持图书馆资源和服务的各种接口、集成规范和应用协议等标准类型，如技术互操作规范、总分馆数据接口要求、信息检索、馆际互借应用协议规范，还有信息技术在特定领域的应用，如健康信息学中的公钥基础设施建设规范。服务类(25 项)是指各种服务标准，包括基本服务、特定领域服务和针对特定人群的服务标准。基础建设类(5 项)是指与馆舍布局、建筑、设施设备相关的标准规范。这些标准的制定与推行推动了图书馆资源的共建与共享，提升了服务的标准化与均等化水平。

(二)相关工具的研制

改革开放以来修订与研制的代表性文献分类标引工具有《中国图书馆分类法》《中国科学院图书馆图书分类法》《中国人民大学图书馆图书分类法》。研制的信息组织工具有《中国图书馆图书分类法(第二版)索引》《通用汉语著者号码表》《中国分类主题词表》等。代表性的主题标引工具有《汉语主题词表》《中国档案主题词表》《中医药主题词表》《化工汉语主题词表》等。

以图书情报机构为主开发的文献索引工具主要有：①中文社会科学引文索引(CSSCI)，由南京大学中国社会科学研究评价中心开发研制，1999 年被列为教育部重大项目，CSSCI(2021—2022)收录来源期刊 583 种，台湾期刊 30 种，报纸理论版 2 种。②中国科学引文数据库(CSCD)，系 1989 年中国科学院创建的我国第一个引文数据库，被称为"中国的 SCI"，获中国科学院科技进步二等奖。已积累论文记录 5453919 条，引文 76723867 条。③《中文核心期刊要目总览》，由北京大学图书馆及北京十几所高校图书馆众多期刊工作者及相关单位专家参加的中文核心期刊评价研究项目成果，自 1992 年至 2020 年共出版了 9 版，为图书情报部门对中文学术期刊的评估与订购、为读者导读提供参考依据。④《全国报刊索引》，1955 年由上海图书馆的成员馆上海市报刊图书馆

---

① 司莉，陈辰，郭思成. 中国图书馆学的应用实践创新及发展研究[J]. 中国图书馆学报，2021，47(3)：23-42.

创刊，收录报纸 200 多种，全国各地区（包括港澳台地区）期刊 8500 多种。这些由图书情报领域研制的工具，在提升科学研究质量和效率、开展学术评价与科研管理创新、指导图书馆实际工作等方面发挥了十分重要的作用。

四、用户服务水平提高，功能进一步拓展

各类图书馆坚持开放服务，开拓新的服务领域，深化服务内容，共享馆藏和服务设施，传统的单一、封闭的服务局面被打破，面向服务的个性化、精准化、智慧化等方面发展。

20 世纪 80 年代以前图书馆以单一化的纸质文献服务为主。进入 90 年代以后，计算机网络技术促进了图书馆服务的数字化和网络化。21 世纪初，围绕 Web2.0 技术推出的 Library2.0 逐渐普及；如今，全媒体、数据智能等技术正推动图书馆服务走向新的阶段。全媒体时代，图书馆读者服务更加多元化。一是服务资源的多元化。越来越多的读者倾向于利用手机、阅读器、平板等新兴媒体终端进行数字化阅读。图书馆不仅对其已有的纸质文献进行数字化加工转换，还逐步建成以数字信息技术为核心的全媒体存储格局。读者可以利用电脑、手机等多媒体终端进行阅读，也可以把数字化阅读与传统文献阅读相结合，实现多元化阅读。二是服务形式的多元化。从服务对象上看，图书馆在服务到馆读者的同时，还为互联网远程读者提供服务。如利用数字参考咨询解答读者提出的问题；利用微博、微信公众号平台、短视频平台与读者进行互动交流。从服务方式上看，读者除了能到馆借阅，还能通过电脑、手机、手持阅读器等设备查询文献信息，直接预约或下载相关资源。从技术手段上看，图书馆致力于利用相关技术推动信息服务的智能化与自助化。如引进多重触控显示屏实现在线检索及在线浏览图书、期刊和报纸；采用 RFID 技术定位馆藏纸质文献，为读者提供自助借还服务；引进自助文印系统，方便读者进行文献利用。

现代信息技术的完善与成熟为图书馆延伸和升级服务提供了有力的支持。图书馆在读者需求、理念更新及技术进步的驱动下，致力于构建立体化的服务环境，即整合与图书馆服务相关的诸如馆藏资源、技术性资源、智能化设备、馆员等要素，通过图文、音视频等形式为读者提供信息服务，打造全方位立体化的战略格局。如引进 3D 导航系统将图书馆客观、立体地呈现给读者，为到馆读者提供引导，便于他们更直观地了解图书馆的空间布局，进而更充分地利用馆藏资源；又如构建多媒体放映厅，同步放映超清影视资源和 3D 视频等，让读者感受 3D 放映带来的视觉冲击；再如借助虚拟现实技术打

造一个可听可视、体验多样数字阅读环境。比较典型的是苏州市图书馆，该馆运用虚拟现实技术打造数字体验馆，读者在体验馆系上安全带、戴上 VR 眼镜后，月球表面仿佛就在眼前，无垠宇宙近在咫尺，万丈海底任人徜徉。虚拟现实技术将原本乏味的静态阅读方式转变为三维立体演示模式，从而提升了知识体验的深度和广度。总之，在立体化的服务环境下，图书馆将单一的平面阅读方式转变为更易于读者接受的多形态模式，有利于激发读者的创意思维和才智，而读者根据自身要求选择所需的服务形式，也能从不同角度体验图书馆的服务。此外，随着数据挖掘、信息检索、人工智能等技术的完善，图书馆逐步拓展和延伸原有的普适性服务，以此满足读者的个性化需求。如图书馆可以对本馆读者的学历、专业、借阅历史等情况进行分析，根据其需求倾向，通过相关技术手段将整理后的信息资源实时传送到读者的电脑或手机等终端，为读者建立"我的图书馆"或个人专属知识库。

五、图书馆事业管理水平日益提高

改革开放以来，我国图书馆事业管理体制机制不断完善，在法人治理、政府购买服务、社会参与、绩效考评，以及促进跨区域、跨系统统筹协调发展方面不断开拓创新，图书馆事业不断焕发新的生机与活力。图书馆事业管理从行政命令主导式管理到以理事会为核心的图书馆法人治理结构改革有序推进，不断促进政事分开、建立制衡机制、完善监管体系。从政府包揽到引入社会力量参与图书馆建设，政府购买图书馆服务、图书馆捐赠资金管理、图书馆志愿者队伍建设等相关政策保障机制不断健全，社会力量参与图书馆事业建设的积极性不断高涨，参与形式日益多元。

图书馆绩效管理机制不断健全。我国政府主管部门对公共图书馆事业的考核评价职能逐步向图书馆行业组织转移，专业研究机构在评估标准研制、评估系统开发及评估活动组织方面发挥了越来越积极的作用。数字图书馆推广工程、中华古籍保护计划等重点文化工程的专项评估工作日益深入，评估结果的应用日益广泛；全国文明城市评比、国家公共文化服务体系示范区验收等工作，均已将图书馆建设、管理与服务情况纳入考核指标。与此同时，中小学图书馆、高校图书馆以及科研院所图书馆等的绩效考评工作也分别在制度建设、标准制定以及实践推广方面取得长足进步。如2015 年5 月印发的《教育部 文化部 国家新闻出版广电总局关于加强新时期中小学图书馆建设与应用工作的意见》，明确要求"把图书馆建设与应用工作纳入依法治校，作为中小学校综合督导评估和义务教育均衡发展评估认定的重要内容，完善评估标准和实施细则，定期开展应用管理评估工作，并将评估结果纳入学校管理考核"。

我国图书馆从业人员结构和整体素质进一步优化。各类型图书馆不断推进实施"人才兴馆""人才强馆"等举措。通过营造适宜人才成长的环境，提升馆员的地位和待遇，进一步完善图书馆专业技术职称制度，人才队伍建设机制日益完善，图书馆专业技术人才比例逐步扩大，人力资源结构逐步向高学历、专业化和知识化的方向发展。2021年，1335所高校图书馆拥有在编博士学位馆员1532人。[①] 2021年中国公共图书馆从业人员中具有高级职称人员7413人，占从业人员总数的12.5%。围绕数字图书馆建设、知识信息组织、古籍保护、基层图书馆服务等重点领域开展的职业培训和继续教育成效突出，城乡基层图书馆(室)从业人员的系统培训机制逐步健全，依托数字图书馆推广工程、古籍保护工程等建立培训平台与人才培训基地，通过大规模全国性培训、个性化定制培训、网络远程培训、特色培训、合作培养等对从业人员实施专业培训，业务水平有效提升。

总的来说，我国图书馆事业宏观管理体制和个体图书馆微观管理水平不断提高。特别是全国图书馆工作评估的开展，有效推动了各级各类图书馆工作建设；图书馆人员队伍结构为适应图书馆管理正规化、科学化、自动化的需要加速调整，图书馆馆员整体素质改善明显。

六、现代信息技术在图书馆广泛应用

现代信息技术在图书馆得到全面渗透和应用，已成为推动图书馆发展的战略因素。

(一)图书馆业务工作与管理自动化

图书馆自动化是以计算机技术为核心，与网络通信技术相结合，对图书馆的各项业务实行自动控制的过程。简单地说，就是运用计算机来处理图书馆的业务及提供的相应服务，诸如：图书采访、编目、期刊管理、流通管理、书目检索及行政管理等。其中图书馆集成管理系统是核心，该系统通常有多功能的共享公共数据库，功能模块包括采访、分编、典藏、流通、期刊管理、通过咨询、信息检索和办公室自动化等。图书馆集成管理系统实现了图书馆的科学管理和运行机制的优化，利用计算机对各种文献进行加

---

① 吴汉华，王波. 2021年中国高校图书馆基本统计数据分析[J]. 大学图书馆学报，2022，40
(6)：42-49.

工、处理和服务，提高了图书馆的整体效率。

(二) 图书馆文献资源数字化

图书馆文献资源数字化建设把文献信息以数字化形式加以贮存，同传统图书馆的纸质印刷文献相比，占用空间更小，且能实现多复本同时阅览。在查阅方面，数字化资源更易保存，不易损坏。此外，图书馆文献资源数字化建设，把计算机检索查阅系统引入其中，借助互联网及现代信息技术，读者只需点击鼠标，通过"关键词"便可以迅速查找到与之相关的文献信息资料。总的来说，数字资源拥有网络共享、远程访问、便于检索、利于保存，可以方便地进行智能化和集成化处理等优点，成为现代化图书馆文献信息的主要形式之一。

(三) 图书馆信息服务的网络化

互联网的迅速发展，把图书馆的电子文献服务推向全球化。图书馆的馆藏文献和信息资源能够为本单位服务，也为社会服务。图书馆利用网络系统协调采购工作，避免重复劳动，实现标准化和规范化；利用网络系统进行流通管理以提高服务效率和书刊利用率；利用终端为读者提供联机目录查询，网上馆际互借，传递电子出版物的索引、摘要甚至全文数据库的某些文献。读者通过互联网，可以查阅到国内外图书馆的书目信息，可以访问 Dialog、BRS、MEDLINE 等世界上许多著名的数据库与众多免费的信息数据库；利用互联网，图书馆还可以在网上举办电子论坛与讲座，邀请全球读者线上参与。

(四) 智慧图书馆的兴起

智慧图书馆是未来图书馆的新形态。它应用高速传输、安全存储、大数据分析、智能计算、虚拟仿真、智能传感等现代信息技术，建立全新的资源创造方式和现代化的管理体系，通过线上线下资源和服务的融合重构，为读者提供全时全域的智慧服务。智慧图书馆基于"物联网+云计算+智能化设备"，实现知识共享性、服务高效性、使用便利性，彻底改变传统图书馆的功能和形象。其中，多媒体技术及虚拟现实技术突破了计算机仅能处理文本和字符数据的局限，与用户交换信息时由呆板、枯燥、乏味的形式转化为图、形、声、情并茂的多样多彩的形式。互联网、云计算、大数据联通图书馆以及馆内智能化设备，实现了智慧化的管理和服务，包括智慧化借还、智能盘点、安全管理等。

七、图书馆学研究走向繁荣

中国图书馆学的思想体系是在继承中国古代图书馆学思想和吸收西方现代图书馆学思想的基础上，与中国社会发展和图书馆事业发展相结合形成的。古代图书馆学体系以古代图书馆学思想体系为基础，是古代校雠目录学体系中的一个子系统，包括藏书法、藏书理论、书文化和藏书楼文化、藏书史等。现代图书馆学体系以现代图书馆学思想体系为基础，继杨昭悊提出"纯正的图书馆学"和"应用的图书馆学"①、李景新提出"历史的图书馆学"和"系统的图书馆学"②后，产生了两分法③（理论图书馆学和应用图书馆学）、三分法④（理论图书馆学、专门图书馆学、应用图书馆学）和四分法⑤（普通图书馆学、专门图书馆学、比较图书馆学和应用图书馆学，或理论图书馆学、专门图书馆学、应用图书馆学和比较图书馆学⑥）的学科体系。

新中国成立以后，图书馆学研究最显著的特征是学科体系走向系统和完善。1949—1979 年，图书馆学基础理论研究产出了"要素说""矛盾说""规律说"等一系列具有创新性的理论成果，同时围绕着图书馆实际工作的需要，在图书馆资源建设、图书分类编目、联合目录、书目索引等领域产出了大量应用性研究成果。20 世纪八九十年代，通过对传统的经验图书馆学的批判性反思和国外图书馆学理论与方法的借鉴，图书馆学理论研究向深度拓展，重构图书馆学理论体系取得重要成果，理论联系实际的研究受到重视，图书馆学研究的国际化视野得到拓展。这一时期，图书馆学情报学各种学术刊物数量不断增多，研究质量不断提高，研究规范、研究课题日益与国际接轨，我国图书馆学研究日益繁荣。

进入 21 世纪以来，我国图书馆学研究主题不断扩展，在图书馆学基础、信息资源建设、信息组织、图书馆管理、图书馆服务、图书馆新技术应用、知识产权与图书馆法、图书馆联盟及开放获取与信息交流等多个维度都有深入探索和充分挖掘。中国的图书馆学研究在传承图书馆学学术传统的同时，不断注重适应国家政策和信息环境发展变

① 杨昭悊 . 图书馆学[M]. 上海：商务印书馆，1923：32.
② 李景新 . 图书馆学能成一独立的科学吗？[J]. 文华图书馆学专科学校季刊，1935，7(2)：263-302.
③ 倪波，荀昌荣 . 理论图书馆学教程[M]. 天津：南开大学出版社，1981：81.
④ 周文骏 . 概论图书馆学[J]. 图书馆学研究，1983(3)：10-18.
⑤ 吴慰慈，邵巍 . 图书馆学概论[M]. 北京：书目文献出版社，1985：14.
⑥ 宓浩，刘迅，黄纯元 . 图书馆学原理[M]. 上海：华东师范大学出版社，1988：236.

化，在关注中国图书馆学的重大理论问题的同时，也十分关注中国图书馆发展的实际问题。中国图书馆学理论与实践研究不断提出学科领域的新概念和范畴，产出了大量具有原创性的研究成果，努力构建出具有中国特色的图书馆学知识体系。

八、图书馆学教育不断发展

中国现代意义上的图书馆学教育发端于 1920 年韦棣华女士创办的武昌文华大学文华图书科。1920—1949 年，上海国民大学图书馆学系、金陵大学图书馆学系、国立社会教育学院图书博物馆学系相继建立。但在当时艰难的社会环境中，这些学校办学时断时续。至 1949 年前，中国图书馆学教育处于初创与缓慢发展时期。

1949 年 10 月 1 日，中华人民共和国成立，图书馆学教育和中国各项事业一样，得到迅速恢复与发展。1953 年院系调整，"文华图专"并入武汉大学，设图书馆学专修科。1956 年 11 月教育部批准将北京大学和武汉大学的图书馆学专修科升格为本科图书馆学专业，改为图书馆学系，学制四年，从此中国图书馆学教育走上稳定发展的轨道。在党和政府的领导下我国图书馆学高等教育的规模扩大，在坚持图书馆学本科教育的同时，还采用了多种形式办学，如函授教育和短期培训等。1949—1978 年，我国图书馆学教育共培养大学本科、专科毕业生 2200 余人，成人教育毕业生 1250 人，共计为各类型图书馆输送了图书馆专业人才 3500 多人。[①]

1977 年，因"文化大革命"中断的高考恢复，1978 年中国图书馆学教育迎来了拨乱反正以后的第一批大学生。1978—1992 年，中国图书馆学教育得到全面恢复发展。这一时期我国图书馆学院校快速增加，多层次教育体系逐步建立。1978 年，武汉大学图书馆学系和北京大学图书馆学系率先启动了研究生教育，南京大学图书馆也招收了目录学方向的研究生。1981 年 11 月，武汉大学、北京大学正式获得了图书馆学硕士学位授予权。1990 年 11 月，经国务院学位委员会批准，北京大学、武汉大学获得图书馆学、情报学博士学位授予权，自此图书馆学高等教育形成了完整的本科、硕士、博士教育体系。这一时期，不少图书馆学院系开始探索新的学科教育增长点，以图书馆学专业为基础，开设情报学、档案学、编辑出版学等专业。

1992 年 10 月，北京大学图书情报学系率先改名为信息管理系，全国各大学图书馆学院系纷纷开始改名，或改成信息管理系，或改成信息资源管理系。中国的图书馆

---

① 吴慰慈. 中国图书馆学情报学教育的改革与发展[J]. 图书馆工作与研究，2003(5)：2-5.

学教育开始变革，试图寻求突破。图书馆学教育的人才培养目标开始由面向图书馆职业向更为宽广的信息管理职业发展，不少高校也将图书馆学专业培养目标定位为培养具有现代信息管理能力的复合型人才。1993 年，国家教委修订《普通高等学校本科专业目录》，图书馆学专业成为"图书信息和档案学类"所属的种专业。20 世纪 90 年代末期，《普通高等学校本科专业目录》与《授予博士、硕士学位和培养研究生的学科、专业目录》均增设了"管理学"门类，并分别下设"图书档案学类"专业类和"图书馆、情报与档案管理"一级学科。这次对学科专业归属的调整，改变了原来专业划分过窄过细的状况，实现了拓宽专业口径的目标。此后，图书馆学情报学教育进入了较长的稳定发展时期。

2011 年发布的《学位授予和人才培养学科目录》与 2012 年第四次修订的《普通高等学校本科专业目录》，都将图书馆学专业归属的一级学科(专业类)名称变更为"图书情报与档案管理"，本科专业目录和研究生专业目录在一级学科和专业类名称上实现了统一。另外，在本科类目下新增了信息资源管理专业，共同构成新的专业类，相关专业的整合有利于促进专业间的交流融合。2022 年 9 月在国务院学位委员会和教育部颁布的研究生教育学科专业目录中，将一级学科"图书情报与档案管理"再次改名为"信息资源管理"，一级学科名称的调整将为图情档学科的发展带来新的机遇。

新中国成立 70 余年，图书馆学教育取得了七大历史性成就：①建立和完善了与社会政治、经济和文化制度发展变革相适应的图书馆学教育制度；②经过长期探索，科学合理地确立了图书馆学专业与学科的定位；③形成了多层次、较大规模且较完整的图书馆学专业教育体系，本科教育平稳发展，硕士研究生教育发展迅速，博士研究生教育高质量稳步推进；④学科建设不断迈上新台阶，包括图书馆学在内的"图书馆、情报与档案管理"(信息资源管理)已在学科之林中居于重要地位；⑤构建了与时俱进的图书馆学课程体系、教育内容体系和教材体系，使图书馆学教育能够顺应时代的发展和变革，保持了它的生机与活力；⑥图书馆学教育的国际化程度不断提高；⑦为图书馆和其他信息行业培养了大量优秀人才，这是上述六大成就的必然结果，也是新中国成立 70 多年来，图书馆学教育对社会发展最直接的贡献。①

---

① 肖希明，倪萍. 新中国 70 年图书馆学教育的发展与变革[J]. 图书与情报，2019(5)：1-12，38.

第三节　图书馆合作与图书馆联盟

一、图书馆合作基本概念及意义

(一)图书馆合作的基本概念

合作是一种联合行动的方式，是个人与个人、群体与群体之间为达到共同目的，彼此相互配合的一种联合行动。图书馆之间的合作是指两个或两个以上的图书馆为了共同的目标，集合多方的共同力量，致力于提高图书馆工作的效率，促进信息资源的利用，为读者提供更全面、周到的服务而共同进行的各种活动，其主要目的是实现资源、技术、资金、人员等的最大化使用，形成资源和服务的共建共享。

图书馆合作可以是非正式的资源共享活动，也可以是按正式协议或合同组织的合作。合作时间可以是短期的，也可以是长期的。合作区域可以是地方性的、全国性的或国际性的。图书馆网和图书馆联盟是图书馆合作活动的重要组织形式。

图书馆合作在不同时期的表现形式不同。早期的图书馆合作主要是围绕印本书进行，以手工作业为基础，通常以相互提供文献借阅的方式开展合作，这种合作的范围较小，合作内容较单一，合作形式也较松散。随着计算机和通信技术的不断普及和应用，特别是互联网进入图书馆，图书馆合作逐渐进入较高的层次，各个合作馆可以合作建设馆藏，共享编目数据，以联合目录为基础的馆际互借和文献传递都成为图书馆合作的重要内容。随着人们文化和信息需求的急剧增长，对更大范围的图书馆合作和资源共享的需求也越来越迫切，而文献信息资源的数字化和网络技术的迅速发展，为图书馆合作与文献信息资源的共建共享提供了强有力的技术支持，图书馆联盟正是在这样的背景下应运而生。与早期的图书馆合作相比，图书馆联盟是一种更加紧密的合作形式，其活动内容具有更大程度的协同性。

(二)图书馆合作的意义

1. 缩小地区信息差距

图书馆是为社会大众服务的公益性文化与信息机构，一直以来被誉为"无围墙的大学""终身教育的场所""人们获取知识不可或缺的社会化机构"等，最大限度地满足每一位公民对知识、信息和文化的需求是社会赋予图书馆的重要使命。2022年联合国教科文组织《公共图书馆宣言》指出："公共图书馆应不分年龄、种族、性别、宗教、国籍、语言、社会地位和任何其他特征，向所有人提供平等的服务。"国际图联《格拉斯哥宣言》也提出："图书馆和信息服务机构应将他们所有的信息资料、设备和服务平等地提供给所有用户使用。不因任何种族、国籍或某种、年龄、伤残情况、宗教或政治信仰的原因提供区别服务。"图书馆合作与发展的基本目标与二者的精神是一致的。数字化信息时代，信息数量急剧增长，用户对信息资源的需求日益广泛复杂，单个图书馆的资源与服务已不能充分满足用户日益增长的信息需求。图书馆只有加强合作，通过经济发达地区的图书馆帮助欠发达地区的图书馆，大型图书馆帮助中小型图书馆，省市图书馆帮助县乡图书馆，才能逐步缩小不同地区图书馆之间的差距，实现以人为本、公平服务的国际性图书馆核心价值目标。

2. 实现文献信息资源共享

文献信息资源共享是图书馆合作的主要目标和活动内容，其实质是对分布在不同空间的文献信息资源，通过一定的组织方式和手段充分地利用，从而最大限度地满足用户对文献信息资源的需求。图书馆合作能够促进图书馆文献信息资源得到合理配置，实现文献信息收集与利用的协调，使有限的文献信息资源产生最大的效益。长期以来，图书馆有限的经费难以购置用户需要的所有文献资源，尤其是在数字化、网络化的信息环境下，文献信息资源急剧增长，信息载体多样化，使得任何一个图书馆都无法将文献信息资源搜集齐全，也无法满足读者日益广泛复杂的信息需求。因此，图书馆应通过广泛的合作，分工采集资源，避免重复浪费，走合作共建、资源共享之路。

3. 提高图书馆工作效率

图书馆之间通过人员、服务、技术、管理等多方面的合作，可以提高图书馆工作效率，避免不必要的资源浪费。图书馆合作编目能够减少个体馆图书编目工作量，同时，统一的文献信息编目能够促进馆际资源交流。图书馆人才合作如馆际业务培训能够形成馆际互助，帮助个体馆快速建立专业人才队伍。此外，随着现代化技术在图书馆工作中的广泛应用，图书馆技术保障合作也越来越重要。图书馆业务管理系统的共建共享，来自其他图书馆、数据商的技术加盟，为图书馆业务工作提供了更好的技术保障。

二、图书馆合作内容

(一)文献信息资源建设的合作与共享

文献信息资源共建共享主要包括联合编目、馆际互借,以及合作发展馆藏等方面内容。

联合编目。在我国,全国图书馆联合编目中心成立于 1997 年。其宗旨是:在全国范围内组织和管理图书馆联机联合编目工作,运用现代图书馆的理念和技术手段将各级各类图书馆丰富的书目数据资源和人力资源整合起来,以国家图书馆为中心,实现书目数据资源共建共享,降低成员馆及用户的编目成本,提高编目工作质量,避免书目数据资源的重复建设,实现书目数据资源的共建共享。此外,为最大程度地实现书目数据资源的共建共享,中国高等教育文献保障系统也成立了联机合作编目中心。

馆际互借。馆际互借(interlibrary loan)是图书馆资源共享最早的一种方式,具体做法就是对于本馆没有收藏的文献,在本馆读者需要时,根据馆际互借制度,协商借阅办法和收费标准,向外馆借入;同样,在外馆向本馆提出馆际互借请求时,借出本馆所拥有的文献,满足外馆的文献需求。

合作发展馆藏。指两个或两个以上的图书馆在自愿基础上,通过分工,各自尽可能将一定范围的文献收集齐全,使各类型、各学科文献在整体上更为充实,避免不必要的重复浪费,并在此基础上促进资源共享。合作发展馆藏一方面可共同应对文献激增和预算紧张的挑战;另一方面也可使合作馆的馆藏资源最优化。在此基础上,还可通过全国性管理机构,负责全国信息资源建设、布局、共享及优势互补的总体规划,组织实施全国各系统、各地区图书馆合理配置信息资源。

(二)图书馆信息服务的合作与共享

图书馆信息服务是图书馆工作的落脚点与归宿,由两部分构成。一部分是图书馆的基础服务工作,主要包括书刊借阅、馆际互借、定(专)题服务、读者导读、用户教育等;另一部分是现代信息服务工作,主要包括信息咨询、文献传递、科技查新、信息素养教育、个性化服务、用户培训等,这些工作是实现图书馆价值、发挥图书馆作用的直接体现。共建共享环境下,图书馆的服务功能在扩展,服务活动在延伸,服务方式在变革,图书馆的信息服务不仅体现在个体图书馆服务价值上,还体现在加入图书馆联盟后联盟及联盟成员馆对图书馆的服务。图书馆集群服务已成为图书馆突出优势资源和特色服务的主要体现。

图书馆的信息服务除涵盖图书馆自身的服务活动外，图书馆联盟及其盟员馆的服务也成为单个图书馆用户获取文献资料的重要手段。图书馆联盟的加盟服务可使用户在更广阔的服务平台上获取更高层次的服务。可了解本馆以外，本地区、本系统、本行业，乃至全国、全世界图书馆的藏书；了解联盟内各成员馆的特色资源、重点学科资源、教学参考资源等，并通过文献传递、馆际互借等提供文献获取服务；通过联合咨询，为用户提供更多、更专业、更权威的信息服务；通过用户的在线联合培训，扩大信息素养教育范围，掌握信息获取技能等。而随着网络化信息服务的不断细分，图书馆独立进行信息整合的能力很有限。借助网络信息技术，图书馆集网络连接、虚拟存储、信息组织、检索服务等多种社会服务为一体，不同图书馆可以在虚拟空间中实现重组或整合，这就使得图书馆可以通过服务合作弥补信息资源服务范围的不足。[①] 为了充分满足信息用户及科学研究的需要，一些具有特色馆藏的图书馆越来越多地结成同盟，如广东省立中山图书馆、上海市中心图书馆、宁波市数字图书馆等图书馆联盟纷纷推出联合参考咨询服务，这些合作模式已逐渐成熟，而且显现出了跨地区、跨系统联合发展的趋势。[②]

总之，信息服务共建共享不仅拓展了图书馆的服务空间，为图书馆发展寻求了新的发展生机，同时也为用户提供了更大范围的信息服务获取途径。

(三)图书馆技术的联合保障

技术保障工作是图书馆各项工作的支撑，特别是在新兴技术背景下，其对于图书馆显得更加重要。传统工作模式下，图书馆的技术保障主要是对个体图书馆业务管理系统、电子阅览、网络环境、设备技术等的管理与优化。共建共享环境下，图书馆的技术保障与其他图书馆、数据库商进行了充分的交融，在服务空间、服务功能等方面得到了充分的展示。其核心价值不仅体现于对本馆业务工作的支撑，来自馆外的技术力量同样为图书馆的业务工作提供了技术保障。图书馆在自身技术保障的基础上，来自其他图书馆、数据商的技术加盟，如设备的租用、数字资源的远程存取、图书馆服务软件的联合开发与共享、管理系统的统一维护等，也为图书馆提供了更好的技术保障。

---

① 赖毅. 论数字图书馆的服务合作[J]. 图书馆建设, 2012(6)：62-65.
② 武琳，胡千乔，郭婵. 我国省级公共图书馆数字参考咨询服务合作模式现状分析[J]. 图书馆杂志, 2011, 30(4)：50-54.

（四）图书馆管理工作的合作交流

图书馆管理的核心是实现图书馆的发展目标与战略计划。图书馆在与其他图书馆合作与交流过程中，其管理工作在发生变化。在人力资源管理上，除着眼于本馆人才队伍建设外，还要放眼于联盟馆、合作馆、数据商、出版商等部门的人力资源，实现人才的合作、互助与租用。在财力资源管理上，除考虑本馆信息资源建设、设备资源建设、人才培养等经费预算外，还要考虑图书馆在文献传递、馆际互借等方面的支出，考虑联盟在合作采购等方面节省的经费开支，考虑加入联盟后联盟对图书馆的经费投入等，做好图书馆的预算与决算。在图书馆目标管理上，通过图书馆的合作与交流，图书馆的规章制度、岗位设置、工作流程、管理模式等均会在交流中得到优化与提升，这从另一个方面也助推了图书馆事业的发展。

二、图书馆合作的组织形式——图书馆联盟

（一）图书馆联盟的基本含义

国际上关于"图书馆联盟"的称谓非常多，使用较多的名称有"图书馆联盟"（library consortium）、"图书馆同盟"（library alliance）等。library consortium 的复数形式为 library consortia。根据美国图书馆协会的解释，consortium 词源于拉丁文，意为"伙伴"。图书馆联盟通常限于某一地理区域、某一类型或某一学科领域的图书馆，组织起来实行资源共享，达到改进图书馆服务和资源获取。[1]

在国内，图书馆联盟被认为是各图书馆之间为降低成本、共享资源而共同发起的一种联合体，既有政府主办的，也有自发组织的；既有集中型的，也有分布式的。[2] 随着图书馆联盟业务不断拓展，上述概念也不断发展，图书馆联盟被认为是"为了实现资源共享、利益互惠的目的而组织起来的，以若干图书馆为主体，联合相关的信息资源系统，根据共同认可的协议和合同，按照统一的技术标准和工作程序，通过一定的信息传

---

① Sharon L. Botick. Academic Library Consortia in the United States: An Introduction [J]. LIBER Quarterly: The Journal of the Association of European Research Libraries, 2001, 11(1): 6-13.

② 吴建中. 中国图书馆发展中的十个热点问题[J]. 中国图书馆学报, 2002(2): 7-12.

递结构，执行一项或多项合作功能的联合体"①。图书馆联盟可能有具体的组织实体，也可能没有实际的组织机构。

总体来说，图书馆联盟是以地域、图书馆类型、学科领域等为基础建立的，在一个中心机构的协调和管理下，协同性地执行一项或多项资源共享计划的正式图书馆合作组织。协同行动指在某一特定时刻由联盟的所有成员共同参与的活动，当这一活动发生在对外关系的背景下，活动的主题往往是整个联盟，而不是分散的图书馆。图书馆联盟的特点是采用协同性更强的"集团式"文献采购，而不是"分工式"采购。除了"集团式"文献采购，图书馆联盟还经常协同性地采用同一自动化管理系统、共建联合目录、共享服务器、共建共享同一数字图书馆等。随着信息技术的发展，图书馆合作中的协同行动大大增加，图书馆联盟既可以理解为一种策略行为，也可以理解为一种组织安排，是指两个或两个以上图书馆的相互合作关系。当从整个图书馆事业的层面观察图书馆联盟时，就会发现众多的图书馆联盟相互交叉、相互联系，将图书馆联结成一个纵横交错的网络组织。

联盟模式的划分有多种标准，按联盟组织结构的严密程度可划分为松散型和紧密型。松散型联盟由一城或一地的基层图书馆组成，通常没有专职人员，也没用专用资金，不需缴纳很多费用，但提供的服务也少。紧密型联盟成员由单一类或混合类图书馆构成，有专职人员组织协调项目发展，资金由所属机构提供，或由基金会及其他外部资金赞助。按联盟所涉及的地域范围，可划分为区域性、全国性、国际性的图书馆联盟。如 Ohio LINK、NERL(North East Research Libraries)都是美国著名的区域性图书馆联盟。OCLC(Online Computer Library Center，联机图书馆中心)则是著名的国际性图书馆联盟。"中国高等学校数字图书馆联盟"属于全国性的图书馆联盟。按参与联盟的图书馆性质可划分为综合性图书馆联盟和专门性的图书馆联盟。如我国国家科技图书文献中心即NSTL 是我国科技系统图书馆之间结成的联盟，属于专门性图书馆联盟。上海文献资源共建共享协作网即 SIRN 为跨系统的综合性图书馆联盟。

(二) 中国图书馆联盟的发展与现状

我国图书馆之间的协作始于 20 世纪 50 年代，《上海各图书馆藏中文报纸副刊目录》

---

① 戴龙基，张红扬. 图书馆联盟实现资源共享和互利互惠的组织形式[J]. 大学图书馆学报，2000(3)：36-39；胡立耘. 图书馆联盟简论[J]. 图书馆，2003(5)：5-7.

是我国出版的第一个馆际合作的联合目录。1957年国务院颁布了《全国图书协调方案》。20世纪90年代初，基于计算机网络的地区性图书馆协作系统"中关村地区书目文献信息共享系统"（APTLIN）成立。

我国图书馆联盟蓬勃发展于20世纪90年代中期以后。随着科教兴国战略的实施、国家财力的增强和社会信息化的加速，各行业系统都着手建立本系统内全国性的图书馆联盟体系。1998年，教育部主导建立的"中国高等教育文献保障系统"、2004年建立的"中国高校人文社会科学文献中心"、2000年科技部主导的"国家科技图书文献中心"、2002年文化部组织实施的"全国文化信息资源共享工程"是其中的代表。这些国家级系统的运行实践，为各地和其他类型图书馆联盟的建设提供了经验。

自20世纪90年代后期起，天津、江苏、河南、湖北、海南等省（直辖市）以CALIS各地区中心所在地教育部所属重点高校图书馆为核心，建立了与CALIS功能类似的各省（市）高等教育文献保障系统。一些地方政府和有关部门纷纷行动，组建了跨行业跨系统的区域性图书馆联盟，例如，珠江三角洲数字图书馆联盟、吉林省图书馆联盟、上海市信息资源共建共享网等。一些地理位置相近的省、区公共图书馆，还建立了跨省域的公共图书馆联盟，如湘鄂赣皖晋豫六省公共图书馆联盟、京津冀跨区域公共图书馆联盟平台等。这些联盟不仅在联盟范围内开展资源共建共享活动，而且网网互联、协同发展，构成了一个网络化的图书馆联盟体系。这些图书馆联盟与联盟体系，广泛开展了卓有成效的合作，有力地推动了各系统、各地区乃至全国文献信息资源共建共享的发展。

（三）图书馆联盟的组建与管理

联盟的组建是图书馆之间开展各项合作活动的基础。从国内的实际情况看，图书馆联盟的组建大多离不开政府或行业协会的领导与支持，强有力的领导与核心是联盟得以组建的重要保障。政府主管部门或行业协会的权威地位，在同业中的号召力及有效的组织与管理是文献信息资源共建共享系统健康发展的基础。同时，良好的组织形式是联盟的骨架，有效的管理模式是联盟稳定运行的保证。图书馆联盟各项活动的具体实施必须有一个进行日常管理协调的组织。联盟的组织设计应由成员馆通过沟通、协商来确定，联盟管理规章制度的建立应遵循成员的责、权、利对等原则，包括健全的激励和约束机制，辅以必要的检查和反馈机制。另外，图书馆联盟的启动和运作都需要一定的资金作保证。除此之外，协调好各方权益的保护，制定系列行之有效的行为准则，让联盟内的所有成员共同遵守，建立良好的联盟文化，形成成员馆之间的彼此信任，也是图书馆联盟组建需要关注的问题。

　　服务是图书馆联盟各项活动的目的和宗旨，而组建和服务的有效开展都离不开成员馆之间关系的管理协调。管理贯穿于图书馆联盟的全过程。行之有效的协调管理机制是图书馆联盟高效运作的保障。良好的合作关系意味着成员馆间相互信任，以实现共同利益为目标，联盟内部的信息、知识进行充分的交流、互动与共享，提高各成员馆的能力，从而进一步巩固成员馆间的合作关系。但是由于各成员拥有不同的技术条件和硬件环境，在管理水平、员工素质、文化模式等方面存在差异，并且联盟内部存在信息不对称问题，信息沟通不及时、不充分也会导致联盟规章制度的制定、执行和具体事务处理中出现些偏差等。提高联盟管理协调的效率，改善各成员馆间的合作关系，规范各成员馆的行为，能够促进联盟合作关系的健康发展。

第四节　公共图书馆服务体系建设

　　公共图书馆是我国公共文化事业的重要组成部分。2005 年，党的十六届五中全会第一次明确提出我国文化事业发展的战略目标之一是"逐步形成覆盖全社会的比较完备的公共文化服务体系"。此后，党的历次全国代表大会和中央全会都重申了这一目标。正是在这样的背景下，我国图书馆界开始致力于公共图书馆服务体系建设的研究和实践。近十多年来，公共图书馆服务体系建设蓬勃发展，取得了丰硕的成果。

一、公共图书馆服务体系的概念

　　"图书馆服务体系"的概念于 1995 年提出。[①] 随着公共图书馆事业的发展和相关研究的深入，公共图书馆服务体系的概念逐渐明晰和统一，它是指"一个地区的公共图书馆以保障普遍均等服务、实现信息公平为目标，独立或通过合作方式提供的图书馆服务的总和"[②]。从基础设施架构的角度看，公共图书馆服务体系包括所有实体图书馆、流动图书馆以及它们建立的馆外服务点、图书馆联盟、总分馆系统、区域性服务网络等服务平台。公共图书馆服务体系是一个发展目标，它的实现方式是多层面与多维度的。所

---

①　霍国庆．论社区图书馆[J]．中国图书馆学报，1995(4)：54-59.

②　于良芝，邱冠华，许晓霞．走进普遍均等服务时代：近年来我国公共图书馆服务体系构建研究[J]．中国图书馆学报，2008(3)：31-40.

谓多层面，是指在不同行政区划层级上的实体公共图书馆之间，通过总分馆体系建立一种紧密的业务上的联系；所谓多维度，是指一个地区内，不同行业的图书馆之间，通过实体的、虚拟的方式建立一种松散的业务上的联系。一旦一个地区的公共图书馆服务体系基本形成，意味着它将以图书馆服务体系整体的力量向该地区的民众提供具有普遍性和均等性的图书馆服务。①

二、公共图书馆服务体系建设的原则

1. 公共公益原则

公共性是指公共图书馆服务体系建设是一项面向社会公众、服务公众的公共事业，是国家为满足公民的基本文化需求、提高公民文化素质、优化社会生存与发展的文化环境所作的制度安排。公共图书馆服务体系提供的产品或服务具有公共性，应当而且必须为社会全体公民所使用。公益性是指公共图书馆服务体系提供产品或服务，是由政府通过全民税收支持其经费开支而面向全民开放、为全民所利用的公共物品，因而必须以公益性为前提，实行免费服务，不以营利为目的。要使所有公众都能享受图书馆的资源与服务，而不会因经济贫困被拒之门外。2022 年联合国教科文组织《公共图书馆宣言》中就明确指出："进入公共图书馆建筑和获取公共图书馆服务原则上应当是免费的。设立公共图书馆是国家和地方政府的责任，必须有与国际条约和协定一致的专门及最新的立法保障，由国家和地方政府提供财政支持。"因此，公共性和公益性是公共图书馆服务体系建设必须遵循的基本原则。

2. 普遍均等原则

普遍均等是指一个国家或地区的公共图书馆服务体系应当保障居住在其中的所有人都能就近获取其所需要的知识、信息、文化资源及其他图书馆服务。2022 年版《公共图书馆宣言》对普遍均等服务的表述是"公共图书馆应不分年龄、种族、性别、宗教、国籍、语言、社会地位和任何其他特征，向所有人提供平等的服务"。

保障普遍均等的公共图书馆服务体系应当具有两个基本特征，一是全覆盖，即保证所有的人都能按照一定的标准就近获得服务；二是包容性，即体系内的每个图书馆都不

---

① 李超平. 图书馆学理论视野中的图书馆事业 [J]. 中国图书馆学报，2017，43（5）：21-31.

以经济与社会地位、年龄、性别、宗教种族因素排斥任何人。①

3. 人文关怀原则

人文关怀应当成为公共图书馆服务体系鲜明的特色。公共图书馆服务体系将"普遍均等"概念的内涵具体化为"覆盖全社会""就近获得服务"和"平等无区分服务"三项具有可操作性的政策与实践，使公共图书馆服务体系的人文性得以彰显。公共图书馆服务体系的基础设施、服务内容与形式，往往体现出它的人文关怀特点。比如它的区域性图书馆服务网络、图书馆之城，它建立在城市街头的"24 小时图书自助借还书系统"和"城市书房"，它的流动图书车和送书上门服务等，较之于其他的公共文化机构更显得温馨，更富有人文关怀。

4. 可持续发展原则

公共图书馆服务体系建设不是一项可以一次性完成的工程，而是一个需要长期建设和维护的过程，因此，必须将可持续发展理念贯穿到公共图书馆服务体系的建设中，形成公共图书馆事业的全面、协调和可持续发展机制。这种机制的形成关键在于制度建设。政府需要转变传统的图书馆治理理念，合理规划多层次公共图书馆服务体系，以政策法规保障人员和经费、多模式地建设公共图书馆服务体系。② 作为公共图书馆服务体系建设实施主体的公共图书馆也要加强自身的制度建设，在图书馆资源建设、服务提供、内部管理、与外界合作等方面建立和健全相关制度，提高公共图书馆服务的效率与效益，加强服务覆盖率和远程服务能力，提高图书馆之间，以及图书馆与其他公共文化机构之间的资源共享能力等，实现可持续发展。

三、公共图书馆服务体系建设模式

21 世纪以来，我国各地根据实际情况探索建立公共图书馆服务体系。尽管各地设计的服务体系模式各不相同，但目的和思路大体是相同的，即通过由大中型图书馆来带动基层图书馆或服务点服务能力的提升，由这些基层图书馆或服务点把图书馆服务延伸到城市与乡村的各个角落，从而实现"普遍均等、惠及全民"的公共图书馆服务目标和宗旨。

---

① 于良芝，邱冠华，等. 走进普遍均等服务的时代：近年来我国公共图书馆服务体系构建研究[J]. 中国图书馆学报，2008(3)：31-40.
② 王晶锋. 公共图书馆服务体系可持续发展研究[J]. 图书馆，2009(6)：84-85，112.

近年来公共图书馆服务体系建设的模式主要有：

（一）基层图书馆与流动图书馆建设

我国在 21 世纪初基本上实现了县县有图书馆、文化站的目标。近年来，基层文化设施建设的重点已经开始转移到街道/乡镇和社区/村庄两级。从普遍均等服务的角度看，这是一个非常重要的转变，因为只有这样，才能保证大多数人就近获得公共图书馆服务，才能保证公共图书馆服务对大多数人口的覆盖。

1. 街道/乡镇图书馆建设

街道/乡镇图书馆的建设主要有三种模式：第一种是由县市级政府主导建设(以红头文件或其他方式加以推动，并在经费上予以扶持)的图书馆；第二种是由县级及以上图书馆与街道/乡镇政府按协议联合建设的图书馆(通常作为县级及以上图书馆的分馆)；第三种是街道/乡镇政府自主建设的图书馆(通常会得到县级及以上图书馆的业务扶持)。

2. 社区/乡村图书馆(室)

目前的社区/乡村图书馆(室)存在多种形式。第一种是由县市级政府根据普遍均等服务原则，按特定布局标准统一建设并维持运行的公益性图书馆(室)；第二种是由县市级政府以项目形式统一设置但由居委会/村委会自主运行的图书馆；第三种形式是农家书屋；第四种形式是由居委会、村委会或社会力量与现有公共图书馆联合建设的图书馆(室)，通常作为现有公共图书馆的分馆或服务点；第五种是由居委会、村委会或社会力量自主设置和运行的图书馆(室)。

3. 流动图书馆

流动图书馆一般以流动图书车的形式存在。流动图书馆根据用户需求和图书馆设置标准，利用车辆的机动性，在远离图书馆或交通不便的人口聚集区域定期提供服务。一般情况下，一个地区总会存在一定的图书馆服务盲区，而流动图书车不仅是基层图书馆建设盲区的必要补充，而且可以成为总分馆体系和区域性图书馆服务网络的有效补充。借助计算机网络技术特别是无线上网技术，流动图书车可以与总馆在技术上连接起来，实现通借通还，支持预约借书。

（二）总分馆体系建设

严格意义的总分馆体系是由同一个建设主体资助、同一个主管机构管理的图书馆群，其中一个图书馆处于核心地位作为总馆，其他图书馆处于从属地位作为分馆；分馆在行政上隶属于总馆，或与总馆一起隶属于同一个主管部门，在业务上接受总馆管理。由于共享同一个建设主体和主管部门，整个总分馆体系可以对人财物进行统一管理，对文献进行统一采集、加工、配置，对读者发放统一读者证，对读者活动进行统一策划，采用统一的管理系统、服务规范、规章制度，这就决定了总分馆体系是一个管理统一、联系紧密的服务体系。

目前，已经出现的总分馆体系建设模式大致有以下几种：

1. 通过自下而上的全委托而形成的总分馆体系

指一个总馆与其分馆之间通过协议建立的，按以下模式运行的总分馆关系：分馆或其主管部门将一定数额的年度购书经费和人员工资委托给总馆使用，总馆按双方认同的书刊数量、人员数量和资产管理办法为分馆配备藏书和人员，保证图书馆开放；分馆按双方认同的标准保证分馆运行所需的设备、场地和其他工作条件，同意将图书的资产权临时(在协议期内)转让给总馆支配；读者用一张读者证可以通借通还总馆和任何分馆的图书。

2. 通过自下而上的半委托而形成的总分馆体系

指一个总馆与其分馆之间通过协议建立的，按以下模式运行的图书馆服务体系：分馆将双方认同的一定数额的年度购书经费委托给总馆使用，总馆按双方认同的书刊数量和资产管理方法为分馆配备藏书，分馆按双方认同的标准保证图书馆运行所需的设备、场地、人员和其他工作条件，并保证按时开放；读者用一张读者证可以通借或通借通还总馆和任何一个分馆的图书。这种模式从表面上看很接近于全委托模式：也是由总馆与分馆(或所在地政府)签订合作协议，由基层政府提供馆舍和设备，并出资委托当地中心馆组织资源；分馆同意加入服务体系，并按服务体系的管理办法和资源流通办法实施管理和开放。与全委托模式不同的是，在这种模式中，分馆的人员由当地委派而不归总馆管理，因此，总馆不掌握分馆的管理权。总馆除了在一定程度上与分馆共享文献资源外，其他服务通常无法延伸到分馆。

3. 通过自上而下的半委托而形成的总分馆体系

指一个地区的地方政府以文件或其他形式将支持该地区基层馆建设的经费委托给某中心图书馆使用，并责成中心馆为下一级图书馆配备资源，实施业务管理和协调服务，从而在中心馆与下一级图书馆之间形成具有业务隶属关系的图书馆服务体系；总馆为分馆配备的资源产权属于分馆，读者用一张读者证可以通借或通借通还总馆和任何一个分馆的图书。这种模式的主要特点在于：①由政府主导，分馆的建设经费和运行经费较有保障；②由于分馆(如街道馆)本来就有一定的服务能力，所以，用政府下拨经费购置的资产归属于分馆，因而在总分馆之间流通的文献都有明确的资产权所属馆，形成了比较复杂的产权关系；③分馆的人员由当地委派，因而管理分馆并不是总馆的职责，服务体系中的图书馆之间没有形成紧密的联系。这些特点决定了该模式中的总分馆在推行通借通还等资源共享策略时，可能会遇到资产权的制约。

4. 通过自上而下的全委托而形成的总分馆体系

指一个地区的地方政府以文件或其他形式将支持该区基层馆建设的经费委托给某中心图书馆使用，并责成中心馆为下一级图书馆配备资源，实施业务管理和协调服务，从而在中心馆与下一级图书馆之间形成具有业务隶属关系的图书馆服务体系；总馆为分馆配备的资源产权属于总馆，总馆可以在基层馆之间调配其配备的资源，使其在基层馆之间流动；流动的馆藏构成中心馆的流动分馆，同时构成基层馆的"馆中馆"。这种模式由政府主导，但文献资源的产权明确归属于总馆，使得总馆可以对资源按照需求进行调配。与资源产权属于分馆的模式相比，此种模式更有利于资源的共享、服务的延伸。

5. 完全(纯粹)的总分馆体系

指一个图书馆在本级政府支持下，投入一部分图书、设备、人员，在本馆之外另外开设新馆作为自己的分馆，总馆与分馆之间发放统一读者证，读者用一张证可以使用总馆和任何一个分馆的服务。由于由此形成的分馆数量通常很少，总馆可以把分馆作为一个派出机构，或者作为设在馆外的一个服务窗口，实施统一管理，保证服务质量，还可以把总馆的一些服务延伸下去，使读者在分馆就能够享受到与总馆基本一致的服务。其结果是，分馆的形象也就是总馆的形象，总馆的资源也就是分馆的资源，在技术和管理上都不存在资源共享障碍，所以这种模式一般实施统一管理和完全通借通还。由于我国现有公共图书馆管理体制并非垂直领导而是由各级政府分级独立设置图书馆，要建立理想的完全总分馆体系就必须突破现有的管理模式，导致实施难度很大。

(三)区域性图书馆服务网络建设

与以往的图书馆网络不同的是，区域性服务网络突破了图书馆内部的业务合作，把跨馆利用资源的权限直接交给了读者，使他们不管持有哪个图书馆的读者证，都可以自由利用网络内任何图书馆的资源和服务。区域性服务网络建设的实质就是通过行业协调，在不同建设主体负责的图书馆之间形成资源共享机制，使读者的跨馆利用行为成为可能。因此，从理论上说，区域性图书馆服务网络建设要解决的是资源共享机制问题。近年来，各地正在探索的资源共享机制大致分为以下几种：

1. 一卡通借模式

指一个地区的图书馆在一定的协调组织和计算机管理系统支持下，组成由三级或四级图书馆(市、区县、街道/乡镇、社区/村图书馆)共同参与的网状行业管理结构。读者用一张读者证可以到网内任何一个图书馆(节点)借阅图书，但需将所借图书归还原馆。这种模式中的成员馆一般在网络建设前就具有比较好的基础(如资源和技术平台)，在目前的行政体制下不情愿接受中心馆的"过度干预"，因而比较可行的办法是将原来的业务指导关系改变成以数据共享为基础、以文献通借为形式的资源共享关系。由于各成员馆均有相对充裕的文献资源和独立的购书经费，并且产权区分严格，所以很难做到统一采购和分编，也很难保证书目数据的标准和质量完全统一。此外，从技术上说，成员馆使用的管理系统也不尽相同。这些因素制约了文献通还的实现，使通借成为比较合适的资源共享模式。

2. 一卡通借通还模式

指一个地区的图书馆在一定的协调组织、计算机管理系统和物流系统支持下，组成由三级或四级图书馆(市、区/县、街道/乡镇、社区/村图书馆)共同参与的网状行业管理结构，读者用一张读者证可以到网内任何一个图书馆(节点)借阅图书，且可以将所借图书归还网内任何一个图书馆。这种模式与上一种模式有相似之处，但已经在技术上解决了通还的问题，一般是在服务网络内使用同一种或同一套管理系统。与上一种模式一样，文献资源的产权仍是制约完全通借通还的因素。

3. 分层通借通还模式

指一个地区的图书馆在一定的协调组织、计算机管理系统和物流系统支持下，组成由三级或四级图书馆(市、区县、街道/乡镇、社区/村图书馆)共同参与的网状行业管理结构，读者用一张读者证可以到网内任何一个图书馆(节点)借阅图书，同时可以在一定范围(如一个区)内通借通还任何图书馆的图书。这种模式中一般包含实力比较强的区级图书馆。这些区级图书馆因为具有较好的硬件、管理、技术、资金条件，可充当特定范围的中心馆，而市级中心馆一般无法将其作为普通分馆纳入整个网络。在这种背景下，区级馆往往被指定为二级中心馆，负责在本区内协调构建局部网络；局部网络的成员馆，除区级中心馆外，不直接与外区的图书馆形成通借通还关系。因此，读者可以在局部网络的成员馆间通借通还图书，但到了局部网络之外，则只能使用一卡通。

四、公共图书馆服务体系建设实例

近年来，公共图书馆服务体系建设受到各地的重视，各地通过实践，总结产生了一批具有地方特色的新模式或新经验，如国家图书馆的远程跨越模式、北京全方位立体化公共图书馆服务体系、丰南图书馆"丰南动车组"、上海跨类型跨层次区域性服务网络、天津公共图书馆延伸服务、广州流动图书馆模式、长春协作图书馆模式、杭州市图书馆一证通工程、苏州图书馆总分馆建设、嘉兴图书馆总分建设、宁波民企流动图书馆等。现介绍几个有代表性的实例。

（一）广东流动图书馆

广东流动图书馆是由广东省政府投资、广东省立中山图书馆（简称省馆）负责实施，在省内欠发达县建设被冠名为"广东省流动图书馆分馆"，分馆之间实行资源流动和共享的公共图书馆服务体系。从 2003 年起，广东省财政每年拨出 500 万元（2006 年增至 600 万元，之后以每年 10%的幅度递增），由省馆牵头购置适合基层群众的图书，分别流向各加盟的图书馆。图书资源在各图书馆之间每半年流动一次，最终流回省馆。至 2006 年 6 月，有 31 个县级图书馆加盟"流动图书馆"；至 2010 年年底，广东共建立起 69 个流动图书馆分馆。截至 2020 年年底，该项目已在全省粤东西北地区建成 95 家流动图书馆，累计接待读者 9638.7 万人次，办理图书证 78.08 万个，阅览文献 17097 万册，外借文献 2089.4 万册，提供咨询 255 万件，为公共图书馆总分馆建设、攻坚做强工程提供有力支撑。

广东流动图书馆由希望参与流动图书馆建设的县级图书馆向省馆申请，满足申请条件的地区，省馆、县文化局、县图书馆签订三方协议，省馆在县图书馆设置流动分馆，县馆配备人员并负责分馆服务，流动图书馆的产权归省馆所有。县政府配套经费购买的图书馆产权归县图书馆，采用 Interlib 系统进行集群化管理，以一卡通和图书流动为资源共建方式。广东流动图书馆最值得借鉴的地方在于，它是省政府委托省立中山图书馆依托现有县级馆的馆舍，在欠发达县建立的图书馆服务体系，在一定程度上突破了以分级财政为基础的公共图书馆建设体制。这一模式要求地方经济发达，省级财政积极支持公共图书馆事业，这一模式与国外"总分馆"模式接近，但是在其他地区推广容易受到来自政府财政方面的阻力。

(二)深圳"图书馆之城"

深圳市政府实施"文化立市"发展战略，提出打造"图书馆之城"的建设目标，即把深圳建设成为一个没有边界的图书馆网，为市民提供功能完善、方便快捷的图书馆服务，保障市民的文化权利。深圳市建设"图书馆之城"旨在让每一个社区(村)都有一座规模不等的图书馆(室)或"共享工程"基层网点，以现有各级图书馆和新建的社区图书馆网点为基础，联合其他系统图书情报部门建立覆盖全城的文献信息资源共享网络。

2003年，深圳市文化局提出建设"图书馆之城"的思路，制定了《深圳市建设"图书馆之城"(2003—2005)三年实施方案》，并于同年开始实施。到2005年，深圳初步形成了遍布全城的市、区、街道、社区四级图书馆网络。2006年，深圳图书馆提出了城市街区24小时自助图书馆的创意和设想，并通过2年多的努力将之付诸实践。2009年4月，40台自助图书馆设备全面投入服务，覆盖特区各大社区、工业区、交通枢纽，成为建到"市民家门口"的图书馆，市民可就近获得自助办证、自助借书、自助还书等服务，使图书馆的资源与服务不受馆舍空间限制，延伸到城市的各个角落。此外，2009年以来，深圳市公共图书馆启动了"图书馆之城"统一服务平台建设，统一全市公共图书馆的条形码、RFID标签，建立统一的书目数据库和读者数据库，实现对馆藏数据、读者数据、流通数据的集中运作、管理和维护，通过"图书馆之城"门户网站统一导航、统一检索、统一使用，着力打造"全城一个图书馆"，为读者提供便捷、高效、无差别的一站式图书馆服务。2012年4月23日，深圳市"图书馆之城"统一服务平台全面正式启动。截至2020年年底，全市共有383家公共图书馆，302台自助图书馆(含书香亭)已实现统一服务。

深圳"图书馆之城"适用于大城市公共图书馆事业，其显著特点在于，首先，它是深圳"文化立市"战略的组成部分，受到市政府的高度重视，由文化局制定相关发展规划，成为典型的自上而下推动的工程，经费充足、管理到位。其次，它的建设融合了基层图书馆建设、总分馆建设、区域性网络建设、自助图书馆建设等内容，保障了公共图书馆服务体系的立体化建设。再次，它是分级财政的产物，各级政府负责本级图书馆建设，但也带来了社区图书馆建设主体不清的问题。最后，其城市布局的模式不适合在中小城市及农村地区发展。

(三)江苏多元化服务体系

江苏地处东部地区，属于图书馆事业较发达的地区，发展公共图书馆服务体系起步较早，根据各地区自身特点创造性地构建了多元化的发展模式，对其他地区具有较强的借鉴意义，代表性的有苏州紧密型总分馆模式，张家港市镇、村分馆制模式等。

1. 苏州模式

苏州市建设公共图书馆服务体系采取紧密型总分馆模式。2005年，拟定"苏州市城区图书馆服务网络建设方案"，由分馆所在地的基层政府提供场地、设备和物业等费用，并向苏州图书馆支付一定的年度费用，苏州图书馆负责软件安装、文献资源配送、人员配备和日常服务，双方以协议确认彼此的责任。为确保分馆与苏州图书馆提供基本一致的服务，苏州图书馆确定了分馆建设标准，为分馆安装远程监控装置，完善网络咨询平台。苏州公共图书馆服务体系建设模式是一种自下而上的委托关系，由苏州图书馆与区政府、街道办事处合作。苏州图书馆对分馆具有较大的管理权，分馆工作人员由苏州图书馆派出，分馆读者享受和总馆读者同样的服务。采用"动态资产权"管理流动的图书，按需设馆，总馆直接管理所有分馆。

近年来，苏州公共图书馆事业蓬勃发展，全市共建成由8个总馆、811个分馆、92个24小时图书馆、203个投递服务点组成的公共图书馆总分馆体系。2020年，苏州图书馆累计线下服务读者963.93万人次，线上服务读者4503.09万人次。分编文献108533种，329728册(盘)。外借书刊文献359.44万册次，其中通过"网上借阅社区投递"服务借出图书111.28万册次，投递包裹56.3万个。举办各类读者活动2056场，参与514万余人次。推出经典诵读、阅读分享、大师课、公益音乐会等一批体验式、互动式的服务。

2021年1月30日，苏州图书馆、苏州第二图书馆及各市、区公共图书馆，一起签订框架协议，正式成立苏州市公共图书馆联盟。联盟成立后，苏州市域范围内的公共图书馆将协同开展服务体系标准建设、阅读推广项目联动等，构建资源互访、学术成果转化、活动品牌打造、人员培训、信息共享发布等机制。未来，还将通过建设苏州市公共图书馆资源共享平台暨苏州市"城市阅读一卡通"基石工程，推动市域公共图书馆资源整合共享、纵向流动、跨区延伸，助推高质量现代公共图书馆服务覆盖全域市民群众。

2. 张家港模式

张家港市图书馆是一座综合性、现代化的县级公共图书馆。其公共图书馆服务体系建设主要集中于村、镇分馆的建设，具体实施中以文化共享工程为基础，形成文化共享工程与公共图书馆自动化、网络化、信息化建设相结合，与镇村图书馆(室)建设相结合，与党员干部现代远程教育相结合的"三个结合"，以及文化共享工程基层服务点、村图书室、远程教育接收站点"三位一体"的张家港模式，在江苏省率先实现镇级分馆设置无盲点，实现总分馆之间的通借通还，实现文化共享工程村村通、全覆盖。

张家港模式是一种县级图书馆增强服务辐射能力的重要发展经验，建设过程中，图书馆直接与镇政府合作，同时注意与"文化共享工程"相结合。

此外，还有北京市公共图书馆服务体系、天津市图书馆总分馆建设与延伸服务、政府主导的嘉兴市公共图书馆服务体系、以一证通为核心的杭州市公共图书馆服务体系、区域合作性质的吉林省图书馆联盟等，都是国内公共图书馆服务体系建设的重要范例。

第五节　图书馆界的国际合作

在经济全球化浪潮席卷世界、信息技术飞速发展的今天，国际交流与开放合作得到加强。图书馆界同样需要开展国际交流与合作，满足读者的国际化需求，推动图书馆事业发展以及促进中国文化对外交流。目前，图书馆界国际合作的主要途径包括：通过国际组织、通过国际会议、通过跨国家与地区的访问及考察、邀请国际专家学者来访等。图书馆界国际合作的主要内容包括：文献合作、人员合作、联合办刊、项目合作、文化交流等。除了各类型图书馆的国际合作外，中国图书馆学会等组织和图书情报教学科研单位也积极参与。例如，武汉大学信息管理学院是国际顶级信息学院联盟即 iSchools 首个发展中国家成员、国际图书馆协会与机构联合会会员单位、美国图书馆协会的国际成员单位，与联合国教科文组织、国际图联、美国图书馆协会、亚联董等国际组织建立了长期稳定的合作关系，同美国、加拿大、法国、英国、德国、丹麦、日本等 10 余个国家(地区)的信息管理学院建立了良好的学术交流关系。学院不断探索创新合作机制，联合国际同行成立图书情报学国际合作研究院，以推动国际图书情报学研究与创新。学院定期主办"中美数字时代图书馆学情报学教育国际研讨会""数字时代出版产业发展与人才培养国际学术研讨会""信息资源与社会发展国际学术研讨会"等国际会议；连续举办"中美图书馆员高级研究班"，承办联合国教科文组织"信息素养师培训班"和"国际大学生信息素养与信息职业领导力夏季研究班"等国际夏令营活动。

一、国际图联(IFLA)

国际图联(IFLA),是一个以推动各国图书馆之间合作、理解、探讨、研究和发展为目的,并在国际事务中代表图书馆界利益的国际组织。国际图联每年(除"二战"期间停办外)在其成员国举行一次大会,至2022年,已经举行了88届。国际图联的管理机构主要由管理委员会、执行委员会和专业委员会组成。国际图联的日常工作由秘书处负责,通称"国际图联总部"。管理委员会负责国际图联各项政策的制定;专业委员会负责国际图联的各项学术活动。国际图联由会员和准会员组成,截至2020年,有来自143个国家和地区的1477个会员(包括国家和国际协会、机构、组织和个人)。会员在选举和会议上有投票权,可提名国际图联主席候选人。

中国是国际图联成立的发起国之一。早在1927年9月30日,在英国图书馆协会成立50周年庆祝大会上,中国代表就同来自英、美等国图书馆协会的代表一起倡议成立了国际图联。随后当时的中华图书馆协会积极参加国际图联大会并参与学术交流。后来,因历史原因,有相当长一段时间中国与国际图联中断了关系。到1981年,随着中国图书馆界的国际地位日益提高,国际图联承认中国图书馆学会为唯一代表中国的国家协会会员,中国得以重返国际图联。从此,国际图联与中国的关系和合作不断加强。1986年9月1—6日,在北京召开了第52届国际图联会后会,这是中国图书馆事业史上第一次举办的国际图联会议,为1996年第62届国际图联大会在北京召开打下了坚实的基础。1996年8月25—31日,第62届国际图联大会在北京国际会议中心成功举办。来自世界93个国家和地区的2600名代表出席了会议,中国作为主办国,参加代表达千人,为历史之最。

作为中国图书馆界的代表,国家图书馆孙蓓欣、中国科学院文献情报中心张晓林、上海图书馆吴建中、北京大学图书馆朱强、中山大学程焕文、香港大学Man Yi Helen Chan等人先后当选为国际图联管理委员会执行委员。这些专家在任期内全面参与了国际图联的各项计划和项目的讨论决策。面向未来,中国图书馆界将为IFLA推广(advocacy)、参与(participation)和合作(collaboration)的改革提供强大助力,为世界图书馆发展贡献更多的中国经验和中国智慧,充分发挥其服务社会的时代职能。

二、大学数字图书馆国际合作计划(CADAL)

大学数字图书馆国际合作计划(China Academic Digital Associative Library, CADAL)

前身为高等学校中英文图书数字化国际合作计划(China America Digital Academic Library，CADAL)。2000 年 12 月，中美两国计算机科学家倡导建设百万册数字图书馆项目，进而发展成为全球数字图书馆项目，得到了中国教育部、美国国家科学基金会(National Science Foundation，NSF)和印度科学院的重视与支持。2002 年 9 月，项目被中国教育部列为"十五"期间"211 工程"公共服务体系建设的组成部分，定名为"高等学校中英文图书数字化国际合作计划"，2009 年 8 月更名为"大学数字图书馆国际合作计划"。

按照 CADAL 规定的数字化加工流程与标准规范，① 先由共建单位向 CADAL 项目管理中心提交数字资源参建申请，由 CADAL 项目组进行评估，并从申报资源中选择 CADAL 项目所需的资源类型，待资源查重、审核通过后方可进行数字化加工制作。而后，合作单位按照规范的加工流程对其进行数字化加工。数字图书资源加工可大致分为 5 个步骤：①纸质图书通过扫描仪或数码相机获取黑白、灰度或彩色图像；②图像处理环节，主要包括页面旋转、版面切割、文字纠偏、内容居中、图像去污等一系列操作；③以单本图书为著录单位，保持其目录章节结构及层次在排版上与原图书基本一致，主要包括图书目录的 OCR 识别及内容导向链接；④以单本图书为著录单位，参照《元数据著录规范》进行图书元数据编辑；⑤将图书页面数据、目录数据、元数据对象按照指定格式封装并进行数据质检，确保无误后提交给 CADAL 项目管理中心，从而实现数字资源的共建共享。

CADAL 项目一期(2001—2006)完成 100 万册图书数字化，提供便捷的全球可访问的图书浏览服务。CADAL 项目二期(2007—2012)新增 150 万册图书数字化，构建了较完善的项目标准规范体系，初步建设分布全国的服务网络，CADAL 项目从单纯的数据收集向技术与服务升级发展转变。2013 年以后，CADAL 项目进入运维保障期，继续在资源、服务、技术、对外交流合作等方面推进工作。截至 2022 年年底，项目包括亚洲、欧洲、北美的共建单位 123 所，来自全球的共享单位 854 所；CADAL 入库总量达 2888088 册(件)，在线量 2720420 册(件)；CADAL 资源总访问量 96211677 次，其中网站门户访问总量 38317345 次，Open API 接口对馆藏资源有效调用请求 57894332 次。②

① CADAL 项目标准规范管理流程[EB/OL]．[2022-03-26]．https：//cadal．edu．cn/index/standard Specification.
② 大学数字图书馆国际合作计划 2022 年度报告[EB/OL]．[2023-07-01]．https：//cadal．edu．cn//upload/uploadWarehouseFile/f1c9a523-b975-43bf-a58b-93673a385555．pdf.

三、联机图书馆中心(OCLC)

联机图书馆中心创建于 1967 年，最初名为俄亥俄学院图书馆中心(Ohio College Library Center)，是一个非营利机构，其成员、电子图书馆服务和研究机构都致力于为公众服务，促进全球信息的获取，并且降低获取信息的成本。全球有超过 53500 个图书馆使用 OCLC 的服务，以获取编目和借阅馆藏资料。该组织的办公室位于美国俄亥俄州都柏林。研究人员、学生、学者、专业图书馆管理员和其他信息搜索者可以使用 OCLC 服务以获得书目、摘要和全文。1988 年，美国亨利·鲁斯基金会向 OCLC 提供一笔为期三年的资助，总金额达 24 万美元，用于 OCLC 与中国国家图书馆合作建立中文图书机读目录数据库。2007 年 OCLC 联机计算机图书馆中心北京代表处成立，2017 年，浦东图书馆与 OCLC 举行了合作协议签约仪式。系列活动旨在发展和加强与中国图书馆界的合作关系，进一步为中国图书馆事业发展贡献力量。

OCLC 和图书馆成员共同合作生产并维持在线联合目录 WorldCat 的运作。WorldCat 数据库是世界上最大的在线联合目录，内容涵盖 170 个国家、72000 所图书馆。WorldCat Local 是一种发现平台或者说是发现工具，同时它也是云计算在图书馆领域的一项具体应用。WorldCat Local 系统在 OCLC 的服务器上运行，是 OCLC 为图书馆提供的一项一站式发现和传递服务。利用 WorldCat Local，读者可以通过一个检索框搜索到本馆和其他图书馆的所有资源，包括纸质资源和数字资源。WorldCat Local 为图书馆提供了纸质资源和数字资源的一站式检索解决方案，与本地图书馆的编目、流通、资源共享及 OpenURL 解析器等实现互操作，向终端用户提供信息发现和传递的无缝使用体验。这些功能都是在 OCLC WorldCat Local 平台上实现的，无需图书馆购置任何硬件设备，无需配置专门的技术人员进行系统维护，从而卓有成效地降低了图书馆的运营和管理成本。

四、信息学院联盟(iSchools)

2003 年，美国 7 所著名的图书馆学情报学院的院长齐聚位于教堂山的北卡罗来纳州大学情报与图书馆学院(UNC at Chapel Hill School of Information and Library Science)，探讨 21 世纪的图情信息教育、研究及其事业发展。在此次会议上，他们共同提出了"信息学院运动"(Information Schools Movement，iSchool 运动)。此后，北美 19 所 LIS 学院及与 LIS 有关的学院(其中包括加拿大多伦多大学信息系)于 2004 年共同创建了 iSchool 项目，致力于以信息(information)、技术(technology)和人(people)的关系为中心的研究与实践。在品牌顾问公司 MBS 的策划和设计下，北美 19 家 iSchool 成员于 2007 年 8 月宣布成立一个联盟，并用"iSchool"的品牌来包装成员学院。它们发表的声明中说"我们旨在将信息科学的形象提升到为学生和用人公司提供无限前景和潜能的一个学科"。联盟成员一道致力于将传统的图书馆学、情报学、信息科学、信息技术等教育项目升级为适合新时代的信息教育项目，该联盟倡导成员机构开展以跨学科思维驾驭信息与技术、将人类潜力最大化为目标的信息教育。截至 2023 年 6 月，iSchools 覆盖了全球主要国家 127 所最知名的信息相关学科教育机构。截至 2023 年 6 月，我国加入 iSchools 联盟的高校共有 17 所，其中内地(大陆)13 所、香港 1 所、台湾 3 所。

2018 年，iSchools 采用了一套新的成员级别，以求更好地反映每个成员与 iSchools 的关系，其中最高级别 iCaucus"代表了该领域的领导机构"[1]。iCaucus 为 iSchools 联盟中的最高级别核心成员，截至 2023 年 6 月，iCaucus 成员中共有 39 家高校，分别来自美国、中国、英国、德国、澳大利亚和加拿大，[2] 其中中国成员包括武汉大学、北京大学、华中师范大学、中国科学院大学、吉林大学、南京理工大学、郑州大学。

iConference 是由 iSchools 组织的国际顶级信息学院联盟年会，每一届会议由 iSchools 成员学校举办。截至 2023 年，iConference 已成功举办了 18 届。2017 年，第 12 届 iConference 由武汉大学信息管理学院和韩国成均馆大学共同主办，会议地点在中国武汉，这是该年会首次在亚洲举办，吸引了国内外 500 多名信息管理领域的专家学者参加。

五、信息科学与技术学会(ASIS&T)

信息科学与技术学会(The Association for Information Science and Technology，ASIS&T)成立于 1937 年，经历 80 余年的不断探索与发展，已经成为图书情报和信息科学领域(Library and Information Science，LIS)具有影响力的国际学术组织之一。ASIS&T 是一个面向信息专业人士的非营利性会员组织，它赞助年度会议以及《信息科学与技术协会杂志》(*JASIST*)等系列出版物。

1937 年美国文献学会(American Documentation Institute，ADI)成立，1968 年更名为

① iSchools. iSchools Organization Establishes New Governance Structure [EB/OL]. [2022-03-26]. https：//iSchools. org/News/7389376.

② iSchools[EB/OL]. [2022-03-26]. https：//ischools. org/Directory.

美国信息科学学会(American Society for Information Science, ASIS),以反映该组织对"信息传输过程的所有方面"的关注,例如"设计、管理和使用信息系统和技术"。2000年更名为美国信息科学与技术协会(American Society for Information Science and Technology, ASIS&T),标志着在线数据库和相关信息技术的广泛流行和日益中心化。2013年,该组织采用了现在的名称,同时保留了ASIS&T的缩写词,以更好地反映其国际成员身份和信息社会日益全球化的性质。该组织由来自各领域的专业人士组成,包括语言学、图书馆学、教育学、化学、计算机科学和医学。

为了推进信息科学和信息技术的研究与应用,ASIS&T自成立以来每年举办年会,邀请来自全球信息科学与技术领域的科研工作者、教育工作者和学生参会,并围绕当今社会中的信息、人、技术相关研究问题进行交流。截至2023年,年会已举办86届。近年来,中国图书馆界也积极投稿、参会交流,中国成为参会人数最多的国家之一。

重要名词术语

图书馆事业　图书馆合作　图书馆联盟　公共图书馆服务体系　流动图书馆　总分馆体系

思考题

1. 图书馆事业与社会教育、科学、文化事业有什么样的关系?

2. 图书馆事业的建设原则有哪些?

3. 简要论述我国图书馆事业建设的成就与不足。

4. 图书馆之间有哪些不同的合作形式?图书馆之间的合作有何意义?

5. 图书馆合作有哪些主要内容?图书馆间的合作给个体馆带来了哪些有利之处?

6. 图书馆联盟可划分为哪些类型?

7. 简述公共图书馆服务体系建设的目标及任务。

8. 我国公共图书馆服务模式有哪些基本类型?各有何利弊?结合案例进行分析。

9. 图书馆界有哪些代表性的国际合作项目?中国在其中的参与及贡献如何?

第七章

图书馆治理

　　党的二十大报告提出"完善社会治理体系，健全共建共治共享的社会治理制度，提升社会治理效能"。作为国家文化事业的组成部分，图书馆治理也是国家治理体系的一部分。近年来，我国图书馆治理的制度、文化建设取得了积极进展，但距离建立完善的图书馆治理体系还有一段较长的路要走。图书馆治理不是某一单项治理，而是要建立一种由众多规则构成的体系化治理。在这个治理体系中，不同的治理单元相互联系、相互协调，形成良性互动的治理系统。只有这样才能保障图书馆治理的有效发挥，从而实现图书馆"善治"。

第一节　国家治理体系中的图书馆治理

　　图书馆是国家治理体系的重要子系统，随内部要素和外部环境的变化而有机生长。我们在把握图书馆治理的概念、目标、原则时，应将其置于国家治理体系中，同时梳理图书馆治理的历史演变特征，兼顾其系统性与动态性、理论性与实践性，提炼图书馆治理的主要手段，结合国家治理体系现代化要求探索图书馆治理能力现代化路径，为图书馆治理实践提供理论依据。

一、图书馆治理的内涵

(一)图书馆治理概念解析

1. 治理的概念

"治理"(governance)一词源于拉丁文和古希腊语,原意是控制、引导和操纵,长期以来它与统治(government)一词交叉使用,主要用于与国家公共事务相关的管理活动和政治活动中。① 20世纪后期,人类社会迈入后工业化时代,非政府组织以及其他社会自治力量涌入公众社会并迅速成长,平权化、公众化、网络化、复杂化成为新的社会特征。由于社会资源配置中国家或市场手段失效,西方学界逐渐兴起围绕治理的研究,形成一系列治理理论,多主张政府放权和社会共治。在对治理做出的众多新的界定中,最具权威性的是全球治理委员会的定义:治理是各种公共的或私人的个人和机构管理其共同事务的诸多方式的总和,是使相互冲突的或不同的利益得以调和并且采取联合行动的持续的过程,既包括有权迫使人们服从的正式制度和规则,也包括各种人们同意或认为符合其利益的非正式的制度安排。②

2. 图书馆治理的定义

2019年,我国审定公布的《图书馆·情报与文献学名词》,将"图书馆治理"(library governance)一词定义为"图书馆所有者或具有所有者代表身份的组织机构,对图书馆事务谋划、组织、协调及行动的过程"③。

国内学者对图书馆治理的定义有广义和狭义之分。部分学者主张从广义角度把握图书馆治理的概念,界定图书馆治理主体、客体和性质,将图书馆治理定义为"各类社会组织机构和个人基于利益关系对图书馆事务的政治参与和管理活动"④。或将其提炼为图书馆治理客体满足图书馆治理主体需要的过程,亦即利益相关者在互利合作前提下共同提供图书馆服务的过程。⑤ 从狭义角度定义图书馆治理,则更多聚焦于具体治理形

---

① 俞可平. 治理与善治[M]. 北京:社会科学文献出版社,2000:1.
② 全球治理委员会. 我们的全球伙伴关系[M]. 伦敦:牛津大学出版社,1995:23.
③ 图书馆·情报与文献学名词审定委员会. 图书馆·情报与文献学名词[M]. 北京:科学出版社,2019:12.
④ 黄颖,徐引篪. 图书馆治理:概念及其涵义[J]. 中国图书馆学报,2004(1):26-28.
⑤ 蒋永福. 论图书馆治理[J]. 图书馆论坛,2008,28(6):50-55.

式，与其实务性更契合，认为图书馆治理是指通过设置各类有关图书馆事务的机构、形成制度与规则，以便有关的个人和机构对共同的图书馆事务进行机制化管理的一个持续的互动、协调与控制并存的过程，从而达到有效而良好治理的目标。①

综合以上定义，图书馆治理是以科学合理地界定图书馆主要利益相关者的权利、职责和利益关系为核心，依托多元化、组织化治理主体，平等协商完成和优化图书馆事务谋划、组织、协调及行动，从而实现图书馆公共利益的最大化的过程。

图书馆治理与传统的图书馆管理的区别在于，图书馆治理属于"制度"的范畴，核心在于图书馆主要利益相关者的权利、职责和利益关系的界定；图书馆管理属于"运营"的范畴，其核心是在图书馆治理的框架内，在图书馆内开展的计划、组织、协调、指挥、控制和监督等活动；图书馆治理的目标在于实现图书馆公共利益的最大化，图书馆管理则以维持图书馆的有效运行为目标。

3. 图书馆治理的相关概念

图书馆治理单元：图书馆治理的具体实施都是在特定的区域范围内进行的，这种特定的区域范围就构成了图书馆治理单元，其形成与地理、历史、法律、习惯多重因素相关。一般情况下，能够有效共享图书馆服务的范围或由同一个主管部门统一管理的图书馆就是一个独立的图书馆治理单元。②

图书馆治理主体：在多元治理视域下，所有同图书馆存在利益关系的组织和个人都是图书馆治理主体，分为所有者、建设者、管理者、诉求者、实施者等主体类型。狭义上的图书馆治理主体多指图书馆所有者及管理者。

图书馆治理结构：图书馆治理结构是指协调一个特定图书馆机构的利益相关者，尤其是图书馆所有者及其代表和馆长之间权力和利益关系的组织机构和行为规则，由此各种利益主体充分表达其主张，图书馆的所有者也因此实现对图书馆的管辖和控制。③

图书馆治理机制：图书馆治理机制在宏观层面定义图书馆治理事务中各种利益主体的权利与义务，主要通过法律、规章、条例、公约等正式制度实现，辅之以传统、惯例、领导人的指示等非正式方式。

---

① 阮胜利. 探究图书馆治理及其机制的概念与内涵[J]. 图书情报工作, 2007(3)：33-36.
② 阮胜利. 我国公共图书馆治理结构特征及弊端分析[J]. 国家图书馆学刊, 2010, 19(4)：9-14.
③ 黄颖，徐引篪. 图书馆治理：概念及其涵义[J]. 中国图书馆学报, 2004(1)：26-28.

（二）图书馆治理与国家治理体系

1. 国家治理体系定义及结构

习近平总书记对"国家治理体系"作了精准的阐述："国家治理体系是在党领导下管理国家的制度体系，包括经济、政治、文化、社会、生态文明和党的建设等各领域体制机制、法律法规安排，也就是一整套紧密相连、相互协调的国家制度。"①

具体而言，国家治理体系就是规范社会权力运行和维护公共秩序的一系列制度和程序，由经济治理、政治治理、文化治理、社会治理、生态治理五大体系构成，包括规范行政行为、市场行为和社会行为的一系列制度和程序，形成一个有机、协调、动态和整体的制度运行系统。

2. 图书馆与国家治理体系

文化治理是国家治理体系的五大体系之一，对国家治理和社会发展的作用来说，文化是最深层、影响最深远、经久不衰的因素。作为国家文化事业重要组成部分的图书馆，是国家治理体系的重要子系统。

一方面，图书馆是治理对象。现代信息技术的飞速发展和国内外政治、经济和文化环境的不断变化，对图书馆提出了转型发展要求。同时，图书馆治理关联着各种不同的利益相关方，许多治理单元和治理主体之间相互嵌套，具有多重而交叉的联系，图书馆治理也面临着复杂的局面。因此，为了最大限度地提高图书馆的治理效能、保障图书馆事业的可持续发展，党和国家对图书馆治理给予了高度重视，图书馆治理的实施理当与国家治理一脉相承。

另一方面，图书馆是治理的手段和工具。在加强文化治理、建设社会主义文化强国的进程中，图书馆搜集和保存文化遗产，为国家治理体系的形成提供文化传统要素；图书馆作为主要信息服务中心，参与社会信息流整序及增值，成为知识经济、数字经济发展的重要推手；图书馆是提供终身学习的场所，有助于开发公众智力资源、进行社会教育，促进公民素质全面提升；图书馆生产、传递大众喜闻乐见的文化产品，满足社会成员文化欣赏、娱乐需求，助推和谐社会构建。图书馆通过其社会职能的发挥为国家治理体系提供支撑，与经济治理、政治治理、文化治理、社会治理、生态治理各板块相互交

---

① 习近平. 习近平著作选读（第一卷）[M]. 北京：人民出版社，2023：179.

融、相互促进。

二、图书馆治理目标与原则

(一)图书馆治理的环境

图书馆治理已经被提升至国家宏观战略层面。《中华人民共和国国民经济和社会发展第十四个五年规划和 2035 年远景目标纲要》(以下简称"十四五"规划)明确了"推进公共图书馆、文化馆、美术馆、博物馆等公共文化场馆免费开放和数字化发展",以提升公共文化服务水平的目标,同时指出"完善文化管理体制和生产经营机制,提升文化治理效能。完善国有文化资产管理体制机制,深化公益性文化事业单位改革,推进公共文化机构法人治理结构改革"这一文化体制改革路径,指明了图书馆治理的大方向、着力点和切入点。[①]

文化和旅游部随后印发的《"十四五"公共文化服务体系建设规划》强调了公共文化服务在推动文化治理体系和治理能力现代化中的重要作用,将"建设以人为中心的图书馆"作为新时期公共服务体系建设的主要任务之一,围绕建设任务列出了重点发展指标和建设项目,同时从加强组织领导、完善经费保障、加强队伍建设、健全监督管理等方面,提出了规划实施的保障措施,确保各项任务措施落到实处,于图书馆治理而言既是督促又是导向。

除此之外,社会各方面的发展变化综合为图书馆治理营造了兼具机遇性与挑战性的外部环境。随着我国社会主要矛盾发生变化,人民群众的多样化多层次需求对提升图书馆治理水平的要求更加迫切;经济发展方式转变、产业结构调整优化,拓宽了图书馆治理的市场化路径;现代科技发展为社会力量的参与提供便利,数字化、网络化、智能化治理手段应得到应用;《中华人民共和国公共图书馆法》为图书馆实行依法治理提供了基础性的法律依据,相关行政性法规的健全也为图书馆治理提供了制度支撑。图书馆治理为社会政治、经济水平所制约,并随社会政治、经济发展而发展。

(二)图书馆治理的目标

围绕最大限度保障公民基本文化权益这一价值取向,不同视角下图书馆治理的目标

---

① 中华人民共和国国民经济和社会发展第十四个五年规划和 2035 年远景目标纲要[N]. 人民日报,2021-03-13.

体现出共性和差异性。①

从图书馆作为一种社会组织而应追求的目标看，图书馆治理的目标是全面实现图书馆服务平等、知识自由、文化保存的核心价值，图书馆治理的一切手段、方法和策略，都是为了更好地实现图书馆的核心价值。

从图书馆利益相关者(所有者、管理者、利用者等)的利益目标看，图书馆治理的目标是统筹兼顾地实现利益相关者的共同利益，这种共同利益最终表现为保障用户利用图书馆获取知识和信息的自由权利——图书馆权利。

从单个图书馆的角度看，图书馆治理的目标是实现资源利用的最大化，保证每个图书馆发挥最大效能。为此，每个图书馆都要采取参与管理、民主管理、科学决策、明确建设主体的责任、延伸和扩展服务网络、合作共享资源等多种治理手段，保证资源利用的最大化，保证用户需求的最大满足。

从全社会的角度看，图书馆治理的目标是使图书馆服务作为公共文化服务体系的重要组成部分发挥其应有的作用，为更好地实现公民的文化权利、为"每个人的全面自由发展"、为提升国家和民族的文化实力、为提高全民族的文化自觉和文化素养水平作出应有贡献。

(三)图书馆治理的原则

图书馆治理原则是对图书馆治理实践的科学概括和总结，其内涵随实践发展不断丰富和演化。根据图书馆治理的客观规律和图书馆所处的环境，我国图书馆治理应该遵循的原则是：政府主导原则、制度保障原则、社会参与原则、民主决策原则。

1. 政府主导原则

根据公共物品理论，图书馆尤其是公共图书馆属于具有高度正外部性的公共物品，不具有市场供给的激励，图书馆服务这种公共物品只能在政府主导的前提下才能得到普遍提供。同时，图书馆尤其是公共图书馆是消费性、公益性公共物品，图书馆本身不具有自我生存的物质能力，必须得到政府为主的公共力量在政策、立法和经费方面的支持才能生存和发展。

2. 制度保障原则

图书馆治理存在于特定的制度环境中，制度环境为图书馆治理提供基础性、程序性

---

① 蒋永福. 论图书馆治理[J]. 图书馆论坛，2008，28(6)：50-55.

和原则性的制度框架，对图书馆治理的基本取向和实施效能发挥决定性的影响。同时，不同领域、层面和环节的治理内容和治理形式，只有通过结构框架和组织体系的制度化运转，才能联结成一个整体，发挥系统的整体功能，从而实现单个主体或组织无法实现的合意目标和良性效果。

3. 社会参与原则

国家办馆和社会办馆相结合，从来都是我国图书馆事业的一项重要原则。我国地域辽阔，人口众多，各地区经济和文化发展很不平衡，要完全依靠政府财力来解决公共文化事业发展不平衡不充分的问题仍然存在困难。在图书馆治理结构中，社会力量的广泛参与、协商共治对优化图书馆治理结构、弥补政府责任或力量缺位、满足用户的个性化需要等，具有不可忽视的重要意义。

4. 民主决策原则

没有民主，就没有治理，没有民主决策机制，就不会有成功的治理。图书馆治理有赖于在国家与社会之间、政府与公民之间形成良好的协商合作的运行机制，图书馆治理活动中的民主决策，强调尊重民意、响应需求、公开透明、依法办事、平等协商、协调合作，反对行政命令式的强制性管理。

三、我国图书馆治理演变

从图书馆事业所处的政治、经济、社会环境发生较大变化的角度，我国图书馆治理的演变可划分为精英治理、政府管治、格局重塑三个阶段。①

(一)精英治理阶段

精英治理阶段为 19 世纪末到 1949 年，此阶段是中国从封建制度走向资产阶级共和制度的一个探索和实践的阶段，图书馆治理表现出比较明显的精英治理特点。在民族存亡危机的巨大感召之下，各种社会运动波澜起伏，促使社会上层和下层在推动社会教育、发展图书馆事业上能够达成广泛共识；同时由于政府控制力相对较弱，长期的封建思想使得民权意识相对不够普及，客观上使社会精英成为推动图书馆发展的重要力量。

---

① 黄颖 . 图书馆治理的比较制度分析［D］. 北京：中国科学院研究生院（文献情报中心），2004.

(二)政府管治阶段

从 1949 年到 1978 年，是中国共产党领导的新民主主义革命取得胜利，探索和从事社会主义建设取得巨大成就，但同时也遇到挫折的时期，和当时的整个国家体制相一致，图书馆治理表现出明显的政府集中管理的特点。在社会主义建设热潮中，以政府垂直管理、一手操办为典型特征，以运动方式创建和维持图书馆，短期之内成效卓然，但是由于缺乏长期可持续性，加之权利意识和民主体制由于政治运动而受到人为破坏，实际上损害了图书馆可持续发展的制度基础。

(三)格局重塑阶段

从改革开放至今，中国的社会主义建设走上了一条新的发展道路，各种社会要素重新组合定位，在图书馆治理上也出现了自治、多元治理、法治和权利导向下的治理的发展趋向。伴随市场经济、法治和政府组织体制改革出现了社会利益主体的全面重组，图书馆事业呈现出"自治""多元治理""法治"和"权利导向下的治理"的趋向，并构成未来几十年中国图书馆治理变革的重大历史性课题。

四、图书馆治理的实施

(一)顶层战略规划

顶层战略规划为图书馆治理提供基础性、程序性和原则性的框架，塑造其基本格局。图书馆治理的顶层战略规划包括：党和国家权力机关确定的我国政治、经济和社会发展的重大战略部署，以及关于发展和繁荣社会主义文化事业的大政方针；《中华人民共和国宪法》(以下简称"《宪法》")规定的公民参与文化活动的自由权利以及国家保障图书馆和其他文化事业发展的方针；公共文化服务、图书馆专门法中关于发展公共文化服务、发展图书馆事业的纲领性规定。① 构成对图书馆治理起决定性、引领性和指导性作用的顶层设计，是图书馆治理的根本遵循。

---

① 肖希明，石庆功. 构建中国特色的公共图书馆治理制度体系[J]. 中国图书馆学报，2020，46 (5)：4-21.

（二）治理结构建设

治理结构建设涉及宏观的治理权力配置和微观的运行机制确立，目的是协调和制衡图书馆治理中利益相关者的行动。我国当前图书馆治理结构建设重点在健全法人治理结构，围绕利益相关者组成的理事会，理顺外部治理结构中政府、行业组织、图书馆与其他社会力量的权责范畴，平衡放权与自治，界定内部治理结构中决策、执行、监督各层的行为规则，实现分权与制衡，构建起合理、高效的图书馆治理结构。

（三）社会力量参与

社会力量参与图书馆治理是治理理论应用于图书馆事业中最显著的优势，是图书馆实现善治的必然要求。《中华人民共和国公共图书馆法》已明确规定"县级以上人民政府应当积极调动社会力量参与公共图书馆建设，并按照国家有关规定给予政策扶持"，广泛接纳企业、非营利组织、个人等社会力量以多种形式参与图书馆治理，能够壮大图书馆服务供给的力量，促进图书馆治理贴近社会需求，消减图书馆治理决策的专断性，也是对公民权利意识的培养和增强。

（四）治理制度完善

治理制度完善是图书馆治理手段的重要组成部分，也是其他图书馆治理手段得以科学规范施行的根本保障。在国家顶层战略指导和图书馆专门法框定下，地方立法机关、行政部门因地制宜制定行政性法规、条例规范图书馆具体治理实践的实施，明确界定各种利益主体在图书馆事务中的权利、义务及其之间的相互关系，监督图书馆治理中各项有形或者无形契约的执行，裁决和协调政治分权制度可能导致的冲突，确立治理的合法性，保障治理的有效性。[①]

五、图书馆治理能力现代化

2013 年，《中共中央关于全面深化改革若干重大问题的决定》将推进国家治理体系和治理能力现代化确立为全面深化改革的总目标之一，其后关于国家治理现代化的理论和实践在经济、政治、文化、社会、生态文明和党的建设等众多领域不断推进。相应

---

①　黄颖，徐引篪. 图书馆治理：概念及其涵义[J]. 中国图书馆学报，2004(1)：26-28.

地，图书馆作为整个社会的有机组成部分，图书馆治理也是国家治理体系和治理能力现代化的题中应有之义，深入研究图书馆治理体系与治理能力现代化，将进一步丰富和发展图书馆学，为图书馆治理实践提供理论依据。图书馆治理能力实际上考察运用相关治理制度管理图书馆各方面事务的能力，其现代化具体涉及决策能力、执行能力、协同能力多方面的现代化。

(一)图书馆治理决策科学化

科学化和民主化是现代决策的特点和目标，是图书馆治理决策能力提升的关键。图书馆治理决策能力的科学化讲求决策主体、决策方式、决策依据、决策程序符合图书馆治理现状和治理目标实现的需要，要求以科学、求实、创新的态度发现图书馆治理中存在的问题，设定合理的治理目标，拟定并选择解决问题的方案。在科学决策过程中，以广泛征求民众意见、决策过程公开透明等为特征的民主化决策能够集思广益，一定程度上能增强决策的科学性和可行性。

(二)图书馆治理执行法治化

一项科学民主化的图书馆治理决策只有切实保质保量地执行后，才能发挥其效能，实现预期的目标，而完备的治理法律体系是治理执行法治化的实现前提。为此，中央、地方权力机关作为多元治理结构中的权威主体，有义务在考虑各方利益、征求各方意见的基础上，主导构建一系列的法律规范，作为图书馆治理的基本秩序和准则，要以法律的形式完善、细化图书馆治理的具体内容并动态调整，使治理活动更具可操作性并发挥实际作用。①

(三)图书馆治理协同开放化

图书馆的协同治理主要依靠治理主体的多元性实现，同时要求治理权力适度下移，促进治理边界由封闭型向开放式拓展。② 多主体之间都存在着理性，都在为了各自的利益群体而博弈，很难形成合力促使图书馆治理的制度化、高效化和良性的互动合作。协同开放治理的核心问题是权力和利益的协调关系，为了塑造良好的治理格局，需要在利

---

① 李秀敏. 我国公共图书馆治理现代化的推进路径[J]. 图书馆论坛，2022，42(5)：33-41.

② 张晓桦. 制度逻辑下的公共图书馆治理能力现代化探析[J]. 图书情报工作，2015，59(21)：63-67.

益分配的制度设计上切实考虑治理结构优化、主体权责明确、主体素质提升等问题，在此基础上才能营造目标一致、平等协商、各司其职的协同治理氛围，建设持久高效的图书馆治理机制。

第二节　图书馆权利

一、图书馆权利概述

（一）权利概述

权利的形成是历史的产物，是法律文化和法律制度演进的凝结。从西方思想史来看，17、18世纪，资产阶级在反对封建统治的斗争中发明了"自然权利"（natural rights）的武器，举起了"天赋人权"（rights-in-born）的旗帜。19世纪中期以来，由社会生产方式所推动，"权利"和"义务"作为法律的基本概念被总结出来。20世纪初期，英美法学家摆脱权利分析中的形式主义和简单化模式，深化了对权利的理解。在中国思想史中，早在春秋战国时期，法家代表人物管仲就提出，社会之所以需要法律，在于"兴功惧暴""定纷止争"；汉代，董仲舒提出法制要"使富者足以示贵而不至于骄，贫者足以养生而不至于忧"。这些论述虽然不足以称为"权利义务"的准确概念，但也标志着我国古代思想家对法、权利等认识十分深刻。法律上的权利和义务概念在中国的出现是19世纪西学东渐之后的事情，以康有为、梁启超、严复等为代表的启蒙思想家大力倡导学习西方变法自强，实行宪政、民主、法治，呼唤权利立法。但由于以罪和罚为核心的封建法律文化根深蒂固，旧中国的法学研究在权利与义务理解上进展十分缓慢。直到20世纪70年代末80年代初才逐渐改变。由此，权利概念的生成和演化经历了一个较长的历史阶段，其思想内容也在不断变化，并总是与一定时代的法律实践和法律精神相联系。① 从当前的法律规范视野观察，依据权利存在形态，权利分为应有权利（道德权利）、习惯权利、法定权利和现实权利；依据权利所体现的社会内容，权利分为基本权利和普通权利；依据权利的效力范围，权利分为对世权利和对人权利；依据权利的主体类别，权利分为个体权利、集体权利、国家权利和人类权利。

---

① 张文显. 法理学（第五版）[M]. 北京：高等教育出版社，2018：126-128.

（二）图书馆权利释义

"图书馆权利"为何？研究开展以来学界说法莫衷一是，存在不少争议，目前国内图书馆学界对"图书馆权利"的定义主要有读者权利论，图书馆员权利论，图书馆组织权利论，读者与图书馆员权利论，读者、图书馆员与图书馆组织权利论五种观点。

1. 读者权利论

读者权利论认为图书馆权利是民众的权利。具体而言，认为图书馆权利应以读者权利为核心，提出图书馆权利是指读者依法享有的平等、自由和合理利用图书馆的权利，① 即"人人享有自由平等利用信息资源的权利""平等利用信息资源是用户的基本权利""自由利用信息资源是用户的基本权利"和"免费服务是自由平等利用的保障"②。这一观点十分强调读者权利的维护，认为"从法制的视野认识读者的权益，如何最大限度地实现读者的文化权利，保障读者的权益，促进知识自由的全面发展，是图书馆服务中不容忽视的一个问题"③。在这一观点下，读者权利主要包括平等利用权、免费使用权、信息知情权、参与权、自主选择权、个人隐私权等。④

2. 图书馆员权利论

图书馆员权利论认为图书馆权利是一种集团性权利，是图书馆员职业集团为完成自身所承担的社会职责所必须拥有的自由空间和职务权利，从根本上说是利用者的权利，是图书馆对利用者发出的"誓约"，是图书馆对全体公民所宣示的"自觉意志"。这一观点认为图书馆权利防范和制约的，是来自社会、团体、组织、个人对图书馆履行社会职责的正当职务行为的干扰和限制；追求和保障的，是全体公民知识和信息获得权、接受权、利用权的圆满实现。⑤

3. 图书馆组织权利论

图书馆组织权利论认为图书馆权利不同于读者权利，也不同于图书馆员权利，它是

---

① 程焕文，张靖. 图书馆权利与道德[M]. 桂林：广西师范大学出版社，2007：2.
② 毕红秋. 权利正觉醒激情在燃放：中国图书馆学会2005年峰会综述[J]. 图书馆建设，2005（1）：12-14，29.
③ 程亚男. 读者权利：图书馆服务中一个不容忽视的问题[J]. 图书馆论坛，2004(6)：226-229.
④ 李东来，蔡冰，蒋永福，程亚男，初景利，韩继章，熊剑锐. 以制度保障公共图书馆的读者权益[J]. 中国图书馆学报，2010，36(4)：17-23.
⑤ 李国新. 图书馆权利的定位、实现与维护[J]. 图书馆建设，2005(1)：1-4.

一个特定的概念，是指图书馆自身为完成其社会职责而拥有的职务权利。之所以需要这一权利，是为了保证图书馆能够履行保障全社会公民自由、平等地获取信息这一社会职责。① 这一观点认为图书馆权利是一种社会权利，同时也是图书馆履行自己职业信念的权利。它是全体人民平等和自由地获得信息和知识的社会保障机制，这种社会的制度选择在法理层面，就体现为图书馆权利。②

4. 读者与图书馆员权利论

读者与图书馆员权利论认为图书馆权利既是读者的权利，也是图书馆员的权利。一方面，图书馆由公共资金投资建造和维持运作，供公众自由使用，属于典型的公共产品，其所有权归社会公众所有，理论上公众就是图书馆的主人。因而图书馆权利是一种人权，是读者接受图书馆服务的权利。③ 另一方面，图书馆员接受公众的委托，代公众从事图书馆的管理与服务，这时图书馆权利也是一种职业权利，图书馆员拥有维护图书馆科学有效地运作的权利。④ 这一观点认为图书馆是维护知识自由的社会制度，图书馆权利是图书馆实现其使命的法律基础，是落实图书馆精神、保证实现图书馆使命的必要前提，图书馆职业核心价值是维护读者的知识自由权利，⑤ 以及维护图书馆员的职业价值、职业尊严和职业权益。⑥

5. 读者、图书馆员与图书馆组织权利论

读者、图书馆员与图书馆组织权利论认为图书馆权利是图书馆人（包括个人和集体）以相对自由的作为或不作为的方式获得知识自由和信息自由的权利，是个人权利和集体权利的统一，⑦ 即图书馆组织权利、图书馆馆员权利、读者个人权利三者的统一。具体包含以下内容：依照宪法和法律，保障图书馆组织拥有为完成自身生存与发展，以实现社会公益服务职能的职务权利；保障读者拥有根据自己的意志平等自由地利用图书馆文献信息资源的个人权利；保障图书馆员平等自由地拥有在履行岗位职责时，所应享

---

① 张红. 图书馆权利解读[J]. 图书馆论坛，2006(2)：33-36.

② 程焕文，潘燕桃，张靖. 图书馆权利研究[M]. 北京：学习出版社，2011：20.

③ 范并思. 权利、读者权利和图书馆权利[J]. 图书馆，2013(2)：1-4.

④ 范并思. 论图书馆人的权利意识[J]. 图书馆建设，2005(2)：1-5.

⑤ 蒋永福. 新世纪新视点三人谈之关于"知识自由"的对话：维护知识自由：图书馆职业的核心价值[J]. 图书馆，2003(6)：1-4.

⑥ 蒋永福. "图书馆权利"研究反思[J]. 图书馆建设，2008(4)：59-61，65.

⑦ 白君礼. 图书馆权利中的几个基本问题浅谈[J]. 图书情报工作，2006(2)：120-123.

有的与私人利益密切相关的个人权利。其中读者个人权利为图书馆权利的核心，图书馆组织权利是图书馆权利的基础，图书馆馆员权利是图书馆权利的动力。在同一法律关系中，三者的法律地位平等。① 从权利保护的利益上看，该观点归纳的图书馆权利属于维护公共利益的"公权利"和维护个人利益的"私权利"的集合体。

二、图书馆权利的起源及在中国的传播

(一)"图书馆权利"溯源

"图书馆权利"一词源于对美国图书馆协会颁布的《图书馆权利法案》(*Library Bill of Rights*)的翻译，在此之前表达该概念核心精神的是西方的"图书馆自由"。根据《图书馆权利法案》的内容，图书馆权利是指民众利用图书馆的自由、平等权利。② 国际图书馆界在长期的发展过程中制定了大量与图书馆权利相关的宣言、声明、决议或道德规范等图书馆政策，明确地表明了国际图书馆界对图书馆权利的态度。1949 年，联合国教科文组织和国际图书馆协会联合会联合发布的《公共图书馆宣言》为世界各国的公共图书馆确立了基本使命，即教育使命、文化使命和信息使命。③ 日本图书馆协会 1954 年颁布、1979 年修订的《图书馆知识自由宣言》指出：图书馆具有收集资料的自由；图书馆具有提供资料的自由；图书馆为利用者保守秘密；图书馆反对一切检查。国际图联自 2002 年以来连续发表《格拉斯哥宣言》和《IFLA 因特网声明》，日益明确图书馆权利的定位与内容，宣布"不受限制地获取、传递信息是人类的基本权利"。"图书馆和信息服务机构要一视同仁地为用户提供资料、设施和服务。不允许出现因种族、国家或地区、性别、年龄、健康状况、宗教或政治信仰等任何因素而引发的歧视"④。

需指出的是，"图书馆权利"并不是一个被普遍使用的术语，除美国图书馆协会使用"图书馆权利"一词外，常用来表达同类含义的还有"知识自由"(intellectual freedom)、"自由利用图书馆"(free access to library)、"图书馆利用自由"(freedom of access to

---

① 康孝敏. 图书馆权利的法理分析[J]. 图书馆建设，2007(6)：44-47.
② 程焕文. 图书馆权利的界定[J]. 中国图书馆学报，2010，36(2)：38-45.
③ 柯平. 公共图书馆的使命——《公共图书馆宣言》在公共图书馆事业发展中的价值[J]. 图书馆建设，2019(6)：13-19.
④ 康孝敏. 图书馆权利的法理分析[J]. 图书馆建设，2007(6)：44-47.

library)、"信息自由利用"(free access to information)、"信息利用自由"(freedom of access to information)、"思想自由"(freedom of thought)、"表达自由"(freedom of expression)、"阅读自由"(freedom to read)、"观赏自由"(freedom to view)、"知情权"(freedom to know,right to know)、"隐私权"(right of privacy)等术语,如我国台湾使用"知识自由"来表达图书馆权利的内涵,日本使用的则是"图书馆自由"一词。

(二)"图书馆权利"理念在我国的传播

1994 年,UNESCO 组织修订发布《公共图书馆宣言》,第一次明确宣示"每一个人都有平等享受公共图书馆服务的权利"。1996 年,IFLA 第 62 届大会在北京召开,在一些专业期刊的宣传介绍下,《公共图书馆宣言》逐渐被我国图书馆界所了解,《公共图书馆宣言》中关于现代公共图书馆的理念开始在我国迅速传播。2002—2005 年,我国相继发生了"巴金赠书流失事件""国图事件""信阳师院图书馆事件""苏图事件"等与图书馆权利相关事件,引起了社会广泛关注。众多学者关注并逐渐形成热点始于 2002 年,这一年,学者李国新发表了《对"图书馆自由"的理论思考》一文,提出了"公众自由利用图书馆是一种'权利'"这一重要理论命题,引发了对"图书馆权利"的讨论。同年,中国图书馆学会主持制定《中国图书馆员职业道德准则》,这是图书馆权利理念在中国组织化传播的开端。中国图书馆学会和相关专家学者都认为,由职业道德规范建设入手进而推动图书馆权利规范建设,是国际图书馆界的通行做法。① 2005 年召开的中国图书馆学会首届新年峰会就"图书馆权利"展开热烈探讨,旨在就"图书馆权利"的各项要素达成研究共识。随着研究的推进,图书馆权利从理论研究走向服务实践,积累了大量研究成果和典型案例,也进入了图书馆学专业教育。2008 年 10 月,中国图书馆学会发布《图书馆服务宣言》,这是我国第一个面向社会宣示的"图书馆服务的行业承诺",是中国图书馆史上第一次正式地表达中国图书馆人在 100 多年的图书馆学探索所认识并基本认同了的现代图书馆理念。② 2023 年该宣言的修订版再次阐释了图书馆核心价值及其服务理念,宣示了图书馆将"切实担负起保障公民基本文化权益"的时代责任。图书馆权利思想在中国将得到进一步传播。

---

① 李国新. 21 世纪初年的"图书馆权利"研究与传播[J]. 中国图书馆学报,2014,40(6):4-11.
② 范并思. 图书馆服务的行业承诺[J]. 图书馆建设,2008(10):2-5.

三、图书馆权利的基本构成

(一)图书馆权利的主体

权利主体是指法律关系的参与者，是法律关系中权利的享有者和义务的承担者。享有权利的一方称为权利人，承担义务的一方称为义务人。图书馆权利主体具有法律性和社会性。法律性是指图书馆权利主体是由法律规范所规定的，与法律规范的联系构成了图书馆权利主体与其他形式的社会关系主体的区别。不在法律规范的范围内，不得任意成为图书馆权利主体，不得任意主张图书馆权利。社会性是指法律规范规定图书馆权利主体是由一定的社会物质生活条件决定的：一方面，只有在有图书馆的时代、国家，才有必要界定图书馆权利主体；另一方面，图书馆的存在形式是变化的，需要依照具体情况分析。

图书馆权利主体的确定应当从其性质而定，图书馆权利是一种典型的私权利，图书馆作为一种公法人组织，虽然享有特定的权利，但更多的是行使法定职权、履行法定职责与义务，特别是在图书馆管理与服务过程中，行使的是一种法定的公权力。[①] 换言之，图书馆权利与图书馆职权、职责、义务非同一概念，图书馆权利并不等同于图书馆权力或职权，图书馆的权利主体是接受图书馆服务的读者和维护图书馆事业有效运行的图书馆员，即图书馆权利主体分为"读者"和"图书馆员"两大类，而不包括图书馆组织。

1. 读者作为图书馆权利主体

读者是图书馆权利主体之一，从其社会身份而言是法律意义上的公民，但并非所有的公民都是图书馆权利的主体。在社会生活中，某一法律关系中的有关主体只有在依照法律规则中"行为模式"内容进行法律活动时，法律关系主体之间的权利和义务才可能发生这样或那样的联系，才享有实际的法律权利和履行特定的法律义务，才能使法律对社会的调整达到有效的结果。所以，只有当某一自然人到图书馆进行借阅以及相关活动，与图书馆形成现实的法律关系而成为"读者"时，读者的权利主体地位才产生，才能享受相关法律权利和应该履行相应义务。[②] 换言之，图书馆权利的主体应当限定为读者，即开展图书馆借阅等相关活动、接受图书馆服务的与图书馆形成法律关系的图书馆

---

① 肖萍. 图书馆权利的法理矫正[J]. 新世纪图书馆，2017(7)：12-14.
② 窦潮. 读者权利若干问题的法律分析[J]. 图书馆杂志，2005(1)：20-23.

用户。这样明确图书馆主体的法律地位，严格规范读者的资格并非公民利用图书馆服务的限制，而恰恰是公民合法享受图书馆服务的保障。

2. 图书馆员作为图书馆权利主体

图书馆机构的正常运转与图书馆员的具体工作密不可分，图书馆的职业价值通过收集、处理、存储、传递图书馆馆藏信息而实现，而图书馆员是图书馆职责的具体承担者，因此图书馆员具有自己的职业价值、职业尊严和职业权益。图书馆员是图书馆权利的另一主体，他们的事业权利、合法劳动保障权益和个人信息权益在日常工作中依法得到保护。

(二) 图书馆权利的客体

权利客体是与主体相对的范畴，是指主体的意志和行为所指向、影响、作用的客观对象，是法律关系主体发生权利义务联系的中介，是法律关系主体的权利和义务所指向、影响和作用的对象。其具有客观性、有用性、可控性等特性，一般包括物，人身、人格，智力成果，行为，信息五大类。[①]

图书馆权利客体，是指权利主体的权利和义务所指向的对象。与图书馆权利分类相对应，图书馆权利的客体也分为读者图书馆权利客体以及图书馆员权利客体两大类。读者图书馆权利客体是指图书馆的服务，这既可以是实际存在的图书馆设施、文献馆藏，也可以是图书馆提供的某些服务行为、便利行为。《中华人民共和国公共图书馆法》在第一条立法目的中明确指出"保障公民基本文化权益"，虽然没有明确用"读者图书馆权利"来表述，但实际上表述的是保护读者享受图书馆服务的权利，具体而言，读者享有平等、自由利用图书馆资源、享受图书馆服务的权利。读者不受年龄、种族、性别、宗教信仰、国籍、语言或社会地位的限制平等、自由地享受图书馆服务；图书馆员的权利客体是指馆员在实现图书馆价值过程中，认真履行自己的岗位职责时所应依法享有的个人利益，以及维护图书馆科学事业有效运行的一切法律政策支撑、物质支撑等各项资源、行为。

(三) 图书馆权利的内容

权利的内容具有两层含义，一是指向具有哪些具体的权利；二是某项具体权利的内

---

① 张文显. 法理学(第五版)[M]. 北京：高等教育出版社，2018：126-128.

容是什么。有观点认为图书馆权利体现为平等权利、自由权利与智识自由；也有主张图书馆权利的内容应包括知识资源收藏权、知识资源选择权、辅助设施完善权、损害赔偿请求权。① 这些权利都是图书馆权利行使过程中的体现，但不能充分概括图书馆权利内容的全部内涵。

1. 读者层面的图书馆权利内容

图书馆权利的内容分为读者图书馆权利的内容和图书馆员图书馆权利的内容。读者权利是图书馆权利的核心，读者具有的图书馆权利内容包括但不限于：不论其性别、年龄、民族、家庭出身、社会地位、财产状况、受教育程度、宗教信仰、职业种类和性质，以及居住的地点和年限等，依法自由、平等地享有：① 使用图书馆建筑和设施的权利；② 利用图书馆信息知识、信息服务、馆藏资源的权利；③ 参与知识活动、参与图书馆部分利于读者服务的管理活动的权利；④ 对图书馆处理其个人信息的知情权、决定权、查阅权、复制权、可携带权、更正权、删除权等个人信息保障权利；⑤ 其他利于读者利用图书馆服务和保障个人合法利益的权利。

2. 图书馆员层面的图书馆权利内容

对于图书馆员而言，其享有的图书馆权利内容在两方面得以体现，一是图书馆员在履行职责时所必需的事业权益；二是在履行职责时所保障的个人权益，包括但不限于：① 根据图书馆的性质、功能确定组织信息资源的权利；② 根据信息知识的内在规律整理、加工、开发传播和提供图书馆信息及信息服务的权利；③ 了解图书馆行业发展动态、本馆近远期发展规划及馆藏资源的权利；④ 要求改善工作环境的权利；⑤ 参与图书馆的民主管理，提出合理化建议，进行工作创新，开展学术科研活动、获得培训进修的权利；⑥ 对图书馆处理其个人信息的知情权、决定权、查阅权、复制权、可携带权、更正权、删除权等个人信息保障权利；⑦ 其他任何保障维护图书馆事业有效运行、保障个人权益得以实现的权利。

图书馆权利归根结底是工具而非目的，不论图书馆权利的具体内容为何，每项权利的享有和行使都与读者和图书馆员获取一定的利益连接在一起，换言之，图书馆权利本质上是利用权利这一工具实现享有该权利的主体所追求的利益。当然这份利益不能只是个人利益或仅与个人相关的利益，而应当是能够被人们普遍享有、获得广泛认可的

---

① 齐崇文. 图书馆权利：形态、构成与实现途径[J]. 图书馆，2018（2）：20-26.

利益。

四、图书馆权利研究的现实意义

图书馆权利作为一种重要的社会现象，对个人和社会都具有非比寻常的重要意义，其丰富的实践功能是图书馆稳定服务和持续发展的重要基础。图书馆权利的重要意义通过其丰富的实践功能表现出来，理解图书馆权利的实践功能也就理解了图书馆权利的重要意义。

(一)有利于完善我国图书馆治理法治体系

近年来，我国图书馆相关法律法规体系不断扩大，除颁布《中华人民共和国公共文化服务保障法》(以下简称《公共文化服务保障法》)、《中华人民共和国公共图书馆法》等图书馆领域专门法外，越来越多的非图书馆专门性法律法规和政策文件涉及图书馆业务和工作，为依法办馆和促进图书馆发展提供了重要的法治基础。明确图书馆权利的基本构成，是对当前图书馆法治环境的有力回应，以图书馆权利向公众宣传图书馆的理念，也是对图书馆的社会地位提升的有效支撑。一方面，建立起维护和保障读者权利、图书馆员权利的以社会公平和公共福利作为价值取向的可操作性的制度，有利于形成有中国特色的图书馆依法治理机制，能够有效制约权力，树立法的权威，打破特权，切实维护和保障读者以及图书馆员的权利，逐步形成人人守法、司法部门严格执法以维护社会安全、秩序的理性社会。另一方面，赋予读者、图书馆人以图书馆权利有利于为公民树立法治思维，有利于树立起民主、自由、平等的现代社会公民权利意识，这既包括树立起监督意识、参与政治的意识，也包括树立起法治意识，以避免以个人私利、集团私利取代国家利益、全民利益。[①] 只有在这样的图书馆法治背景下，图书馆治理的现代化能力才能提高，图书馆未来进一步的改革才能实现。

(二)有利于构建中国特色图书馆学理论话语体系

话语体系衍生出话语权，话语权则关系着学科的影响力和学科地位。因此，中国特色图书馆学理论体系要着力构建自己的话语体系。话语的灵魂是思想，没有新思想、新

---

① 陈纪建. 我国图书馆"维护和保障公民知识权利"问题的理论思考[J]. 图书馆建设，2006(5)：25-26.

理论、新观点的有效供给，就没有话语体系的构建。因此，图书馆学理论研究要随着时代的发展，不断提出新的概念范畴、新的理论命题、新的理论判断。"图书馆权利""图书馆精神""图书馆核心价值""公共图书馆是保障信息公平的制度安排""覆盖全社会的公共图书馆服务体系""普遍均等、惠及全民"等，都是具有中国特色的图书馆学理论话语。保障公民平等利用图书馆的权利，是党的创新理论中"以人民为中心"的治国理政思想的重要体现，也是图书馆治理重要的价值目标。近年来，国家出台了一系列保障公民文化权益的法律法规和政策文件，促进了普遍均等、惠及全民的公共图书馆服务体系的建立。因此，图书馆权利研究是中国特色图书馆学理论研究的重要组成部分之一，中国特色社会主义语境中图书馆权利概念的界定、内涵、形态及内容构成，以及东西方文化对图书馆权利的理解异同及图书馆权利的本土化问题、图书馆权利的法理依据和法律保障机制、图书馆权利的实现途径等，都将随着中国特色图书馆事业的发展进步而不断创新。①

(三)有利于促进我国图书馆事业健康和可持续发展

图书馆事业是社会结构中不可缺少的事业，其发展水平直接影响经济、科学、文化的各项成就与文献信息在社会成员中被利用的程度。② 在某种意义上说，图书馆事业的发展与图书馆权利的实现休戚相关。图书馆事业是人类追求知识自由理想的产物，保障人类知识自由获取和信息公平利用是图书馆事业或图书馆制度的核心理念和最高使命所在，这也是一个不断法治化的过程。图书馆权利往往与图书馆服务所追求的平等、自由、公平等核心价值相辅相成。国家法律之所以规定读者具有自由利用图书馆的权利，就是为了保障读者自由接受知识的权利，因此保障读者权利有利于图书馆事业追求的核心价值的实现。同时，馆员尊严得到尊重、利益得到保护，图书馆的职业价值就会表现得更加突出。总之，只有以法律的威严倡导文明服务、文明阅读，构建和谐文明的图书馆文化氛围，才能最终实现我国图书馆事业健康有序发展的目的，满足人民日益增长的科学文化知识、情报信息资源的需求。

(四)有利于提升民众幸福感

权利是保证民众幸福的前提以及关键因素。图书馆在知识自由、民主政治、终身学

---

① 范并思.图书馆服务的行业承诺[J].图书馆建设，2008(10)：2-5.
② 吴慰慈，董焱.图书馆学概论(第4版)[M].北京：国家图书馆出版社，2019：125-126.

习、公共物品、社会责任等制度理念环境下，承担着通过保障读者权利进而提升读者幸福感的责任。随着经济以及物质文明建设的迅速发展，民众的权利越来越受到重视，这种重视既有社会对民众权利的重视，也有民众对于自身权利的重视。这体现了在社会保障提供权利的前提下，民众自身能够有意识地利用权利去追求任何形式的"幸福"。图书馆作为国家和政府保障公民文化权利实现的公共基础设施之一，读者权利的实现程度是影响读者幸福感提升的重要因素。也就是说，图书馆在充分发挥其存在的效能与价值的同时，保障读者权利的实现可以提升读者幸福感。① 从图书馆员角度来说，其自由和平等是建立在其个人工作权益和一般人身权益得以充分保障之上的，保障图书馆员的权利是公共中心的重要职责，也是提升图书馆员工作幸福、生活幸福的必要路径。

第三节 图书馆制度

一、制度与图书馆制度

(一)制度释义

制度概念相对宽泛，基于不同的学科领域视角有着不同的理解。美国凡勃伦首先将制度问题纳入科学研究，将制度定义为"大多数人所共有的一些固定的思维习惯、行为准则、权利等"②，开创了对制度进行系统研究的先河。近代制度学派、新制度经济学派、比较制度学派在此基础上均从个体主义的立场将制度解释为"规则"。马克思主义从社会整体出发，将制度定义为"在社会生产活动中形成和发展起来的，对生产活动中人与人之间关系做出的一种规范性安排"③。

本质上看，制度具有规范性的特征，且与人的动机和行为有着内在的联系，规范和约束着人们的行为。制度包括制度环境和制度安排两个层次，制度环境由权力结构、法律结构、社会资本结构等构成，是进行制度安排所要遵守的，决定着制度安排的性质、范围等；制度安排在制度环境框架内进行，是制度的具体表现形式，即制度的具体化。

---

① 王丽培，蒋永福．读者权利的实现与读者幸福感的关系研究[J]．图书馆理论与实践，2018(7)：30-32.

② ［美］凡勃伦．有闲阶级论[M]．蔡受百，译．北京：商务印书馆，1964：139.

③ 沈阳．比较制度经济和产权理论[M]．北京：中国书籍出版社，2013：30-47.

(二) 图书馆制度内涵和特点

图书馆本身是社会发展到一定程度的制度产物，其实质是人民不断扩展和深化在图书馆事务中民主权利的过程。

图书馆制度属于文化制度范畴，是中国特色社会主义文化制度的重要组成部分。所谓文化制度，是指由政策、法律、法规等构成的，国家及其政府为了满足公民应该享有的科学、文化、教育、娱乐(主要指文化休闲或知识休闲)等权利而制定的规范性安排。① 同样地，图书馆制度，即国家及其政府为了保障公民的基本文化权益，使其真实地获得图书馆服务的权利而选择的一种制度安排。图书馆制度为人们能够自由、平等获取知识和信息、进行科学研究或其他文化活动提供了制度性保障。

需要注意的是，一套完备、稳定和有效的图书馆制度体系是在宏观、中观和微观层面保障我国图书馆事业高质量发展，涉及图书馆建设、图书馆服务、图书馆效能等各环节的规则体系，是图书馆事业发展统领性制度、一般性制度和各项工作具体制度的有机组合，是坚持党对图书馆事业领导、传承和弘扬中华优秀传统文化、坚持以人民为中心的具有中国特色的系统性、逻辑性、一体性、协调性、动态性的制度体系。

二、我国图书馆制度的研究缘起与建设历程

(一) 我国图书馆制度的研究缘起与发展

图书馆学对图书馆的认识经历了从机构到制度的变化。② 长久以来，图书馆一直被视为一个机构。1937 年，美国图书馆学家 Lowell Martin 围绕公共图书馆的社会性质、社会职能等探讨了美国公共图书馆作为社会制度的定义。③ 1955 年，W J Murison 和 L R McColvin 的《公共图书馆：起源目的和作为社会制度的意义》④一书出版后，公共图书馆作为一种制度的说法广泛流行。20 世纪 80 年代，我国图书馆学教材中将图书馆定义为

---

① 蒋永福，王株梅. 论图书馆制度——制度图书馆学若干概念辨析[J]. 中国图书馆学报，2005 (6)：10-13，24.
② 范并思. 公共图书馆的制度研究：十年回顾与述评[J]. 图书馆杂志，2013，32(7)：9-15.
③ Martin L. The American Public Library as a Social Institution[J]. The Library Quarterly, 1937, 7 (4)：546-563.
④ Murison W J, McColvin L R. The Public Library：Its Origins, Purpose, and Significance as a Social Institution[M]. London：George G. Harrap & Company, 1955.

"搜集、整理、保管和利用书刊资料，为一定社会的政治、经济服务的文化教育机构"。在我国，较早关注图书馆是一种社会制度的学者是黄纯元。20世纪90年代末，黄纯元在《论芝加哥学派》系列文章中，将"Social Institution"译为"社会机构"，并在注释中强调："Social Institution有的把它译成'社会组织''社会机构'；在日本的图书馆学的一些论著中把它译成'社会制度'的较多。从字面上，或从皮尔斯·巴特勒和杰西·谢拉等人的解释中，'Social Institution'不仅是指一般意义上的社会组织体，同时也包含了制度、社会规范等具有社会学意义上的含义"①。随着公共图书馆运动对世界各国图书馆事业发展产生的深远影响，以及人们对于图书馆在保障公民文化权利与信息权利、推进图书馆治理效能的社会价值认识的提升，图书馆逐渐被看作"社会制度"（social institution）。

21世纪初，众多图书馆学者对图书馆人文精神、弱势群体人文关怀、图书馆精神、图书馆权利等的研究，为我国图书馆学家关注图书馆的制度价值奠定了基础。② 将公共图书馆看作"社会制度"进而形成制度图书馆学的理论范式成为21世纪以来我国图书馆界的重要理论成果，与技术图书馆学、人文图书馆学一并成为"图书馆学话语"三大体系。

（二）我国图书馆制度的建设历程

我国图书馆制度建设历程与我国图书馆事业发展的脉络一致，大体可以分为两个阶段。

1. 近代图书馆时期的制度建设（1900—1949）

我国图书馆制度的建设最早可追溯到1909年《京师图书馆及各省图书馆通行章程》的颁布，这是中国第一部全国性的图书馆法规。③ 五四新文化运动使图书馆事业的发展产生了巨大变化，形成了一套较为完整的图书馆管理制度，包括《通俗图书馆规程》《图书馆规程》（1915）、《图书馆条例》（1927）、《图书馆规程》（1930/1939）、《国立中央图

---

① 黄纯元. 论芝加哥学派（下）[J]. 图书馆，1998（2）：6-9.
② 范并思. 维护公共图书馆的基础体制与核心能力——纪念曼彻斯特公共图书馆创建150周年[J]. 图书馆杂志，2002（11）：3-8.
③ 王印成，包华，孟文辉. 高校图书馆信息管理与资源建设[M]. 北京：经济日报出版社，2018：62.

书馆组织条例》(1940)等。①

2. 现代图书馆制度建设(1949—)

(1)1978 年以前的图书馆制度建设(1949—1978)

中华人民共和国成立后，我国图书馆事业发展产生了质的飞跃。1955 年，《关于加强与改进公共图书馆工作的指示》明确了公共图书馆的方针、服务等；1956 年，高等教育部颁布的《中华人民共和国高等学校图书馆试行条例(草案)》，即《普通高等学校图书馆规程》的前身，确定了高等学校图书馆工作的性质、方针等，同时针对高等学校图书馆馆际互借、书刊调拨、书刊补充等制定了行政规范性文件；1957 年，国务院批准了《全国图书协调方案》，该方案是国家科委制定、国务院发布的重要文件，为图书馆服务科研人员进行了统筹规划，也为全国图书馆联合协作、文献资源共建共享提供指导思想。这一时期，我国图书馆制度建设逐渐健全。

(2)改革开放至 21 世纪伊始(1978—2000)

党的十一届三中全会召开以来，我国图书馆事业获得了良好的制度环境。1980 年，中共中央书记处第 23 次会议通过北京图书馆起草的《图书馆工作汇报提纲》，为新时期我国图书馆制度建设指明了方向。1981 年，教育部颁发《中华人民共和国高等学校图书馆工作条例》，并于 1987 进行了修订，后改名为《普通高等学校图书馆规程》。1981 年，国家文物事业管理局印发《省、市、自治区图书馆工作条例(试行草案)》。此后，针对医学图书馆、党校图书馆、中等学校图书馆等先后制订了《1978 年至 1985 年全国医学图书馆发展规划(草案)》(1978)、《中国人民解放军院校图书馆工作条例》(1987)、《党校图书馆工作条例》(1991)、《中等专业学校图书馆规程》(1997)。1980 年开始，原文化部、国家档案局、国家人事部门等先后制订了《图书馆工作人员职称条例》《图书、档案、资料专业干部业务职称暂行规定》《高等学校图书、资料、情报工作人员守则》等，图书馆专业人才的业务职称制度逐步建立。此外，在古籍善本、图书馆有偿服务、公共图书馆评估定级、图书馆建筑设计等方面的制度也初步建立起来。

(3)党的十八大前的图书馆制度(2000—2012)

21 世纪伊始，我国图书馆制度建设迈向了新阶段。一方面，国家从图书馆事业发展的宏观层面推进图书馆制度建设，如《国家"十一五"时期文化发展规划纲要》(2006)、《国家"十二五"时期文化改革发展规划纲要》(2012)，并以全国文化信息资源共享工程、

---

① 吴慰慈，董焱. 图书馆学概论(第 4 版)[M]. 北京：国家图书馆出版社，2019：161.

中华再造善本工程、送书下乡工程、数字图书馆推广工程等为抓手推动公共图书馆制度建设，逐步确立了公共图书馆免费开放制度。另一方面，地方图书馆制度逐步丰富，包括《湖北省公共图书馆条例》（2001）、《河南省公共图书馆管理办法》（2002）、《广州市图书馆条例》（2007）等。

(4)党的十八大以来的图书馆制度(2013—)

党的十八大以来，我国图书馆制度建设已经提升至国家宏观战略层面，如图书馆法人治理被纳入国家文化发展战略、图书馆事业发展被纳入中央和地方各级政府的规划中。2015年以来，图书馆法治建设取得突破性进展，《普通高等学校图书馆规程》(2015)再次修订发布；2017年，《公共文化服务保障法》正式施行，形成了以基础性制度、针对性制度、政府监管制度和机构责任制度为框架的公共文化服务制度体系框架；[1] 2018年，《中华人民共和国公共图书馆法》正式施行，构筑起了我国公共图书馆管理、运行、服务的基本制度体系，开启了新时代我国公共图书馆事业发展的新篇章。[2] 此外，图书馆总分馆制度、资源建设与读者服务制度建设方面稳步发展。

三、我国图书馆制度类型及内容

我国图书馆制度体系是相互匹配、相互支撑、相互衔接、相互贯通的制度系统，是不同层次的制度体系结合而成的逻辑整体。图书馆制度类型可依据诺斯制度分类、横向层次、纵向层次以及制度逻辑结构进行划分。图书馆制度内容依据其在图书馆治理中发挥的功能作用进行划分(见图7-1)。

(一)图书馆制度体系结构

(1)依据诺斯对制度类型的划分，图书馆制度可以分为正式的图书馆制度和非正式的图书馆制度。前者主要表现为强制性、成文性、公开性特征，后者既可以是成文或非成文的，又可以是行为规范或自律规范，呈现自律性、非强制性特征。[3]

(2)依照横向的图书馆类型结构，图书馆制度可以分为公共图书馆制度、高等学校

① 李国新. 公共文化服务保障法的制度构建与实现路径[J]. 图书情报工作，2017，61(16)：8-14.
② 李国新.《中华人民共和国公共图书馆法》的历史贡献[J]. 中国图书馆学报，2017，43(6)：4-15.
③ 蒋永福. 制度图书馆学：概念、内容、特点与意义[J]. 图书馆，2009(6)：11-13，16.

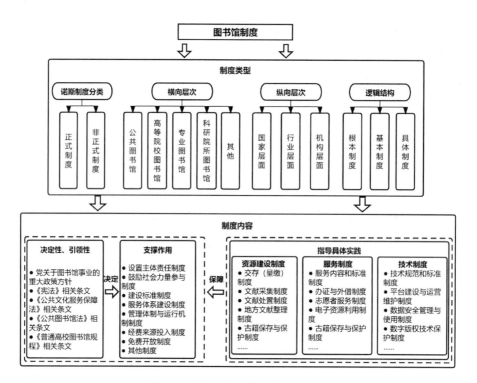

图 7-1　图书馆制度体系分类与内容

图书馆制度、专业图书馆制度、科研院所图书馆制度、其他制度，每一类型图书馆制度又包括正式和非正式的制度。

（3）从纵向的层次结构可以将图书馆制度划分为国家、行业和机构三个层面。国家层面的图书馆制度即宏观制度，主要包括国家和政府的图书馆法律、法规或行政规章；行业层面的图书馆制度即中观制度，包括图书馆行业的组织章程、建设标准等正式制度，以及图书馆服务宣言等非正式制度；机构层面的图书馆制度即微观制度，如各类图书馆制定的、仅适用于本馆的管理与服务规则。

（4）从制度的逻辑结构，中国特色社会主义制度是一个严密完整的科学制度体系，起四梁八柱作用的是根本制度、基本制度、重要制度。① 我国特色社会主义文化制度与中国特色社会主义制度体系中的"三大制度"设置相对应，包括根本文化制度、基础性文化制度、重要文化制度，同样地，图书馆制度体系由根本制度、基本制度和具体制度

---

① 习近平. 习近平谈治国理政(第三卷)[M]. 北京：外文出版社，2020：125.

构成。图书馆制度框架内的根本制度对制度体系建设具有统领作用，反映国家对图书馆事业发展的重大规划和方针，决定和规范着我国图书馆发展的方向、性质、任务等；基本制度中各项条例、原则等的制定和执行必须以根本制度为准绳，旨在规定图书馆的办馆理念和特色、发展目标和战略、管理体制与运行机制等有关图书馆建设和发展的基础性问题；具体制度由根本制度、基本制度派生而来，并为根本制度和基本制度的落实提供保障作用，涉及图书馆具体实践，包括资源建设、读者服务以及技术应用等方面。

(二) 图书馆制度的内容

图书馆制度的内容依照其在图书馆制度体系中发挥的功能属性划分，与图书馆制度逻辑结构中的根本制度、基本制度和具体制度内容高度契合。

(1)在图书馆制度基本体系架构中，根本制度对制度体系建设起指导和决定性作用，集中体现了我国图书馆的价值指向和核心理念，反映了我国图书馆事业的性质、发展方向、方针路线，是图书馆的重要制度和运行机制，包括党和国家对我国政治、经济和社会发展的重大战略部署，涉及社会主义文化事业、图书馆事业繁荣和发展的重大方针政策，以及《中华人民共和国宪法》《中华人民共和国公共文化服务保障法》《中华人民共和国公共图书馆法》《普通高等学校图书馆规程》中对图书馆目标、发展方向、任务、性质等的规定。

(2)发挥基础作用的制度在图书馆制度框架内起支撑作用，具有长期性、稳定性特征。主要包括图书馆设置的主体责任制度、鼓励社会力量参与图书馆建设的制度、图书馆建设标准化均等化制度、图书馆服务体系建设制度、图书馆管理体制与运行机制制度、经费投入保障制度、图书馆免费开放制度、法律监管制度等。

(3)具体制度在图书馆制度框架内指导图书馆具体实践，为图书馆根本制度和基本制度的落实提供基础性的保障，包括资源建设制度、服务制度、技术制度三个方面。①资源建设制度包括出版物交存、文献采集与处置、数字资源建设、地方文献与特色文献、古籍保存与保护、固定资产管理等制度，以及涉及图书馆内部智力资源的人才招聘与培养、职业晋升等制度。②图书馆服务制度可根据服务对象群体特征进行划分，如师生群体、科研学者、少儿读者、老年读者、残障人士等，或根据服务类型及内容划分为借阅服务、科研服务、学科咨询服务、信息素养教育、全民阅读等，具体制度涉及服务内容和标准、借阅等制度、志愿者服务等制度。③图书馆是新技术应用的前沿阵地，随着大数据技术的发展以及数据快速增长，还需要建立与之相匹配的技术制度体系，以保障数据的安全和规范利用，保护读者隐私和图书馆安全。如技术规范与标准、平台（"三微一端"，即微博、微信、微视以及客户端）建设与运营维护、数据安全管理与使用等制度。

四、图书馆制度的现实意义

图书馆功能的有效发挥必须依赖于图书馆制度建设，通过构建科学、严密、执行有效的图书馆制度体系，进一步营造良好的图书馆高质量发展生态系统。中共十九届四中全会提出，"坚持和完善繁荣发展社会主义先进文化的制度，巩固全体人民团结奋斗的共同思想基础"[1]，标志着将文化制度上升到国家制度层面，直接反映了党对国家制度和文化治理体系的认识提升到新境界。[2] 对于图书馆制度的建设，可从图书馆治理、文化治理、国家治理三个层面理解。

（1）图书馆治理与图书馆制度建设具有伴生关系和同构性价值，制度建设的性质和内容反映了图书馆治理的要求，同时，图书馆治理所设定的目标以及发展路径必须以一定的制度成果和制度绩效作为基础。图书馆治理属于"制度"范畴，其核心是建立一个科学、严谨的制度体系，合理地界定图书馆主要利益相关者的权利、职责和利益的关系。图书馆治理的关键在于制度体系建设。构建一套系统完备、科学规范、运行有效的图书馆制度体系，对于提高图书馆的治理效能、保障图书馆事业可持续发展具有重要现实意义。

（2）发展社会主义先进文化、广泛凝聚人民精神力量，是国家治理体系和治理能力现代化的深厚支撑。文化治理是现代国家治理形式的重要组成部分，也是推进国家治理体系和治理能力现代化方略中的关键环节之一，而图书馆是实现文化治理功能的重要方式与手段。因此，作为一种独特的文化治理手段，图书馆极大地影响着社会公众的价值观念和精神道德，具有一种潜移默化、内化于心的文化影响机制和文化治理作用，[3] 体现了为制度体系提供基本价值支持的功能属性。

（3）制度作为国家治理的软实力，直接决定着国家治理的效能。现代国家治理要以

---

① 中共中央关于坚持和完善中国特色社会主义制度 推进国家治理体系和治理能力现代化若干重大问题的决定[N]. 人民日报，2019-11-06.

② 肖贵清，刘仓. 中国特色社会主义文化制度——战略意义、逻辑结构、构建路径[J]. 南开学报（哲学社会科学版），2020(6)：1-10.

③ 江凌. 公共图书馆的文化治理性与治理能力提升策略[J]. 治理现代化研究，2022，38(2)：60-68.

制度建设为依托，以保障公民权利为目标。在国家治理现代化情境中，构建完善的图书馆制度，营造良好的文化治理生态圈，与国家治理的目标高度契合，其宗旨是保障公民的基本文化权利。随着国家治理制度体系建设逐步进入新阶段，相应地，又需要进一步根据新阶段、新情况推进文化制度、图书馆制度的完善，实现图书馆制度体系单元的稳定性与开放性、固定性与动态性的统一。

第四节　图书馆法治

一、图书馆治理法治化

我国第一部图书馆专门法《中华人民共和国公共图书馆法》于 2017 年 11 月 4 日通过，2018 年 1 月 1 日正式实施。这意味着公共图书馆事业法治进入新时代，有利于充分发挥公共图书馆服务的功能，公民的基本文化权益得到进一步保障。

在实践中逐步形成的习近平法治思想是 21 世纪的马克思主义法治理论，体现了严密的实践逻辑、科学的理论逻辑和深厚的历史逻辑。图书馆法治建设离不开认真研究、科学把握、深刻领悟习近平法治思想。[①]

习近平同志特别强调要在继承马克思主义的基础上发展马克思主义，不断开辟马克思主义中国化当代化的新境界。他指出，我们要以科学的态度对待科学，以真理的精神追求真理，不断赋予马克思主义以新的时代内涵。图书馆法治建设必将遵循习近平同志关于法治的重要论述，深入贯彻马克思主义法学的科学性和真理性。必将为新时代全面依法治国、建设法治中国、推进国家治理现代化添砖加瓦。[②]

（一）图书馆法治的内涵

"法制"是法律制度的简称，是相对于政治、经济、文化等制度而言，其内涵是指有一套法律规则以及法律的制定与实施等各种制度；而"法治"则是相对于"人治"而言，

[①] 张文显. 习近平法治思想的实践逻辑、理论逻辑和历史逻辑[J]. 中国社会科学，2021(3)：4-25，204.

[②] 申晓娟. 新中国图书馆法治建设 70 年[J]. 图书馆杂志，2020，39(1)：4-25.

是与"人治"相对立的一种治国理论与原则、制度。① 在此基础上，有学者进一步阐述，"法制"从狭义上理解是法律制度的简称，从广义上说是包括法律制度、法律实践以及法律监督等一系列活动在内的一套体制；而"法治"的内涵更加丰富，可以理解为一种宏观治国方略，也可以理解为一种文明的法律精神，或是一种理想的社会状态。本书认为，图书馆法治是指图书馆的设立、运行、管理、服务等都按照法治的理念进行。公共图书馆法治涉及面广泛，包括以下四个层面：第一，立法层面，政府依法设立和保障公共图书馆运行的制度设定是政府层面的核心制度设计，图书馆管理者则应该把保障读者权利的法治化制度作为核心制度来设计。第二，执法层面，主要涉及图书馆工作人员依照法律进行管理和服务。无救济则无权利，因此还涉及第三个层面，司法层面。法律责任制度包括对政府主管部门及其工作人员和公共图书馆及其工作人员的法律追究制度实现，包括刑事、民事、行政和治安管理条例在内的法律追究。第四，还包括守法层面，在守法层面，一切与图书馆法治相关的人员都要在法律规定的范围内进行图书馆的相关行为。

(二)图书馆法治的重要意义

作为公共文化服务体系建设的重要组成部分，公共图书馆承担着创新文化服务理念与模式的重担。加强新时期图书馆法治建设，对推动图书馆事业发展，保障公民基本文化权益无疑有着重要的意义。

第一，图书馆法治有利于调节国家与图书馆之间、图书馆与其他组织之间以及图书馆与用户之间等在图书馆活动中所产生的各种关系，有利于维护图书馆健康发展的秩序，避免图书馆事业发展中所产生的问题。②

第二，图书馆法治有利于保证图书馆事业的健康、可持续发展。图书馆事业作为公益性事业，其持续发展离不开公共权力的支持，特别是要纳入政府的公共预算中，而这种保障或支持必须法律化，也即要有明确的法律规定，促使政府部门依法行使管理图书馆事业的权力，从而确保图书馆事业发展所必需的财政支持保持较为稳定的水平。③ 图

① 李步云，黎青. 从"法制"到"法治"二十年改一字——建国以来法学界重大事件研究(26)[J]. 法学，1999(7)：1-4.
② 邱冠华. 公共图书馆提升服务效能的途径[J]. 中国图书馆学报，2015，41(4)：14-24.
③ 蒋永福. 文化权利、公共文化服务体系与公共图书馆事业[J]. 国家图书馆学刊，2007(4)：16-20.

书馆行业管理的法治化，是图书馆行业健康、稳定发展的根本遵循。

第三，图书馆的法治化有助于规范政府的行政行为和图书馆的服务行为，使其行为具有合法性或正当性，从而能够更好地保障读者与图书馆相关的个人权利，其目的是保障公众平等获取知识信息的文化权利。这与图书馆及其服务存在的初衷不谋而合。只有政府和图书馆的行为被纳入相应的法律规范，才能确保公众利用图书馆权利的切实有效实现。一方面，依法规范政府的行为，其目的在于限制权力部门滥用自由裁量权。① 另一方面，依法规范图书馆的行为，是想要规避图书馆违背其设立初衷、侵害读者的正当权益。因为图书馆作为一种机构以及图书馆人作为现实中的人，如果权力不加以限制，则会使权力被滥用。例如，制定有利于管理者的制度，挪用应当投入到采购设备中的费用、避免麻烦而不开展、少开展读者需要的服务等。如果在法律制度中对以上问题加以明确规定，则可以有效规避相关人员在行使自由裁量权时滥用权力。

我国图书馆法治建设历经 1949—1977 年的图书馆法治体系初创阶段、1978—1996 年的社会主义法制建设驱动下的图书馆法制体系发展阶段、1997—2004 年的从"法制"到"法治"阶段、2005—2016 年公共文化政策驱动下的图书馆法治体系建设阶段，以及2017 年至今的中国特色图书馆法治新时代阶段五个阶段，我国图书馆法治建设取得重要成就，逐步建立起具有中国特色的图书馆法治体系。

二、图书馆法治的内容

(一)权利与义务分配

法治化的首要问题是明确权利义务如何分配的问题。② 公共图书馆的运行牵涉多方利益，包括读者利益、图书馆利益、文化管理者利益和图书馆人利益等。公共图书馆法治的关键在于公共图书馆各方主体的权利与义务的分配，从而均衡公共图书馆设立、管理、使用、服务过程中各个主体之间的利益。

权利与义务的一致性和对等性在《中华人民共和国公共图书馆法》及地方性立法中有鲜明的体现。在保障公民权益的同时，规定了公共图书馆使用者的义务。《中华人民共和国公共图书馆法》从读者的角度出发，将服务公告、意见反馈、投诉渠道、质量考

---

① 李海英，蒋永福．我国公共图书馆治理评价体系的构建——基于善治视角的研究[J]．图书情报工作，2011，55(11)：17-20，12．
② 樊露露．图书馆工作中的"人、法、德"[J]．科技情报开发与经济，2010，20(3)：27-28．

核等日常服务规范上升到"法"的层面，强调了网络环境下读者个人信息的保护；同时也对公共图书馆使用者不按时归还文献、破坏文献信息或设施设备、扰乱公共图书馆秩序等不文明阅读行为做出限制性规定。地方性立法中，《广州市公共图书馆条例》在对公共图书馆服务原则作出规定后，从公共图书馆、用户、社会组织三个主体的角度，对公共图书馆服务作出了详尽细致的规定。①

此外，《中华人民共和国公共图书馆法》及地方性立法从法定条件、设施建设、经费等各方面强调了政府保障职责，促进公共图书馆向城乡基层延伸发展，也明确了公共图书馆与现代科技融合的发展方向，规定了公共图书馆与政府在数字化、网络中的重要工作。图书馆建设发展中长期存在的"谁来管、谁来建、谁来读"等现实问题都将得到有效解决。公共图书馆设施陈旧、数量不足、管理缺乏等问题都将有更明确的答案。

(二) 价值冲突与选择

公共图书馆法治绕不开的第二个问题是价值的冲突与选择。② 公共图书馆一贯秉持着平等、多元、共享等价值理念，近年来，效率、创新、自由等价值也不可忽视，尤其是在传统价值与新兴价值之间产生冲突时，理应进行选择和平衡。公共图书馆法治需要解决价值冲突和价值选择问题，比如说图书馆共享价值和平等价值之间的冲突，行政效率与法治化程序正义之间的冲突，读者权利自由和图书馆秩序管理之间的价值冲突等。我国图书馆始终秉持向读者提供平等服务的理念。各级各类图书馆共同构成图书馆体系、保障全体社会成员普遍地、平等地享有图书馆服务。

我国的图书馆业务日益增长和成熟。在这背后，《中华人民共和国公共图书馆法》以法律规范的方式保证了图书馆经费的来源，也展现出我国图书馆价值选择顺应了图书馆由传统服务模式向现代服务转型的过程。且与西方以及日本等发达国家同类型的图书馆法律相比，《中华人民共和国公共图书馆法》调整的范围更加全面。③ 具体而言，在法律的调整对象方面涵盖政府、行政部门、社会组织、用户等各主体；在法律条文上对不同主体也有着翔实而明确的规定。这充分体现了我国公共图书馆事业的体系化与法治化。

---

① 郭佳. 公共图书馆依法治馆管见[J]. 图书馆学刊，2016(3)：33-36.
② 杨馨馨. 读者权、读者权利体系解构——基于《中华人民共和国公共图书馆法(征求意见稿)》的解读[J]. 图书馆，2017(4)：1-5.
③ 于琦. 中日图书馆法规比较研究[D]. 哈尔滨：黑龙江大学，2014.

（三）统筹兼顾内外部秩序

公共图书馆法治的目的之一是公共图书馆发展有序且可持续健康发展。相对稳定的秩序可以为用户提供可预期性。秩序的实现不仅需要依赖内部也需要得到外部力量的支持。公共图书馆法治涉及内部管理和外部服务的法治化问题。有学者认为，公共图书馆的外部秩序和内部秩序并不是不可调和的，如果能够运用恰当的方法，反而能够相互促进。公共图书馆法治重要的目标之一就是将二者统筹协调，实现公共图书馆法律秩序的内外和谐统一。①

公共图书馆的发展既离不开国家和各级政府的政策支持，又需要加强自身的管理与服务。《中华人民共和国公共图书馆法》将这一理念写入法律制度中。《中华人民共和国公共图书馆法》鼓励和引导社会力量参与公共图书馆建设、服务与管理，推动我国公共图书馆事业的社会化。长期以来，我国公共图书馆只能由政府兴办和管理，建设与管理主体不够多元化，这种状态在很大程度上制约了公共图书馆事业向好的方向发展，也抑制了社会力量参与公共图书馆事业的渠道。②《中华人民共和国公共图书馆法》鼓励县级以上人民政府积极调动社会力量参与公共图书馆建设与发展，这就为民办图书馆提供了更多的发展空间，有利于形成公共图书馆建设多元主体共同发展的新面貌。此外，国家还支持公共图书馆加强与学校、科研机构以及其他类型图书馆的交流与合作，开展联合服务，鼓励扩宽公共图书馆服务的范围，形成全社会共同参与公共图书馆服务的局面，有利于公共图书馆服务体系建设与发展，从而推动我国公共图书馆事业的社会化。

三、我国图书馆的法律制度

（一）图书馆法律制度体系

《公共文化服务保障法》《中华人民共和国公共图书馆法》共同构建起公共图书馆法律体系的地基。《公共文化服务保障法》是公共文化服务领域的基本制度规范。《中华人民共和国公共图书馆法》从公共图书馆的设立、运行、服务等方面进行了全方位的具体规定。

此外，《深圳经济特区公共图书馆条例》《广州市公共图书馆条例》等公共图书馆地

---

① 宋玉军. 我国公共图书馆法人治理现状研究[J]. 图书馆理论与实践，2015(12)：82-84.
② 郭文宁.《公共文化服务保障法》视野下的图书馆法治建设[J]. 兰台世界，2017(13)：68-70.

方立法，尽管具有地方特色，但仍旧是我国图书馆法治建设中不可或缺的内容，与以上两部法律共同构成我国图书馆的法律体系，促进了我国公共图书馆法治建设的长足发展。① 我国公共图书馆领域的地方性立法初步形成了一定的体系，在立法主体和体例方面呈现出多元性特征。②

(二) 图书馆法律制度的特点

1. 具有鲜明的中国特色

《中华人民共和国公共图书馆法》及地方立法对公共图书馆基本性质、功能做出了既体现国际惯例又具有中国特色的法律界定。首先，体现了对公众基本阅读权益的保障，同时也符合国际上图书馆免费向所有人开放这一原则。《中华人民共和国公共图书馆法》第二条集中体现了公共图书馆服务以人民为中心的价值观念，规定了公共图书馆的核心任务是收集整理、保存文献信息并提供查询、借阅服务。其次，突出强调了公共图书馆"社会教育"功能，延伸了公共图书馆的服务范围，强化了公共图书馆以形式多样的社会教育方式提高公民素质的职能。③ 再次，明确了公共图书馆"公共文化设施"属性，地方性法规和地方政府规章普遍对公共图书馆的基本内涵做出界定，如《广州市公共图书馆条例》《上海市公共图书馆管理办法》等。这些规定在明确公共图书馆的设立主体、开放对象、服务内容的基础上，普遍强调公共图书馆的公益性。公共图书馆的公益性主要表现在，公共图书馆以维护公民基本文化权益为出发点，以提高社会文明程度为归宿，面向社会公众开放，由政府依法予以管理和保障。

2. 注重推进图书馆数字化进程

《中华人民共和国公共图书馆法》及地方立法鼓励和支持在公共图书馆建设中运用科技，在管理和服务中促进运用现代信息技术和传播技术，提高公共图书馆的服务效能和促进图书馆转型。在数字化方面，强调国家构建标准统一、互联互通的公共图书馆数字服务网络，支持数字阅读产品开发和数字资源保存技术研究，推动公共图书馆利用数

---

① 张靖. 公共图书馆事业法治建设的地方智慧[J]. 图书馆建设，2021(6)：34.
② 姚明，赵建国. 我国图书馆地方立法实证研究：反思与超越——基于14部地方性法律规范的考察[J]. 图书馆建设，2020(5)：107-114.
③ 孙成珂. 公共图书馆服务科学发展的原则与关键要素[J]. 图书馆学刊，2012(12)：82-83.

字化、网络化技术向社会公众提供便捷服务，从而指明了公共图书馆的发展方向。①

3. 注重图书馆业务的专业化

《中华人民共和国公共图书馆法》在公共图书馆资源建设、图书馆服务、图书馆管理、图书馆研究等各个业务领域做出了具体规定，突出了公共图书馆数字资源建设和古籍保护的重要性。地方立法中，也体现了对图书馆业务领域的细致规定，如《上海市公共图书馆管理办法》明确规定了公共图书馆的设计方案的备案、馆舍面积、阅览座位、布局要求、藏书重点、目录管理等内容。此外，《中华人民共和国公共图书馆法》还强调了少儿服务和弱势群体服务的重要性，在立法中体现了人文关怀和公平正义。② 对于图书馆从业人员也有相应的能力要求，公共图书工作人员要具备相应的专业知识与技能，政府设立的公共图书馆馆长要具备相应的文化水平、专业知识和组织管理能力。《中华人民共和国公共图书馆法》还强调了服务和管理专业化，要求国务院文化主管部门和地方政府文化主管部门制定相应的公共图书馆管理和服务的规范。

第五节 公共图书馆法人治理结构

构建公共图书馆法人治理结构是我国公共文化机构行政管理体制改革的全新探索，也是21世纪以来我国公共图书馆治理能力现代化的一项新举措。在公共图书馆法人治理结构下的新型管理体制，尝试通过组建理事会的方式将传统的政府控制型"管理"向多元主体参与、社会协同管理的公共"治理"模式转型，最终探索构建出适合中国国情的公共图书馆法人治理结构，是新时代深化文化体制改革的重点任务。本节从公共图书馆建立法人治理结构的背景、公共图书馆治理结构的内涵与组建程序、公共图书馆治理结构的发展现状、公共图书馆法人治理结构构建的现实问题与优化公共图书馆法人治理结构的对策五个方面对我国的公共图书馆治理结构进行了探讨分析。

一、公共图书馆建立法人治理结构的背景

20世纪70年代初，美国经济理论界提出"法人治理结构"的概念，国内学者将其译

---

① 胡娟. 中国文化立法的一座丰碑——柯平教授谈《中华人民共和国公共图书馆法》[J]. 图书馆工作与研究，2018(1)：5-11.

② 曹光新.《公共图书馆法》视野下的图书馆法治建设[J]. 图书馆学刊，2018，40(1)：20-24.

成"公司治理结构""公司法人治理结构"等。我国经济学家吴敬琏对公司治理结构的内涵进行了界定。由此可见，法人治理结构最开始是企业为了组织生产经营活动的需要而建立起来的，后来逐渐被扩展应用于公益服务领域在内的非生产领域。

事实上，国家正式提出在公共图书馆建立法人治理结构经历了一个漫长的过程。1980年，中央书记处《图书馆工作汇报提纲》中提出要把图书馆办成一项社会事业，不一定设行政管理机构。直到2006年1月实施的《事业单位登记管理暂行条例实施细则》才首次正式提出了"事业单位法人治理结构"的概念。2008—2011年，党和国家出台的文件要求从事公益服务的事业单位要建立和完善法人治理结构。2013年11月，中共十八届三中全会强调了党和国家对公共图书馆建立法人治理结构的重视程度，提出构建现代公共文化服务体系的重点任务之一是文化事业单位建立法人治理结构，推动公共图书馆等组建理事会，吸纳各方力量参与管理。自2013年之后，我国公共图书馆不断深化改革，积极探索新的治理模式，法人治理结构被推广起来。

我国公共图书馆管理体制的核心问题，就是关于公共图书馆的所有者和经营管理者之间的关系问题，政事不分的体制一直没有得到有效解决，还未能将公共图书馆真正转变成一个独立的自治体。构建公共图书馆法人治理结构是有效解决公共图书馆管理体制核心问题的关键，通过建立由利益相关者组成的理事会来负责日常事务的管理，通过权责分明的绩效管理机制实现对利益相关者的约束与激励，促进法人组织的"良好治理"。更进一步地，公共图书馆建立法人治理结构是"推进国家治理体系和治理能力现代化""全面依法治国"战略的重要组成部分，是实现公共图书馆科学治理的必要条件，是政府职能转变的客观需要，是深化公益性事业单位改革的必然要求。公共图书馆建立法人治理结构对于促进我国公共图书馆事业的发展具有重要意义。

二、公共图书馆法人治理结构的内涵与组建程序

(一)公共图书馆法人治理结构的内涵

《中华人民共和国民法典》指出，我国的法人主要有营利法人、非营利法人和特别法人三大类。其中，有限责任公司和股份有限公司共同组成了营利法人；社会团体、基金会、社会服务机构、事业单位等则属于非营利法人；街道办、农村村委会是一种特殊法人。公共图书馆在我国被视为"事业单位"，由此我国的公共图书馆具有非营利法人资格。

公共图书馆法人治理结构的构建是基于决策机构、执行机构、监督机构分权制衡的

原则，建立由图书馆的理事会、执行层、监督层组成的组织架构，协调图书馆利益相关者的权利、义务和责任，构建以公益目标为导向、内部激励机制完善、外部监管制度健全的规范合理的治理结构和运行机制。[①] 公共图书馆法人治理结构由外部治理结构和内部治理结构两方面组成，其中，外部治理结构是指由政府部门、图书馆行业协会组织、社会监督部门与图书馆之间相互协调与相互制衡关系构成的宏观及中观管理体制，而内部治理结构则是在特定的图书馆管理事务中由决策层、执行层和监督层三方面相互协调与相互制衡关系构成的微观管理体制。

1. 决策层——理事会

理事会是图书馆的决策权力机构，是法人治理结构的核心。理事会负责确定图书馆的发展战略和发展规划，行使图书馆重大事项决定权，其对图书馆的设置主体负责。理事会成员以社会人士为主，由政府部门代表、社会人士、行政执行人等组成。

2. 执行层——执行机构

图书馆馆长及其副职组成执行层。执行层作为执行机构，具体负责图书馆的日常运行与业务管理。理事会和执行层的关系是：理事会行使决策权，支持执行层工作，不直接参与图书馆管理；执行层执行理事会决议，接受理事会监督，为理事会工作提供便利与保障。

3. 监督层——监督决策与执行

监督层的基本职能是监督理事会的决策是否合理、合法和执行层的执行行为是否合规、有效。包括内部监督和外部监督两种监督方式。

综上，公共图书馆法人治理结构的基本框架如图 7-2 所示。

(二)公共图书馆法人治理结构的组建程序

在我国，建立公共图书馆法人治理结构至少经过 4 道主要程序，分别是组建图书馆理事会、制定图书馆法人章程、组建图书馆执行层、申请登记注册。[②]

1. 组建图书馆理事会

图书馆理事会是图书馆的决策权力机构，是法人治理结构的核心，图书馆法人治理

---

① 肖容梅，吴晞，汤旭岩，万群华，梁奋东，肖永钐，刘杰民，邱维民，Xiao, Rongmei 等. 公共图书馆管理体制研究[J]. 中国图书馆学报，2010，36(3)：4-11.
② 蒋永福. 论公共图书馆法人治理结构[J]. 图书馆学研究，2011(1)：40-45.

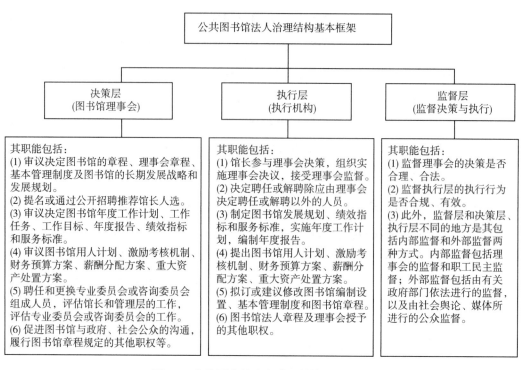

图 7-2　公共图书馆法人治理结构基本框架

结构要独立自主地运行起来，必须先组建理事会。理事会的组成人员应该具有广泛的代表性。

2. 制定图书馆法人章程

公共图书馆的管理活动必须按照法人章程的规定开展。图书馆的法人章程由理事会制定，报主管部门审核批准或审议通过，其对设置主体、图书馆、理事会、执行层及工作人员都具有约束力。

3. 组建图书馆执行层

由图书馆馆长及副馆长组成执行层。由于图书馆执行层实行馆长负责制，组建图书馆执行层的关键环节是对馆长的选聘。图书馆理事会作为决策权力机构，拥有选聘/辞退馆长的权力。当然，任免馆长还要遵守现行的干部管理规定。副馆长由馆长提名，协助馆长开展工作并对馆长负责。

4. 申请登记注册

新建的图书馆法人单位，应按照相关行政法规规定向事业单位登记管理机关申请设立登记；已建立图书馆法人单位，但是登记事项需要变更的，应申请变更登记。经登记管理机关依法核准登记或变更登记注册后，图书馆法人章程正式生效，标志着图书馆内部法人治理结构正式建立。

三、我国公共图书馆法人治理结构的实践

我国公共图书馆法人治理结构构建的实践工作最早可追溯至 2007 年，在山西、上海、浙江、广东、重庆五个省、直辖市进行了初期探索，由于当时该制度对于我国的公共图书馆是一个新生的事物，各地的试点工作进程各不相同。直到 2013 年年底，先期试点的无锡市图书馆、深圳市图书馆、深圳市宝安区图书馆、广州市图书馆、成都市成华区图书馆才建立起理事会制度，初步完成了法人治理结构的构建。随着先期试点工作的顺利开展，党的十八届三中全会提出要推动公共图书馆、博物馆、文化馆等公共文化服务单位按照法人治理结构框架组建理事会。同时，《公共文化服务保障法》《中华人民共和国公共图书馆法》均将"推动公共图书馆建立健全法人治理结构"列入法律条文。2017 年 9 月，中宣部、原文化部等 7 部门联合印发的《关于深入推进公共文化机构法人治理结构改革的实施方案》提出："到 2020 年底，全国市(地)级以上规模较大、面向社会提供公益服务的公共图书馆、博物馆等公共文化机构，基本建立以理事会为主要形式的法人治理结构，提升人民群众对公共文化的获得感"。之后，公共图书馆法人治理结构改革广泛展开。各地有为数不少的公共图书馆开始了建立法人治理结构、组建理事会的进程，在理事会定位、构成、制度建设等方面，分别进行了不同类型和模式的探索和尝试。特别是来自东部经济发达地区、处于行业领先地位的省级公共图书馆，如以上海图书馆、南京图书馆、浙江图书馆、广东省立中山图书馆为代表的一批改革试点单位，在试点工作中取得了较好的成果并积累了丰富的实践经验，对我国公共图书馆在新时代全面推进法人治理结构有着典型示范意义。

四、我国公共图书馆法人治理结构构建的现实困境

我国将法人治理结构应用到公共图书馆领域，取得了阶段性成效，也积累了一些经验，但在实践中也遇到了一些现实的困难，主要包括以下几个方面。①

---

① 常大伟，付立宏. 我国公共图书馆法人治理结构建设的内在逻辑、现实困境与实施策略[J]. 国家图书馆学刊，2018，27(3)：3-12.

（一）理论困境

关于公共图书馆法人治理结构相关的理论研究尚不够充分，缺乏对外部治理环境以及多元治理主体在公共图书馆法人治理结构建设中的作用和地位的深度研究，不能有效指导公共图书馆法人治理结构建设的实践。具体表现在：对公共图书馆法人治理结构建设的宏观背景研究不足，对公共图书馆与政府权责关系，以及对公共图书馆法人与利益相关者的关系研究不充分，对公共图书馆法人治理结构建设的法律实施和相关制度供给的研究不足。

（二）体制困境

由于公共图书馆与政府之间的关系尚未厘清，使得公共图书馆仍然受制于传统政事一体化体制的约束，表现出组织体制的行政化、供给模式的单向化和考核评价机制的内部化等特点，这阻碍了公共图书馆法人自主权的实现和法人治理结构功能的发挥，具体表现在两个方面：第一，权责不明，行政管理体制障碍、政事不分、图书馆自主权缺失等图书馆与外部治理主体间的权责不清晰；第二，配套衔接不够，人事制度、财政制度等外部制度与理事会制度间的矛盾，主要指相关政府单位与图书馆之间的制度冲突。

（三）法律与制度困境

对已出台的有关公共图书馆法人治理结构建设的相关法律进行对比分析后发现，公共图书馆法人治理结构建设中存在的突出问题为法律规范不明确、理事会功能定位不清晰、社会参与可操作性差等。

图书馆内部运行制度建设也存在不充分、不科学，章程制度落实不到位，制度操作性差等问题。特别是在管理运营章程化方面，理事会制度只是法人治理结构中管理层的组织形式，而管理和运营实现"章程化"是法人治理结构的另一个非常重要的要素。

（四）内部治理困境

公共图书馆内部治理是指在法人治理结构的具体运作中，法人治理结构的决策层、管理层和监督层围绕公共图书馆公益性目标的实现，通过决策权、执行权、监督权三权制衡并相互作用的过程。第一，在职能权责方面，涉及理事会决策权、监督缺位，理事会职能不明确、内部权责分配等问题；第二，在理事会构成方面，涉及理事及理事长遴选、各类理事占比的问题；第三，在决策体系方面，涉及理事培训缺失、专业委员会缺失、咨询委员会缺失等与决策支撑相关的问题；第四，在执行体系方面，馆长负责制的法人组织管理运行机制还没有真正建立起来，执行层还不能按照理事会的决议独立行使权力；第五，在监督体系方面，涉及监事会的讨论和监督体系不完善等与内外部监督相关的问题。

(五)社会文化困境

公共图书馆法人治理结构在社会文化方面遇到的问题主要表现在三个方面。首先，在文化认知方面，由文化传统、公民素养、社会观念等导致的外部阻力；其次，在社会支持方面，存在激励机制不健全、理事积极性不足、社会资本支持乏力等社会主体参与治理的问题；最后，在内在动力方面，图书馆管理层、馆员在角色转变和思想认识上存在问题。

(六)多元主体共同治理困境

公共图书馆法人治理结构由政府部门、图书馆行业协会组织、社会监督部门、决策层成员、执行层成员、监督层成员等多元主体共同构成，公共图书馆面临的多元主体共同治理障碍有：第一，由于政府权力越位导致的法人自主权受限；第二，由于内部人控制导致的公益目标受损；第三，由于权责不对称导致的权力制衡体系失效；第四，由于外部理事参与性不足导致的公众话语权削弱。

五、优化我国公共图书馆法人治理结构的对策

为了解决公共图书馆法人治理结构建设过程中遇到的现实问题，可以着重从以下几个方面入手对我国公共图书馆治理结构进行优化。①

(一)强化基础理论研究，提高公共图书馆治理认知水平

为了使公共图书馆法人治理结构建设朝着治理现代化和法治化的方向发展，公共图书馆法人治理结构建设的理论研究要从扩展理论研究的视野、转变理论研究的视角、创

---

① 霍瑞娟. 公共图书馆法人治理结构现状调研及思考[J]. 中国图书馆学报，2016，42(4)：117-127.

新理论研究的方法三个方面突破现有研究视野狭窄的藩篱。在理论研究视野的扩展方面，要加强对外部治理环境的研究。在理论研究视角的转变方面，公共图书馆法人治理结构的理论视角要从管理理论转变到治理理论。在研究方法的创新方面，要积极探索与公共图书馆治理发展方向相一致、与公共服务理念和公益服务目标相契合的理论方法体系。

(二)明确政府与公共图书馆权责关系，落实公共图书馆的独立法人地位

在法人治理结构模式中，政府和图书馆之间的关系应该是委托代理关系，而不是政府包办、政事不分的传统管理模式。政府要放权简政，让公共图书馆成为独立的法人。政府作为图书馆的兴办者，主要职能是在公共图书馆的发展上进行监督，而不是直接参与图书馆的管理与决策。

(三)加强法律制度供给，构筑公共图书馆法人治理法律保障

《中华人民共和国公共图书馆法》对公共图书馆法人治理结构建设的法律地位和基本原则进行了确认，但是仅仅依靠现有法律条款的若干原则性规定显然较为单薄，需要从规范政府权力行为、支持公共图书馆法人自主权实现、引导社会力量参与公共图书馆治理三个重点方面，进一步加强公共图书馆法人治理结构建设的法律制度供给。

(四)完善理事会制度，健全内部运行机制

第一，科学组建理事会。理事会成员要具有广泛代表性，能够代表社会各阶层的利益；要选择对图书馆事业有热情、有责任心、能够为图书馆贡献智慧和力量的人；要按照既定的程序和标准选人，避免随意性。第二，健全自身规章制度。制定《理事会章程》，通过该章程明确理事会成员组成办法、理事职责以及理事会议事规则等；制定相关的具体配套制度，如年度报告、信息公开、绩效评估和审计监督制度等。第三，成立专业咨询委员会。构建专业委员会，提高理事会决策能力。

(五)实施图书馆行业管理，优化外部治理结构

培育和建立图书馆行业协会，是实施图书馆行业管理的必备条件。图书馆行业管理是指在政府有关部门的政策指导和监督下，以图书馆行业协会为行业内部事务的管理主体，赋予图书馆协会以规划、协调、规范、监督、服务等职权，由图书馆行业进行自主管理的体制安排。图书馆行业协会应该起到联系政府与图书馆的纽带作用。图书馆行业协会可以协调和推进图书馆行业发展在立法、职业准入、行业标准制定等方面问题的解决。因此,实施图书馆行业管理制度,是图书馆行业自我管理、自律行事的前提,是优化图书馆外部治理环境的必然要求。

(六)创新建设主体设置模式,优化政府投入结构

对公共图书馆来说,建设主体是指在一个图书馆治理单元中能够负责保障公共图书馆建设所需经费的政府。综合考虑我国现行的行政管理体制和财政管理体制,同时考虑我国地域辽阔、地方经济社会发展差异悬殊的国情,应该采用多元化的建设主体设置模式来替换传统"每一级政府都是公共图书馆的建设主体"的惯例。创新我国公共图书馆建设主体设置模式,目的是建立公共图书馆运行经费投入的政府责任兑现机制,这是在我国公共图书馆治理过程中优化政府投入结构的关键所在。

(七)提高治理认识,形成多方参与机制

要加快推进公共图书馆管理运行公开化,构建社会评价监督机制,换言之,公共图书馆应当对公众开放并接受公众监督。一方面,要提高对多方参与、多元共治的现代社会治理文化的认识;另一方面,要设立国家荣誉制度,让社会公众了解社会事务治理,提高参与社会治理的积极性。

重要名词术语

图书馆治理 图书馆治理单元 图书馆治理结构 图书馆权利 图书馆制度 图书馆法治 公共图书馆法人治理结构

思考题

1. 理解图书馆治理的含义,并分析图书馆治理与图书馆管理的区别。
2. 图书馆治理应遵循哪些原则?
3. 试述我国图书馆治理历史演变及发展趋势。
4. 试述应该从哪些方面实施图书馆治理。
5. 试述图书馆权利的内容。

6. 结合实际谈谈图书馆权利研究的现实意义。

7. 简述图书馆制度的结构类型及内容。

8. 简述图书馆法治的内容和的意义。

9. 结合实际论述图书馆治理能力现代化的实现路径。

10. 学习《中华人民共和国公共图书馆法》，试述该法如何将现代图书馆理念法条化。

第八章

图书馆工作体系

图书馆是一个不断发展的有机体。图书馆工作也是由许多相互关联的环节构成的体系，其中每一环节都有其独特的方法与技术，并随着社会经济与科学技术的发展，呈现出动态发展态势。对于图书馆工作体系的构成，研究者们从不同的角度提出了不同的观点。有的认为图书馆工作整个体系是由收集整理和传递使用两大系统组成的，是图书馆的基本业务工作，各业务环节互相衔接、互相补充、互相配合。① 有的认为按照知识体系可将图书馆工作划分为若干节点，在某一节点中完成相应知识体系的一切文献的搜集、整理、加工、流通、检索、咨询等工作。② 还有的根据现代通信理论，认为图书馆工作可以分为两大类，一类是信息输入工作，即文献的搜集、整理和组织典藏工作，如文献的采集、登录、分类和主题标引、编目、文献的组织和保管，也称文献资源建设工作；另一类是信息输出工作，即文献的使用和服务工作，如文献的外借、阅览、文献宣传、阅读辅导、参考咨询、文献检索及方法指导、网络信息导航等，也称用户服务工作（读者服务工作）。③ 本章结合图书馆工作实践的发展，主要围绕图书馆的业务流程、文献信息资源建设、用户服务工作、图书馆深层次信息服务以及图书馆工作的技术支持系统加以展开讨论。

---

① 周文骏. 图书馆工作的传递作用、体系和发展[J]. 图书馆工作与研究，1979(1)：6-11.
② 田傲然，张辉，王岩. 现代图书馆工作体系的发展模式研究[J]. 情报学报，1999(1)：69-72.
③ 吴慰慈，董焱. 图书馆学概论(第4版)[M]. 北京：国家图书馆出版社，2019：167.

第一节　图书馆业务流程

一、图书馆业务系统

随着新技术的应用与普及、学术研究与交流模式的转变以及用户信息需求和行为的变化，图书馆的业务系统设置也发生相应的改变。程焕文提出"资源为王，服务为本，技术为用"，体现了其一贯秉持的管理理念和三个核心要素——资源、服务、技术，这三个核心要素也是目前图书馆在设立业务系统时遵循的基本原则。当前各类型图书馆大多设立了以下三个子系统。

(一)资源建设子系统

资源建设是图书馆存在与发展的先决条件，体现图书馆提供服务、满足用户需求的基本保障能力，包括文献资源的采集、组织、整合与揭示等业务，分为纸质资源和数字资源建设两部分，并且将建设的重心转向数字资源。从传统图书馆到数字图书馆，再到智慧图书馆，无论图书馆的形态如何变化，图书馆的资源建设子系统作为向用户提供服务的物质支撑条件，是图书馆经费投入最多的地方。任何时候，信息资源都是图书馆生存和发展的基础。加强信息资源建设，尤其是数字资源建设，是每个图书馆最重要的战略使命。[①]

(二)用户服务子系统

用户服务是图书馆发展战略的核心，服务是图书馆的永恒话题，图书馆的存在和发展离不开高品质的用户服务。用户服务子系统是图书馆业务系统中最活跃的部分，也是图书馆核心价值的具体体现。服务是图书馆一切工作的本质与核心。当拥有了资源之后，图书馆能够给用户提供什么样的解决方案？能够给教学用户、科研用户、管理与决策用户提供什么样的服务？服务决定成败，决定图书馆的地位、价值和影响力。[②] 只有

---

① 初景利，吴冬曼. 图书馆发展趋势调研报告(三)：资源建设和用户服务[J]. 国家图书馆学刊，2010，19(3)：3-9.
② 王宇，谢朝颖，初景利. 学术图书馆战略规划编制十大关键问题[J]. 图书情报工作，2020，64(24)：5-13.

实现从"书本位"到"人本位"，即以服务为中心的转变，图书馆才可能有更大的发展机会。需求决定服务，服务决定资源，图书馆的成败在于服务。用户服务子系统包括文献流通、参考咨询、读者活动等业务工作。

(三)技术支持子系统

图书馆经历了从第一阶段物理图书馆(纸本图书馆)到第二阶段数字图书馆(移动图书馆)，再到第三阶段智能图书馆(智慧图书馆)的发展过程，在其过程中几乎每种新技术都可以在图书馆中找到身影。技术为图书馆提供服务的手段和工具，技术能力将决定图书馆的服务水平和管理水平。图书馆的技术支持子系统包括图书馆的信息化基础设施、信息资源管理系统与业务应用系统等部分。

二、图书馆的业务机构设置

图书馆的组织结构是图书馆的框架体系，包括图书馆的部门设置、部门之间的关系、工作岗位、规章制度、权力分布等。业务流程与组织结构是相互影响、相互制约的关系。一般来讲，图书馆的业务机构应与业务流程设置相适应，有什么样的业务流程就对应什么样的业务结构。业务机构设置应先考虑有利于管理，各部门之间既有明确的分工，体现各部门的工作范围、职责；又便于相互协作，相互补充，发挥整体的作用。①

从上述三大业务系统的视角分析，一般来讲，传统图书馆通常设立以下业务部门：

(一)资源建设子系统业务设置

(1)采编部：负责各类文献出版信息、读者需求和馆藏需求信息的收集整理，各种载体文献的采集、选择与订购；到馆文献的验收、登录、文献的交换与赠送；文献的及分类与主题标引、编目、加工，以及书目数据库的建设与维护、回溯建库等。

(2)文献典藏部：负责文献典藏分配、调度与典藏数据管理、统计等。

(3)特藏部：负责古籍与其他特藏文献的管理、利用与开发等工作；

(二)用户服务子系统业务设置

(1)流通阅览部：负责读者服务、管理与阅读推广等职责。涉及文献流通、书刊推

---

① 吴慰慈，董焱．图书馆学概论(第 4 版)[M]．北京：国家图书馆出版社，2019：168．

介、咨询导读和读者培训与阅读推广等服务。

（2）参考咨询部：负责参考咨询服务。涉及解答用户咨询、数字资源服务与推广、科技查新、馆际互借、信息素养教育等。

（三）技术支持子系统业务设置

主要设立技术服务部：负责计算机与网络应用服务，涉及与图书馆自动化系统有关的各个业务部门的协调，图书馆自动化系统相关的硬件、机房设备、网络设施的日常维护和财产管理等，为全馆提供信息技术支持与保障。

另外，大多图书馆还设立了业务研究辅导部：负责本系统或地区的业务辅导工作。涉及科研管理、发展规划及专业化队伍建设、业务培训、行业交流与合作、图书馆发展规划、重点科研课题研究等。

随着环境的变革，影响图书馆业务机构设置的因素越来越多，不同类型的图书馆，其性质任务不同，不同的建设规模、多样化的读者需求、不同的技术手段、基础设施等都会产生影响，带来图书馆机构设置的变革。以武汉大学图书馆为例，其业务机构根据其服务目标需求，设置了 5 个中心+3 个分馆+1 个博物馆(见图 8-1)，5 个中心分别为资源建设中心、文献借阅中心、信息服务中心、古籍保护中心、技术支持中心；3 个分馆分别为工学分馆、信息科学分馆、医学分馆；1 个博物馆为万林艺术博物馆。广东省立中山图书馆是省级综合性公共图书馆、国家一级图书馆，也是全国文化信息资源共享工程广东省分中心、广东省古籍保护中心、全国图书馆联合编目中心广东省分中心所在地。其设置的业务机构主要有：① 图书借阅部、报刊部、特藏部、少儿部、活动推广部、主题服务部、采编部、辅导部、技术部、数字资源部、学术研究部、参考咨询部、信息部。

图书馆的业务工作是由各业务部门工作组成的系统，各业务部门既有明确的分工和职责范围，但又彼此相互关联，因此需要相互协作，是一个发展着的有机体。

三、图书馆的业务流程

（一）含义与特点

流程是为完成特定任务或实现特定目标而进行的一系列相关活动的有序组合。图书

---

① 广东省立中山图书馆内部机构设置［EB/OL］．［2021-12-28］．http：//www.zslib.com.cn/userhelp/01/jgsz.aspx.

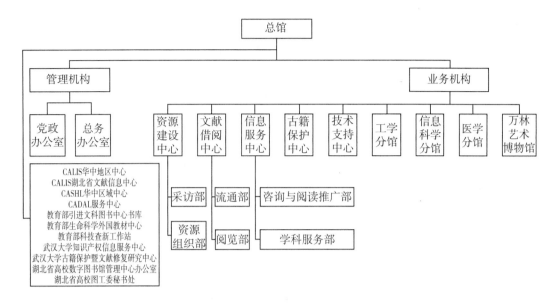

图 8-1　武汉大学图书馆机构设置截图

馆业务流程是指一组共同为读者创造价值而又相互关联的活动，如采访、编目、典藏、流通、借阅、参考咨询等。[1] 通常，传统图书馆的业务流程主要是按照文献资料的加工处理进程来进行划分的，除此之外，也根据文献载体和文献类型进行区分，一般采取的方法是将图书、期刊、多媒体资源、古籍善本等交由不同的流程加以处理。[2] 这种业务流程的划分，在图书馆收藏文献类型相对单一、加工处理技术现代化程度较低，以及读者需求较简单的条件下较为适合，每一流程职责分明，相互独立，便于管理。

（二）主要业务

1. 资源采集

信息资源的采集，早期称为图书采访，是指采用一定的方式和途径，按照一定的程序和规则收集经过选择的信息资源的过程。它要求采购人员主动地寻找信息资源的来源，利用多种方法，开辟各种渠道，通过各种途径，做好实体文献资源和数字资源等各

---

① 唐承秀. 图书馆内部管理沟通[M]. 天津：天津大学出版社，2009：70.

② 徐建华. 现代图书馆管理[M]. 天津：南开大学出版社，2003：137-138.

种载体信息资源的采集，保证所选信息资源能及时获得。① 信息资源采集是图书馆一项基础的业务工作，是一项技术性和实践性很强的活动，其水平的高低直接影响馆藏数量与质量，影响读者需求的满足程度和图书馆的服务效益。

2. 文献标引

文献标引是根据文献的特征，赋予文献检索标识的过程。标引过程包括两个主要环节：一是主题分析，即在分析文献的内容特征及其某些外部特征的基础上，提炼主题概念；二是转换检索标识，即用专门的标引语言中的标识表达主题概念，构成检索标识。依据特定的分类语言，赋予文献分类标识的过程称为分类标引，而依据特定的主题语言，赋予文献主题标识的过程称为主题标引。

3. 文献编目

文献编目是图书馆及其他文献情报机构开展服务活动的一项重要基础工作，是指按照特定的规则和方法，对文献进行著录，制成款目，通过字顺和分类等途径组织成目录或其他类似检索工具的活动过程。

不同的划分标准产生不同的文献编目类型，如按文献类型可分为普通图书、古籍善本、期刊编目和其他连续出版物、地图、乐谱、档案、声像资料、计算机文件编目等；按语种可分为中文文献编目、西文文献编目、俄文及其他西里尔字母语文文献编目、东方语文文献编目等；按编目手段可分为传统的手工编目和应用计算机的自动化编目；按组织方式可分为分散式个体编目、集中编目、合作编目等。② 文献编目的标准化、自动化和网络化，对于国家范围与国际范围内的书目情报交流和文献资源共享起着巨大的促进作用。

4. 文献典藏

文献典藏是为使馆藏文献布局、排列、利用等处于最佳状态而对文献进行的调配、清点、统计等的控制与调节工作。做好文献典藏工作，有利于图书馆工作人员熟悉馆藏，掌握文献动态，防止和减少馆藏文献散失和无谓损耗，从而进一步科学地组织馆藏体系，保证文献资源长期有效地得到利用，提升服务水平。

传统的文献典藏工作主要包括四方面内容，即文献的点收与调配、建立典藏目录、

① 肖希明. 信息资源建设(第2版)[M]. 武汉：武汉大学出版社，2020：181.
② 林德海. 文献编目[M/OL]. 司莉，修订. [2021-12-20]. https：//www.zgbk.com/ecph/words?SiteID=1&ID=78338&Type=bkzyb&SubID=46570.

文献清点与文献注销。

5. 文献流通

文献流通是图书馆读者工作中最经常、最基本的服务方式。主要有外借、阅览、复制、馆际互借等多种形式，其中外借和阅览是最基本的方式。图书馆提供文献的方式有开架、闭架方式。目前藏借阅一体化的流通方式是国内外图书馆所普遍采用的方式，深受读者的欢迎。传统图书馆的馆藏以印刷型文献为主，图书馆围绕其馆藏文献开展文献流通读者服务活动，如借阅、浏览、文献传递、参考咨询、阅读推广等，随着数字资源占图书馆馆藏比例的不断扩大，日益丰富，图书馆服务的层次与范围也不断扩展。

(三) 传统业务流程存在的问题

随着信息技术的飞速发展，互联网、大数据、云计算、物联网、人工智能等深度融入社会生产生活的各领域，文献载体类型的多样化、网络信息环境的形成、智慧时代的到来，图书馆传统业务流程面临着挑战，存在以下主要问题：

1. 与读者需求脱节

其业务流程设计的出发点是图书馆自身工作的需要，即根据文献加工整理的方便程度设置业务流程，传统业务流程中的信息采集、加工、典藏与读者服务工作分开，各业务流程与读者需求相脱节。有的业务流程根据不同的文献类型划分，同一读者对图书馆的需求被人为划分在不同书库和阅览室中。

2. 无法融入数字资源建设

随着网络化信息化的飞速发展，图书馆业务工作，无论是技术手段、内容形式、用户需求等均发生了巨大变化，新型载体文献的出现，需要对原有业务流程进行调整或增加新流程，一些业务流程由于技术环境变化，需要进行整合。

3. 不利于专题资源的深层次开发

传统业务流程根据文献载体和类型进行划分，不同的文献类型、载体有各自的业务流程。同一主题，因为不同的文献类型、不同的文献载体，其资源采集加工归在不同的业务流程中，不利于专题文献的深层次开发。①

---

① 徐建华. 现代图书馆管理[M]. 天津：南开大学出版社，2003：139.

（四）业务流程再造

新环境下，图书馆传统的业务流程已经无法适应时代的需要。资源建设、服务、用户管理等模式需基于新一代系统展开再造，业务流程再造是对关键步骤和流程的重新思考、设计。新型的业务流程必然是集成化、在线化与智能化的，[①] 比现在更简洁和灵活，能够给用户提供更高效能的服务并解放图书馆员。随着人工智能和大数据技术的发展，新一代图书馆服务平台（New Generation Library Service Platform, LSP）逐步在图书馆得到应用，促进智慧图书馆建设迈入新阶段。图 8-2 为基于 LSP 重塑的业务流程模式，其中，图中圆角矩形为重组的业务，虚线框内是具体业务内容，箭头为流向。[②] LSP 依靠大数据分析、智能选书、读者荐购等途径，确定采访书单。采访后文献经过编目加工，输送到数据管理平台，平台依据协同过滤算法、深度学习等智能计算进行用户画像，根据用户偏好个性化推送用户所需资源、知识服务后采集用户行为和反馈，以协助形成之前的几个环节的评价、修正和完善方案。

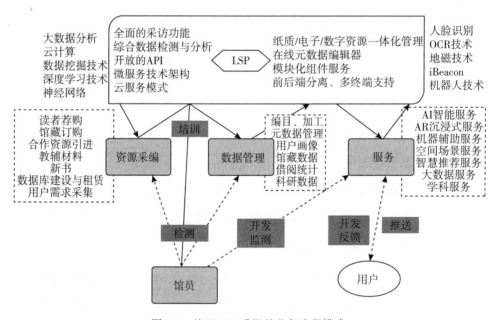

图 8-2　基于 LSP 重塑的业务流程模式

---

① 单轸，邵波. 国内外图书馆业务再造研究[J]. 图书馆学研究，2021(9)：2-8.

② 单轸，邵波. 基于新一代服务平台的高校图书馆业务流程重组设计与评估研究[J]. 图书馆学研究，2021(6)：27-35.

第二节　信息资源建设

一、信息资源建设的内涵

信息资源建设是图书馆工作的重要组成部分，也是图书馆学、情报学与文献学共同研究的重要领域。所谓信息资源建设，就是人类对处于无序状态的各种媒介信息进行选择、采集、组织和开发等活动，使之形成可资利用的信息资源体系的全过程。① 一般包括两个方面，一是微观的"藏书建设"（馆藏建设），即各个图书馆对文献的收集、组织、管理、贮存等工作；二是宏观的信息资源建设，即在调查、分析、评估众多文献情报机构的文献资源状况的基础上，对某地区、国家乃至国际多个文献情报机构之间的文献资源建设进行整体规划、分工协作，促进该范围内文献资源整体建设的合理布局，最终形成较为完备的文献资源保障体系。

其内涵包括三个方面：

第一，信息资源建设的对象。所针对的是处于无序状态的各种媒介（或载体）的信息。既包括纸质媒介的各种类型的文献，又包括非纸质媒介的各种类型的信息。纸质文献、数字信息资源和其他各种载体的信息，共同构成了信息资源建设的对象。所谓无序状态，是指资源数量极其庞大、分布广泛分散、内容繁杂混乱、质量良莠不齐、形态极不稳定。信息资源建设的目的是要使这些无序状态的资源有序化，从而提供利用。

第二，信息资源建设的内容。其内容是对信息进行选择、采集、组织和开发。这些内容是信息资源建设的全过程，每一环节均有特定功能，同时又相互联系，相辅相成。选择就是从浩如烟海的信息源中，经过鉴别、评价，挑选出符合特定需要的、有价值的信息。采集就是以各种手段与方式，通过各种渠道搜索、获取各种载体、各种形式的信息。组织就是对所采集的资源进行加工与整序，揭示其内容和形式特征，形成各种信息检索工具和系统。开发是指发现、发掘、提取有现实或潜在价值的信息，以供人们有效利用。

第三，信息资源建设的目的。其目的是形成可资利用的信息资源体系。从微观上看，它要根据特定的目的，将不同内容、不同层次、不同载体、不同时间、不同语种的信息资源组成一个相互联系、相互依存的系统，以满足特定服务对象的信息需求；从宏

① 肖希明.信息资源建设(第2版)[M].武汉：武汉大学出版社，2020：23-24.

观上看，要对一定范围(地区、系统或全国)的信息资源进行统筹规划、合理配置、科学布局，从而满足整个社会的信息需求。

二、信息资源建设的具体内容

(一)信息资源体系规划

信息资源体系规划，是信息资源建设的起点，是指信息资源各要素相互联系、相互作用而形成的具有特定功能的有机系统。信息资源体系规划，就是根据信息资源体系的功能要求，来设计这个体系的微观结构和宏观结构。

从微观层次上讲，信息资源体系规划是每个图书馆根据本馆的性质、任务和读者需求，确定信息资源建设原则、资源收集的范围、重点和采集标准，提出本馆信息资源构成的基本模式，从而制定信息资源建设计划，安排各类型信息资源的数量、比例、层次级别，形成有内在联系和特定功能的信息资源结构，建立有重点、有特色的专门化的信息资源体系。

从宏观层次上讲，信息资源体系规划是从一个系统、一个地区乃至全国的整体出发，对信息资源建设进行统筹规划、合理布局，制定各类型图书馆及各类型信息机构之间在信息资源的收集、组织、贮存、书目报导、传递利用等方面的协调与合作规划，从而形成相互依存、相互联系的整体化、综合化的信息资源保障体系。

(二)信息资源的选择与采集

图书馆根据已经确定的本馆信息资源体系的基本模式，除了要遵循本馆馆藏发展政策，了解本馆的收藏原则、范围、重点和采选标准，还要了解本馆文献的收藏情况、动态、种类与复本量、文献的利用率、应剔除补缺等情况，以及了解文献出版情况，通过多种途径多种方式，如购买、呈缴、交换、捐赠、征集、调拨、复制、网络信息采集、数字化转换、竞拍等选择与采集信息资源。

1. 印刷型文献的选择与采集

印刷型文献一直是图书馆最基本和最重要的资源。教育部高等学校图书情报工作指导委员会秘书处公布的《2022 年度高校图书馆基本数据排行榜》[①]显示，在纸质文献资

---

① 教育部高等学校图书情报工作指导委员会. 2022 年度高校图书馆基本数据排行榜[R/OL].[2023-12-18].http://www.scal.edu.cn/tjpg/202309221239.

源购置费方面，排在前5名的高校图书馆是：北京师范大学图书馆2488.6万元、中山大学图书馆2362万元、北京大学图书馆2063.1万元、复旦大学图书馆1921.2万元、武汉大学图书馆1770.6万元。由此可见，印刷型文献仍然有不可替代的作用，印刷型文献的选择和采集仍然是信息资源建设最重要的内容。印刷型文献的选择与采集根据一定的原则和标准，从大量的文献中筛选出既有价值又符合用户需要的，通过各种渠道和各种方式，采集所需要的文献，建立并不断丰富馆藏资源。

2. 数据库的选择与采集

数据库是各类型图书馆数字资源的主体。在文献资源购置费中，电子资源购置费所占比例已经过半，如《2021年高校图书馆发展报告》[①]显示电子资源购置费占馆均文献资源购置费的64.7%（2020年56.8%），增长了7.9%。表明电子资源购置费将成为图书馆文献资源购置费支出的重要支出部分。对于各种文献数据库，图书馆或其他信息服务机构通过签约付费，直接购买这些产品或服务，可远程登录，在线利用。图书馆需要从数量庞大、类型多样的数据库中选择与采集符合自身的服务任务与服务对象所需的资源，为用户提供便捷而有针对性的服务是资源建设的主要任务之一。

3. 其他非印刷型资源的选择与采集

主要包括以实体形式存在、单机使用而非网络传递的电子出版物与缩微资料等。图书馆需要根据用户需求、资源本身的质量、与本馆其他类型出版物的协调互补情况、资源成本效益等原则进行选择和采集。

(三)馆藏资源的组织管理

馆藏资源的组织管理主要是指对本馆拥有的信息资源和可存取的信息资源进行的组织管理。包括对入藏的文献信息资源进行加工、整序、布局、排列、清点、保护和剔除。

1. 文献分类标引

所谓分类，是指依据事物的属性或特征进行区分和类聚，并将区分的结果按照一定的次序予以组织的活动。在情报检索领域一般指文献分类标引，它是依据一定的分类体系（文献分类法），根据文献的内容属性和其他特征，对文献分门别类地、系统地组织

---

① 教育部高等学校图书情报工作指导委员会. 2021年高校图书馆发展报告［R/OL］.［2023-12-18］. http://www.scal.edu.cn/tjpg/202211210351.

与揭示的方法。具体地讲，就是用分类号表达文献主题的处理过程。经过对所标引文献的主题分析以及确定主题之后，再依据分类规则，在文献分类法中找到与该主题相匹配的类目，给出反映该主题类目的分类号。其概念包括三部分内容：

（1）文献分类工具。

文献分类工具主要指文献分类法，又称分类检索语言，是将表示各种知识领域（学科及其研究问题）的类目按照知识分类原理进行系统排列，并以代表类目的数字、字母符号（分类号）作为文献主题标识的一类情报检索语言。主要表现为由众多类目组成，并通过隶属、并列等方式显示类目之间关系的一览表（即文献分类表），它是编制各种文献分类检索工具、分类排列文献和进行文献分类统计的重要依据。

目前在国外使用比较广泛的分类法有《杜威十进分类法》《美国国会图书馆图书分类法》《国际十进分类法》等，在我国使用最广泛的分类法是《中国图书馆分类法》，其次为《中国科学院图书馆图书分类法》与《中国人民大学图书馆图书分类法》。

（2）文献分类标准。

"依据事物的属性或特征进行区分和类聚"，是指文献分类时，要以文献内容属性或特征作为分类的标准，也称划分标准或依据。一般来讲，文献分类要以文献的内容特征作为主要分类标准，文献的知识内容主要包括：① 学科门类及分支；学科的研究对象与诸问题；学科的基本理论、原理、数据；学说、学派、观点；事物的种类、成因、性质与相互联系；自然现象、社会现象与历史事件；实验、技法、生产工艺；研究对象、事物、事件等涉及的地域、时代与环境等。以形式特征作为辅助标准，形式特征主要包括出版物的种类、工具书的类型、体裁、载体形式、编辑出版方式以及出版时间与地点等。

（3）文献分类目的。

文献分类的目的是对纷繁无序的文献分门别类地加以组织与揭示，从而使之系统化，为用户从学科角度查找文献提供检索途径，也为文献信息机构进行分类排架提供依据。文献分类具有族性检索、触类旁通的优势。能够将相同学科的文献集中在一起，使相近学科门类的文献联系起来，对不同学科的文献加以区分。这样就可将知识按照学科门类加以集中，便于用户浏览检索。

---

① 周继良. 图书分类学（修订本）[M]. 武汉：武汉大学出版社，1989：17.

2. 文献主题标引

文献信息标引是建立检索系统和进行信息检索的关键环节。文献主题标引是指对文献的主题进行分析，依据特定的主题词表和标引规则，赋予文献主题检索标识的过程。其目的是通过对文献进行主题分析，客观、全面、准确地提炼主题概念，然后借助主题词表和标引规则，将主题概念转换成标引词，从而建立主题检索系统。

（1）主题标引步骤。

《文献主题标引规则（GB/T3860—2009）》明确规定了主题标引的步骤，一般来讲，主题标引的步骤主要有：第一，查重，是利用原有记录，查明待标引的文献信息与已入藏文献信息的关系，按不同情况分别进行处理。第二，选择标引方式，根据具体文献的内容和类型特点进行选择。第三，进行主题分析，通过审读文献进行主题分析，以确定文献的主题内容，进一步分析主题的类型、结构以及构成要素。第四，将主题概念转换为主题词，把确定的表达文献主题内容的概念转换为主题词表中的主题词或主题词的组配形式。第五，做好业务记录，对标引过程中遇到的一些重要问题以及处理结果加以记录以备查考。第六，审核标引结果，对主题标引的各个环节进行审核。

（2）主题结构分析。

文献主题是文献所论述的主要对象或问题，也就是文献的中心内容。通常主题是由一定的主题因素构成的。我国《文献主题标引规则》将主题因素归纳为五个方面：第一，主体因素（指研究对象等中心主题概念）；第二，方面因素或限定因素（成分、材料、方法、过程、条件、状态、尺度、性质等对主体因素研究方面/角度的说明或限定因素），又称通用面；第三，空间因素；第四，时间因素；第五，文献类型因素等。

主题结构分析是指分析构成主题的主题因素及主题因素之间的关系。主体因素是能够反映主题中主要特征属性的一组主题概念，一般具有独立检索意义，主题结构分析主要是把握对象（主体因素）和方面（限定因素）两种基本主题因素及分析的次序。张琪玉在《情报检索语言实用教程》中提出的中文文献主题标引引用次序为：A 主体因素（A1 研究对象，A2 材料，A3 方法，A4 过程，A5 条件等）—B 通用因素—C 空间因素—D 时间因素—E 文献类型因素。

3. 文献编目

文献编目是按照特定的规则和方法，对文献进行著录，制成款目并通过字顺和分类等途径组织成目录或其他类似检索工具的活动过程。其主要作用是记录某一空间、时间、学科或主题范围的文献,使之有序化,从而达到宣传报道和检索利用文献的目的。文献编目一般包括文献著录、规范控制、目录组织与文献加工等基本程序。

文献著录是揭示文献形式的主要手段,是文献编目中的工作环节之一,图书馆界称为编制款目。它是依据一定的著录规则与方法,对文献的形式特征进行识别、选择、描述,对内容特征进行分析、概括与记录的过程。著录规则是进行文献著录的技术操作规范。文献经过采购或缴送、交换等途径到馆并进行财产登记以后,转到编目部门(或环节)进行编目加工。首先进行查重,查明待分类文献是否为已入藏文献的复本,即题名、作者、版次等是否完全相同;是否为已入藏文献的不同版本,包括不同译本、不同版次;是否为多卷书的不同卷次或续编;是否为已入藏文献的不同载体形式等。然后再利用已有的标引成果分别按不同情况进行处理。对于未经编目的文献,则需要按照著录规则进行著录,并依据所采用的分类法与主题词表进行分类标引和主题标引,将著录项目、分类号和主题词等按照规定的格式记录下来,形成目录款目。还需要进行同类书的区分,给出书次号(一般是种次号或著者号及辅助区分号),形成索书号(由分类号加上书次号构成)。同时还要对已编目的图书进行技术加工,包括贴书标,以利于图书排架与流通阅览,最后是组织目录。

当前中文图书编目采用CNMARC(中国机读目录通讯格式),其格式参照全国图书馆联合编目中心、国家图书馆图书采选编目部编写的《中文图书机读目录格式使用手册》。可以参考的相关工具还有《中国机读规范格式手册》《中文图书名称规范数据款目著录规则》《中文图书规范数据款目著录规则》等。近年来,国际国内编目领域发生了日新月异的变化。《资源描述与检索》(RDA)逐渐取代《英美编目规则(第2版)》(AACR2)成为许多国家新的编目标准,《国际标准书目著录》(ISBD)统一版问世,国际通用机读目录格式(UNIMARC)不断更新,国内的编目标准也在积极跟进,以适应编目对象的多样化,以及不断变化的新技术和新规则。

4. 馆藏文献的布局

所谓文献布局,是指将图书馆入藏的全部文献,按照一定的标准,划分为相对独立的若干部分,建立各种功能的书库,为每一部分藏书确定合理的存放位置,以便保存和利用。馆藏文献布局的实质就是对馆藏文献进行空间位置上的划分,力求馆藏文献与读者需求的最佳结合点。要根据图书馆的任务和读者需求、馆藏文献的规模、结构及原有馆藏文献的历史分布现状以及人力、物力条件及图书馆建筑格局进行综合考虑,合理布局。

　　书库划分是馆藏文献布局的核心问题。一般按照文献类型、文种、学科属性、读者对象等方面进行划分，也可以按照文献的利用率来划分。传统上我国图书馆界按藏书的用途和使用方式，将书库划分为作为全馆藏书总汇和枢纽的基本书库、直接为读者流通参考使用而组织的辅助书库，以及为特殊保管和专门参考而组织的专门书库；国际上则采用三线典藏制，即按照藏书利用率高低依次划分一、二、三线书库。

（四）馆藏资源数字化与数据库建设

　　馆藏资源数字化是网络环境下信息资源建设重要内容之一。因为只有经过数字化处理的文献才能被广泛共享。数字化的方式主要包括：①数字扫描和数字摄影，用于二维平面介质信息资源的数字转换；②转换系统，用于模拟音频和模拟视频的数字转换；③手工录入，主要用于文本型信息资源的数字转换。

　　数据库建设是数字资源建设的核心内容。对图书馆来说，数据库建设主要有书目数据库和特色数据库建设。书目数据库存储有关主题领域各类文献资料的书目信息，以二次文献的形式报道文献的数据库，又称二次文献数据库。书目数据库是开发图书馆信息资源的基础数据库，也是图书馆实现网络化、自动化的基础，它直接关系到联机编目及联合目录数据库的建设质量。特色数据库是图书馆特色资源的集中反映，是图书馆充分展示其个性，提高其社会影响力和信息服务竞争力的核心资源。特色数据库是指依托馆藏信息资源，针对用户的信息需求，对某一学科或某一专题有利用价值的信息进行收集、分析、评价、处理、存储，并按照一定标准和规范将其数字化，以满足用户个性化需求的信息资源库。

　　建设特色数据库，要注意三点。其一，独特性。要使建成的数据库具有其他数据库不具备或很少具备的特点。其二，全面性。要保证建立的数据库数据完整、全面。其三，标准化。一般来说，特色数据库可以划分为以下类型：

　　（1）根据本校专业重点和馆藏特色建立的数据库，全面搜集各种类型、载体的信息资源，进行整理、加工而成，如"通信电子系统与信息科学数据库"等。

　　（2）为本地区经济、文化建设服务而建立的数据库，搜集全国各类资料。如"巴蜀文化数据库""长江资源数据库""东北亚研究文献数据库""上海作家作品资料库"等。

　　（3）为抢救濒临湮灭的珍贵史料而建设的数据库，如清华大学图书馆搜集整理有关中国工程技术史文献资料建设的"中国科技史数字图书馆资料库"等。

图书馆要根据本系统本地区的社会需求和本馆的技术力量、经费等条件，选择适合的主题，系统地将馆藏资源中的特色文献制作成独具特色的文献数据库或专题数据库，并提供上网利用。

(五) 网络信息资源的开发利用

网络信息资源是指借助于计算机网络可以获取和利用的各种信息资源的总和，又称虚拟信息资源。具体指以电子数据的形式将文字、图像、声音、动画等多种形式的信息存储在光磁等非印刷介质中，并通过网络通信、计算机或终端等方式再现出来的信息内容集合。

网络信息资源极为丰富，图书馆对其进行开发组织，便可以使这些分布在全球的网络信息资源成为自己的虚拟馆藏。网络信息资源的开发利用就是根据用户的需求与资源建设的需要，搜索、选择、挖掘因特网中的信息资源，下载到本馆或本地网络之中，经过分类、标引、组织，通过网络或其他方式提供给用户，或者链接到图书馆网页上，如建立网络信息资源导航库，方便读者迅速检索到自己所需要的网络信息资源。这种虚拟馆藏对图书馆及各类型信息机构的信息资源建设和信息服务具有重要意义，丰富了资源保障体系，为拓展其服务功能创造了条件。

20 世纪 90 年代末，国际学术界、出版界和图书情报界发起了开放存取(Open Access，OA)运动，主要是为了推动科研成果在互联网上开放传播。鼓励科研人员将论文、专著、图书、演示手稿等研究成果发表在开放式学术期刊或存储在开放式知识库中，任何人都可以通过数字和网络技术及时、免费、不受任何限制地获取这些成果，以构建一个真正服务于科学研究的学术传播体系。有研究者将开放存取资源划分为三种类型：①机构资源库(Institutional Repositories)，由大学图书馆、研究机构、政府部门等类型机构创建和维护；②学科资源库(Disciplinary Repositories)，主要指预印本资源库；③开放期刊(Open Access Journals)，一般采取论文作者付费出版、读者免费获取的方式，对提供的论文实施类似传统期刊一样严格的同行评审制度。

开放存取资源成为当今网络信息资源开发利用的重要内容。图书馆要根据用户需求与资源建设需要，搜集、选择、挖掘各种 OA 资源，建立 OA 资源导航或专门的 OA 资源检索与服务平台，或将 OA 资源与所购买的商业数据库及自建数据库的资源进行整合，提供统一的资源检索入口。

(六)信息资源共建与共享

信息资源共享是人类社会的崇高理想，是图书馆为之奋斗的最高目标。广义的信息资源共享指一切社会机构为了充分实现本机构的工作目标，与其他相关机构建立互利合作关系，从而共享信息资源的活动。狭义的信息资源共享指图书情报等信息资源管理机构为了充分满足用户的信息需求，与其他图书情报机构等信息资源管理机构建立互利合作关系，从而共享信息资源的活动。信息资源共享的前提是信息资源共建。

信息资源共享的内容主要有：信息资源(包括纸质资源、数字资源、缩微资料、视听资源等)、人力资源、设备资源、馆舍资源等。信息资源共享的主要形式包括：①资源共建。包括资源的协调采购与集团采购，数字资源联合长期保存、资源的联合建设与贮存等。②资源共知。包括联合编目与集中编目等。③资源共享。包括馆际互借、文献传递、联合咨询、联合培训等。信息资源共享的组织形式主要有图书馆联盟、图书馆协作网、图书馆网络、图书馆联合体等。

(七)馆藏信息资源评价

馆藏信息资源评价是对图书馆信息资源数量、质量、信息资源体系的结构、运行状态及效用等进行全面的衡量和测定。其基本功能是通过对馆藏信息资源的检测，反馈各种信息，从而为馆藏信息资源体系的调整与优化提供依据。

馆藏信息资源评价是馆藏信息资源管理过程的一个重要环节。其基本要求是：精确揭示馆藏的范围、深度与效用，明确馆藏发展方向，考察馆藏发展政策的实施效果，衡量馆藏保障能力和质量水平。馆藏评价的主要标准包括：①馆藏量，涉及馆藏保障率、读者满足率和藏书满足各科文献的覆盖率等；②馆藏质量，涉及馆藏对重点书刊的占有率；③馆藏结构，主要考察学科结构、文种结构、时间结构等合理性；④馆藏利用绩效，主要通过藏书利用率、文献拒借率、藏书周转率等指标反映馆藏利用的程度及满足用户需求的状况；⑤共享性评价，包括资源数字化、特色数据库建设等。

(八)馆藏文献的保存与保护

馆藏文献的保存与保护就是采取必要的方法和措施防止和消除一切不利于馆藏文献完整和长期保存的各种因素，最大限度地减少文献资源的损耗，使所收藏的文献资源处于最佳状态。不同载体文献，有不同的保存与保护方法。一般来讲，文献保护与保存的方法和措施主要有：防火、温度湿度控制、防光、防虫、防霉、防鼠、防酸、防破损等。对于缩微文献和音像文献的保护，其保存的地点、设备以及温度都有特殊要求。文化部委托国家图书馆主持制定的《图书馆古籍特藏书库基本要求》在规定了古籍特藏书库的温湿度要求、空气净化要求、光照和防紫外线要求，以及书库的建筑、消防、安防与文献保护和安全相关的基本条件的同时，还对书籍装具作出了具体规定。

第三节　用户服务工作

用户服务工作是图书馆履行其服务职能，以读者为中心而开展的一系列服务工作。服务是图书馆的永恒话题，图书馆的存在和发展离不开高质量的用户服务。随着用户信息需求和信息行为的变化，图书馆用户服务也需要不断创新变革。图书馆的用户服务工作主要包括以下内容。

一、用户研究

用户研究又称读者研究，是图书馆对读者的群体结构、特征、阅读心理、利用行为、使用偏好和满意评价等方面的研究。它是图书馆的重要业务工作，为图书馆以读者为中心设计和组织服务工作提供依据和保障。其内容包括：①图书馆读者群体结构与需求的研究，主要研究读者构成的各种因素和特点；②读者阅读心理和利用行为的分析，包括阅读动机、阅读兴趣、阅读情绪、阅读能力等；③读者使用偏好和满意评价的分析，涉及对服务项目的使用偏好、对馆藏文献结构、资源类型和检索工具的选择，以及对图书馆整体环境设备及服务质量的满意评价等。

二、文献提供服务

文献借阅服务是指图书馆以传统工作形式为读者提供的文献服务，主要以馆藏实体文献为主。具体可以分为以下几种：

(一)文献外借服务

文献外借服务是指利用一定的空间和设施，让用户在指定的时间和场所进行文献的阅读，或将文献出借给用户的一种信息服务方式。主要形式有：

(1)外借。外借是馆藏流通的基本形式。是图书馆允许读者通过必要的手续将馆藏文献借出馆外，在规定的期限内使用的一种服务方式。

（2）预约借书。读者通过网上预约或其他方式，对某种已全部借出的文献进行预约登记。

（3）图书续借。对读者在规定的借阅期限内需要继续使用的文献采取的一种延长借阅期限的借阅方式。

（4）馆际互借。图书馆之间根据协定相互利用对方馆藏以满足本馆读者需求的文献外借方式。

（5）通借通还。指读者可以到图书馆任一分馆借或还馆藏地为本分馆或者其他分馆可外借的图书。

（二）文献阅览服务

阅览服务是指图书馆提供空间及相关设备和环境（主要是阅览室），供读者利用文献学习及阅读和服务项目。阅览服务是图书馆传统的主要服务方式之一。图书馆一般按照用户对象、文献类型、学科门类等设置阅览室。提供阅览的文献多是不能外借出馆的文献，如古籍善本、工具书、缩微资料、机读资料等。阅览服务大体上有以下几种方式：

（1）闭架阅览方式，不允许读者进入文献库，必须通过馆员才能借阅馆藏文献的一种方式，读者可以进行阅览室，但不允许读者进入书库，所需文献通过图书馆员代取。

（2）开架阅览方式，指允许读者进入阅览室或书库，并在书架上挑选所需文献的一种服务方式，这种方式下读者有高度自主权，因此深受读者欢迎。

（3）半开架阅览方式，将部分流通量大的图书或新书陈列在安有玻璃的书架里，读者能从外观上看到书脊或封面，但不能自取，借阅必须通过图书馆员提取。相对闭架借阅，半开架方式是一种相对较为开放的借阅方式。

（4）藏借阅一体化方式，图书馆采用的一种将馆藏各类文献信息资源的收藏、阅览、外借和参考咨询融为一体的资源管理与服务模式。一种全开架的布局，采用大开间、少间隔的建筑格局，多处设有桌椅，方便读者就近阅览，是现代图书馆发展的一种趋势。

（5）流动借书方式，是一种通过馆外流通站、流动服务车等手段，将馆内文献送到读者用户身边开展借阅活动的服务方式，可方便不能亲自到馆的读者，提升文献利用率，是公共图书馆经常采用的形式。

阅览服务和外借服务都是图书馆传统的服务形式，也是最基本的服务形式。在当今智慧图书馆条件下，阅览服务与外借服务仍然发挥着不可替代的作用。

三、文献复制服务

文献复制服务是图书馆文献服务的方式之一，图书馆利用静电复印和缩微摄影、数码扫描等技术向读者提供文献复制件的服务工作或者图书馆提供静电复印、数码扫描等设备供读者自己复制。是阅览服务、外借服务的延伸，也是其他方式中读者获取文献的补充和发展。静电复印服务提供可直接阅读的复印件；缩微复制服务为读者提供原始文献的缩微品，需借助放大、还原或显微阅读设备进行阅读；数码扫描服务向读者提供数字化格式的文件，可方便网络传输。

四、文献传递服务

文献传递服务是一种非返还式的文献提供服务，具有快速、高效和简便特点。主要通过复制、拷贝或扫描原文献，并采用邮寄、传真或电子邮件等方式将用户所需的文献复制品以有效的方式和合理的费用，直接或间接地传递给用户。最初文献传递以馆际互借的形式出现，主要包括不同图书馆之间的图书借阅，资料复印等。现代意义上的文献传递是借助信息技术在馆际互借的基础上发展起来的，有效拓展了文献资源共享范围和获取途径，缓解了图书馆经费及资源不足与读者日益增长的文献需求之间的矛盾。目前国内比较有代表性的文献传统系统主要有：中国高等教育文献保障系统、中国高校人文社会科学文献中心、国家科技图书文献中心等。

五、读者活动服务

读者活动服务作为图书馆读者工作的重要组成部分，既是履行教育职能的重要途径，也是丰富读者文化生活的有效载体，因此一直受到高度重视。目前一些图书馆专门设置了读者活动部，如湖北省图书馆、首都图书馆、嘉兴市图书馆（读者活动推广部）等，一些图书馆在其主页上设置"活动"栏目，如武汉大学图书馆（"阅读与活动"）、广州图书馆等。不少图书馆开展了丰富多彩、颇具特色的读者活动，如 2019 年全年嘉兴市图书馆借助 1 个总馆、2 个区馆、16 个乡镇（街道）分馆的服务体系，一共举办了 5000 多场活动，总到馆人次达到 425 万，平均每天活动达 13 场，形成了 10 多个活动品牌。读者活动主要包括以下内容与形式：

1. 图书馆讲座服务

图书馆讲座服务是以讲座为载体向读者提供服务的形式和内容，是知识交流和传播的有效形式。讲座服务从图书馆的延伸业务逐渐发展为核心业务之一，呈现出蓬勃发展态势，为读者提供了更加鲜活、更加多样的阅读方式，对于知识传播、思想启蒙、文化发展与社会变革起到了应有的作用。具体表现在：①讲座内容丰富，涵盖面广，涉及自然科学和社会科学各个领域和各个学科；②演讲者多为名家和学者，讲座服务将演讲与朗诵、演奏、表演、展示、现场互动、网络直播等形式相结合，形式多样；③新媒体发展推动讲座传播方式变革。微博、微信、抖音、喜马拉雅等新媒体平台上的讲座节目越来越多，讲座从过去的单向传播转变为多维传播。① 图书馆普遍开通官方微博、微信公众号和客户端，讲座预告、直播、图文回顾成为其中的主要栏目，适应了用户对讲座服务的便利性、针对性与社交性新需求。

2. 读者教育培训

图书馆或文献情报机构开展以培养读者信息素养能力为主要目标的知识教育，又称读者培训、用户教育。读者教育的内容主要包括：①馆藏资源与服务引导教育，涉及图书馆基本概况、馆藏资源及布局、规章制度、服务内容与方式等；②文献检索与利用方法教育，涉及文献基本组织方法、各类检索工具的介绍、文献利用的教育等；③网络资源的查询与获取教育。读者教育的形式有：①物理场所的通识讲授与专题答疑，通过定期讲座方式或专题解答形式与读者进行现场沟通；②网络空间的在线讲堂与互动交流，通过网络视频讲座、专题聚合、课件共享等方式开展；③根据读者需求的针对性差异化教育方式。

许多图书馆的读者教育采用讲座方式。如清华大学图书馆每学期开展"信息·资源·研究"系列讲座，分为五大专题：①新手上路，即综合利用类；②开展研究，即研究指南类；③挖掘宝藏，即常用资源类；④工具助力，即实用软件类；⑤情报支撑，即数据分析类。讲座内容涉及图书馆资源与服务导览、各学科领域信息资源利用、各类网络数据库的检索方法，常用软件使用以及文献调研与论文写作投稿导引等。

3. 阅读推广服务

图书馆阅读推广是指图书馆通过精心创意、策划，将读者的注意力从海量馆藏引导

---

① 金龙. 国家图书馆讲座发展回顾与新态势[J]. 图书馆学刊, 2019, 41(10): 70-76.

到小范围的有吸引力的馆藏，以提高馆藏的流通量和利用率的活动。图书馆阅读推广主要靠富有创意的形式提高读者的阅读兴趣，靠优良的空间和氛围帮助读者养成阅读习惯，靠科学的馆藏发展政策保障读者的阅读质量，靠以海量馆藏带来的压迫感和信息素养教育帮助读者提高阅读能力，靠组织有序、体系完备的馆藏提升读者的阅读效果。①

阅读推广的最终目标是通过阅读提升公民素养，使不爱阅读的人爱上阅读，使不会阅读的人学会阅读，使阅读有困难的人跨越阅读的障碍。图书馆阅读推广最容易看到的目标是提升服务指标，即通过面向读者的宣传，使更多的人了解图书馆，走进图书馆，利用图书馆。图书馆的阅读推广有两个基本目标，即"馆藏推介"和"读者发展"。图书馆的阅读推广据此可分为两种基本类型：基于资源的推广（或称以资源为中心的推广）和基于读者的推广（或称以读者为中心的推广）。② 近年来公共图书馆阅读推广呈现阅读推广活动日常化、开展阅读推广的地区差距缩小、图书馆阅读推广部门边界消失、信息技术广泛应用于阅读推广四个趋势，也适用于其他类型的图书馆，阅读推广已经成为各类型图书馆服务中最引人注目的一道亮丽风景。

六、参考咨询服务

图书馆参考咨询是对读者在利用文献信息和寻求知识、信息方面提供帮助的活动。参考咨询服务是以协助检索、解答咨询问题、专题文献报道、定题服务等方式向读者提供事实、数据和文献信息线索，并开展读者信息素养培训，是发挥图书馆信息服务职能，开发信息资源，提高文献资源利用率的重要手段。

参考咨询的方式主要有：①邮件咨询，发送邮件进行咨询，答案通过 E-mail 接收；②当面咨询，到图书馆咨询台就相关问题进行咨询；③电话咨询，通过电话向馆员进行咨询；④实时咨询，图书馆为用户提供的一种通过实时聊天软件进行的虚拟参考咨询服务；⑤FAQ 常见问题解答。将用户最可能问到或实际问到的一些问题编辑成网页，在图书馆 Web 站点主页的显著位置建立链接，方便用户查询。

七、网络资源导航服务

网络资源海量无序、良莠不齐，用户获取需要花费大量时间与精力。图书馆根据用

---

① 王波. 阅读推广、图书馆阅读推广的定义——兼论如何认识和学习图书馆时尚阅读推广案例[J]. 图书馆论坛, 2015, 35(10): 1-7.
② 谢蓉, 刘炜, 赵珊珊. 试论图书馆阅读推广理论的构建[J]. 中国图书馆学报, 2015, 41(5): 87-98.

户需求，对网络资源进行搜集、鉴别、选择、组织，提供大量资源的链接。以学科导航为例，它是根据学科、专业的需要，对数据库、网络资源中有价值的学术信息搜集、鉴别、选择、组织，按照学科建立的网络资源导航库。通过学科导航，用户可便捷地获取本学科领域的相关学术资源，如某个特定学科，或者跨学科、交叉学科领域的学科导航，整合该领域的文献资源（期刊、图书、数据、会议）、研究热点、动态资讯、研究机构和学术成果等信息。

第四节　图书馆深层次信息服务

服务是图书馆的基本宗旨，是图书馆的核心价值观的体现，也是贯穿图书馆高质量发展的主线。面对数字化网络化多元化的新业态环境，许多图书馆面临转型升级。如何在夯实图书馆基础信息服务的同时，创新深层次信息服务，是图书馆界一直在探讨与践行的永恒话题。

一、学科服务

学科服务是以学科馆员为基础，面向学科教学与科研的专业化信息服务活动。自1998年我国清华大学图书馆首创学科馆员制度开展学科服务，2006年中国科学院文献情报中心实施"融入一线、嵌入过程"的新型学科服务以来，学科服务得到图书馆界的高度关注与快速发展。学科服务的主要内容包括：①与服务学科建立多层面的联系渠道，主动征求资源与服务的需求；②提供多渠道的参考咨询服务，为学科研究提供资源利用的指导与帮助；③搜集学科的最新发展动态、新闻进展，主动推送到所服务的学科机构；④掌握学科研究进展，通过集成与加工学科资源，提供智能化和个性化的定题服务。以下是北京大学图书馆的学科服务所涵盖的主要内容：①

学科信息门户：针对某个特定学科，或者跨学科、交叉学科领域，为该学科建立学术信息门户，整合该领域的文献资源（期刊、图书、数据、会议）、研究热点、动态资讯、研究机构和自有学术成果等信息等。

学科课题咨询：侧重深层次的咨询与分析服务，包括信息搜集、专题文献整理、专题文献咨询、知识产权咨询、写作咨询、研究过程的咨询等。

① 学科服务[EB/OL].[2021-12-28].https：//www.lib.pku.edu.cn/portal/cn/fw/xkfw/xuekeguanyuan.

学科情报订阅：图书馆借助海量的学科信息资源、文献计量分析方法和相关分析工具，提供基于研究主题的学科文献资源推荐与订阅服务。内容包括开题文献推荐、相似文献推荐、个人成果分析、院系发文分析，还提供期刊发文分析、学科研究热点、ESI高被引论文统计等订阅服务。

学术规范与投稿指南：开展学术素养培训和咨询，包括文献管理软件的培训和利用咨询，论文写作规范和学术道德规范培养等。提供期刊影响因子等客观数据方面的期刊评价，以及按学科建立期刊投稿指南，为科研人员筛选适合投稿的期刊及投稿地址和联系信息等。

学科竞争力分析报告：运用海量的科研评价文献资源、高效的分析工具，进行学科竞争力分析与梳理，完成学科竞争力分析报告，并可根据用户需求提供定制化推送服务。

学科前沿报告：分析并发布北京大学以及中国高校各学科热点研究前沿。利用各种数据来源，包括近期论文发表数据、论文下载和引用数据、用户检索数据以及用户关注数据等，从不同角度析出各学科领域的研究热点，为各学科的发展规划提供参考。

二、嵌入式信息服务

嵌入式信息服务是将服务融入用户的场景中，充分发挥服务人员在信息获取、加工、管理、分析方面的优势，挖掘用户信息需求，积极主动地为用户提供所需信息的服务方式。强调馆员主动融入用户的科研、教学和学习生活过程中，通过与用户的交互以深刻了解用户的需求，并通过与用户的密切合作随时解决用户遇到的问题。其主要特点是：

(1)用户场景嵌入，即物理地点的嵌入，需要将服务的场景转移至用户身边，到用户可能出现的地方，如实验室、办公室、会议现场、野外台站、虚拟空间等，主动了解用户需求与建议。

(2)学习科研过程的嵌入，融入用户学习科研的每个环节，深入了解用户在不同进程中对信息需求的动态变化，并根据动态变化的需求调整服务策略与服务方式。在嵌入学习过程方面，如嵌入具体课程教学之中，明晰师生的需求，通过与教师和管理者的密切合作以成为其中的一员，而不仅仅是服务的提供者。在嵌入科研过程方面，作为研究团队的成员，与教师在学术交流活动中合作，嵌入科研人员的学术交流活动，嵌入多学科协作过程。如上海交通大学图书馆开展嵌入式培训教学服务，图书馆的各学科服务团队围绕对口院系专业课程的特点与需求，量身定制嵌入院系专业课程的信息素养教学，教学内容包括专业信息资源检索技巧、专业信息资源评价与利用、开题前的文献调研策略、学术热点与前沿追踪、科研工具使用方法、学术论文写作与投稿、学术道德与学术规范等多个主题。

三、信息素养教育

(一)信息素养概念及标准

1989 年美国图书馆协会发布《美国图书馆协会信息素养主席委员会最终报告》，将信息素养定义为：识别信息需求、定位信息、评价和有效利用所需信息的能力。[①] 2000 年美国大学与研究图书馆协会即 ACRL 的《高等教育信息素养能力标准》认为信息素养是以下能力的组合：判定所需信息的范围，有效率和有效地获取所需信息，批判地评价信息及其来源，有选择地将信息整合进个人的知识体系，有效利用信息实现特定目标，理解围绕信息利用的经济、法律和伦理问题并合乎伦理地获取和利用信息。[②] 2015 年 ACRL 出台《高等教育信息素养框架》，将信息素养概括为：反思性发现信息，理解信息如何被生产和评价，利用信息创造新知识，合乎伦理地参与学习社群。[③] 可见，信息素养不仅包括利用信息工具和信息资源的能力，还包括获取识别信息、加工处理信息、传递创造信息的能力，更重要的是以独立自主学习的态度和方法、批判精神以及强烈的社会责任感和参与意识，并将它们用于实际问题的解决和进行创新性思维的综合信息能力。[④]

图书馆相关行业组织、教育主管部门、各层次教育机构、联合国教科文组织、国际

---

① American Library Association. Presidential Committee on Information Literacy. Final Report[R/OL]. Washington D C：American Library Association，1989[2021-10-02]. https：//www. ala. org/acrl/publications/whitepapers/presidential.

② Association of College and Research Libraries. Information Literacy Competency Standards for Higher Education[R/OL]. Chicago：Association of College and Research Libraries，2000[2021-10-02]. https：//www. losmedanos. edu/accreditation/documents/II. C. 1. b-1ACRLInformationLiteracy Competency Standards for Higher Education2000. pdf.

③ Association of College and Research Library. Framework for Information Literacy for Higher Education[R/OL]. Chicago：Association of College and Research Library，2015[2021-10-03]. https：//www. ala. org/acrl/standards/ilframework.

④ 张倩苇. 信息素养与信息素养教育[J]. 电化教育研究，2001(2)：9-14.

图联都非常重视信息素养对信息社会的重要价值，先后出台了一系列信息素养教育实施标准或指南，如，ACRL 于 2000 年出台《高等教育信息素养能力标准》，并于 2015 年出台《高等教育信息素养框架》；国际图联 2006 年颁布《为了终身学习的信息素养指南》；2008 年联合国教科文组织发布《走向信息素养指标》；英国国家和大学图书馆协会（SCONUL）1999 年出台《高等教育中的信息技能》、2011 年出台《信息素养七大支柱》；我国教育部于 2002 年和 2015 年修订《普通高等学校图书馆规程》，均含有信息素养教育条款。这些政策与标准的发布推动了信息素养教育的发展。

（二）信息素养教育的发展

当代信息素养教育始于 20 世纪 80 年代末，是在原有书目指导服务的基础上发展而来的。信息素养教育可以通过培养信息素养概念所指涉的能力，给信息社会的公民带来新赋能。[1] 20 世纪 90 年代以后，信息素养教育发展为图书馆界（特别是高等学校图书馆）的常规业务。

有研究对全国 1101 所高校图书馆信息素养教育的宏观数据进行分析，包括信息素养听课人数、教师人数、课程开设数量、网络课件数量等。在课程听课总人数馆均值约为 5483.5 人，包括必修课、选修课、听讲座人数，其中听讲座馆均人数最高。授课教师人数约为 10.1 人，课程开设数量约为 5 门。[2] 高校图书馆开展的信息素养教育也逐渐被纳入正规教学计划。

在 UNESCO 和 IFLA 等国际组织的不断推动以及各国政府的响应下，全球公众信息素养教育已取得一些成就，公众信息素养教育的重要性逐渐得到认同。但当前全球公众信息素养教育存在的突出问题是：整体水平不高，发展不平衡，研究滞后于实践。为提升我国公众信息素养教育水平，需要尽快出台专门政策和标准，鼓励多元主体参与，力求覆盖各类受众，采取多种教学方式，大力培养师资，合作建设资源，搭建交流平台和传播中国声音。[3]

2019 年 11 月，中国图书馆学会和武汉大学信息管理学院等单位共同发起《中国公

[1] 于良芝，王俊丽. 基于信息素养基础结构的信息素养教育赋能[J]. 中国图书馆学报，2021，47（5）：4-19.
[2] 吴汉华，郭淑敬. 我国高校图书馆信息素养教育现状分析[J]. 图书馆建设，2022：102-110.
[3] 黄如花，冯婕，黄雨婷，石乐怡，黄颖. 公众信息素养教育：全球进展及我国的对策[J]. 中国图书馆学报，2020，46（3）：50-72.

民信息素养教育提升行动倡议》，指出图书馆界和情报界应该积极参与中国公民信息素养教育的普及与发展。面向当前信息素养教育实施的重要方向，提出了四项主要内容，包括：面向国家信息化战略需求，构建中国公民信息素养培养体系；面向国家教育创新战略需求，推动优质信息素养教育资源建设与共享；面向国际信息素养教育新环境，建立中国信息素养教育论坛；面向国家文化走出去战略需求，传播信息素养教育的中国声音。①

四、科技查新服务

科技查新是科学研究、产品开发和科技管理等活动中的一项重要基础工作。科技查新是通过检索并运用综合分析和对比方法，对科研项目或科技成果的新颖性作出文献评价的信息服务。其实质是围绕查新项目的查新点进行文献鉴证，即通过多种途径的检索找出全部相关文献，再与查新点进行对照，筛选出密切相关文献，经分析比对，证实项目的研究内容至今在国内或国外无相同或类似的文献报道，从而对查新项目的新颖性作出肯定或否定的结论。简言之，指具有查新业务资质的查新机构根据查新委托人提供的需要查证其新颖性的科学技术内容，按照《科技查新技术规范》（GB/T 32003—2015）操作，经过文献检索与对比分析，并作出结论。

我国科技查新工作起源于 20 世纪 80 年代中期，由国家科技部、教育部、卫生部等认定的查新机构已有 400 多家，其中，原国家科委在 1990 年、1994 年和 1997 年分 3 批授权了 38 家国家级科技查新咨询单位，卫生部于 1993 年和 1998 年分两批确认了 25 家医药卫生查新咨询单位，教育部于 2004 年、2005 年、2007 年和 2009 年分 4 批对高校系统的 67 家查新机构进行了认证。② 科技查新为科研立项提供客观依据；为科技成果的鉴定、评估、验收、转化、奖励等提供客观依据；为科技人员进行研究开发提供产品、标准、专利等相关信息支撑，科技查新工作得到了科研机构和科研人员的广泛认可。

如，作为综合性查新机构，国家图书馆科技查新中心为查新委扎人科研项目的开题立项，申报各级各类科技计划、基金项目、新产品开发计划，科研成果的验收、鉴定、评估、转化和申报各级科学技术奖励等提供科技查新服务。中国科学院武汉文献情报中

---

① 首届图书馆对公众开展信息素养教育研讨班在海口举办_中国图书馆学会［EB/OL］.［2021-12-28］. http://www. lsc. org. cn/contents/1214/14715. html.

② 代霄燕. 科技查新创新发展对策研究［J］. 图书馆工作与研究，2018(9)：70-73.

心接受中国科学院系统内外的高校、科研院所及企业的咨询委托。科技查新主要针对以下方面开展科技查新咨询，并提交查新报告。查新内容包括科研课题立项查新、科研成果鉴定查新、新产品立项查新、新产品鉴定查新、科技成果、发明奖励查新、专利申请查新、项目引进查新。

五、定题信息服务

定题信息服务（Selective Dissemination of Information Service，SDI）是指图书情报工作人员根据科研人员的实际需要，定期或不定期地、及时地对某一特定主题进行跟踪检索，并对检索结果进行筛选和整理，最终以书目、索引、全文等方式提供给科研人员，从而为科研人员提供课题研究所需的最新、全面而又准确的信息，直至协助课题完成的一种连续性的特殊检索服务。[①] 定题信息服务又称专题选粹服务、对口信息服务。定题跟踪服务具有主动性、针对性、有效性和可持续性的特点。以主动积极的方式，提供定题信息服务，可大量节省用户检索资料的时间，提高信息利用效率。如，深圳图书馆面向具有科研职能需求的机关单位，以及具有科研任务的个人，提供定题服务，开展文献查找、原文传递、文献推送、调研综述等多层次的参考咨询服务。

六、情报分析服务

图书馆情报分析服务是根据用户的特定需求，以图书、期刊、专利、会议录、技术报告、标准、学位论文等丰富的资源为依据，运用信息分析方法与手段，提炼有价值的情报，为管理决策制定、科学研究等事业发展提供情报咨询和情报支持。又称为信息分析服务、情报研究服务。情报分析服务的开展涉及服务内容、分析方法和工具三方面要素。其中，情报分析工具与方法是开展服务的基础；情报服务内容决定采用何种方法与工具；而方法与工具可以根据服务内容需要进行灵活组合。服务的内容以用户需求为导向，服务内容由具体服务对象来决定，如高校图书馆情报分析服务的对象主要分为一线科研人员、院系管理决策人员和学校职能部门的管理决策人员；[②] 分析方法包括文献计量分析、引文分析、知识图谱、社会网络分析等；分析工具包括文献分析

---

① 霍敏，李碧清，杨懿菲，程志臻，王勇.定题服务模式与实践研究[J].图书情报工作，2014，58（S2）：108-111.
② 付佳佳，范秀凤，杨眉.高校图书馆开展情报分析服务的框架体系与实践探索[J].图书与情报，2014（5）：26-29.

工具 TDA、Incites、SciVal 等，专利分析工具 TDA、Innography 等，其他工具 Endnote、CiteSpace 等。

情报分析服务作为图书馆服务新的增长点，受到图书馆的高度重视。复旦大学专门设置情报研究部，提供基于事实数据、科技信息、文献资料等的高度定制化的情报信息挖掘与分析服务。同济大学图书馆的情报分析与研究部依托海量馆藏资源，以用户需求为导向，借助情报分析工具，为用户提供基于科研文献、事实型数据、专利等基础数据的决策咨询、专利分析、科研绩效评价、学科分析等情报服务。中国科学院文献情报中心依托国家科技文献平台，面向决策一线，开展战略情报研究，支撑科学决策、科技创新、经济发展，提供面向决策、面向学科、面向产业的研究报告、监测快报等多样化情报服务产品。如面向战略提供科技战略分析、科研竞争力分析、政策研究分析等研究报告；面向学科提供学科发展规划、学科领域态势分析、机构竞争力分析、科研产出统计分析、专利技术趋势、查新收引、产业市场调研、期刊影响力评估等研究报告。面向产业提供产业智库、决策咨询、产业技术情报、产业发展战略咨询、机构科技创新能力与科研影响力分析、产业技术路线图、产业发展白皮书、科技园区产业布局规划、区域创新体系研究、区域科技创新高质量发展研究等研究报告。

七、信息增值服务

信息增值服务应成为图书情报机构开展信息服务的核心内容。即针对不同用户的信息需求，通过对大量原始信息进行分类、加工、整理、分析和研究，使原有信息的价值得到增加的服务方式。信息增值主要包含两层含义，一是信息在有序化、系统化和再生产的过程中产生新的价值，即信息效用增值；二是信息或信息产品被用户利用以后，增加了价值（产生社会效益和经济效益），即信息经济增值。[1]

可根据智力含量高低将图书情报机构的信息增值服务划分为三个层次：①基于文献组织和有序化的初级信息增值服务；②基于信息资源整合和信息内容开发的信息增值服务；③智力密集型信息增值服务。[2] 利用分类、编目、主题分析等基本信息处理技术对所收藏的文献进行组织和有序化，形成书目、索引、文摘等信息产品，依托这些信息产品开展的文献服务属于初级信息增值服务的范畴，如馆藏目录检索、新书通报、信息流

---

① 徐达. 未来图书馆事业发展的两条主线：信息增值服务与人本服务[J]. 中国图书馆学报，2004(3)：72-74.

② 方清华. 信息增值服务——从文献服务到知识服务[J]. 图书情报工作，2006(11)：29-32.

通、馆际互借、文献传递。基于信息资源整合和信息内容开发的信息增值服务是基于信息组织、数据组织以及信息序化和系统化的服务，要求信息服务提供者相当的智力投入，主要包括联机信息服务、参考咨询服务、定题服务、集成服务、特色服务、数据库服务、内容服务等。智力密集型信息增值服务是基于情报组织、知识组织以及信息和知识系统化的信息增值服务，领域专家、信息服务专家、技术专家等智力资源成为开展此类服务的关键战略资源，与服务能力与水平有直接关系。这类信息增值服务主要包括查新服务、决策支持服务、定向专题服务、专业咨询服务、竞争情报服务、知识服务等高智力含量、高附加值的信息服务等。

当前我国各类型图书馆高度重视的文化创意品(简称文创产品)开发也属于智力密集型信息增值服务。2016 年 5 月 11 日，国务院办公厅转发文化部等部门《关于推动文化文物单位文化创意产品开发的若干意见》，要求文化文物单位主要包括各级各类博物馆、美术馆、图书馆、文化馆、群众艺术馆、纪念馆、非物质文化遗产保护中心及其他文博单位等掌握各种形式文化资源的单位，依托其馆藏文化资源，开发各类文化创意产品，得到图书馆的积极响应，如 2019 年 1 月 8 日，由国家图书馆、全国图书馆文化创意产品开发联盟共同主办的全国图书馆文化创意产品开发联盟"品牌发展计划"正式启动，联盟成员馆已有 116 家。推动文化创意产品开发，要始终把社会效益放在首位，实现社会效益和经济效益相统一，实现文化价值和实用价值的有机统一。形式多样、特色鲜明、富有创意、竞争力强的文化创意产品体系，有助于满足广大人民群众日益增长、不断升级和个性化的物质和精神文化需求。

总之，智力密集型信息增值服务是图书馆核心竞争力的主要体现。

第五节　图书馆工作的技术支持系统

计算机与网络技术，特别是大数据、人工智能技术在图书馆的应用，使得图书馆工作的开展愈加依赖其技术支持系统，这些系统为图书馆海量、复杂数据的收集和分析提供了技术和设备支撑，是图书馆各项业务工作实现自动化、迈向智能化的基石，是支撑整个图书馆日常工作最核心的部分。

一、图书馆自动化集成管理系统

图书馆集成系统(Integrated Library System，ILS)是由一个共同的中心数据库以及其为实现图书馆自动化而需要的和相互关联的各个功能模块组成的系统。20 世纪 80 年代末期，随着中国机读目录通讯格式即 CNMARC 的推出，我国的图书馆自动化系统研发进入一个新的阶段，从早期的仅实现单项图书馆业务操作的自动化系统，逐渐过渡到以机读目录库为核心，包括采访、编目、流通、期刊管理和公共查询等功能模块的一体化图书馆业务管理系统，即图书馆自动化集成管理系统。[①] 图书馆在新一代服务平台出现之前一直使用图书馆自动化系统和电子资源管理系统分别管理纸质资源和电子资源。随着人工智能和大数据技术的发展，新一代图书馆服务平台逐步走进图书馆，面向云环境的新系统，是第四次科技革命的产物，它使智慧图书馆建设进入一个新的阶段。

(一) 传统的自动化集成管理系统

我国图书馆集成管理系统研发始于 20 世纪 80 年代末 90 年代初，代表了图书馆自动化的水平，在图书馆运行中起到了不可替代的作用。改革开放以来，国内自主研发了一批图书馆集成管理系统，如江苏汇文、清大新洋-GLIS9.0、北邮 Melinets、深圳 ILAS、重庆图腾(V9.0)、金盘图书管理系统 GDLISNET、丹诚图书馆集成系统 DataTrans 和大连博菲特等。其中，最具影响力的是 1988 年深圳图书馆承担文化部国家重点科技项目研发的 ILAS 系统，改写了国内图书馆自动化管理依赖国外进口的历史，被第 62 届国际图联大会誉为"中国图书馆自动化的骄傲"，并于 1999 年获得国家文化部"科技进步一等奖"和广东省文化厅"科技进步一等奖"。

这些系统大多包括采访、编目、检索、流通管理、连续出版物管理和参考咨询 6 个功能子系统，覆盖了图书馆全部业务。其采访自动化管理、计算机编目、借阅与流通的自动化、公共目录检索 OPAC 以及期刊管理等功能，基本满足图书馆的基本功能需求。此类传统的图书馆系统平台产生于纸质资源为主导的时代，随着馆藏中电子资源所占比例的不断增加，其无法管理电子资源的缺陷愈加突出。

(二) 新一代图书馆系统平台

互联网、大数据、人工智能技术的飞速发展与应用，为图书馆的海量、复杂数据收集和分析提供了技术和设备支撑，推动图书馆系统迈向新阶段。实现资源与服务的整合

---

① 李广建，陈瑜，张庆芝. 新中国 70 年现代图书情报技术研究与实践[J]. 图书馆杂志，2019，38 (11)：4-20.

是下一代智慧图书馆系统平台的目标与任务。南京大学图书馆构建一体化电子资源服务体系，采用"纸质资源管理系统 + 电子资源管理系统 + 资源发现服务"多系统组合、按需定制的模式实现下一代图书馆系统大部分的功能需求。南京大学图书馆与江苏图星软件科技有限责任公司创新合作，研发新一代智慧图书馆服务系统平台(NLSP)，NLSP 主要集成中央知识库、采选平台、馆员智慧服务平台以及读者应用服务平台四大模块,[①]各平台具体功能表现如下：

1. 中央知识库

中央知识库涵括图书、期刊、论文、专利等多种资源，还包含资源包、供应商管理、许可协议、链接解析器功能，数据定时更新。同时平台接口开放，支持 KBART2、OAI 标准元数据交换，并支持 SCI、SSCI、EI、ISTP、Scopus、Pubmed 等收录管理。

2. 采选平台

采用依托云计算、大数据分析平台，实现纸本资源、电子资源、数字资源的一体化智能采购管理。在采选过程中，多馆协作采购，主馆发布采购单，各成员馆直接选购。支持多种采购策略(学科、分类等)的智能选书功能，支持多种筛选条件，还可根据馆员的打分云比对采购书单。浏览书目的过程中，依靠中央知识库数据支撑，自动获取元数据、封面图片、电子全文、目录和摘要。平台还支持物理资源一次性接收、连续性接收，以及包激活电子图书、电子期刊、电子资源并自动发布，使采购流程更加一体化与流畅化。

3. 馆员智慧服务平台

馆员在进行信息服务与管理中涉及的资源采访、资源管理、系统监控、资源典藏、读者服务以及分析决策，都将集成于新系统平台中进行统一操作。

4. 读者应用服务平台

除为读者提供资源发现、全文阅读的基础服务外，还通过读者荐购服务满足读者个性化需求，实现精准服务。大数据处理技术与机器学习等人工智能技术也逐渐运用到智慧图书馆的服务上，反馈给读者更智能的服务形式。

---

① 邵波，张文竹. 下一代图书馆系统平台的实践与思考[J]. 图书情报工作，2019，63(1)：98-104.

二、应用智能技术的自动问答系统

智能化已成为图书馆建设的重点方向。国内研发的图书馆自动问答系统就是聊天机器人技术的应用，主要应用于参考咨询服务中。从本质上讲，是通过语音命令、文本聊天或两者结合，模仿人类的谈话并和人聊天。聊天机器人的技术基于机器学习和自然语言处理。机器学习创建聊天机器人算法，自然语言处理提取会话节奏和模仿人类交谈。聊天机器人训练将输入数据转换成所需的输出值。当给出这些数据时，则会分析并形成上下文来指向相关数据，并以对口头或书面提示做出反应。[①] 较成熟的有智能聊天机器人"小图"（清华大学图书馆）、图书馆自动问答系统"小布"（武汉大学图书馆）、"图宝在线"智能问答系统（南京大学图书馆）、"西小图"智能机器人（西南大学图书馆）、智能机器人"晓图"（杭州萧山图书馆）、机器人馆员"图小灵"（上海图书馆）等。图书馆借助这些智能新技术方便快捷地为读者解惑答疑。

三、机器人技术用于图书管理系统

在智能化图书管理系统方面，南京大学图书馆自主研发的智能图书盘点机器人"图客"如图 8-3 所示，属国内首创，在国际上也处于领先地位，"图客"实现了图书全自动化盘点，盘点逾 10000 册/小时，获 14 项国家专利授权，申请国际专利 4 项，获第 46 届日内瓦国际发明展最高奖项特别金奖。[②]

图 8-3　江苏图客机器人有限公司首页截图

① 傅平，邹小筑，吴丹，叶志锋．回顾与展望：人工智能在图书馆的应用［J］．图书情报知识，2018(2)：11.

② 南京大学图书馆．智慧盘点机器人［EB/OL］．［2020-10-05］．http：//lib.nju.edu.cn/info/1187/1855.htm.

2019 年 9 月，宝安图书馆利用智能机器人打造自动化分拣图书的无人化新场景，其"慧还书"智能分拣还书系统是全国首个将物流分拣运用于图书分拣的"黑科技"。2019 年 12 月开放的苏州第二图书馆，创建了国内首个大型智能化集成书库，可容纳 700 余万册藏书，在国内较早地通过自动存取和分拣传输系统实现了图书馆服务的智能化管理。

美国约翰·霍普金斯大学图书馆机器人技术项目（CAPM）具有实时增强的浏览和搜索功能，可自动检索书架上的书籍并将其携带至扫描站。用户将需求输入 CAMP 系统，该系统启动一个机器人去找到检索书籍。机器人将书籍交给另一个机器人系统并按用户的指令打开该书籍并自动翻页。用户还可查看或打印所需页面，选择是否借阅。

📑 重要名词术语

资源采集　文献标引　文献编目　参考咨询服务　学科服务　读者活动服务　科技查新服务　定题信息服务　情报分析服务

✍ 思考题

1. 举例说明传统图书馆的业务流程存在哪些问题，了解图书馆业务流程再造的背景、含义与内容。

2. 试述信息资源建设的具体内容。

3. 图书馆的用户服务工作主要包括哪些内容，试用实例说明其中一些新的内容与方式。

4. 图书馆深层次信息服务大体上有哪些类型，并了解其主要功能。

第九章

图书馆职业理念

职业理念是指特定职业的从业人员所共有、与本职工作相关的基本观念、价值体系。作为一项专门化的社会职业，图书馆从业者在学习掌握开展相关业务的方法、技术之外，还需要具备一些基本的职业理念。这些理念可以为图书馆的战略规划、业务设计、工作开展等提供指导，可以帮助从业者做出符合图书馆职业特征和图书馆事业发展需要的正确抉择。图书馆作为一项服务于公益价值的事业，发展理念是首先需要回答的问题，在此基础上，图书馆具体业务活动的开展才有行进的方向和动力。

图书馆职业理念包含图书馆核心价值、图书馆职业道德、图书馆精神等子类。这些概念在内容上会存在一定的交叉之处，但其侧重点各有差异，在不同领域各自发挥着特定作用。对以上概念进行全面了解，可以从总体上把握图书馆职业的定位和发展方向。

第一节　图书馆核心价值

在社会职业分工形成过程中，每个独立的职业都需要具备不可替代的核心竞争力，彰显自身存在的依据。其中特定职业的"核心价值"（core value），是对本职业使命的集中阐释，揭示了职业的特殊性和存在意义。作为一项独立职业，图书馆需要总结、提炼、阐述反映自身特征的核心价值。

一、图书馆核心价值的内涵与功能

经全国科学技术名词审定委员会审定公布的《图书馆·情报与文献学名词》中"图书馆核心价值"的定义为："图书馆界对于自己的责任或使命的一种系统的说明，用以规定图书馆的基本观念和存在的原因，是图书馆拥有的不可替代的、最基本、最持久的信念。"①

《中国大百科全书》(第三版)中对"图书馆核心价值"的定义为："为实现图书馆的社会使命而提炼出来并予以倡导的、指导图书馆员共同行为的恒定准则，是一种深藏在集体意识中的内在准则，是被图书馆员所接受并认同的价值中最持久、最恒定的部分。"

作为对职业责任和使命的全面描述，图书馆核心价值一方面需要具有稳定性，是联结图书馆职业过去与未来的纽带，描绘图书馆职业发展的基本蓝图；另一方面在不同的历史阶段，图书馆核心价值也会有新内容加入，使图书馆能够更加适应新环境下的发展需求，保持职业活力。图书馆核心价值的功能主要体现在以下几个方面。

1. 提升图书馆的社会认同度

图书馆核心价值阐释了图书馆的使命，使公众能够透过图书馆业务工作的表层，了解图书馆职业的社会本质。图书馆已经存在了数千年之久，现代意义的公共图书馆从19世纪中叶发展至今。历史上，图书馆的存在价值受到了普遍认可，但在当前信息化社会、大数据时代，尤其是存在众多竞争性机构的环境下，如果缺乏对图书馆职业责任和使命的全面认知，则图书馆存在的意义和价值很可能会受到质疑。

图书馆核心价值强调了图书馆在社会分工中的独特之处，彰显了其重要性。通过对图书馆核心价值的阐述与宣传，图书馆可以向社会宣示自身职业的独特价值，塑造图书馆员的社会形象，提升图书馆的社会认同度，为图书馆职业的存在与发展提供合理性证明。

2. 增强图书馆的职业向心力

当前我国尚没有建立图书馆员职业资格认证制度，有大量投身于图书馆职业的工作者并没有接受过系统的图书馆学专业教育。馆员的知识背景不同，其对图书馆职业的理解也会存在差异。

---

① 图书馆·情报与文献学名词审定委员会. 图书馆·情报与文献学名词[M]. 北京：科学出版社，2019：12.

图书馆核心价值能够使从业者更全面地理解图书馆职业在社会分工中应承担的责任和使命，更加认可自身工作的意义和价值。对图书馆职业社会使命的认同，可以增进图书馆员的使命感和责任感，进一步形成并持续滋养对图书馆职业的一份尊重与敬意，获得一种高度的身份荣誉意识。①

在图书馆核心价值倡导的责任和使命激励下，图书馆员能够积极主动塑造、提升自己的职业能力，充分发挥人力资源优势，更好地为图书馆事业发展贡献力量。

3. 促进图书馆的高质量发展

图书馆核心价值应保持一定的稳定性，这是作为一项独立职业的基因传承。但随着信息社会的来临，经济、科技、文化等环境的剧变，图书馆受到大量内外部因素的冲击，图书馆职业的发展定位和未来走向面临着更多不确定性。

图书馆核心价值的坚守和拓展，可以应对新环境下面临的不利因素，避免图书馆的发展偏离正轨。在继承和弘扬图书馆传统职业使命的同时，适应环境变化，与时俱进地丰富工作内容，更好地满足用户需求，更有效地承担社会分工，保持图书馆核心竞争力，促进新时代图书馆事业的高质量发展。

二、图书馆核心价值的主要表述

对图书馆核心价值的系统性梳理是在 20 世纪末才逐渐开展的，国际上一些重要图书馆协会发布了对图书馆核心价值的认识，一些图书馆和专家学者也提出了自身的核心价值文本。

美国图书馆协会于 1996 年成立研究组，对图书馆核心价值展开了系统研究。2004年，美国图书馆协会通过了《图书馆职业核心价值》，并于 2019 年进行了修订，其提出的图书馆核心价值体系包括：获取(access)、保密/隐私(confidentiality/privacy)、民主(democracy)、多样性(diversity)、教育和终身学习(education and lifelong learning)、智识自由(intellectual freedom)、公共物品(the public good)、保存(preservation)、专业化(professionalism)、服务(service)、社会责任(social responsibility)、可持续性(sustainability)。②

---

① 李超平. 建立什么样的图书馆职业精神[J]. 图书馆杂志，2005(5)：3-7.
② ALA. Core Values of Librarianship [EB/OL]. [2022-01-12]. https://www.ala.org/advocacy/intfreedom/corevalues.

2003 年，国际图联将自身的核心价值阐述为：①认可信息、思想、作品获取自由原则，以及《世界人权宣言》第 19 条关于表达自由的规定；②相信人们、社区、组织出于社会、教育、文化、民主、经济等方面的目的需要广泛和公平地获取信息、思想和作品；③确信传递高质量的图书馆和信息服务有助于确保信息的获取；④承诺所有成员都能从参与 IFLA 的活动中受益，不论其公民身份、是否残障、种族、性别、地理位置、语言、政治观点、民族或宗教情况。①

曾任美国图书馆协会主席的迈克尔·戈曼（Michael Gorman）对图书馆核心价值进行了持续研究，其提出的图书馆核心价值体系包括：①管护（stewardship），即保存人类记录以确保未来世代可以获取利用；②服务（service），即通过向个人、团体、社会和后代提供服务，使图书馆保持活力；③智识自由（intellectual freedom），即帮助用户获取其所需的任何信息；④理性主义（rationalism），即在图书馆所有的程序和项目中应用理性主义和科学方法；⑤素养与学习（literacy and learning），即使图书馆成为素养教育的中心；⑥对记录知识和信息的公平获取（equity of access to recorded knowledge and information），即确保图书馆的所有资源和项目可以被所有人获取；⑦隐私（privacy），即确保图书馆利用记录的保密性；⑧民主（democracy），即在维护民主社会价值过程中发挥作用；⑨更广泛的利益（the greater good），即为所有图书馆用户及其所在社区和社会的利益而努力。②

在我国，对图书馆核心价值的讨论与研究是在 21 世纪初兴起的。在借鉴国外相关成果的基础上，结合我国国情，学者们阐述了对图书馆核心价值的理解，比较有代表性的成果有：

"2+4 模型"：①表述现代图书馆理念的核心价值：开放，即对全社会普遍开放；平等，即对所有人平等服务；包容，即促进社会包容；隐私，即保护读者隐私；②表达图书馆行业特征的核心价值：服务，即提供优质服务；阅读，即促进阅读与终身学习；管理：追求科学管理；合作：开展社会合作。③

"1+4 模型"：即以文化权利为主范畴，强调图书馆是以保障公众文化权利为主要使命。4 个辅范畴为：①保存与共享，保存功能是图书馆存在与发展的立足之本，资源共

---

① Core Values[EB/OL]. [2022-01-12]. https：//www. ifla. org/vision-mission/.

② Gorman M. Our Enduring Values Revisited：Librarianship in an Ever-Changing World[M]. Chicago：American Library Association，2015：35-37.

③ 范并思. 构建中国图书馆核心价值体系之思考[J]. 图书与情报，2015(3)：50-55，141.

享是图书馆的优秀传统；②促进阅读，图书馆是供利用者自主阅读的公共设施，为建设阅读社会、学习型社会服务；③平等服务，图书馆提供无身份歧视的平等服务；④包容与民主，以信息开放政策保障公民的知情权，以阅读服务来提高公民的民主素养，以平等服务和包容政策促进民主社会的形成。①

2006 年 12 月，中国图书馆学学会组织多位学者专家启动了以宣示中国图书馆核心价值为宗旨的《图书馆服务宣言》的研究和起草工作。2008 年，在中国图书馆学会年会上《图书馆服务宣言》正式发布。《图书馆服务宣言》宣示的中国图书馆人致力于实现的七大目标(见本书第五章)向社会公众表明了中国图书馆人对于现代图书馆理念的基本认同，表达了图书馆对全社会普遍开放、维护读者权利、平等服务、对弱势人群人文关怀和消弭数字鸿沟的理念，② 是对中国图书馆核心价值较为确切和具有代表性的表述。2023 年 9 月，中国图书馆学会对《图书馆服务宣言》进行了修订。修订后的内容中增加了保护传承优秀文化典籍、坚持可持续发展两项新目标。

以上国内外代表性的图书馆核心价值的内容体系虽侧重点不同，但都从不同视角对图书馆职业的责任和使命进行了比较系统的剖析，有助于公众和图书馆从业者更充分认知和理解图书馆核心价值。

三、图书馆核心价值内容体系

我国图书馆发展过程中，要符合社会主义现代化强国建设的各项要求。我国的图书馆核心价值要体现社会主义核心价值观根本要求，同时要依据我国现实国情和图书馆事业发展实际需要，借鉴国内外图书馆核心价值研究成果。总体而言，我国图书馆核心价值主要包含以下内容。

1. 保存和传承人类文明

(1)保存和传承人类文明是图书馆的天然使命。

2019 年 9 月，在中国国家图书馆建馆 110 周年之际，习近平总书记给国图 8 位老专家回信，肯定了专家们对"传承文明、服务社会"初心的坚守。文明的有效传承，是图书馆社会分工的职责基因，也是图书馆核心价值应该坚守的阵地。

---

① 蒋永福. 图书馆核心价值及其中国语境表述[J]. 国家图书馆学刊，2008(2)：21-26.
② 范并思. 现代图书馆理念的艰难重建——写在《图书馆服务宣言》发布之际[J]. 中国图书馆学报，2008(6)：6-11.

图书馆从其诞生之日起，就肩负着保存人类文明的核心职能。图书馆馆藏中的各类型文献资源，记录有丰富的信息、知识，是一个国家和民族文化的直接载体和集中表征。通过文献资源的有效保存和利用，可以让公众感知过去、理解当下、预测未来，促进文明的传承与发展。

文献资源是非常脆弱的，在各种自然、人为因素的影响下，文献载体很容易被破坏，进而造成特定人类记忆的湮灭。因此图书馆收集、保存文献资源，对其进行有效保护，是在保存共同的文化记忆，对于传承中华民族精神、塑造民族未来具有突出重要意义。

（2）迎接数字时代挑战，更有效承担保存使命。

随着数字载体信息逐渐成为主流，对其有效保存面临着更大挑战。联合国教科文组织"全民信息计划"（Information for All Programme，IFAP）委员会副主席迪特里希·舒勒（Dietrich Schüller）曾警告："在数字时代，如果我们不保存信息，我们将失去一切。"[①]联合国教科文组织先后发布《数字遗产保存宪章》（*Charter on the Preservation of the Digital Heritage*）、《数字遗产保存指南》（*Guidelines for the Preservation of Digital Heritage*）等文件，对数字遗产的有效保存和传承进行部署。

数字时代，一些私营公司投资实施了资源数字化项目，但在数字资源的传承与保护方面，还需要图书馆继续肩负起使命。法国国家图书馆前馆长让-诺埃尔·让纳内（Jean-Noël Jeanneney）提出："对于类似 Google 的公司开展的数字化项目来说，其薄弱环节就是不关心对数字资料的长期保存。这是由它快节奏的本质所决定的，投资回报必须快捷，这是雷打不动的信条。相反，保护文化遗产是有关公共事业部门的基本职责，为此它们享有国家特权，政府应当为它们提供稳定的财政保障，甚或在条件允许的情况下不断地增长这笔财政预算"[②]。国际图联《图书馆保护文化遗产声明》中提出：包括数字载体在内的各种形式的文献是文化遗产的重要组成部分，对其进行有效的保存和保护，以能够为后代提供服务，是全球图书馆工作的核心。[③]

当前数字资源类型多样，图书馆需要针对不同类型资源的特点采取相应的保存策

---

① Key Messages for Governments & Industry [EB/OL]. [2022-01-12]. https：//en. unesco. org/sites/default/files/key_messages_for_governments_and_industryen. pdf.

② [法]让-诺埃尔·让纳内. 当 Google 向欧洲挑战的时候：为奋起辩护 [M]. 裴程，译. 北京：北京图书馆出版社，2006：69-70.

③ Libraries Safeguarding Cultural Heritage [EB/OL]. [2022-01-12]. https：//cdn. ifla. org/wp-content/uploads/2019/05/assets/pac/Documents/libraries-safeguarding-cultural-heritage. pdf.

略。对于商业性数字信息资源而言，在资源采购更多是获得"获取权"（access）而非"所有权"（ownership）的情况下，图书馆需要与数据库商等数字资源生产商进行充分协商，建立更有效的合作关系，发挥图书馆联盟功能，创新数字信息资源的保存模式，通过国家许可等方式，争取数字信息资源的保存权；对于网络信息资源，图书馆要通过分工合作方式，积极实施网络资源采集、保存项目。图书馆需要通过自身的有效工作，确保在数字环境下继续承担保存人类文明的使命，为公众提供安全、永久的数字信息资源访问、获取和利用途径。

2. 提供高品质服务

（1）服务是现代图书馆的立身之本。

习近平总书记给国图老专家的回信中将"服务社会"作为图书馆的初心。服务导向是现代图书馆与传统藏书楼的核心区别，是现代图书馆发展的立身之本。图书馆收藏各类型资源的最终目的，是为当今和未来有需求的用户提供利用。馆藏资源在得到利用后才能最终发挥自身效用。因此，提供高水平、高质量的服务是图书馆发展的必然要求。

图书馆需要秉持"以用户为中心"的理念，借助不断升级的技术条件，积极利用新工具、新技术，创新服务方式，拓展服务领域，更好地满足用户个性化服务需求，在服务的广度和深度方面不断突破。

大数据环境对图书馆服务提出了更高要求。图书馆的价值需要建立在对知识的采集、关联、挖掘、分析和利用基础上的知识服务。[①] 在实现知识服务目标的过程中，需要充分发掘各类型数据资源的价值，利用数据挖掘技术，进行用户画像，发现用户信息行为的特征和规律，进行有针对性的知识和信息推荐，提高资源与用户需求的适配度，满足用户的潜在信息需求，创造更适应用户习惯、更符合用户需求的信息空间和环境。

（2）在新环境下打造权威信息服务中心。

在相当长的历史阶段里，图书馆作为社会公共信息服务中心，是公众获取信息的主要甚至是唯一来源。在进入信息社会后，公众获取信息的渠道更加多元，内容的丰富性和利用的便利性显著提升，图书馆在提供信息服务过程中面临着众多竞争对手的挑战，公众直接通过图书馆获取信息的需求呈显著下降趋势。

在信息传播途径多元化的态势下，获取信息已不再是众多用户面临的主要问题。与此同时，自媒体盛行，信息发布和传播异常便捷，但缺少审核和质量控制环节，不实信

---

① 初景利. 学术图书馆与新型出版[M]. 北京：国家图书馆出版社，2021：253.

息在网络上大行其道，尤其是在面临疫情、战争等突发事件时，虚假信息泛滥，信息疫情肆虐。当前公众更需要了解如何分辨信息的真实性，识别虚假信息，避免做出错误判断与决策。

在新环境下，图书馆开展信息服务若要体现自身的独特价值，则需在提供信息内容的权威性、可靠性方面投入更多精力。如律师职业提供法律信息、医生职业提供健康信息均以确保信息的权威可靠为第一要义，图书馆在提供信息服务过程中，以律师、医生的专业性服务为标杆，力求提供及时、准确、权威、无偏见的高质量信息。图书馆需要承担信息"守门人"的职责，打造权威知识中心品牌。图书馆在信息资源采集和数字资源长期保存的过程中，保障信息资源的质量，形成资源权威地位，成为知识传播的权威。[1]

国际图书馆界对提供权威信息服务给予了充分关注。2018 年，国际图联(IFLA)发布《关于假新闻的声明》(*IFLA Statement on Fake News*)提出：图书馆在制度和职业道德上致力于帮助用户获取可靠、真实信息。在假新闻越来越普遍的时代，这个角色一如既往地重要。[2] IFLA 发布如何识别虚假信息指南，为用户判别利用真实信息提供参考。美国内布拉斯加州瓦伦丁公共图书馆(Valentine Public Library)在阐述自身核心价值时，明确提出"我们是负责任的"，对社区提供负责任的服务，致力于成为社区的可靠信息中心。[3] 总体而言，在信息来源纷繁复杂的大环境下，图书馆作为权威可靠信息来源的价值更为凸显。图书馆通过提供高品质信息服务来满足社会需求，更有利于打造职业品牌。

3. 维护社会信息公平

(1)图书馆是保障社会信息公平获取利用的基本制度。

党的二十大报告中提出："坚持以人民为中心的发展思想。维护人民根本利益，增进民生福祉，不断实现发展为了人民、发展依靠人民、发展成果由人民共享，让现代化建设成果更多更公平惠及全体人民。"对于图书馆事业而言，有效保障社会公众对信息的

---

① 陈传夫，冯昌扬，陈一. 面向全面小康的图书馆常态化转型发展模式探索[J]. 中国图书馆学报，2016，42(1)：4-20.

② IFLA Statement on Fake News [EB/OL]. [2022-01-12]. https：//www. ifla. org/wp-content/uploads/2019/05/assets/hq/topics/info-society/documents/ifla_statement_on_fake_news. pdf.

③ Valentine Public Library. Core Values[EB/OL]. [2022-01-12]. https：//valentinelibrary. org/core-values/.

公平获取利用，是践行以人民为中心的发展思想的基本要求。

图书馆，特别是公共图书馆，是一项保障社会信息公平获取利用的制度设计。2022年联合国教科文组织《公共图书馆宣言》中提出"公共图书馆应不分年龄、种族、性别、宗教、国籍、语言、社会地位和任何其他特征，向所有人提供平等的服务"。公共图书馆是由政府利用公共资金建设和维护，因此需要面向社会公众开展基础性信息资源建设与服务，使社会中的信息获取利用活动打破阶层、收入等条件限制，使每一个有需求的用户都可以找到获取信息资源的途径，为个人的生活、学习、工作中信息需求的满足提供保障。

图书馆需要采取各种方式，提升服务效果，缩小信息鸿沟，为公众获取信息创造平等机会，保障公众获取信息的权利。为了实现该目标，图书馆需要有效宣传推广自身的资源和服务，让更多的公众了解图书馆的职责和功能，进而成为利用图书馆的实际用户。印度图书馆学家阮冈纳赞提出"图书馆学五定律"，其中的第二定律是"每个读者有其书"。阮冈纳赞要求图书馆一视同仁地向每个人提供图书，不把一切人——富人和穷人、男人和女人、陆地上的人和海员、年轻人和老年人、聋人和哑人、有文化的人和文盲，不把地球上每个角落的人引进图书馆这知识的天堂，第二定律就不会停止前进，[1] 表达了对图书馆保障社会信息公平获取利用的坚定信念。

（2）坚持公益服务是图书馆维护社会信息公平的基础。

作为保障社会信息公平的基本制度，公益服务应是图书馆的核心理念之一。图书馆的服务不应给利用者设置障碍，尤其要避免收费限制。19世纪末，美国图书馆学家麦维尔·杜威提出"要让每个灵魂拥有免费的学校教育和免费的图书馆服务"；与麦维尔·杜威同时代的英国公共图书馆推动者爱德华·爱德华兹提出"要让最穷和最富的学生拥有同样的条件去尽情满足求知的欲望、合理的追求"[2]。这些思想表明，在公共图书馆发展早期，免费开放和免费服务是基本特征。

在当前强调"数据资产""知识资本"的时代，公益性成为图书馆核心竞争力的直接体现，也是其能够继续存在与发展的重要依据。图书馆在开展用户服务过程中，不受经济效益影响，不被商业利益制约，切实履行服务公众的目标，最大程度保障公众权益。美国作家苏珊·奥尔琳（Susan Orlean）提出："公共图书馆的公众性是一种越来越罕见的

① ［印］阮冈纳赞. 图书馆学五定律［M］. 夏云，王先林，郑挺，等译. 北京：书目文献出版社，1988：120.
② 于良芝，许晓霞，张广钦. 公共图书馆基本原理［M］. 北京：北京师范大学出版社，2012：40.

事物。一个地方若想热诚地欢迎所有人随时光临，且不收取任何费用，在今天只会越来越艰难"①。正因如此，2022 年联合国教科文组织《公共图书馆宣言》中继续申明"利用公共图书馆馆舍和服务原则上应该免费"。在《中华人民共和国公共图书馆法》中，确定了免费服务的基本准则，消除了利用公共图书馆服务的费用障碍。该法在对"公共图书馆"的定义中，强调了"向社会公众免费开放"；要求公共图书馆应当免费向社会公众提供以下服务：①文献信息查询、借阅；②阅览室、自习室等公共空间设施场地开放；③公益性讲座、阅读推广、培训、展览；④国家规定的其他免费服务项目。

20 世纪八九十年代，在社会经济转型进程中，我国公共图书馆界曾兴起过"市场化"的浪潮，"有偿服务"广泛开展，损害了公共图书馆的形象，侵害了公众平等获取利用信息的权利，也削弱了图书馆存在的依据。进入 21 世纪后，在学界大量关于图书馆职业理念研究成果的推动下，公共图书馆的发展逐渐返回正轨。2011 年，我国文化部、财政部联合发布《关于推进全国美术馆公共图书馆文化馆(站)免费开放工作的意见》，对我国公共图书馆的免费开放提出了直接要求。该政策文件起到了明显效果，文化和旅游部发布的统计公报显示，我国公共图书馆的总流通人次，从 2010 年的 3.28 亿次，上升到 2019 年的 9.01 亿次；书刊文献外借册次，从 2010 年的 2.64 亿次，上升到 2019 年的 6.14 亿次。激增的数据显示了免费开放消除了公众利用图书馆资源的重要障碍，激发了公众的利用热情，释放了图书馆的服务潜能，有效提升了图书馆的服务成效。

(3)关注社会弱势群体信息需求，实现社会包容。

为尽可能实现社会的公平正义，需要给所有人提供同等机会。但由于受内外因素影响，有大量公众处于相对弱势地位，社会各项制度在设计过程中必须考虑该类群体的实际状况和需求。约翰·罗尔斯(John Rawls)提出："为了平等地对待所有人，提供真正的同等的机会，社会必须更多地注意那些天赋较低和出身于较不利的社会地位的人们。"②

为了实现保障社会信息公平的目标，需要特别关注在信息获取利用过程中的弱势群体。2022 年联合国教科文组织《公共图书馆宣言》中提出："必须向由于各种原因不能利用其常规服务和资料的人，如少数语言群体、残障人士、缺乏数字或计算机技能的人、缺乏读写能力的人、医院病人及服刑人员等，提供特殊服务和资料。""所有年龄的群体

① [美]苏珊·奥尔琳. 亲爱的图书馆[M]. 文泽尔，译. 上海：文汇出版社，2021：76.
② [美]约翰·罗尔斯. 正义论(修订版)[M]. 何怀宏，何包钢，廖申白，译. 北京：中国社会科学出版社，2009：77.

都应在公共图书馆找到适合其需要的资料。"我国国家标准《公共图书馆服务规范（GB/T28220—2023）》中提出："公共图书馆应根据自身条件，……努力满足少年儿童、残疾人、老年人、农村和偏远地区社会公众等的特殊需求。""有条件的可根据少年儿童、老年人、残疾人等群体的特点配备相应的专业人员。"

对于因各种原因不能正常利用公共图书馆服务和资料的人，要使他们得到平等的服务，图书馆就需要根据其特定情况，提供有针对性的服务资源和服务项目，解决其利用图书馆的难题。如肢体、视力残障群体到图书馆中利用资源存在诸多不便，图书馆可以通过送书上门、免费图书快递等方式，让其足不出户即可利用所需资源。

4. 保障公众基本文化权利

（1）图书馆是保障公众文化权利的重要机构。

文化权利作为人权的重要组成部分受到了国际上的普遍重视。联合国教科文组织《经济、社会及文化权利国际公约》第 15 条提出："缔约各国承认人人有权参加文化生活，享受科学进步及其应用所产生的利益"。我国于 1997 年签署了《经济、社会及文化权利国际公约》，2001 年全国人大常委会批准实施。保障公民的文化权利成为国家的重要职责。

文化权利内涵丰富，涉及领域众多，而图书馆服务的有效开展是促进公众参与文化生活、保障公众文化权利实现的重要途径。《中华人民共和国公共图书馆法》在立法目标中明确提出"保障公民基本文化权益"，从公众文化权利实现的高度推进公共图书馆建设。我国《国家人权行动计划（2021—2025 年）》中，将"文化权利"作为人权的重要组成内容，提出要"完善公共文化服务体系，提升全民阅读服务水平，加强中华优秀传统文化传承和保护，促进新兴文化产业发展，更充分保障公民文化权利"。在实现以上目标的过程中，图书馆可以充分发挥自身功能。

公民的文化权利主要体现为一种积极权利，需要国家提供资源和服务进行保障，而公共图书馆就是国家保障公众文化权利实现而设立的公共文化服务基础设施。以主体类型化标准划分，文化权利包括个体文化权利和集体文化权利。[①] 图书馆在不同类型的文化权利保障过程中，都可以发挥自身效用：对于保障个体文化权利，公共图书馆可以提供图书、期刊、音频、视频等不同类型的文化资源，有针对性地满足公众文化需求，提升公众的文化获得感；对于保障集体文化权利，图书馆可以组织、参与非物质文化遗

---

① 涂云新. 经济、社会、文化权利论纲［M］. 北京：中国法制出版社，2020：352-353.

产、少数民族文化保护等活动，实现对中华优秀文化的传承与保护。

（2）促进全民阅读是图书馆保障公众文化权利的核心体现。

公众文化权利的满足是一项系统工程，我国通过建设现代公共文化服务体系来进行全面支持。在该体系中，不同类型文化机构有一定的分工，有自身的工作重点，图书馆的功能突出体现在推进全民阅读工作中。

从国家层面，文化的传承和创新，很多情况下需要依靠"阅读"来实现。著名教育理论家朱永新提出："对一个民族来说，没有共同的阅读生活，就没有共同的语言和密码，无法形成共同的核心价值观，不可能建成共同的精神家园。"[1]在个人层面，阅读是获取知识、提升能力的重要方式之一，能够塑造良好的人格，影响到个体人生观、世界观、价值观的形成；能够使人更理性地看待问题、认识世界，不偏执，不片面；培养人的批判性思维和质疑精神，不盲从，不跟风；学会更好地与自我、他人相处，不断汲取前行力量。

有学者提出：每一个图书馆人应该牢记，促进全民阅读是图书馆的根本价值所在，同时，促进阅读是图书馆价值的基本形式，也是图书馆人职业价值实现的基本形式。[2]在推进全民阅读进程中，关于阅读内容的选择、阅读方法的指导、阅读习惯的养成，图书馆都可以全面参与其中。通过有效组织实施阅读推广活动，增强公众阅读能力，提高公众文化素质，弘扬和传承中华优秀文化，提升国家文化软实力和综合竞争力。

5. 推进公众素养教育

（1）社会教育是图书馆的初始使命。

公共图书馆在诞生之初，就肩负着社会教育职能的定位，以教化民众为己任。在19世纪中期的英美，公共图书馆的产生为新兴的工人阶层提供了获得教育的途径。该阶段的理念主义思想将公共图书馆视作学识、智慧、文明的象征，认为人们利用图书馆可以摆脱无知与粗鄙，成为有教养、有文化、有互助意识的好公民。[3] 正因为如此，美国图书馆学家麦维尔·杜威将公共图书馆称为"人民的大学"。

我国公共图书馆在产生初期，也将"开启民智"作为重要职责，将自身定位为社会教育机构，希望通过向公众提供学习资源，进行阅读指导，创造人人皆可接受教育的机

---

① 吴娜. 全民阅读：我们期待的国家战略[N]. 光明日报，2013-03-09.
② 蒋永福. 阅读与图书馆：关于图书馆阅读推广的理论思考[J]. 图书馆建设，2022（1）：127-134.
③ 于良芝. 图书馆情报学概论[M]. 北京：国家图书馆出版社，2016：224-225.

会，成为"教育救国"的实施机构之一。刘国钧先生对图书馆的教育职能特征进行了充分阐释："盖学校之教育止于在校之人数，图书馆之教育则偏于社会，学校之教育迄于毕业之年，图书馆之教育则无年数之限制，学校之教育有规定课程为之限制，而图书馆之教育则可涉及一切人类所应有之知识。学校教育常易趋于专门，而图书馆教育则为常识之源泉。夫一社会之人，在学校者少，人之一生，在学校之时少。然则图书馆教育，苟善用之，其影响于社会于人生者，且甚于学校。而学校中所培养训练之成绩，转将赖图书馆教育之维持而不坠，则图书馆在教育上之价值有时竟过于学校也。"①

数字时代，在面临更多信息服务机构竞争的情况下，对于图书馆特别是公共图书馆的发展而言，强化教育使命是一个回归机构初衷的应对之策。美国学者提出：公共图书馆若要生存下去，公共图书馆员必须带它去寻根，寻教育之根，重新定位于教育机构。② 2011 年，英国文化、媒体和体育部(Department of Culture, Media and Sport, DCMS)在《未来框架：下一个十年的图书馆、学习和信息》报告中，将"阅读推广和促进非正式学习"列为三项现代图书馆的使命核心之一。③ 对于高校图书馆而言，教育职能更加突出。我国《普通高等学校图书馆规程》中，明确提出高校图书馆"主要职能是教育职能和信息服务职能"。

知识经济时代，知识更新换代速度加快，终身学习成为社会共识。图书馆通过自身丰富的知识信息资源，为公众的继续学习创造条件。在自身力量之外，图书馆通过建立多元的合作机制，借助社会力量，构建学习平台，组织培训讲座，为公众提供丰富完善自我、实现全面发展的机会，同时能够进一步提升图书馆服务在社会中的可视度和影响力。

(2)拓展图书馆教育使命的实施方式。

当前图书馆能够提供的教育服务类型更加多元。传统的读写素养教育在一定范围内还会继续存在，如美国公共图书馆目前还普遍开展面向移民群体的英语培训服务，使新移民能够更好地掌握语言工具，以帮助其更有效地融入社区；我国一些图书馆也开展了外语学习方面的培训活动。

在读写素养教育之外，信息素养教育在全球图书馆界受到广泛关注并得到大力实

①　刘衡如. 美国公共图书馆概况[J]. 新教育，1923，7(1)：4-28.

②　Crowley B. Save Professionalism[J]. Library Journal，2005，130(14)：46-48.

③　Frame Work for the Future：Libraries，Learning and Information in the Next Decade [EB/OL]. [2022-01-12]. https：//dera. ioe. ac. uk/4709/21/Framework_for_the_Future1_Redacted. pdf.

施。图书馆通过开展信息素养教育，使公众具备更强的信息意识和信息获取、利用能力，提升公众在学习、工作、生活等不同场景下借助各种渠道获取所需信息、解决问题的能力；使公众具备更强的自主学习能力，增强其在终身学习社会中的适应性。

此外，在新环境下，以信息素养为基础，图书馆的素养教育更加多元化，实现教育使命的服务类型和实施方式更加丰富。健康素养、科学素养、金融素养、环保素养、版权素养、农业素养等不同领域的素养教育成为国内外众多图书馆拓展深化服务的切入点，形成多元素养(multiple literacies)教育体系，适应了个体和社会发展的需要，突显了图书馆教育使命在新环境下的创新发展。我国图书馆可以结合自身实际，积极探索各类素养教育的实施方式，为满足公众对"美好生活的向往"提供重要的条件支持。

6. 维护智识自由与履行社会责任相统一

（1）图书馆保障用户自由获取利用信息。

在国外的图书馆核心价值阐释中，与"智识自由"内涵相关的表述广泛存在，其核心要义是图书馆需要保障公众能够在人类知识信息集合体中自由获取、利用所需信息的权利。1999年，国际图联发布《关于图书馆与智识自由宣言》(*IFLA Statement on Libraries and Intellectual Freedom*)，提出对智识自由的承诺是图书馆和信息职业的核心职责，图书馆有确保并促进利用各种表达的知识和智识活动的双重责任，为此，图书馆应尽其所能搜集、保存和提供最广泛多样的资料，以反映社会的多元化和多样性。

在利用图书馆资源的过程中，每个用户都是独立个体，面临着不同的场景和任务，有着自身的阅读兴趣和爱好，因此公众的信息需求是多种多样、千差万别的。在符合法律规定的前提下，每个用户的信息需求都有其存在的合理性，图书馆不应歧视用户的特定需求，不能拒绝或限制向用户提供信息服务。在符合法律规定的范围内，图书馆需要尊重用户的主体意志和自由选择，秉持客观中立原则，保障其信息获取利用的"自决权"，创造条件为其提供更有利的信息获取利用环境，满足用户特定的信息需求。

实现智识自由的前提是图书馆资源建设的多元化。国外学者提出：馆藏平衡是确保智识自由的一个关键因素，图书馆应该提供反映不同观点的图书，成为思想交流的论坛。[①] 因此，为了达到智识自由的目标，在严格遵守国家法律法规的前提下，图书馆可以自由地收集和保存信息资源、提供信息资源利用而不应受到限制；用户可以自由地利

---

① Rubin R E. Foundations of Library and Information Science. 4th edition [M]. Chicago：American Library Association，2016：508.

用信息资源而不应受到限制。①

（2）图书馆需要履行社会责任，传承传播优秀文化。

在符合法律规定的前提下，公众可以自由选择获取利用信息，但信息利用活动也会带来不同的后果。以阅读为例，每个人都有自主选择读物的权利，但长期以来，对于阅读可能带来负面作用的讨论也从未中断过。托马斯·杰斐逊（Thomas Jefferson）将阅读行为划分为"垃圾阅读"和"健康阅读"，提出一些读物会"污染心灵，摧毁心灵的健康，妨碍人们进行有益的和健康的阅读"，因此需要在公众选择阅读内容时，加以悉心指导。② 尤其是对于缺乏足够识别和判断力的未成年人群体，不当的阅读活动更有可能带来对其身心的不利影响。这一点已载入《中华人民共和国公共图书馆法》。该法第五十条规定：公共图书馆及其工作人员，如果"向社会公众提供文献信息违反有关法律、行政法规的规定，或者向未成年人提供内容不适宜的文献信息"，则需要承担相应的法律责任。

图书馆在开展信息资源建设与服务工作过程中，必然会对涉及内容进行选择。以阅读推广活动为例，面向哪些对象开展服务，推广哪些类型的读物，都会存在选择的倾向性，以能够达到活动实施主体的特定目标。在那些仍在发展本国传统的国家中，判断每一种教育和交流媒介的依据是对达成民族团结和实现国家目标所作的贡献，对图书馆是如此，对其他任何机构也是如此。③

因此西方图书馆话语体系中有关智识自由的一些绝对化表述需要辩证看待。我国学者提出：不能把西方图书馆服务"提供所有人关心、需要的资料""提供当今和过去反映各种观点的资料"，以及"图书馆自由提供资料"等做法简单套用在我国公共图书馆上，并不能简单地认为公共图书馆在社会系统中只是一个"中立"机构，而应强调公共图书馆在提升人民文化凝聚力、巩固人民共同思想基础、坚定文化自信上的独特作用和社会责任，强调公共图书馆服务满足人民文化需求与增强人民精神力量相统一。④ 以上观点得到了法律层面的认可，《中华人民共和国公共图书馆法》第三条规定："公共图书馆应当坚持社会主义先进文化前进方向，坚持以人民为中心，坚持以社会主义核心价值观为

① 程焕文，潘燕桃. 信息资源共享（第2版）[M]. 北京：高等教育出版社，2016：34.

② ［英］弗兰克·富里迪. 阅读的力量：从苏格拉底到推特[M]. 徐弢，李思凡，译. 北京：北京大学出版社，2020：144-146.

③ ［美］弗雷德·勒纳. 图书馆的故事[M]. 沈英，马幸，译. 北京：北京时代华文书局，2014：214.

④ 北京大学国家现代公共文化研究中心课题组. 面向2035：建设中国特色世界一流公共图书馆体系[J]. 中国图书馆学报，2022，48（1）：4-16.

引领，传承发展中华优秀传统文化，继承革命文化，发展社会主义先进文化。"该条反映的思想理念对于我国其他类型的图书馆同样适用。

总体而言，图书馆核心价值领域的维护智识自由与传承传播优秀文化是相辅相成的。图书馆对于不同的用户对象、服务场景需要突出不同的关注重点。对于有足够判断力、批判性思维能力的用户，图书馆在提供资源与服务过程中可以更好地满足其个性化需要，尊重其选择权；对于向少年儿童等特定用户群体提供服务，或者开展阅读推广等具有介入性特征的服务过程中，图书馆需要注重传播代表社会主义核心价值观、弘扬中华民族优秀文化的信息资源，从而增强用户的民族自豪感，坚定文化自信，提升对中国特色社会主义事业的认同。如 2021 年在中国共产党建党 100 周年之际，我国众多图书馆对馆藏中各类型"红色资源"进行深度开发，建立专架，设计多样化的服务项目，向读者宣传介绍中国特色社会主义道路的形成和发展历程，引导公众坚定对马克思主义的信仰、对中国特色社会主义的信念、对中华民族伟大复兴中国梦的信心，树立为全面建成社会主义现代化强国而不懈奋斗的信念，充分发挥了图书馆应承担的社会责任。

图书馆核心价值的实现需要落实在图书馆的具体业务活动中，图书馆工作的开展直接反映了核心价值。需要注意的是，图书馆核心价值是一个体系，涉及的内容较多。在实践中，不同类型的图书馆，甚至每一个图书馆，面临的发展环境、目标定位都存在差异，需要结合自身实际情况，在相应的核心价值内容指引下，对图书馆各项工作进行设计和实施，从而能够更有效地履行自身使命。

第二节　图书馆职业道德

英文词汇"professional ethics"在中文的术语翻译中有"职业伦理"与"职业道德"两种表达方式。一些学者试图对二者的内涵进行精确区分，但从整体上看，其差异性非常有限。《中国大百科全书》(第三版)中，对"职业伦理"和"职业道德"给出了完全相同的释义："人们在职业活动中形成的道德观念、规范原则，以及相关习俗的总和"，将二者视为同义词，其中将"职业道德"作为选用词条，将"职业伦理"作为参见词条。因此本书中将"职业道德"和"职业伦理"视为同义词，不再作区分。

任何独立职业的发展都需要有相应的职业道德作为支撑，使从业者能够为自身专业活动的开展找到依据，为整个职业共同体建立相对统一的行为准则，促进整个职业的有序发展。职业道德标准一般是由行业协会制定颁布，发挥着"软法"的功能，在职业共同体内规范活动开展，约束成员行为。

职业道德标准的实施是在帮助从业者做出价值判断和行动选择，贯穿于职业活动中的各个领域。特定职业中相关职业活动的开展，也可视为职业道德的理解和适用过程。涂尔干(Durkheim)认为，职业伦理越发达，它们的作用越先进，职业群体自身的组织就越稳定、越合理,[①] 因此梳理、建构、应用自身的职业道德体系，对于每个职业而言都是不可或缺的。

一、图书馆职业道德的内涵

图书馆职业道德是职业道德的一般原理与思想在图书馆这一特定职业领域中的应用。图书馆职业道德的术语也有多种表达，如图书馆职业伦理、图书馆员职业伦理、图书馆伦理等。在我国《图书馆·情报与文献学名词》中，对"图书馆职业道德"的定义是："图书馆员从业人员在职业活动中所应遵循的道德规范的总和以及形成的具有图书馆职业特征的道德规范和行为准则"[②]。对"图书馆伦理"的定义是："图书馆从业人员在职业活动中必须遵守的基本行为规范，通常由图书馆团体认可，用以指导图书馆员正确处理与国家、社会、机构、用户和同事等的关系"[③]。对上述释义进行剖析，可以看到其内涵基本是一致的。

《中国大百科全书》(第三版)中将"图书馆员职业伦理"作为词条，定义为："由图书馆的性质、职能、服务方式和工作规律所决定的，对图书馆员思想和行为的规范要求，是图书馆员在职业活动中所应遵循的原则和标准。又称图书馆员职业道德。"

2002 年，中国图书馆学会通过的《中国图书馆职业道德准则》，采用了"图书馆职业道德"作为术语。为了与我国图书馆界的常用术语保持一致，本书采用"图书馆职业道德"一词，但同时将图书馆(员)职业伦理、图书馆伦理等视为图书馆职业道德的同义词，不再作区分。

职业道德的最大特征在于其规范功能。图书馆职业道德可以为图书馆职业领域相关问题的解决、关系的处理提供指引，为职业活动的开展和对策的提出提供判断标准和依

---

① [法]涂尔干. 职业伦理与公民道德[M]. 渠敬东，译. 北京：商务印书馆，2015：8-9.

② 图书馆·情报与文献学名词审定委员会. 图书馆·情报与文献学名词[M]. 北京：科学出版社，2019：29.

③ 图书馆·情报与文献学名词审定委员会. 图书馆·情报与文献学名词[M]. 北京：科学出版社，2019：12.

据，约束图书馆员的相关职业行为，引导图书馆员恪守职业之道。在培养图书馆从业者的过程中，理解和掌握图书馆职业道德是重要组成部分，具有突出意义。

二、图书馆职业道德的代表性文本

图书馆职业道德一般由图书馆行业协会颁布，不同国家的社会文化和法律背景不同，提出的内容也会存在差异，从不同角度揭示图书馆职业发展过程中需要处理的重要关系。

2012年，国际图联发布了《图书馆员及其他信息工作者职业道德准则》(*IFLA Code of Ethics for Librarians and other Information Workers*)，提出的图书馆员职业道德主要包括：①信息获取：确保所有人可以获取所需信息；尽可能免费向用户提供馆藏和服务；推广和宣传馆藏和服务。②面向个人和社会的责任：实现包容和消除歧视，确保每个人获取信息的权利，提供公平服务，提升用户信息素养。③隐私、安全和透明：尊重个人隐私、保护个人数据，支持并参与信息公开活动。④开放存取与知识产权：为用户提供公平、快捷、经济和有效的信息获取，促进政府建立平衡权利人和以图书馆为代表的机构之间利益平衡的知识产权制度。⑤中立、个人操守和专业技能：严守中立和无偏见的立场，区分个人信仰和职业责任；努力追求卓越，不断提高专业知识和技能。⑥同事及雇主/雇员关系：公平相处、互相尊重；在招聘过程中不能有任何歧视；共享专业经验，帮助和指导新的从业者，提升其能力。①

美国图书馆协会于1939年发布了《图书馆员职业道德准则》(*Code of Professional Ethics for Librarians*)，后经多次修订，最新的为2021年修订版本。美国图书馆协会的图书馆员职业道德内容主要包括：①通过恰当、有效组织的资源，公平的服务政策和获取利用方式，为所有图书馆用户提供高品质服务；②支持智识自由；③保护图书馆用户隐私权；④认可并尊重知识产权；⑤以尊重、公平和真诚的态度对待同事，倡导保障图书馆所有员工权利和福利的工作环境；⑥不能以牺牲用户、同事或图书馆为代价来谋取私利；⑦区分个人信念和专业职责，不允许个人信念干扰图书馆目标的公平体现和信息资源的获取利用；⑧通过保持和提升自身知识和技能、鼓励同事的职业发展、激发潜在职业成员投身行业的志向等方式，为实现职业的卓越而奋斗；⑨肯定每个人的固有尊严和

---

① IFLA Code of Ethics for Librarians and Other Information Workers[EB/OL]. [2022-02-20]. http://www.ifla.org/files/assets/faife/codesofethics/chinesecodeofethicsfull.pdf.

权利，努力认识并消除系统性和个人的偏见；对抗不平等和压迫；加强多样性和包容性；推进种族和社会正义。①

2002年11月，中国图书馆学会六届四次理事会通过了《中国图书馆职业道德准则》，结合我国实际，对图书馆应恪守的职业道德进行了全面阐释，具体内容为：①确立职业观念，履行社会职责；②适应时代需求，勇于开拓创新；③真诚服务读者，文明热情便捷；④维护读者权益，保守读者秘密；⑤尊重知识产权，促进信息传播；⑥爱护文献资源，规范职业行为；⑦努力钻研业务，提高专业素养；⑧发扬团队精神，树立职业形象；⑨实践馆际合作，推进资源共享；⑩拓展社会协作，共建社会文明。

从以上内容可以看到，作为对图书馆使命的集中阐述，图书馆核心价值的最终实现需要体现在图书馆的具体业务和服务中，因此图书馆职业道德必然会反映图书馆核心价值的相关内容，两者在一些领域会产生交集。

三、图书馆职业道德的内容构成

作为世界图书馆事业的有机组成部分，我国的图书馆职业道德内容需要反映国际上对图书馆职业的普遍认知，同时需要适应我国图书馆事业发展的现实需求，使其兼具国际通则与中国特色。

作为规范图书馆职业活动开展的指南，图书馆职业道德主要是在处理以下关系时提供准则，发挥作用。

1. 图书馆与社会的关系

（1）充分履行社会职能，发挥图书馆职业价值。

图书馆员职业活动的开展，需要以所承担的社会职责为基础，更有效地履行自身的社会分工。图书馆职业道德需要申明图书馆应重点开展的职业活动：有效收集、组织知识信息，形成权威、有序的高质量信息资源体系；作为社会信息公平的守护者，面向公众平等提供信息服务，为公众有效获取利用信息提供保障；推动阅读活动的开展，促进文化的传承、传播和交流等。

图书馆核心价值集中阐述了图书馆职业的职能和使命，图书馆员需要在深刻理解图书馆核心价值的基础上，促进相关业务工作的实施和创新发展。

（2）平衡知识产权保护与信息资源公共获取。

---

① Professional Ethics[EB/OL].[2022-02-20].https：//www.ala.org/tools/ethics.

知识产权是对文学、艺术、科技、商业等领域智力劳动成果进行保护的制度设计，其目标在于通过对知识产品创造者赋予一定时间的垄断性权利，激励其持续开展创造活动，进而促进国家的文化繁荣、科技昌盛、经济发展，提升国家综合实力。

图书馆职业的工作对象主要是各类型知识产品。在资源建设和用户服务过程中，会大量涉及对受知识产权法保护客体的利用，因此图书馆职业活动的开展，需要处理好知识产权问题。《中华人民共和国公共图书馆法》第十条规定："公共图书馆应当遵守有关知识产权保护的法律、行政法规规定，依法保护和使用文献信息。"《普通高等学校图书馆规程》第33条规定："图书馆应制定相关规章制度，引导用户遵守法律法规和公共道德，尊重和保护知识产权"，要求高校图书馆引导用户树立保护知识产权的意识。

多元社会中，不同类型利益主体之间的权利冲突情况普遍存在，在知识产权领域表现尤为突出。当前世界范围的知识产权保护有不断强化的趋势，更加关注对权利人专有权的维护，利益平衡机制受到冲击。以著作权为例，更多的权利类型被引入著作权法体系，为权利人提供了更全面的保护，但与此同时，著作权合理使用的空间并没有随之拓展，甚至被进一步压缩，导致公众在获取利用知识信息过程中面临着更多制约因素。这与著作权制度的初衷并不相符。

美国在1988年《〈伯尔尼公约〉实行法》的国会报告中提出：版权的宪法性目的是学习，便于思想的传播，版权法的主要目标不是奖励作者，而是保护社会公众从作品的创作中受益。[①]《中华人民共和国著作权法》中提出的立法目的是"为保护文学、艺术和科学作品作者的著作权，以及与著作权有关的权益，鼓励有益于社会主义精神文明、物质文明建设的作品的创作和传播，促进社会主义文化和科学事业的发展与繁荣"。以上内容反映了在著作权制度中，保护著作权人专有权是手段，根本目的是促进社会科学文化事业的繁荣发展，而在合理使用框架下提供对作品的有效利用，是实现该目标的重要支柱。

知识产权领域利益平衡机制的优化需要发挥图书馆职业的功能。在现实中，著作权人往往不是作为个体的实际创作者，而是商业组织，他们具有很强的游说立法能力。相反，作为使用者的社会公众由于力量的分散，缺乏统一有力的意见代表，在立法博弈中居于弱势。[②] 图书馆界需要挺身而出，在知识产权领域作为公共利益代表，积极发出

① [美]莱曼·雷·帕特森，斯坦利·W. 林德伯格. 版权的本质：保护使用者权利的法律[M]. 郑重，译. 北京：法律出版社，2015：41-42.
② 李琛. 著作权基本理论批判[M]. 北京：知识产权出版社，2013：212.

主张。

作为保障公众获取利用信息、享有文化生活权利的机构组织，一方面，图书馆需要遵守当前知识产权法特别是著作权法中的规定，在法律允许的范围内开展相关业务活动，避免侵权行为的发生；另一方面，图书馆行业更需要积极代表公众发出呼声，在涉及信息资源的获取和利用的相关议题中，大力维护公共利益，为图书馆业务活动的开展争取更多的豁免，实现保护知识产权与促进信息资源公共获取的统一，在维护知识产权人合法权利的同时，促进信息资源共享，抵制知识的垄断和霸权，更有效地实现知识产权制度的本质目标。

2. 图书馆员与图书馆职业的关系

图书馆员是图书馆职业活动的具体承担者，图书馆员的表现直接决定了图书馆职业的兴衰荣辱。图书馆员职业道德体系中，对馆员如何更好地推动图书馆职业发展提出了具体要求。

(1) 不断提升自身职业能力。

图书馆作为与知识和人打交道的职业，对从业者的职业能力提出了较高要求。民国时期图书馆学家陈豪楚曾提出：从事阅读指导的馆员应该像我国古代书院制度下的山长一样，学识渊博，德高望重，有人格感化的魅力，能给予易于实施的指导。[1] 这样的目标虽不易达到，但可以成为图书馆从业者的努力目标。

只有具备了扎实的专业素质，图书馆员才能够高水平地完成各项业务工作。美国图书馆协会发布的《图书馆职业核心能力》中提出，图书馆从业者需要具备以下9个方面的核心能力：①职业基础知识；②信息资源；③终身学习和继续教育；④管理和行政；⑤知识和信息组织；⑥参考咨询和用户服务；⑦社会公正；⑧研究和循证实践；⑨技术知识和技能。[2] 该体系覆盖了较为广泛的图书馆职业能力要素。

目前在我国尚未建立图书馆员职业资格认证制度。图书馆在招聘员工时，很多情况下不会对是否具有图书馆学专业背景进行特别限制。在进入图书馆行业时，为数众多的馆员还没有接受过图书馆学系统的专业训练，因此更有必要在工作中不断学习从事图书馆职业所需的各项理论、方法和技术。

---

① 陈豪楚. 图书馆与成人教育[J]. 浙江省立图书馆馆刊，1933，2(3)：34-40.

② ALA's Core Competences of Librarianship [EB/OL]. [2022-02-20]. https：//www. ala. org/educationcareers/sites/ala. org. educationcareers/files/content/2022% 20ALA% 20Core% 20Competences% 20of%20Librarianship_FINAL. pdf.

图书馆中岗位类型多样，不同岗位对馆员素质要求存在差异。图书馆员需要结合具体业务要求，有针对性地提升自身胜任岗位的职业能力。以儿童图书馆员岗位为例，2003 年国际图联发布的《儿童图书馆服务发展指南》(*Guidelines for Children's Library Services*)中提出，儿童图书馆的高效和专业运转需要有专业技能、负有责任心的儿童图书馆员，需要具备的特质和技能包括：热情；很强的沟通、协作、团队工作能力和解决问题的能力；交往和合作能力；积极主动、灵活并乐于接受建议能力；具有分析读者需求，对服务和活动项目进行设计、实施和评估的能力；有学习新技能和专业发展的强烈愿望。儿童图书馆员还需要掌握以下知识：儿童心理学、阅读发展和推广的理论、艺术和文化敏感性、儿童图书和相关媒体的知识。[①] 以上对儿童图书馆员职业能力提出的系统性要求，对于从事相关工作的图书馆员指明了学习和努力的方向。

在提升图书馆员职业能力进程中，一方面，馆员自己要做好规划，不断学习理论和实践知识；另一方面，图书馆要积极创造条件，为馆员提供参加各类型在职教育和培训的条件，使馆员不断有机会充实自己，提升职业素养。

（2）勇于开拓创新。

创新是引领发展的第一动力。当前各类型图书馆在发展过程中，都面临着前所未有的挑战和机遇。在日新月异的环境中，为了推进图书馆事业的高质量发展，需要图书馆从业者在学习借鉴国内外行业经验的基础上，结合本馆实际情况，找准发展定位，充分挖掘利用各类型资源，以创新思维来解决图书馆发展中面临的各项问题。

创新可以成为图书馆文化的核心组成部分。美国田纳西州查塔努加公共图书馆(Chattanooga Public Library)大力培养变革和创新文化，馆员们以创新精神实践自己的创意和灵感，在图书馆中增加电子游戏、编程辅导、3D 打印、摇滚音乐以及面向所有年龄段居民的全新的现代表演和服务。[②] 通过富有创意、不断变化的组合服务，满足了用户需求，拉近了图书馆和用户的距离，实现了图书馆的转变。

我国也有大量图书馆在资源建设和用户服务领域不断进行新探索、新改革：各种新类型资源成为图书馆收藏和服务客体，扩大了图书馆的服务范围；充分利用各种新信息技术与工具，提升图书馆的服务能力；对图书馆空间进行创新设计与改造，增强图书馆

---

① Guidelines for Children's Library Services [EB/OL]. [2022-02-20]. https：//repository. ifla. org/ bitstream/123456789/169/1/guidelines-for-childrens-libraries-services-en. pdf.

② 肖燕. 应对变革：30 年来美国图书馆楷模人物撷英[M]. 北京：国家图书馆出版社，2019：257.

的环境吸引力；主题图书馆、城市书房等新型公共文化空间的创设和提供，进一步满足公众对高质量公共文化服务的需求。基于图书馆的基本职能和使命，图书馆从业者需要不断开拓创新，为全面建成社会主义现代化强国贡献图书馆的行业力量，彰显图书馆在社会中的独特价值。

（3）维护图书馆职业声誉，提升图书馆职业形象。

对于图书馆职业而言，其职业尊严的塑造、职业影响力的扩大、职业地位的提升，需要每一位图书馆人充分发挥主观能动性，共同努力打造。在职业场合，每位馆员的一举一动、一言一行，都代表着图书馆的职业形象。图书馆员提供的服务质量和用户满意度，直接影响着公众对图书馆职业的认知。因此图书馆员需要具备职业尊严感，遵守基本的职业礼仪，通过提升自身的职业能力，改善服务质量，为图书馆职业赢得应有的尊重贡献一份力量。

为了更好地发挥图书馆职业的整体功能，图书馆员需要积极加入专业团体。通过参与专业团体组织的活动，一方面，可以共享共同体的所有成果；另一方面，会员和团体齐心协力，扩大专业团体的规模和社会影响力。① 以团体的方式，在事关图书馆事业发展的各项议题中发出更大声音，争取获得更多的社会认可与支持。

3. 图书馆员与用户的关系

（1）为用户利用图书馆资源创造最佳条件。

作为公益性的信息服务机构，图书馆需要有效保障用户利用图书馆各类型资源的权利，特别是对于公共图书馆而言，不论用户的年龄、性别、国家、种族、职业、社会地位、健康状况等差异，都需要一视同仁地向其提供平等服务，不能存在任何歧视心理。

图书馆员在提供用户服务过程中，需要给予用户足够的尊重：尊重用户在符合法律框架下自由选择和获取利用图书馆资源的权利；在与用户直接接触过程中，礼貌回应用户请求，及时解答用户咨询问题，使用户获得受重视的感觉。

"用户视角"应成为图书馆业务工作的出发点，在图书馆资源建设、空间再造、用户服务等各项活动中，积极调研、挖掘用户需求，优化用户体验，最终提升用户利用图书馆的满意度。

① ［韩］李炳穆. 何以成为真正的图书馆员［J］. 蒋永福，译. 中国图书馆学报，2006，32（6）：15-20.

（2）保护用户个人信息。

在现代社会，保障公众私人生活的安宁，避免其受到不必要的侵扰，已成为一项重要的个人权利。通过立法以保护公众的隐私权、个人信息权，成为国际上的发展趋势。大数据时代，公众个人信息泄露的风险激增，有效保护个人信息成为被关注的焦点问题。

2021 年 11 月 1 日，《个人信息保护法》在我国正式施行，开启了我国个人信息保护的新阶段。在该法中，对个人信息的利用采取了"授权同意规则"，即除非法律有规定的例外情形，只有取得个人信息主体的授权同意，信息处理者才可以实施收集、存储、使用、加工、传输、提供、公开、删除个人信息等活动，否则需要承担相应的侵权责任。

图书馆在业务开展过程中，通过各种方式主动或被动地搜集了大量与用户相关的个人信息，这些个人信息表征了用户的阅读兴趣，可以为图书馆有针对性地提供个性化服务创造条件；但图书馆如果没有经过用户授权就开展用户个人信息的搜集利用活动，或者造成泄露用户个人信息的后果，则需要承担相应的侵权责任。《中华人民共和国公共图书馆法》第四十三条规定："公共图书馆应当妥善保护读者的个人信息、借阅信息以及其他可能涉及读者隐私的信息，不得出售或者以其他方式非法向他人提供"，对馆员在业务活动中涉及用户个人信息方面提出了明确要求。

新环境下，图书馆在运行过程中，需要充分重视用户个人信息的保护和利用问题。制定相应的规范性指南文件，指导相关业务活动的开展。在利用用户个人信息时，必须先取得授权同意，杜绝泄露、转卖用户个人信息等侵权行为的发生。

（3）维护用户知情权。

图书馆需要及时发布、提供相关信息，为用户了解、利用图书馆创造条件。如图书馆需要将本馆的资源与服务、运营信息等及时进行发布；因故变更开放时间或需要闭馆的，应通过多种方式在第一时间告知用户。

建立图书馆信息公开制度、维护用户知情权在我国图书馆立法中也得到了体现。《中华人民共和国公共图书馆法》第四十二条规定："公共图书馆应当改善服务条件、提高服务水平，定期公告服务开展情况。"在实践中，越来越多的图书馆以年度报告方式系统地进行信息公开，向社会彰显自身的服务条件和效能。2022 年，我国文化和旅游部发布《公共图书馆年度报告编制指南（WH/T96—2022）》，为公共图书馆提供了参考标准，有利于图书馆信息公开的规范开展。

为了更好地建立图书馆与用户之间的沟通交流关系，图书馆需要提供多样化的途径，使用户可以方便地反馈其在利用资源和服务中的意见。对于用户反馈的意见和批评建议，图书馆需要以开放的态度认真倾听，及时回复，将用户意见作为改善自身业务活动的重要参考依据。

4. 图书馆员之间的关系

在国内外的图书馆职业道德体系中，大多涉及规范图书馆员之间同事关系的内容。在日常工作中，馆员每天都需要与同事打交道。良好的同事关系，是形成团结、和谐、互助的工作氛围的基础，对于图书馆各项活动的高效开展、开拓创新具有重要意义，同时也有利于提升图书馆员的职业满意度和幸福感。

图书馆的业务越来越需要通过合作方式开展。每位馆员都是图书馆重要的一分子，需要具备团队意识，积极参与各项团队性工作，勇于承担重任，贡献自身的聪明才智；在严格要求自己的同时，对同事要有更多的包容心，形成互助友爱的工作集体；加强同事间的经验分享，开展隐性知识交流，促进馆员能力的共同提升。

良好的图书馆人际氛围的形成需要图书馆领导者发挥作用。图书馆领导在员工招聘、晋升等环节中，唯才是举，知人善任，打造公平竞争氛围，形成良性竞争关系，促进共同进步；图书馆管理层需要有合理的赋权机制，让馆员更充分体会到工作的自主性和责任感，调动馆员工作的积极性；采取有针对性的激励措施，协调不同部门和馆员的利益关系，激发馆员的工作热情，最终能够形成图书馆良好的组织文化，成为图书馆发展的巨大推动力。

第三节　图书馆精神

图书馆精神是一个在我国图书馆界被广泛使用的术语。如果说图书馆职业道德是对图书馆从业者提出的基本行为准则，是从事图书馆工作的必备条件之一，那么图书馆精神可以视为对图书馆从业者更高层面的要求；如果说图书馆职业道德主要是从外在约束馆员的行为规范，那么图书馆精神表现为一种自觉的心理和精神状态，是从业者发自内心地对图书馆职业的认可。具备图书馆精神的从业者，不再只是工作和任务的被动执行者，而是能够积极发挥聪明才智，更主动地为图书馆发展贡献自身力量。图书馆精神是图书馆学专业人才核心竞争力的重要体现。

一、图书馆精神的内涵

精神是一种人类特有的现象。一项事业的成功，需要有特定的精神力量作为支撑。正向、积极的精神状态能够为人类活动的开展提供不竭的动力支持。不论是一个国家、民族、政党、城市，还是一个职业、机构，为了能够更好地展示形象、凝聚人心，促进高质量发展，需要积极总结、提炼、确立自身的精神特质。

图书馆精神是具有图书馆职业特质的精神品格。《中国大百科全书》（第三版）中对"图书馆精神"的定义为："图书馆人在对图书馆这一社会事物进行认知（价值判断）的基础上形成的对自身职业的精神追求"。

早在 20 世纪 20 年代，刘国钧先生就提出了"美国公共图书馆之精神"的概念。[①] 20世纪 80 年代，"图书馆精神"重回业界视野。一般认为对"图书馆精神"概念进行了系统阐述者为程焕文。程焕文以中国图书馆事业先驱沈祖荣先生为例，提出其服务图书馆界一生所蕴含的"图书馆精神"包含：①坚定的图书馆事业信仰；②强烈的爱国主义精神；③忠诚图书馆事业；④伟大的服务精神。[②] 后程焕文对图书馆精神进行了体系化架构，将其分为三个层次：①图书馆职业精神，即人人享有平等利用图书馆的权利、人人享有自由利用图书馆的权利、免费服务是平等利用和自由利用图书馆的基本保障；②图书馆事业精神，将其总结为"爱国、爱馆、爱书、爱人"；③图书馆科学精神，又称学术精神，是求真精神，追求科学真理的精神。[③]

我国学者围绕着"图书馆精神"的内涵和构成展开了较多讨论，虽然不同观点之间存在差异，但也有较多共性之处：强调在精神层面对图书馆职业的认可和忠诚，对图书馆事业保有坚定执着的心理特征和精神状态；讨论的图书馆精神中大多包含图书馆职业精神（与图书馆核心价值、图书馆职业道德的内涵存在较多交叉）和图书馆事业精神。本章已对图书馆核心价值和图书馆职业道德作了专门介绍，其内涵是图书馆职业精神的核心表征。为避免内容重复，本节将"图书馆精神"聚焦在图书馆事业精神角度展开讨论。

---

① 刘衡如.美国公共图书馆概况[J].新教育，1923，7（1）：4-28.
② 程焕文.中国图书馆学教育之父——沈祖荣评传[M].台北：学生书局，1997：269-279.
③ 程焕文.图书馆精神——体系结构与基本内容//程焕文.图书馆精神[M].北京：北京图书馆出版社，2007：34-48.

二、图书馆精神的具体体现

结合现有研究成果和图书馆事业发展所需，图书馆精神主要包含以下内容。

1. 家国情怀，将图书馆事业与国家命运紧密联系在一起

爱国主义是中华民族精神的核心，爱国是对每个公民的基本要求。只有国家繁荣、民族昌盛，个人和职业才有稳定发展的可能。图书馆事业是一项公益性事业，更是文化强国战略的重要组成部分。因此，对图书馆人来说，应该将爱国主义精神融入图书馆事业之中。图书馆作为记录和传承国家文明的核心职业，具有爱国主义的深厚传统，这在国家危难的特殊时期，表现得更为明显。如在抗日战争时期，我国图书馆界就出现了许多具有图书馆特色的爱国救国义举，包括谴责日本的文化侵略，转移珍贵文献，编印中日问题研究书目、索引、提要等，实现本位救国、文化抗战，提高民族意识，培养抗战精神。[1] 图书馆界通过积极履行和拓展自身的专业职责，在抗战中贡献了图书馆职业的独特力量。

当前环境下，图书馆人的家国情怀有了更多样化的表现形式。图书馆职业要积极融入国家富强、民族复兴、人民幸福的伟大事业中，以国家和人民需求为出发点，通过自身的专业化工作，为实现国家发展的相关战略目标贡献职业力量。如在我国决战决胜脱贫攻坚进程中，公共图书馆界将"助力消除贫困"作为自身应尽的职责，利用图书馆职业的资源和服务优势，积极开展文化"扶贫""扶志""扶智"工作，提供精准服务，为2020年年底我国实现农村贫困人口全部脱贫发挥了图书馆职业的功能。在当前全面推进乡村振兴，加快农业农村现代化的过程中，图书馆职业能够通过高质量的信息和文化服务，继续发挥自身的独特价值。

图书馆的工作在很大程度上控制着、至少是影响着信息的选择、组织、保存和传播，图书馆员通过自己的专业工作整合和优化信息，并向社会传播，最终影响着人们的精神世界，影响着社会发展进程。[2] 图书馆可以凭借自身丰富的资源，设计实施多样化的活动，传播中华优秀传统文化、革命文化和社会主义先进文化，赓续红色基因，提升公众对社会主义核心价值观的认同，在弘扬、传承爱国主义精神过程中发挥图书馆职业

---

① 刘劲松. 抗战时期中国图书馆界研究[M]. 北京：商务印书馆，2018：51-61.
② 中国图书馆学会. 中国图书馆员职业道德准则（试行）[M]. 北京：北京图书馆出版社，2003：15.

的功能。

2. 爱岗敬业，对图书馆职业的充分认同感和自豪感

具备图书馆精神的从业者，内心对图书馆职业充分认可和由衷热爱，具有强烈的归属感。在图书馆精神的激励下，馆员对图书馆的未来充满坚定信心，对图书馆发展具有强烈的责任感和使命感，并能够将其体现在日常的职业活动中。洛杉矶公共图书馆前馆长苏珊·肯特(Susan Kent)，为图书馆工作倾注满腔热情，在谈到自己对图书馆职业的认识时慨叹："我热爱我的工作，这是我曾经有过的最好的工作！我与最伟大的群体一起工作。"[①]

具备图书馆精神的从业者，不是只将图书馆作为谋生的职业，而是将其视为一项可以倾注毕生心血的伟大事业，在平凡的岗位上毫无保留地贡献自身聪明才智，恪尽职守，即便没有声名显赫，也能获得心灵上的满足感。因为具备图书馆精神，馆员能够从他律走向自律，从外部驱动走向内部自觉，在工作中保持热情与活力，充分发挥自身主观能动性，为图书馆发展贡献力量。

图书馆爱岗敬业精神需要体现在馆员自身工作的卓越开展中，以此提升图书馆职业的社会声望。因为热爱，图书馆从业者不只满足于完成自身所承担的工作，更会以工匠精神为目标，在精益求精的品质精神、追求卓越的创造精神指引下，开拓创新，使自己负责的工作不断取得突破，更好地契合社会发展和用户需求。

在我国，尤其是在农村地区，存在大量由个人自发创办的乡村民间图书馆(室)。在普遍面临缺资金、缺资源、缺人才的情况下，创办者们依靠其公益情怀、奉献精神，爱书知书，立足地方，顽强地生存着。[②] 正是由于这些民办图书馆创办者对图书馆事业的热爱与坚守，为农村地区的知识获取和文化传播提供了更多可能。乡村民间图书馆(室)创办者对图书馆事业的热爱和坚守，是图书馆精神的生动阐释。

3. 矢志不渝，对图书馆事业的高度忠诚

任何事业希望保持生命力，都必须依赖一支忠诚于事业发展的人才队伍。对于个体而言，对事业的执着也是其能够取得成功的关键因素之一。图书馆事业的核心要素是

---

① 肖燕. 应对变革：30 年来美国图书馆楷模人物撷英[M]. 北京：国家图书馆出版社，2019：136.

② 王子舟，邱璐，戴靖. 乡村民间图书馆田野调查笔记[M]. 北京：国家图书馆出版社，2019：43-44.

人，高素质的人才队伍是推进图书馆高质量发展的关键。在忠诚于图书馆事业的精神引领下，图书馆从业者可以不受或少受外界不利因素的影响，不会被"图书馆消亡论"等论调所干扰，对图书馆的未来充满信心；认可自己所开展工作的社会价值，容易从工作中获得乐趣和成就感，更好地对抗职业倦怠，提升工作满意度和幸福指数；在图书馆发展面临困难和障碍时，可以为从业者提供精神支柱和信念支持。

当今社会，个人的就业选择机会更加多样，职业流动是常态，工作的变换也能够为个体寻找新的才能发挥空间、创造机会。但对于从业者本就有限的图书馆职业而言，更迫切需要能够"择一事，终一生"、为图书馆事业发展持续贡献自身聪明才智的馆员。

我国图书馆学高等教育的诞生地，文华图书馆学专科学校即"文华图专"在战乱频仍的民国时期能够坚持办学，弦歌不辍，为图书馆事业输送人才，其中对图书馆事业的高度忠诚发挥了突出作用。被誉为"中国图书馆学教育之父"的沈祖荣先生，尤其强调对图书馆工作的忠诚："忠诚含得有牺牲，忠诚含得有奋斗，忠诚含得有毅力，忠诚含得有勤劳，忠诚含得能忍耐，忠诚为万事成功之母。这是我们图书馆界同人，在每日生活中所应该表现出来的"[①]。抗日战争时期，从武昌西迁重庆的"文华图专"在教室外墙上刷写着大字标语："中国图书馆使命全靠我们的力量贯彻，中国图书馆事业要在我们的时代成功"[②]。民国时期能够有机会接受高等教育的学生人数非常有限，"文华图专"学子本可以有机会到其他行业谋取更多的个人利益，但毕业学子大多投身于图书馆领域，为图书馆职业贡献终身，这是图书馆精神的充分写照。

当前我国对公共文化服务、高等教育和科技创新等领域的重视程度不断加强，图书馆事业的发展获得了前所未有的有利环境。但不可否认的是，与其他一些强势职业横向对比，图书馆职业在吸引人才的竞争中优势还比较有限。对于图书馆员而言，无论是主动还是被动选择了图书馆职业，都需要以图书馆精神为指引，充分发现图书馆职业的价值和魅力，为图书馆事业发展贡献自己的力量。

4. 知书敬书，促进优秀文化的有效传承

对于图书馆职业而言，"书"是各类型文献信息的统称。《中华人民共和国公共图书馆法》中，对"文献信息"的界定包括"图书报刊、音像制品、缩微制品、数字资源等"。文献信息是图书馆业务活动开展的资源基础，是图书馆职业发挥自身作用的前提条件。

---

① 沈祖荣. 国难与图书馆[J]. 文华图书馆专科学校季刊，1932，4(3/4)：223-234.
② 彭敏惠. 文华图专珍稀史料图录[M]. 武汉：武汉大学出版社，2020：72-73.

各类型文献记载了信息、知识和思想，是人类文明传承的主要载体。作为具有悠久历史的文明古国，中国依靠传承有序的文献资源，使数千年的文明历程得以记录保存，为中华民族坚定文化自信、赓续民族精神创造了得天独厚的有利条件。

我国历史上形成了爱书、敬书传统。敬惜字纸、嗜书如命，体现了对书籍所承载的深邃知识和厚重文化的敬仰和尊重。图书馆员是这种精神的传承者和守护者。图书馆职业的知书敬书，需要先体现在系统性搜集、保存文献资源，采用各种方法更有效地保护作为文明载体的文献信息资源，使其能够跨越时空界限，为子孙后代保存下社会记忆和文化遗产。

文献信息的生命是由用户赋予的。文献信息价值的实现体现在其被利用后，用户任务的解决、知识的完善、眼界的开阔、能力的提升、精神的升华等。因此，图书馆职业实践知书敬书精神，就需要促进馆藏资源的充分开发利用，将文献信息的价值得以有效发挥。图书馆员需要利用自身的专业技能，通过不同形式对文献资源进行揭示报道，使不为人知的文献信息资源能够有机会进入用户视野；利用最新的信息技术，挖掘隐藏在文献中的知识信息，更有针对性地满足用户需求。我国图书馆界广为流行的口号"为人找书，为书找人"，是图书馆人在长期实践中形成的概括图书馆员职业信念和价值追求的话语，① 是对图书馆人知书敬书精神的凝练阐释。

5. 以人为本，大力弘扬人文精神

图书馆员是一个助人的职业，需要关注人的需求和发展。美国图书馆学家杰西·谢拉强调：图书馆所关心的是具有理性的人，因此它主要还是一个人文主义性质的事业。过分热心于科学技术和行为学派的社会活动，我们就会看不到个人及其需要和包含在这些需要中的人文主义价值。②

图书馆精神中的以人为本，体现在从业者充分利用图书馆的各类型资源，通过自身的专业素养和技术能力，为用户信息、知识需求的满足提供最大保障，在此基础上为人的全面发展提供最有力支持。

为实现以上目标，图书馆员需要保持用户至上的服务意识，对于用户的任何信息资源需求都必须做出主动积极的回应，对用户永远不要说"不"，最大限度地满足用户的

---

① 王子舟. 图书馆学是什么[M]. 北京：北京大学出版社，2008：326-328.
② [美]谢拉. 图书馆学引论[M]. 张沙丽，译. 北京：书目文献出版社，1986：Ⅱ.

信息资源需求。①

对于图书馆而言，用户的信息需求是可以被激发的。很多情况下用户没有利用图书馆，是因为其对图书馆的资源和服务不了解，这时候更加需要图书馆积极采取各种方式，了解用户需求，有针对性地推广、优化图书馆的资源与服务。美国哈特福德公共图书馆馆长露易丝·布莱洛克（Louise Blalock）赴任后了解到民众对本馆信息服务利用率很低，在感到震惊的同时，认为有许多人对图书馆不感兴趣、没有需求是不真实的，馆员必须找到那些具有潜在需求的民众，到他们中间去，不能坐等他们来找图书馆。图书馆需要寻找一切可以与潜在用户联系的机会、活动和集会，通过调查发现服务短板，提出有针对性的解决方案。②

当前大数据环境下，图书馆弘扬人文精神更具现实意义和价值。大数据技术的广泛应用，"人"成为被算法统治的对象和游戏规则的被动接受者，广泛存在的"接受或者离开"利用政策剥夺了公众的选择权。为了榨取更多价值，各类型数字平台、工具擅长制造出信息茧房，用户被封闭其中，丧失了接触更多可能的机会。

在此背景下，图书馆职业更加需要贯彻"以人为本"的精神，给人以充分的尊重：在服务过程中更加注意倾听用户的心声，加强沟通交流，关注个体的天性、好恶和特定需求，尊重人的全面发展；更好地满足在信息获取利用方面存在障碍的弱势群体的现实需求，使其在图书馆中获得尊严感，找到归属感。这种"以人为本"的精神，更能充分体现图书馆职业在当前时代的独特价值。

情感的付出是相互的，"爱人者，人恒爱之"。图书馆界的真诚付出也必然会获得公众的真心认可。2020年6月，东莞图书馆的服务让来自湖北的农民工吴桂春留下了"想起这些年的生活，最好的地方就是图书馆了""余生永不忘你"的肺腑之言，这是图书馆人文精神获得的最好回馈。

三、图书馆精神的培育

对于图书馆员而言，图书馆精神的养成并非朝夕之功，内外因需要共同发挥作用，推进图书馆精神在职业群体中生根发芽。

---

① 程焕文，潘燕桃．信息资源共享（第2版）[M]．北京：高等教育出版社，2016：38-39.
② 肖燕．应对变革：30年来美国图书馆楷模人物撷英[M]．北京：国家图书馆出版社，2019：123.

1. 对图书馆职业功能和使命进行充分阐释

只有理解和认可，才会热爱和坚持。馆员在图书馆职业中从事的多为基础性工作，其价值容易被忽视。正是在图书馆人润物无声的付出中，优秀文化得以传承、公众素养能够提升、科技教育获得支撑……因此，在图书馆学专业教育、图书馆员在职培训等过程中，需要以理论与实践相结合的方式，对图书馆职业的功能和使命进行全面阐释，让未来和现实的从业者能够对图书馆职业价值产生足够的认可，尤其是能够让从业者透过日常业务工作的表面，领悟图书馆职业寓伟大于平凡的真谛，能够体会到自身工作对于图书馆职业乃至整个社会发展的意义，为图书馆精神的形成和弘扬打下坚实基础。

2. 开展榜样教育，激发前行力量

榜样的力量对于职业和社会的发展具有重要意义。国内外图书馆职业中从不缺乏令人肃然起敬的榜样人物。在我国图书馆发展历程中，有为数众多的为图书馆奋斗一生的先贤。他们专心致力于图书馆事业，耐得住寂寞、守得住清贫、经得起诱惑，拥有"功成不必在我"的精神境界和"功成必定有我"的历史担当，[1] 这样的事迹永不过时，历久弥新，可以成为图书馆从业者学习的楷模。

国内外图书馆界对榜样人物的宣传推广有诸多尝试。美国《图书馆杂志》(*Library Journal*)于1988年开始评选"年度图书馆员奖"(Library of the Year Award)，详细报道图书馆界杰出代表的感人事迹。中国图书馆学会曾评选"中国图书馆榜样人物""最美乡村、社区图书馆员"。2021年，教育部高等学校图书情报工作指导委员会在成立40周年之际，评选出16位高校图书馆事业突出贡献者、40位高校图书馆榜样馆长、198位高校图书馆榜样馆员。这些中外图书馆界的榜样人物，扎根图书馆职业，为推动图书馆发展作出了杰出贡献，是图书馆从业者见贤思齐的行动标杆，努力方向。

在图书馆工作岗位上，还有大量默默无闻、恪尽职守的平凡馆员，也许并没有取得耀眼的丰功伟绩，但也是爱岗敬业、无私奉献的典范。如中山大学图书馆馆员刘少雄，以馆为家，退休以后继续为馆义务工作10余年。自1942年投身于中山大学图书馆工作，至2002年，60年如一日始终兢兢业业，心甘情愿为图书馆事业奉献毕生精力。[2]

---

① 刘万国. 老一代图书馆人的精神品格及其新时代传承[J]. 大学图书馆学报，2022(1)：56-58.

② 程焕文. 向刘少雄先生学习，弘扬图书馆精神——在"刘少雄先生为中山大学图书馆服务60周年暨80华诞庆祝大会"上的讲话[M]//程焕文. 图书馆精神. 北京：北京图书馆出版社，2007：255-262.

图书馆需要积极挖掘这样的身边典型，鲜活生动的案例让馆员更有亲近感，能够更有效地激发学习动力。

3. 尊重和维护馆员权利

图书馆事业发展的核心要素是人力资源。尊重和维护馆员权利，使其对图书馆职业产生强烈的归属感和责任感，是有利于图书馆精神养成的关键因素。对于图书馆职业领导者而言，可以从以下方面探索：根据馆员的知识、能力、性格特征，有针对性地将其安排在最适合的岗位上，使馆员能够从工作中获得更多乐趣和成就感；为馆员的成长进步开拓更多空间，在职业发展、能力提升等方面创造更多机会，使馆员能够体会到自身的进步与发展；及时认可、肯定和宣传馆员取得的成绩，在物质和精神方面给予相应的激励；将图书馆工作设计得更富有挑战性、趣味性，为馆员带来更多的精神满足感；通过图书馆组织文化建设，形成融洽和谐、富有合作精神的工作氛围，使其成为图书馆职业吸引力的重要体现。

重要名词术语

图书馆核心价值　图书馆职业道德　图书馆精神　多元素养教育　智识自由

思考题

1. 比较国内外代表性图书馆核心价值的异同。

2. 图书馆可以通过哪些途径维护社会信息公平？

3. 如何理解图书馆维护智识自由与履行社会责任的统一？

4. 图书馆职业道德主要涉及规范图书馆职业活动中的哪些关系类型？

5. 你认为在平衡知识产权保护和促进信息资源公共获取进程中，图书馆职业需要开展哪些工作？

6. 图书馆精神主要体现在哪些方面？结合实际谈谈你的理解。

第十章

图书馆与图书馆学的未来

　　图书馆是一个生长着的有机体，需要不断适应环境和用户需求的变化，对自身业态进行适时调整和创新。同样，图书馆学学科也面临着众多内外部挑战，为了能够继续屹立于学科之林，需要探索自身的发展路径。图书馆和图书馆学如何立足当下，面向未来，实现高质量发展，是需要深入思考的问题。

第一节　图书馆转型发展历程

　　进入信息社会后，具有数千年历史的图书馆的形态在不断发生变化，古老的职业持续焕发出新的活力，以能够在人类社会中保持和创新自身的职业分工，发挥行业的特殊价值，从而避免被社会淘汰。总体而言，信息时代图书馆的整体业态变迁，可以从数字图书馆、复合图书馆和智慧图书馆的历程进行梳理。

一、数字图书馆

(一)数字图书馆的内涵

　　学界一般认为数字图书馆可以追溯至 1945 年万尼瓦尔·布什（Vannevar Bush）在《大西洋月刊》发表的《诚如所思》（*As We May Think*）一文中对机械化的个人图书馆（Memex）的设想：Memex 可以实

现对个人所有书籍、记录和通信的储存，能够以极快的速度和灵活性进行查询。"二战"后随着信息量的激增，对海量信息的存储和检索利用需求迅速增加，催生了类似数字图书馆功能的构想。

数字图书馆的实现依赖于信息技术的进步。各类型信息检索系统的研发，图书馆自动化系统的发展，为数字图书馆功能的实现奠定了基础。20 世纪 90 年代，随着信息社会的到来，计算机技术、通信技术、网络技术的不断突破和应用推广，为数字图书馆提供了必要的技术支撑。

1993 年，美国正式提出建设"国家信息基础设施"（National Information Infrastructure，NII），这是一个由通信网络、计算机、数据库和消费类电子产品组成的无缝网络，可以为所有美国人提供先进的信息服务。美国将数字图书馆视为国家信息基础设施建设的重要组成部分。1994 年，美国国家科学基金会、国防部高级研究计划署（DAPRA）和国家航空航天局（NASA）共同资助了"数字图书馆先导计划"（Digital Libraries Initiative，DLI），揭开了大力推进数字图书馆研究与建设的序幕。DLI 主要研究数字信息的采集、储存、组织和检索等实现数字图书馆功能的基础性关键技术。在其推动下，美国众多机构纷纷创设数字图书馆项目。受美国影响，世界上众多国家及时跟进，开展本国的数字图书馆建设项目。

数字图书馆是典型的跨学科领域，由于众多领域学者参与到研发过程中，加之英文"library"一词的多义性，对数字图书馆的理解也产生了多义性。一些学者将可以通过网络途径获取的资源平台都纳入"数字图书馆"的范畴。"数字图书馆"概念的使用范围非常多元化，远远突破了图书馆的职业领域。

美国学者克里斯廷·L. 博格曼（Christine L. Bergman）对数字图书馆的阐释为：数字图书馆是根据某一用户群体而收集和组织内容、由计算机网络连接起来的数据库；从机构角度看，它是以数字形式提供信息服务的机构或组织，是信息检索系统的延伸、扩展和融合。[①] 该定义虽然比较凝练，但关注了数字图书馆的机构维度。

我国《图书馆·情报与文献学名词》中对"数字图书馆"的定义为：以海量、经过组织和序化的数字化信息资源为基础，以先进的信息通信技术与计算机设备为手段，以网络为服务平台，以智能化、个性化的用户服务为中心，以信息收集、开发、管理、存储

---

① ［美］克里斯廷·L. 博格曼. 从古腾堡到全球信息基础设施：网络世界中信息的获取［M］. 肖永英，译. 北京：中信出版社，2003：61-62.

并提供利用为目的的数字空间。① 该定义主要是从数字图书馆所要实现的功能角度进行阐释，并没有强调数字图书馆的机构和职业特征。

《中国大百科全书》(第三版)中对"数字图书馆"的定义为：一种满足特定用户的信息需求、支撑用户信息活动的数字信息服务环境。它是由实体机构或机构联盟支撑的虚拟组织，全面收集、管理并长期保存丰富的数字内容资源，并依据一定的质量标准和相关政策，向其用户团体提供基于这些数字内容的专门服务。

本书将数字图书馆视作图书馆的一个发展阶段，因此在对数字图书馆内涵进行理解时，既从功能角度剖析数字图书馆的实现目标，同样也从机构角度探讨数字图书馆对图书馆职业带来的变革和影响。

在图书馆业态发展进程中，与传统图书馆相比，数字图书馆实现了与特定建筑物的剥离，突破了时间和空间的限制，拓展了服务范围，丰富了服务手段，是图书馆服务能力的突破式提升。数字时代公众信息获取和利用行为特征发生显著变化，对数字资源有着更强烈的现实需求。图书馆行业需要顺应环境发展，回应用户的需求变化，大力推进数字图书馆建设。

(二) 数字图书馆的特征

数字图书馆在发展过程中，形成了与传统图书馆显著不同的特征，主要体现在以下方面。

1. 数字化资源

资源的数字化是数字图书馆与传统图书馆的核心区别。数字资源类型非常多样，文本、图片、音频、视频等不同类型的数字资源都能满足用户不同类型的信息需求。不同的数字图书馆可以根据实际需要，选择一种或者多种数字资源类型开展资源建设。

数字图书馆资源一般可以分为自建的和购买的。不论是自建的还是购买的，都需要以国家需要、用户需求为导向，考虑资金成本等因素，在符合相关法律框架下，开展相关数字资源建设工作。

数字图书馆中的数字资源是经过组织的、有序的，能够为用户有效利用提供保障。纳入数字图书馆中的数字资源被称为"数字对象"(digital object)，这是数字图书馆中存

---

① 图书馆·情报与文献学名词审定委员会. 图书馆·情报与文献学名词[M].北京：科学出版社，2019：37.

储信息的基本逻辑单位。一个好的数字对象应能够支持当前和未来应用的格式；可长期保存，不会因技术的变化而在获取时产生阻碍；拥有描述性、可管理的元数据；具有永久的全球唯一标识符（Digital Object Identifier，DOI）；是可认证的。[①]

2. 网络化存取

互联网技术的应用使数字图书馆的服务突破了地理限制。通过应用互操作协议，数字图书馆能够实现对异地分布资源的互联互通。用户不仅可以获取本地数字馆藏资源，同时能够获取全球范围其他数字图书馆的资源，为用户的信息获取利用带来了最大便利。特别是当前随着移动互联网络的普及、5G技术的发展，移动数字图书馆的建设与应用，借助移动终端，用户可以随时随地获取所需各类型信息资源，便利性进一步提升。

3. 多技术支持

数字图书馆是信息技术融汇发展的产物，其功能的实现依赖于大量的技术体系。从技术层次上，可以将数字图书馆技术分为三种。①核心技术：主要指与数字资源内容组织和分析相关的技术，包括与数字资源加工、组织、分析和处理密切相关的技术，如自动分类、自动标引、自动摘要、语义分析标注、内容分析、联机分析处理（OLAP）、文献计量分析等技术。②应用技术：主要指数字图书馆系统中与用户服务相关的技术，包括信息检索技术和信息服务技术。③支撑技术：指数字图书馆的底层基础技术，多为通用型技术，主要包括与信息采集、存储和传输相关的技术，也包括支持数字资源加工和服务的基础技术，如人工智能（自然语言处理、机器翻译、机器学习）和人机交互等技术。[②] 正是由于显著的技术性特征，数字图书馆领域吸引了计算机科学与技术、人工智能、信息与通信工程等技术性学科学者的参与研究和建设。

4. 知识化服务

图书馆职业的核心工作之一是对各类型信息进行整理揭示，实现信息的序化，在此基础上向用户提供服务。传统图书馆的服务更多是基于文献层面。与纸质出版物相比，数字信息资源组织方式更加多元，揭示程度更加深入。在数字图书馆中，根据资源类型

---

① 崔宇红，韩露，吕娜．现代数字图书馆构建技术与应用实践［M］．北京：中国科学技术出版社，2014：64-65.
② 李广建．数字图书馆技术［EB/OL］．［2022-06-06］．https：//www.zgbk.com/ecph/words?SiteID=1&ID=37980&Type=bkzyb&SubID=47271.

的不同，采用相应的信息加工与组织规范，进一步通过知识标注技术，实现数字信息资源语义层面的表征，对信息的揭示从文献层面深入到细粒度的知识单元，在此基础上应用相关数据挖掘技术，能够提供个性化信息服务，满足用户深层次的知识需求。

5. 合作化建设

数字图书馆的研究与建设中面临众多技术、管理、经济、法律、人文等方面问题，需要吸纳多学科研究者参与，汇聚不同领域学者的智慧。在数字图书馆资源建设过程中，重复性工作无法带来资源种类的增加，难以带来边际效用，造成投入的浪费。为了提升数字图书馆的建设效率，降低建设成本，发挥更大影响力，需要推进跨机构、跨地区甚至是跨国家的合作，统筹规划、分工协调，实现优势互补，集成特色资源，如世界数字图书馆(World Digital Library，WDL)项目是由美国国会图书馆创建，受到联合国教科文组织的支持，众多国家共同参与建设，汇集世界上近 200 个国家和地区、100 多种语言的 12000 多件重要文化遗产。

6. 标准化发展

在数字图书馆的资源采集、加工、传递、服务等各项工作中，需要制定和应用大量的标准规范，以能够提高效率，实现不同数字图书馆系统之间的互操作，克服信息孤岛现象，更有利于资源的共建共享。我国的主要数字图书馆项目，在采用相关行业通行标准的基础上，围绕数字资源生命周期，制订了覆盖数字内容创建、数字对象描述、数字资源组织管理、数字资源服务、数字资源长期保存的一系列标准规范体系,[1] 代表性领域包括汉字处理、数字资源唯一标识符、知识组织、元数据、互操作、资源发布与服务、资源统计、长期保存等标准。

(三)数字图书馆的体系结构

不同的数字图书馆在建设主体、发展定位、功能特征、资源类型等方面都可能存在差异，但其基本体系结构具有相似性。国际数字图书馆领域知名学者威廉·Y. 阿姆斯(William Y. Arms)将数字图书馆的基础性体系结构总结如图 10-1 所示。[2]

---

① 韩永进. 中国图书馆事业发展报告·数字图书馆卷[M]. 北京：国家图书馆出版社，2017：356-357.

② Arms W Y, Blanchi C, Overly E A. An Architecture for Information in Digital Libraries[EB/OL]. [2022-06-06]. https：//dlib. org/dlib/february97/cnri/02arms1. html.

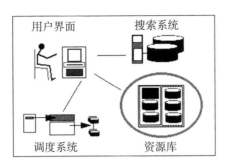

图 10-1　数字图书馆体系结构

1. **用户界面**（user interface）

数字图书馆的用户界面一般有两个：一是供用户利用；二是供管理馆藏的图书馆员和系统管理员利用。界面是数字图书馆实现与用户交互的平台，是用户感知、获取和利用数字图书馆资源与服务的通道，会直接影响到用户对数字图书馆的利用效果。在当前越发注重用户体验的环境下，数字图书馆用户界面的设计与优化更加重要，需要强调界面的功能丰富、友好易用，提升用户的使用体验。

2. **资源库**（repository）

资源库的功能是存储和管理各类数字对象，大型数字图书馆可以有许多不同类型的资源库。应用程序通过库访问协议来访问资源库，实现数字对象的存储、访问、复制、移动和删除等操作。由于数字图书馆的用户类型多样，可以赋予其不同权限，对其利用资源库的范围和权利进行限制。

3. **调度系统**（handle system）

调度系统用来分配、管理和解析数字对象唯一标识符，该标识符建立了与数字对象实际存储位置的映射。用户可以通过标识符获取数字对象。

4. **搜索系统**（search system）

搜索系统用于实现对数字资源的检索查询。搜索系统一般由搜索协议、用户接口（API）、搜索引擎和索引组成。

在实践中，不同的数字图书馆项目可以根据自身实际需求来构建其体系结构。随着技术的发展，为了解决海量分布式资源互操作等问题，中间件、P2P、网格、云计算等技术得到广泛应用，数字图书馆的体系结构不断拓展、丰富，使数字图书馆更加具备开放性、可扩展、高效率等特征。

(四)我国数字图书馆的发展

在我国,数字图书馆的建设受到了重视。1996 年,由国家图书馆牵头,联合上海图书馆、广东省立中山图书馆等 6 家公共图书馆共同实施的"中国试验型数字图书馆项目"启动,下设技术支撑环境建设、资源建设、服务体系建设、标准规范建设等子项目,揭开了全面推进我国数字图书馆研究与建设的序幕。

1998 年,在科技部的支持和协调下,国家"863 计划"智能计算机系统主题专家组设立了数字图书馆重点项目"中国数字图书馆示范工程"。该项目目标是通过众多单位的联合参与,建立一个跨地区、跨行业的巨大的文化信息资源网络,使之成为我国的国家知识基础设施、中文信息资源门户、中华文化交流中心、教育科研支撑系统、知识经济基础平台。[①] 可见我国数字图书馆的建设定位,一方面是满足公众的知识信息需求,推动经济社会发展;另一方面也肩负着传承和弘扬优秀中华文化的责任,提升网络上高品质中文信息资源的丰裕度、可视度和易获得性。

在以上项目的引领下,我国数字图书馆发展驶入快车道,不同类型机构开展了本领域的数字图书馆建设项目,比较有代表性的有:教育部组织实施的"中国高等教育文献保障系统",中国科学院组织实施的"国家科学数字图书馆",文化部组织实施的"全国文化信息资源共享工程""全国公共图书馆数字图书馆推广工程",科技部主导实施的"国家科技图书文献中心"等。此外,中共中央党校、中国社会科学院等也都建设了本系统的数字图书馆项目。不同类型的用户可以通过相应的数字图书馆有针对性地获取自身所需的信息资源。

经过多年发展,我国数字图书馆取得了巨大成就,但在发展中仍面临一些问题,主要体现在以下方面。

1. 法律方面

数字图书馆发展面临着以著作权为代表的法律问题。数字图书馆在资源建设和服务过程中,需要开展纸质资源数字化、数字资源传播和提供等工作,如果资源对象是受著作权法保护的客体,仍在权利保护期内,并且数字图书馆的活动难以满足著作权法规中

---

① 高文,刘峰,黄铁军. 数字图书馆——原理与技术实现[M]. 北京:清华大学出版社,2000:15-16.

有关合理使用条款的要求，那么开展相关工作就存在侵权风险。

从我国数字图书馆领域发生的侵权诉讼看，大多为未经著作权人许可，对仍在著作权保护期的作品进行了复制和传播，侵犯了著作权人的复制权、信息网络传播权等权利。如何在依法保护著作权人权利的基础上，高效获得授权，避免侵权风险，同时对于公益性图书馆而言，如何在数字图书馆建设与服务过程中争取更大范围的合理使用豁免，是需要重点关注的问题。

2. 技术方面

数字图书馆的功能拓展和服务提升需要借助信息技术。一方面，信息技术环境日新月异，不断有新突破和新应用；另一方面，在当前信息获取竞争激烈的环境下，用户对数字图书馆的功能期望会不断提升，因此数字图书馆研究和建设者就必须持续关注新技术应用的可行性。

数字图书馆在发展过程中，需要更有效地利用信息资源采集、组织和服务技术，通过深入应用数据分析和挖掘技术，使数字图书馆更具智慧化特征，朝智慧图书馆方向发展。随着技术更新换代的加快，数字信息资源的长期保存问题日益凸显。如何确保数字图书馆中存储信息内容的长期可获取性，是数字图书馆未来发展需要解决的重要技术问题。我国数字图书馆建设过程中，中文信息处理关键技术、跨语言信息检索技术等都是需要特别关注的领域。此外数字图书馆技术如何与图书馆业务更好融合、如何提升用户体验等，这些都有待深入研究和实践检验。

3. 经费方面

在数字图书馆建设过程中，技术研发、平台建设、著作权问题解决等都需要大量的持续经费投入，不同类型建设主体和建设模式的数字图书馆都会面临经费问题。国家需要重视数字图书馆在促进信息获取利用、保障国家信息安全、传承传播优秀文化等方面的特殊价值。数字图书馆的资源建设与服务具有很强的正外部性。对于公益性数字图书馆，政府各级机构需要积极给予持续的经费支持；对于企业化运作的数字图书馆，国家需要提供相应的政策支持，数字图书馆需要找到合适的市场切入点和盈利模式，以实现更好的可持续发展。

以上所述问题并非数字图书馆建设发展过程中所独有。在后续的智慧图书馆建设过程中同样也会遇到，需要进一步找寻解决方案。

二、复合图书馆

(一)复合图书馆的内涵

图书馆职业大力推进数字图书馆建设，是在社会数字化转型过程中，为适应公众对数字资源和服务的需求变化所进行的适应性调整。在信息资源载体的转型演变过程中，人们逐渐发现，传统载体类型的文献在一定时期内还将长期存在，一些类型的纸质出版物数量还在不断增长，"无纸社会"在短期内难以实现。作为具有悠久历史的社会机构，图书馆丰富、多元的职能并不能仅靠数字图书馆这一单一形式实现。因此在发展历程中，数字图书馆并不能完全取代传统图书馆，二者应是相互补充的关系，"复合图书馆"(hybrid library)的提出体现了这种发展思路。

复合图书馆概念由美国学者斯图尔特·萨顿(Stuart Sutton)在 1996 年提出。其认为复合图书馆的主要特征是馆藏中印刷型文献和网络文献并存，是传统图书馆和数字图书馆融为一体的兼容性图书馆。萨顿提出的复合图书馆概念在学界和实践领域受到了广泛关注。英美等国众多复合图书馆建设项目以之为理念进行设计和服务。特别是在英国，高校图书馆中出现了大量有关复合图书馆的建设项目，其中具有代表性的有伯明翰大学主持的 BUILDER (Birmingham University Integrated Library Development and Electronic Resource)项目，伦敦政治经济学院、伦敦商学院、赫特福德大学合作建设的 HeadLine (Hybrid Electronic Access and Delivery in the Library Networked Environment)，诺森比亚大学和曼彻斯特城市大学合作建设的 HyLiFe(Hybrid Library of the Future)等。这些项目的共同特征是整合不同类型的资源与服务，通过统一的用户界面和身份验证系统实现对资源的无缝整合存取，为用户创造一个更便于获取利用的信息环境。

我国学者及时关注了复合图书馆的研究与实践进展，讨论复合图书馆理念对我国图书馆事业发展的指导意义。《图书馆·情报与文献学名词》中对复合图书馆的定义为：传统图书馆和数字图书馆的过渡形态或有机结合体，收集和管理实体信息资源及数字信息资源，融合各种技术提供集成系统，为用户提供馆内服务和网络服务。[①]

复合图书馆概念的出现与发展，体现了一种平衡理念，强调在数字环境下不能忽视

---

① 图书馆·情报与文献学名词审定委员会. 图书馆·情报与文献学名词[M]. 北京：科学出版社，2019：37.

实体图书馆的功能和价值。复合图书馆建设的核心在于利用一切可以获取的资源，满足用户需求，提升图书馆服务能力，充分发挥图书馆价值。

在对图书馆业态演变的讨论中，一些学者划分为"传统图书馆—复合图书馆—数字图书馆"的发展历程，认为复合图书馆是传统图书馆向数字图书馆过渡的中间阶段。但复合图书馆是否最终发展为完全的数字图书馆，还需要在实践中进行检验。

（二）复合图书馆的特征

复合图书馆的特征主要体现在以下方面。

1. 资源的复合性

当前环境下，数字信息资源迅猛增长，逐渐成为社会的主流信息载体类型。虽然数字信息有获取便利、内容丰富等优势，但纸质出版物和纸质阅读仍有其优势。众多研究发现，与数字阅读相比，纸质阅读的阅读效果更优，能够带来对阅读文本更好的理解;[1] 数字阅读会对人的身体健康造成不良影响;[2] 人们长期养成的纸质阅读习惯在短期内无法完全改变。

在复合图书馆中，注重发挥不同类型资源各自的优势和价值，将传统载体资源与数字信息资源、本地资源和远程资源进行有效整合，提供一站式服务，使用户可以无缝获取资源本身或资源的存储地址。

现阶段在图书馆中广泛应用的资源发现系统为复合资源的集成和利用提供了统一检索的入口。基于数据资源整合技术，资源发现系统对海量的、异构来源的元数据和部分对象数据，通过抽取、映射、收割、导入等方式进行预收集，通过归并映射到一个标准的表达式进行预聚合，形成统一的元数据索引，实现对所有馆藏实体和数字资源的全面整合，在单一的检索框中完成一站式检索，同时以超链接技术为主要手段，为用户提供快捷、易用、高效的资源发现与传递服务。[3]

不同类型、规模的图书馆在资源的复合程度上存在差异，需要结合用户的实际需求和图书馆的发展需要，寻找数字资源和传统载体资源合适的平衡点。

---

[1]　Barshay J. Evidence Increases for Reading on Paper Instead of Screens[EB/OL].［2022-06-06］. https：//hechingerreport. org/evidence-increases-for-reading-on-paper-instead-of-screens/.

[2]　Peter E S. E-Readers Foil Good Night's Sleep[EB/OL].［2022-06-06］. https：//hms. harvard. edu/news/e-readers-foil-good-nights-sleep.

[3]　陈红 . 高校图书馆员应知应会[M]. 北京：国家图书馆出版社，2021：151-152.

2. 服务的复合性

复合图书馆将现场服务与数字服务有机结合起来，更好地实现图书馆的职业功能。图书馆的服务体系是多层次、多类型的，新环境下传统的服务方式能够继续发挥作用，满足特定用户的需求。如在图书馆参考咨询服务方面，借助网络工具实施的咨询服务成为主流，但传统的咨询台咨询、电话咨询等仍有保留价值；图书馆通过在线方式提供各种数字化培训课程，但线下的培训项目还需继续发挥作用，图书馆员可以面对面地为用户提供指导。图书馆服务的复合性特征，对于一些特殊群体尤其重要，如老年用户、少儿用户等。图书馆的现场服务更适应这些用户群体的信息利用需求和信息行为特征，更能体现服务的价值。

3. 空间的复合性

复合图书馆集成了数字空间和实体空间，根据不同空间的特点提供相应的资源和服务。如在数字空间中，可以通过"个人数字图书馆"（My Library）等方式，打造专属于特定用户的信息利用环境，从海量数字资源中筛选出用户所需的内容，提供有针对性的个性化服务。复合图书馆重视实体空间的价值。通过图书馆实体空间的有效利用，开展展览、培训、讲座等丰富的服务项目，创造浓郁的学习氛围，激发强烈的学习欲望，更好地实现图书馆的文化和教育职能。

（三）复合图书馆的新发展

复合图书馆理念为转型时期的图书馆如何发展提供了比较平衡的路径选择，使图书馆能够更好地适应新环境下的用户需求。总体而言，虽然当前"复合图书馆"这一术语已不常使用，但纵观图书馆发展过程中出现的一些新业态，正是复合图书馆思路和特征的应用。以在我国高校图书馆中普遍应用的信息共享空间（Information Commons，IC）为例，它就是在图书馆的特定空间中，整合信息资源（包括印刷型、多媒体、数字资源等）、软硬件设备、服务人员，提供一站式服务，开辟协作式学习环境，促进用户的学习、研究和交流。信息共享空间充分整合了图书馆的空间、资源和服务，更好地适应了用户多样化的需求，使图书馆服务更加主动融入知识学习与科研创造的过程中，提升了图书馆的服务能力。

随着数字社会的深入发展，近年来出现的一些热点技术为复合图书馆的发展创造了更多可能性。如数字孪生（digital twin）技术，将生物或非生物的物理实体和其在虚拟世界中的数字复制品进行连接，实现物理实体和虚拟实体的数据无缝传输，并允许物理实体与虚拟实体同时存在。①

学者们提出利用数字孪生技术，建设数字孪生图书馆的构想，复制图书馆的物理世界。在图书馆的实体空间配置传感设备，对实体空间的静态和动态内容进行完全映射，记录图书馆的最新状态。现实图书馆物理实体、服务资源与过程、用户及其行为等，都会在数字孪生图书馆中进行实时映射与双向反映，保持同步与一致。在此基础上，通过对映射数据的分析计算，评估图书馆状态，实现对图书馆未来发展的监测与预判，提出优化图书馆业务和服务的对策。在此状态下，形成物理空间的图书馆与虚拟空间的数字孪生图书馆同生共存、虚实交融、协同优化的发展模式，是复合图书馆发展的新阶段。②

2021年起，元宇宙(Metaverse)成为热点领域，对图书馆行业带来了直接影响。Metaverse一词源于1992年美国科幻作家尼尔·斯蒂芬森(Neal Stephenson)出版的《雪崩》(Snow Crash)一书。人们在Metaverse中可以拥有自己的虚拟化身(Avatar)，以该身份在虚拟世界中生活。

当前对元宇宙的理解存在着差异。清华大学新闻与传播学院元宇宙文化实验室发布的《元宇宙发展研究报告3.0版》中，对元宇宙给出了综合性定义：元宇宙是整合多种新技术产生的下一代互联网应用和社会形态，它基于扩展现实技术和数字孪生实现时空拓展，基于人工智能和物联网实现虚拟人、自然人和机器人的人机融生，基于区块链、Web3.0、数字藏品/NFT(非同质化代币)等实现经济增值性。在社交系统、生产系统、经济系统上虚实共生，每个用户可进行世界编辑、内容生产和数字资产自所有。③

从该界定可以看到，元宇宙是整合虚拟现实(Virtual Reality，VR)、增强现实(Augmented Reality，AR)、云计算、人工智能、区块链等信息技术构建的虚拟世界与现实世界相结合的互联网应用。它通过打造数字化空间，提供各种类型的服务，为公众在跨越时空界限的虚拟世界中开展社交、工作、学习、娱乐等活动创造了条件，为公众拓展体验提供了无限可能。

---

① 许鑫，兰昕蕾，邓璐芗．数字孪生视阈下智慧图书馆业务融合研究[J]．大学图书馆学报，2022(2)：59-66.

② 张兴旺，石宏佳，王璐．孪生图书馆：6G时代一种未来图书馆运行新模式[J]．图书与情报，2020(1)：96-102.

③ 清华大学元宇宙发展研究报告3.0版发布[EB/OL]．[2022-12-06]．https：//www.sohu.com/a/605882367_152615.

图书馆是元宇宙的重要应用场景：图书馆元宇宙可以借助区块链技术，通过数字藏品形式实现图书馆资源的数字资产化，推动文化以新形式传承和利用；可以通过连接沉浸式学习环境、展览、讨论、会议和研讨会，提供图书馆员和虚拟人参与的图书馆元宇宙信息服务；可以使用增强现实技术实现生物人、数智人和机器人在虚拟空间的信息交互，提供虚拟人咨询服务等。①

当前图书馆元宇宙处于起步阶段，虚拟现实和增强现实技术应用是主要的落地手段。虚拟现实技术通过计算机模拟的虚拟环境，给用户带来沉浸式体验。增强现实技术可以将虚拟信息与真实世界融合，将虚拟元素带入现实世界中，充分调动用户的各项感官，带来更吸引人的互动体验。图书馆在虚拟导航、资源展示、阅读推广、参考咨询等领域可以应用虚拟现实和增强现实技术，实现虚实交互、数实融合的状态，提升用户体验。从以上图书馆元宇宙的应用设计来看，有很强的复合图书馆特征，是复合图书馆发展的新阶段。

图书馆元宇宙的未来走向，需要在整个元宇宙产业发展的背景下展开。国际上已经出现了有关图书馆元宇宙的应用案例，为丰富用户的图书馆利用体验打造了新的平台。图书馆保持对新兴事物的敏感度，不断探索尝试适合于本行业的元宇宙应用，使图书馆事业保持发展活力，在未来社会中继续占有一席之地。

三、智慧图书馆

智慧图书馆（Smart Library）的术语是由芬兰奥卢大学（University of Oulu）马库斯·艾托拉（Markus Aittola）等于2003年提出的，其设计的智慧图书馆利用无线网络的位置感知移动图书馆服务，基于地图帮助用户在图书馆中找到所需图书。② 智慧图书馆的概念不断拓展、深化，国外众多图书馆结合本馆实际，进行了智慧图书馆项目研发建设。

在我国大力推进智慧城市建设的背景下，作为其中重要的组成部分，智慧图书馆成为新的关注热点。其被写入了我国众多战略发展规划，成为当前图书馆界理论研究与实践建设的核心关注领域。

---

① 刘炜，祝蕊，单蓉蓉. 图书馆元宇宙：是什么、为什么和怎么做[J]. 图书馆论坛，2022(7)：7-17.

② Aittola M, Ryhänen T, Ojala T. Smart Library：Location-Aware Mobile Library Service[C]//Luca Chittaro. Human-Computer Interaction with Mobile Devices and Services. Mobile HCI 2003, Berlin, Heidelberg：Springer, 2003：411-416.

（一）智慧图书馆的概念

智慧图书馆目前尚处于发展早期，对其概念的认知存在不同的理解。有关智慧图书馆的代表性定义如下：

智慧图书馆以物联网、大数据、区块链及智能计算等设备和技术为基础，将图书馆的专业化管理和智能的感知、计算相结合，有效、精准、快捷地为用户提供所需的文献、信息、数据等资源，提供经过深加工的知识服务，提供用户需要的智能共享空间和特色文化空间，是虚实有机融合的图书馆。①

智慧图书馆是一个智慧协同体和有机体，有效地将资源、技术、服务、馆员和用户集成在一起，在以物联网和云计算为核心的智能技术的支撑下，通过智慧型馆员团队的组织，向用户群体提供发现式和感知化的按需服务。②

智慧图书馆本质上是以"人"为中心，在图书馆空间、资源和服务能力方面有显著提升。以大数据资源为基础，以数据分析挖掘技术为手段，最终目标体现在更加全面、主动、快速地回应和满足用户的信息和知识需求。总体上看，智慧图书馆主要有以下组成要素。

1. 智慧化技术

智慧图书馆是当前各类型前沿信息技术的综合应用集合体。人工智能、物联网、云计算、区块链、无线感知、虚拟现实、增强现实、机器学习、语义技术、生物信息识别、语音识别等技术在智慧图书馆的不同领域能够得到充分应用。智慧图书馆技术的具体表现就是对图书馆人和物的全面感知，在感知基础上的跨时空立体互联，在信息共享基础上的深度协同。③

总体而言，智慧图书馆的技术包含感知传导、分析判断和服务提供三方面，构成一个完整的图书馆服务链，其中大量采用人工智能和机器学习技术。④ 不论是在智慧图书馆的实体空间还是数字空间，通过智能终端及时、全面地采集、感知图书馆的资源、环境和用户状态数据，在对数据进行深度分析的基础上，为图书馆业务的优化和服务的提

① 李玉海，金喆，李佳会，李钰. 我国智慧图书馆建设面临的五大问题[J]. 中国图书馆学报，2020，46（2）：17-26.
② 陈进，郭晶，徐璟，施晓华. 智慧图书馆的架构规划[J]. 数字图书馆论坛，2018（6）：2-7.
③ 王世伟. 论智慧图书馆的三大特点[J]. 中国图书馆学报，2012，38（6）：22-28.
④ 刘炜，刘圣婴. 智慧图书馆标准规范体系框架初探[J]. 图书馆建设，2018（4）：91-95.

升提供决策依据。

2. 智慧化数据

在智慧图书馆业务和服务实施过程中，普遍需要基于数据展开，因此数据的采集、加工成为关键环节。智慧化技术应用的核心目标之一是采集到足量数据，既包括图书馆的文献资源数据、业务数据，也包括在图书馆物理空间和网络空间采集的用户状态和行为数据。

纳入智慧图书馆体系中的智慧数据具有情境化、可认知、可预测的特点，通常带有自描述机制，有领域本体作支撑，使其符合特定的逻辑结构和形式规范，由此形成智慧的基础，产生可预测和可消费的数据；智慧数据是一种人和机器都能读懂的编码化知识，便于机器理解，具有较强的可解释性，支持逻辑推理，使其能够用于多种用途和支持多种互操作。[①] 在智慧图书馆发展过程中，需要建设更多高质量的智慧数据，为后续业务开展和服务优化提供基础性保障。

3. 智慧化服务

智慧图书馆的重要特征是收集数据，形成大数据，利用算力配合各种算法进行数据挖掘，来达成各种更精准或更智慧的服务。[②] 在利用智慧技术采集智慧数据的基础上，智慧图书馆将不同来源的用户、资源、业务、空间等数据进行融合，应用多种技术对数据进行挖掘，发现用户行为规律，研判、预测用户需求，挖掘用户潜在信息需求，提供精准服务。智慧图书馆服务更加强调场景化，根据不同的场景参数触发相应的反馈机制，动态感知用户需求，有针对性地进行回应，实现超预期的用户体验。

智慧化服务充分体现了智慧图书馆"以人为本"的理念，反映了信息技术应用的最终目标是更好地满足用户需求，智慧图书馆以更主动、及时、便捷的方式为用户各类型知识、信息问题的解决提供全面支持。

4. 智慧化空间

与数字图书馆不同，智慧图书馆并不是单纯的虚拟、在线形式，而是具有线上线下相结合的复合性特征。智慧图书馆在数字空间之外，同样强调实体空间中相关业务和服务的开展，虚实融合是智慧图书馆发展的显著特征。

---

① 曾蕾，王晓光，范炜. 图档博领域的智慧数据及其在数字人文研究中的角色[J]. 中国图书馆学报，2018，44（1）：17-34.

② 陈红. 高校图书馆员应知应会[M]. 北京：国家图书馆出版社，2021：157.

图书馆实体空间是智慧技术的重要应用场景。通过智慧工具和设备的应用，实现智能盘点、智能流通等功能，提升图书馆的工作效率；面向用户提供智能导航、无感借阅、实体机器人问答咨询等服务，提升图书馆服务的品质，让用户获得更好的体验。此外，在图书馆实体空间中实现互联互通、全面感知的基础设施，是智慧数据的重要来源，为后续图书馆业务和服务的优化奠定了基础。

5. 智慧化管理

智慧图书馆在建设进程中，需要借助智慧数据、技术进行升级，使整个业务流程更加高效，服务开展更具针对性。在我国"全国智慧图书馆体系"建设项目的构架中，将"智慧图书馆管理系统"作为重要组成部分，视其为智慧图书馆体系的"大脑中枢"。智慧图书馆管理系统对图书馆集成管理系统进行全面智能化升级改造，实现图书馆线上、线下业务的全流程智慧化管理。通过基于开放接口的"微服务"系统架构，灵活支持图书馆各种已知和未知业务的开放接入，支持各类应用开发机构或个人基于对系统数据的深度挖掘与整合利用，开发独特的知识服务应用模块，以实现面向不同服务人群、不同目标定位的个性化定制。①

6. 智慧化馆员

在智慧图书馆建设过程中，高素质馆员的作用非常关键。智慧化馆员需要对图书馆发展有很强的洞见力，对新技术应用有很高的灵敏度，具备很强的知识服务能力和学习能力。馆员能够和用户进行良好的互动交流，利用智慧化技术，更好地捕捉用户需求，结合本馆的实际情况设计、实施、优化相应的服务项目。为了达到以上目标，图书馆界从业者需要不断完善自身的知识和能力体系，以具备智慧图书馆建设的素质要求。

(二)智慧图书馆的体系结构

综合智慧图书馆各组成要素，其体系结构如图 10-2 所示。②

---

① 饶权. 全国智慧图书馆体系：开启图书馆智慧化转型新篇章[J]. 中国图书馆学报，2021，47（1）：4-14.

② 刘炜，嵇婷. "云瀚"与智慧图书馆：以开放创造未来[J]. 中国图书馆学报，2021，47(6)：50-61.

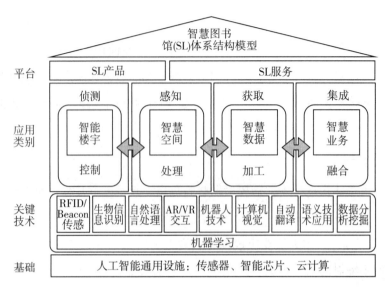

图 10-2　智慧图书馆体系结构模型

在智慧图书馆的分层体系中，最上层的平台层，主要包括直接面向用户的产品和服务（如自助图书馆、参考咨询机器人等）。其下是应用类别层，包括 4 类应用和核心功能：智能楼宇通过侦测行为达到控制目的，智慧空间通过感知来处理用户需求，智慧数据服务需要在获取信息资源之后进行加工，智慧业务管理通过对各类业务系统进行集成，达到融合后才能实现协同。在核心功能之下是关键技术层，包括使智慧得以实现的各类技术，其中机器学习是基础技术，处于非常重要的位置。最后一层是基础层，包含网络和硬件设施，提供存储、传输和计算能力。

（三）我国智慧图书馆的建设

未来我国图书馆发展进程中，智慧化转型是图书馆业态变化的重要趋势。2021 年以来，国家政策文件中对智慧图书馆建设给予了较多关注。《中华人民共和国国民经济和社会发展第十四个五年规划和 2035 年远景目标纲要》中，在"提供智慧便捷的公共服务"部分，提出"推进线上线下公共服务共同发展、深度融合，积极发展……智慧图书馆等"。文化和旅游部发布的《"十四五"文化和旅游发展规划》（2021）中，将"全国智慧图书馆体系建设"作为公共文化设施提升和服务拓展的重要内容。《"十四五"公共文化服务体系建设规划》（2021）中，对"全国智慧图书馆体系建设项目"的实施路径进行了具体规划：以全国智慧图书馆体系建设为核心，搭建一套支撑智慧图书馆运行的云基础设施，搭载全网知识内容集成仓储，运行下一代智慧图书馆管理系统，建立智慧化知识服务运营环境，在全国部分图书馆及其基层服务网点试点建立实体智慧服务空间，打造面向未来的图书馆智慧服务体系和自有知识产权的智慧图书馆管理系统，助力全国公共图书馆智慧化升级和服务效能提升。

在国家政策影响下，众多图书馆在自己的"十四五"规划中将智慧图书馆建设列为重要工作内容，开展了智慧图书馆建设实践，主要包括智能设备的引入、智慧空间的打造、基于监测数据的智慧服务等。上海图书馆基于开源图书馆服务平台项目 Folio(The Future of Libraries is Open)开发的云瀚智慧图书馆服务平台，为智慧图书馆功能的实现提供了基础。

我国智慧图书馆处于起步阶段，需要以国家政策为导向，围绕全国智慧图书馆体系建设项目，更加强调体系规划、分工协作。不同类型、规模的图书馆发挥自身职责，结合本馆实际和用户需求，有重点地开展相关工作，共同参与构建全国智慧图书馆体系，促进图书馆资源和服务发挥最大价值。

第二节　新环境下图书馆的发展方向

一、图书馆发展面临的新环境

当今时代，随着信息生产、传播、获取方式的剧变，公众的信息需求和行为规律随之发生显著变化，进而对图书馆的发展带来巨大影响。

在公众信息获取利用过程中，数字信息因其内容丰富性、获取便捷性逐渐成为主流。在满足公众阅读领域，与传统纸质出版物相比，当前公共图书馆能够提供的适合用户的数字阅读资源还非常有限。随着类型各异的数字阅读工具、平台的出现，公共图书馆在大众数字阅读领域有被边缘化的趋势。当前环境下，碎片化阅读在人们获取利用信息过程中占据着越来越大的比重。基于大数据，各种新闻聚合平台、短视频平台等利用算法将智能推送应用到极致，牢牢把控了用户的注意力。当前愈加缤纷多彩的信息和娱乐工具在与图书馆竞争公众闲暇时间时处于强势地位，图书馆的利用受到了明显影响。

图书馆的核心服务面临着更多的竞争性替代品。各类型网络知识问答平台的出现与发展，为公众提供了答疑解惑的途径。虽然其权威性、客观性、准确性等无法得到保证，但因其便利性和丰富性吸引了大量用户，冲击了图书馆的参考咨询服务。各类型书店不断打造更加吸引用户的阅读空间，通过优雅的环境设施、专业的书籍内容、多样的活动组织，更深入地参与全民阅读社会建设过程，在某种程度上也是在与图书馆竞争用户资源。

对于服务于科学研究和人才培养的高校、科研图书馆而言，数据驱动的研究范式的出现，开放科学的发展，新型学术出版模式的广泛应用，新教学模式的普及等，对图书馆的资源建设与用户服务提出了更多新要求。

总体而言，为了适应环境变化，各类型图书馆需要直面竞争与挑战，积极回应用户需求，找准定位，更好地开展资源建设和用户服务，保持和拓展自身的核心竞争力，更有效发挥行业价值。

二、图书馆职能的坚守与拓展

图书馆职业有其特定社会分工。在未来发展进程中，图书馆职业需要围绕自身使命，面向用户需求，从技术、资源、空间等维度入手，在服务项目上不断开疆拓土，实现图书馆职能的坚守与拓展，保持对公众的吸引力，促进社会发展，继续为人类文明进步作出贡献。

(一) 强化文化职能

图书馆，尤其是公共图书馆，是国家基础性文化设施，是公共文化服务体系的重要组成部分，需要在中华优秀文化的保护、传承和传播过程中，更好地发挥自身作用。

2019 年 9 月，在中国国家图书馆建馆 110 周年之际，习近平总书记给国图 8 位老专家回信，提出："图书馆是国家文化发展水平的重要标志，是滋养民族心灵、培育文化自信的重要场所。希望国图坚持正确政治方向，弘扬优秀传统文化，创新服务方式，推动全民阅读，更好满足人民精神文化需求，为建设社会主义文化强国再立新功。"[①]

习近平总书记的回信突出强调了图书馆的文化职能，特别关注了通过"推动全民阅读"以实现优秀文化的传承和弘扬。阅读推广活动在公共图书馆发展中的重要地位受到了业界广泛认可：全民阅读是公共图书馆至高无上的职能，是公共图书馆的最重要任务，是公共图书馆发展的命脉。[②] 高校图书馆同样也需要将开展各类型阅读推广活动作

---

① 中共中央党史和文献研究院.习近平关于社会主义精神文明建设论述摘编[M].北京：中央文献出版社，2022：261.
② 程焕文.《公共图书馆法》与全民阅读//柯平.《公共图书馆法》专家解读[M].北京：国家图书馆出版社，2018：103-108.

为重要工作内容，向大学生推介优秀作品，激发阅读兴趣，引导阅读行为的发生，使大学生能够得到优秀文化的滋养，实现文化育人效果。

红色文化是中国特色的先进文化，蕴含着丰富的革命精神和厚重的历史文化内涵，是党和国家的宝贵精神财富。图书馆可以结合本地特色，成为参与红色文化资源建设与服务的重要机构。通过红色文化资源展览、主题阅读、专题报告等活动，铸魂育人，为塑造公众爱国主义精神贡献图书馆职业的力量。

古籍是承载中华优秀文化的重要载体。对古籍的保护和开发利用，是传承优秀文化的重要手段。2013 年 12 月，习近平总书记在中共中央政治局第十二次集体学习时强调：要系统梳理传统文化资源，让收藏在禁宫里的文物、陈列在广阔大地上的遗产、书写在古籍里的文字都活起来。2022 年 4 月，中共中央办公厅、国务院办公厅印发《关于推进新时代古籍工作的意见》，提出把祖国宝贵的文化遗产保护好、传承好、发展好，赓续中华文脉，弘扬民族精神，增强国家文化软实力，建设社会主义文化强国。2023 年 10 月，习近平总书记在对宣传思想文化工作作出的重要指示中强调"着力赓续中华文脉、推动中华优秀传统文化创造性转化和创新性发展"①。

图书馆因其丰富的古籍馆藏，可以在古籍资源保护、开发、利用过程中发挥中坚作用。图书馆需要结合自身古籍馆藏实际情况，在有效保护的基础上，通过展览、数字化、整理出版、文创产品开发等措施，加快古籍资源转化利用；借助多样化的传播手段，让研究者、公众等不同类型群体可以更便利地获取利用，从而能够更好地传承中华文化基因，涵育文化自信，推动优秀传统文化的创造性转化、创新性发展。

新环境下图书馆在发挥文化职能的过程中，出现了更多创新方式。党的二十大报告中提出"坚持以文塑旅、以旅彰文，推进文化和旅游深度融合发展"。图书馆可以充分发挥自身优势，创造具有图书馆特色与丰富文化内核的旅游产品与服务，实现文化和旅游的有机融合。图书馆在旅游景点、民宿、酒店等场所设立分馆，使旅游者更容易接触获取图书馆资源；图书馆组织研学旅行、文化走读等活动，以"行走+解读"的形式，选取具有深厚文化特色的景点、路线或书籍，通过实地走访加深度讲解，让用户享受体验式阅读的文化服务；开发多元化文创产品，吸引用户对优秀文化的关注等。文旅融合为图书馆服务的发展创新注入了更多活力。

① 习近平对宣传思想文化工作作出重要指示［EB/OL］.［2023-11-20］. http://www.news.cn/politics/leaders/2023-10/08/c_1129904890.htm.

（二）丰富教育职能

当前环境下，终身学习的理念已经普及，公共图书馆有更多机会参与公共教育实施过程。不同类型、规模的图书馆可以根据本馆、本地区实际情况，围绕用户需求，有针对性地设计和实施相关教育培训项目。各种类型的讲座和培训成为公共图书馆的服务亮点，为公众提供了更多免费学习的机会，丰富了公众的知识储备，促进了国民素质和社会文明程度的提升。借助信息网络技术，图书馆通过网络直播、大规模开放在线课程（MOOC）等方式传播教育资源，扩大课程受众范围。如中国国家图书馆制作的"国图公开课"，内容权威，主题多样，对公众而言是非常有价值的学习资源。

对于高校图书馆而言，教育职能的实现更加多样。一方面，图书馆可以发挥自身优势，丰富面向大学生群体的信息素养、科研培训等服务，培养大学生的自主学习能力。在大学生的不同学业阶段，有针对性地设计实施相应服务项目。如在大学生科研立项、毕业论文撰写等过程中，从选题、研究综述、研究设计、研究方法应用、报告撰写、学术规范等不同环节，给予有针对性的指导。另一方面，图书馆可以更有效地嵌入高校课程教学过程中，提供不同类型的教学资源，协助组织相应的教学活动，满足师生需求，提升教学效果。

培养和提升公众信息素养、数字素养成为当前公共图书馆融入国家发展战略、深化自身教育职能的重要切入点。2021 年 10 月，我国中央网络安全和信息化委员会印发《提升全民数字素养与技能行动纲要》，提出的主要任务与重点工程包括：丰富优质数字资源供给、提升高品质数字生活水平和高效率数字工作能力、构建终身数字学习体系、激发数字创新活力、提高数字安全保护能力、强化数字社会法治道德规范。

在实现提升全民数字素养与技能目标过程中，图书馆可以成为落实行动纲要的重要承担者，面向不同年龄与职业群体，有针对性地建设相关教学资源，开展形式多样的教育培训活动，特别是针对老年人等特殊群体，设计符合其实际需求的数字素养培训项目，使全社会都能共享数字化发展带来的便捷和高效。

教育的内涵非常丰富，涵盖德智体美劳等各个方面，图书馆都可以找到适合自身的参与方式。以近年来在我国受到重视的美育领域为例，2020 年 10 月，中共中央办公厅、国务院办公厅印发《关于全面加强和改进新时代学校美育工作的意见》，提出美育是审美教育、情操教育、心灵教育，也是丰富想象力和培养创新意识的教育，能够提升审美素养、陶冶情操、温润心灵、激发创新创造活力，强调在新时代需要进一步强化学校美育育人功能，构建德智体美劳全面培养的教育体系。无论是公共图书馆，还是高校图书馆、中小学图书馆，都可以利用自身的文献、空间、人力、社会资本等资源，开展与美育相关的展览、欣赏、传授、培训、竞赛等活动，在我国美育工作实施过程中发挥图书馆职业的功能。

(三)提升信息职能

向用户提供其所需信息，是图书馆社会分工所需承担的基本职责。美国学者弗雷德·勒纳(Fred Lerner)提出，不论技术变化的步伐如何加速，图书馆员的基本工作还是一样的，即收集和保存人类成就和想象力的记录，并把这些记录放到有需要的使用者手中。① 环境在变化，图书馆需要坚守信息服务这一核心职能。在面临更多竞争者的态势下，图书馆需要丰富信息职能的实现方式，以用户为中心，挖掘用户的潜在信息需求，从供给侧提供更多适应用户需求的服务项目，彰显图书馆信息服务的专业性，提升职业竞争力。

从服务深度上，图书馆的信息服务进一步向知识服务方向发展，开展学科服务、决策支持、智库服务等深层次服务项目。图书馆是传递信息的中介，更应成为知识的创造者，发挥自身不可替代的作用。需要更加围绕用户的场景和情境展开，嵌入用户的任务过程，为用户决策的最终制定提供信息保障，通过协同交互共同创造解决方案。

不同类型的图书馆在拓展信息服务项目过程中也有不同侧重点。如公共图书馆，可以将面向大众的健康信息服务作为新的服务开展类型，以适应"健康中国"战略的需要，融入大健康时代的公共服务体系中。在该过程中，公共图书馆可以发挥自身优势，针对公众需要，开展健康方面讲座；设立健康图书馆员，提供健康信息咨询；汇集医疗健康专题信息，传播健康与医疗信息；与其他机构合作，在社区开展公众健康服务等。②

在高校图书馆，深化信息服务的实现方式更加多元。高校图书馆需要积极参与到学校发展的核心工作中，如在数据分析的基础上，通过学科发展现状与趋势预测，为学校的科学研究、学科建设、人才引进等提供决策支持，更加彰显图书馆对于高校学科发展的重要支撑作用。当前众多高校、科研图书馆建设机构知识库(institutional repository)，

---

① [美]弗雷德·勒纳. 图书馆的故事[M]. 沈英，马幸，译. 北京：北京时代华文书局，2014：271.
② 周晓英. 健康服务：开启公共图书馆服务的新领域[J]. 中国图书馆学报，2019，45(4)：61-71.

系统搜集本机构的知识、信息资源产出，其中既包含公开出版物资源，又包含大量有价值的灰色文献，在实现对机构资源长期保存的同时，又能够进行有效揭示和传播，提升机构研究成果的可视度和影响力。

为适应科技强国发展战略，支持科技创新成为图书馆工作的重要目标，知识产权信息服务受到了广泛关注。至 2022 年，国家知识产权局、教育部已经批准了 4 批共 103 家高校国家知识产权信息服务中心，主要由高校图书馆承担。根据《高校知识产权信息服务中心建设实施办法》的规定，高校国家知识产权信息服务中心将知识产权信息服务工作融入高校知识产权创造、运用、保护、管理、服务全链条，促进高校协同创新和科技成果转移转化，支撑国家创新驱动发展战略和知识产权强国战略。在具体工作上，承担高校知识产权信息及相关数据文献情报的收集、整理、分析工作；建设、应用并维护高校知识产权信息资源平台；为高校知识产权管理体系的建立和完善、知识产权重大事务和重大决策提供咨询、建议和服务。通过知识产权信息服务的有效开展，图书馆更深入参与国家科技创新发展事业。

(四) 完善记忆职能

从其诞生之日起，图书馆就承担着社会记忆保存机构的职责。虽然当前图书馆的社会职能更加多元化，图书馆的工作内容日益丰富，但作为"文明的记录者，记忆的守护人"的特定身份，是刻在图书馆职业骨子里的基因，在新环境下需要探索履行该职能的更有效方式。

长期以来，纸质文献是图书馆馆藏的主体，对纸质文献的保存依赖于足够的空间。图书馆在面临纸质文献增长和存储空间不足的矛盾时，需要更有效地利用空间资源，提升保存效果。储存图书馆(depository library)是平衡文献保存和利用矛盾的一种有效机制。储存图书馆是专门收藏罕用图书和未用图书的图书馆，是一个地区或一个系统内，对各个图书馆藏书的形成、分布和储存过程中起调剂、配合作用的服务中心，其基本特点是充分收集并保存当前利用率不高但具有潜在价值的出版物。① 储存图书馆通过利用高密度存储设施，降低了保存成本，提供了适宜的保存环境，提升了保存效果，可以在图书馆纸质文献资源保存活动中发挥重要作用。

---

① 图书馆·情报与文献学名词审定委员会. 图书馆·情报与文献学名词[M].北京：科学出版社，2019：37.

不同类型的图书馆在承担保存职责过程中，侧重点有所不同。《中华人民共和国公共图书馆法》在对国家图书馆的职能描述中，明确提出其要"承担国家文献信息战略保存"职责。作为国家的总书库，国家图书馆需要将保存文献遗产功能置于突出重要的位置。国家图书馆在河北省承德县建设国家文献战略储备库，进行文献的灾备存储，提升文献保存的抗灾能力，以更有效地保护和传承国家文化。

对于一般公共图书馆而言，在开展文献保存过程中需要有分工取舍。《中华人民共和国公共图书馆法》第二十四条规定："政府设立的公共图书馆应当系统收集地方文献信息，保存和传承地方文化。"地方文献集中体现了一个地区的历史地理、风土人情、经济社会发展状况，是一个地区文化传承的重要载体，也是一个图书馆资源特色化的集中体现。因地方文献内容的独特性、资源类型的多样性、采集渠道的复杂性等特征，更需要公共图书馆通过制度化的措施加强相关资源的采集、保存和服务工作。

新环境下，数字信息成为社会的主流信息资源，承载新的时代记忆。与纸质资源相比，数字信息保存面临着更多难题。数字信息需要借助特定的软硬件才能存储和读取，载体的过时、损毁等都会造成数字内容的消失湮灭。数字信息易于篡改的特征导致需要在其保存过程中关注真实性问题。整体而言，数字信息的生命周期短暂，如果不及时采取有效的保存措施，则会造成一个时代记忆无可挽回的损失。数字信息是促进国家文化传承延续、推动经济社会发展的重要战略资产，积极参与数字信息资源保存活动成为深化图书馆保存职能的重要体现。在进入 21 世纪后，美国、德国、澳大利亚等众多国家实施了国家层面的数字信息长期保存项目。国内外众多图书馆实施网络信息资源采集、保存项目，促进了数字时代民族记忆和文化遗产的保存。

针对不同类型的数字信息，需要解决技术、法律、经济等方面的复杂问题。图书馆、博物馆和档案馆在保护我们的文化、历史及各种形式的知识方面都起着重要的作用，然而，这些功能在本质上都依赖于机构对其所获得的作品的控制权。[①] 与纸质出版物不同，图书馆在采购数字资源时，受制于采购协议，很多情况下并没有获得数字资源的所有权，难以开展数字资源保存活动。为了争取长期保存权利，需要图书馆之间的通力合作，以集体力量发出图书馆行业呼声。

2015 年，国家科技图书文献中心联合全国 50 多家图书馆，签署和发布《数字文献

---

① [美]亚伦·普赞诺斯基，杰森·舒尔茨. 所有权的终结：数字时代的财产保护[M]. 赵精武，译. 北京：北京大学出版社，2022：111.

资源长期保存共同声明》，向国内外出版商宣示我国图书馆界对所购买的国内外数字信息资源在中国本土进行长期保存的要求，明确支持国家建立可靠和可持续的数字文献资源长期保存系统。这种对数字学术资源的有效保存，在当前国际环境下，声明中提出的方案对于保障国家数字信息资源安全的意义更为重大。

传统上在实现保存社会记忆职能的过程中，图书馆关注更多的是出版物资源。记忆的载体类型非常多元化，口述资料、实物等更加生动形象的载体可以纳入图书馆的采集和保存范围，创新保存社会记忆的实现方式。中国国家图书馆重视口述历史资料的搜集保存，开展"中国记忆"项目，发布《全国图书馆界共同开展记忆资源抢救与建设倡议书》，围绕东北抗联老战士及其后代、非物质文化遗产项目传承人、中国著名当代音乐家进行口述历史采集工作。在"中国记忆"项目实施过程中，图书馆的功能从"获取—加工—传播"三维向度，发展为包含"生产"在内的四维向度，这是图书馆事业的本质要求和必然选择。[1] 2020 年 4 月，中国国家图书馆启动中国战"疫"记忆库项目，征集抗击新冠疫情主题资源，包括与战"疫"相关的手稿、照片、书画墨迹、数字资源、口述史料等具有保存和利用价值的资源，守护这一特殊时期刻骨铭心的国家记忆。

(五)拓展空间功能

图书馆的实体建筑和空间，是区别于单纯的网络信息服务提供者的核心要素，是体现图书馆职业价值的关键特征之一，能够成为吸引公众利用的重要因素。在网络社会，虽然虚拟交流工具越来越多样、便捷，但公众对于利用实体空间开展各项活动的需求仍然非常旺盛。实体空间能够带来更真实的现场感。图书馆既可以为个体提供相对私密的学习空间，也可以为公众提供适合交流的公共空间，促进了信息、知识的分享和传播。因为有实体空间的存在，公众在图书馆中利用资源和服务时，可以获得更丰富的体验感。美国作家苏珊·奥尔琳提出："图书馆将变成更像城市广场一般的存在：一个当你不在家时就是家的地方"[2]。图书馆只有更好地发挥空间功能，才有可能实现这一目标。

丹麦学者延斯·索尔豪格(Jens Thorhauge)将公共图书馆的空间功能总结为四种类

---

① 尹培丽.图书馆口述资料收藏研究[M].北京：国家图书馆出版社，2017：21.
② [美]苏珊·奥尔琳.亲爱的图书馆[M].文泽尔，译.上海：文汇出版社，2021：328.

型，如图 10-3 所示。①

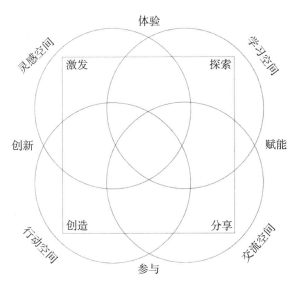

图 10-3　公共图书馆空间功能模型

图书馆支持四项目标的实现：体验、参与、赋能和创新，在这个过程中，打造四类空间：

（1）学习空间（learning space）：可以探索和发现世界，既可以通过正式的课程、讲座报告、电子学习（e-learning）等方式，也可以通过非正式学习活动，如游戏、艺术活动、参考咨询服务等。

（2）灵感空间（inspiration space）：通过综合应用众多类型的审美表达方式为用户带来令人兴奋的体验，如文学、电影、音乐、美术、表演、戏剧等。

（3）交流空间（meeting space）：是一个开放的公共空间，目的是使公众参与本地社区活动或讨论，能够为非正式的交流或有组织的活动提供空间。好的图书馆应能提供多样化的交流空间，从近乎私人的空间到像广场一样的大厅、多种类型的公共讨论空间。

（4）行动空间（performative space）：该空间与图书馆支持创新的理念密切相关。用户可以在接触媒体、材料、工具、导师、研讨会、创业技能和活动场景等过程中，受到

① Thorhauge J. Transforming Public Libraries in the Knowledge Society［EB/OL］. ［2022-12-06］. https：//www. ifla. org/wp-content/uploads/2019/05/assets/public-libraries/publications/day_2_09. 40_-_jens_thorhauge_1. pdf.

启发，创造出新的艺术表达或发明。

从图 10-3 中可以看到，丹麦学者提出的不同空间之间的界限并不严格，彼此之间也存在交叉，其强调的是通过充分利用图书馆的环境设施，设计相应的活动项目，更好地满足公众各类型需求。

丹麦学者提出的公共图书馆空间功能模型在芬兰赫尔辛基颂歌中央图书馆（Oodi Helsinki Central Library）的建设与服务中得到了充分体现。该图书馆一楼用于公众的交流互动，设有咖啡厅、餐厅、电影院、展厅；二楼是创造性活动区，提供多功能教室、会议室、音乐室、创客空间（配备 3D 打印机、缝纫机和其他设备）等，公众可以根据自身兴趣选择合适的课程。三楼是阅读区，有 10 万册图书可供借阅，提供了多种适宜读书的阅览设施。赫尔辛基颂歌中央图书馆的设计充分表征了图书馆作为交流中心、学习中心和知识中心的功能，受到了国际上的广泛关注，被国际图联评为"2019 年度最佳图书馆"。

我国图书馆在新馆建设和旧馆空间再造过程中，关注到了图书馆作为场所（place）价值的发挥。许多图书馆调整空间布局，充分发挥图书馆空间优势，以舒适温馨、优雅别致的环境吸引用户享用图书馆的服务，以更加集成高效的服务契合用户的实际需求。通过学习空间、创客空间等的提供，激发用户的好奇心和创造力，使图书馆具备更多的功能和效用。

（六）探索其他功能

在当前自然和社会环境不断变化的背景下，图书馆需要积极做出应对，丰富图书馆的功能，使职业发展更好地契合社会需求。如在老龄化形势日趋严峻的背景下，公共图书馆专门设计适合全家人参与的服务项目，组织代际阅读（intergenerational reading）活动，增进家庭成员间的亲密关系，成为家庭关系的黏合剂；招募老年读者志愿者，促进不同年龄群体用户之间的交流，丰富老年人的日常生活，提升其自我价值感。

在数据驱动成为科学研究的重要范式情况下，科学数据成为重要的资源。高校图书馆、科研图书馆为了丰富科研支持功能，需要将科学数据纳入自身资源体系，将科学数据管理与服务作为图书馆的新职责。与科研人员合作，建立科学数据管理平台，促进科学数据资源的发现、传播、共享和重用，更加有效发挥科学数据的价值。

近年来公共卫生、自然灾害等方面的突发性公共事件越加频繁，考验着社会各类型机构的应对能力。在面临突发灾难事件时，图书馆要勇于、善于担当，发挥自身优势，作出图书馆职业的贡献。如在新冠疫情蔓延时，我国许多图书馆大力开展"书香抗疫"，建设"方舱书屋"，开发"方舱数字文化之窗"，提供有针对性的信息和文化资源，在艰难的条件下为公众提供精神食粮，帮助公众克服身心障碍，使抗击疫情的战斗中有了书香浸润，为抗疫活动的开展提供了有力支撑。2021 年 7 月 20 日，在河南省郑州市遭遇特大暴雨袭击时，郑州图书馆夜不闭馆，为读者及附近被困群众免费提供食宿，图书馆以人为本的理念在灾难面前更加显现出来，体现出图书馆对城市公民生命的默默守护，成为公民的"庇护所"①。

三、提升服务品质，实现高质量发展

服务是图书馆职业的永恒主题，是用户与图书馆之间产生交互的直接切入点。在新环境下，图书馆需要不断提升服务品质，增强公众利用图书馆的获得感，满足其对美好生活的向往。

(一)应用新技术、新工具改善服务

技术的发展创造了更多类型的信息生产和传播工具。历史上看，图书馆重视将新的信息技术、工具，应用于图书馆的业务和服务过程中，以提升图书馆的服务能力和效果。

以 21 世纪为例，随着 Web 2.0 时代的到来，图书馆界及时关注了交互式互联网络带来的深刻变革，将博客、维基、Tag 等为代表的 Web 2.0 工具和技术应用在了图书馆资源建设与服务过程中，将用户从单纯的利用者角色拓展为共同建设者，充分利用用户资源，增强参与性和互动性，在丰富用户体验的同时，提升了图书馆的服务品质。

互联网在持续变化中，用户在不断尝试新的工具或社交网站，图书馆员也需要准备将下一项工具纳入自己的工作范围。② 在我国，随着微博、微信、短视频平台等不同类型的信息传播工具的出现，图书馆及时将其纳入自身的服务体系，使图书馆服能够更有效地融入公众信息获取利用环境，拉近与用户之间的距离，提升图书馆服务的可及性。

随着智慧图书馆的建设发展，大数据技术在图书馆中应用的推进，图书馆在提升服务效果方面有了更多尝试，其中用户画像(user profile)技术在图书馆中受到了重视。图

---

① 张久珍. 图书馆：民众的守护者[J]. 图书馆论坛，2021(5)：10-12.

② Jacobson T B. Facebook as a Library Tool：Perceived VS. Actual Use[J]. College & Research Libraries，2011，72(1)：79-90.

书馆通过多种渠道采集用户的特征数据、行为数据、场景数据等内容，构建用户描述性标签属性，描绘、勾勒用户的特征、偏好，进行用户的多维度分类，识别用户的多元化、个性化需求，挖掘潜在信息需求，在此基础上实现图书馆资源和服务的精准化推荐，提升服务的适用性和个性化。

(二) 增强图书馆服务的便利性

公众利用图书馆资源和服务需要付出一定的时间、精力成本。在信息利用最省力法则的影响下，如果图书馆离居民住所的距离过远，那么公众的图书馆利用行为就比较难发生；如果图书馆的开放时间与公众的工作时间同步，公众能够利用图书馆的时间段就受到限制。因此图书馆需要提升服务的便利性，核心在于拉近图书馆与公众的空间、时间距离，使图书馆资源和服务能够更容易地被获取利用。

对于公共图书馆而言，建设图书馆服务网络体系是提升服务便利性的重要措施。《中华人民共和国公共图书馆法》第十三条提出"国家建立覆盖城乡、便捷实用的公共图书馆服务网络"。第三十一条提出"县级人民政府应当因地制宜建立符合当地特点的以县级公共图书馆为总馆，乡镇(街道)综合文化站、村(社区)图书室等为分馆或者基层服务点的总分馆制，完善数字化、网络化服务体系和配送体系，实现通借通还，促进公共图书馆服务向城乡基层延伸"。第三十九条提出"政府设立的公共图书馆应当通过流动服务设施、自助服务设施等为社会公众提供便捷服务"。以上条款内容都鲜明体现了促进公共图书馆服务向基层延伸，解决公共图书馆发展不平衡不充分的问题，力求实现均等服务、普惠全民的目标，最大程度保障公民都有机会便利地享受公共图书馆服务。

在实践中，我国各地区公共图书馆结合本地和自身实际情况，建设总分馆体系，在企业、商场、学校、社区等场所设立图书分馆和服务点。从机器形式的"自助图书馆"，到以"城市书房"为代表的新型公共文化空间，公共图书馆打造"15分钟公共文化服务圈"，打通公众利用图书馆服务的"最后一公里"问题。

一些图书馆不断创新服务方式，实现送书上门，最大程度降低公众利用文献的时间成本。苏州图书馆的"网上借阅，社区投递"、浙江省图书馆的"信阅"、辽宁省图书馆的"辽图约书"、湖北省图书馆的"楚天云递"等服务，实现网络选借图书快递到家，突破了用户必须到馆借阅纸本文献资源的限制，有效提升了用户利用图书馆资源的效率。

数字化工具的应用具有突破时间、空间限制的显著特征。图书馆可以策划和实施数字资源服务项目，便利于公众接触和利用图书馆资源。上海图书馆曾在多家报纸上刊登

"市民数字阅读"广告，将二维码印在报刊上，读者扫码即可下载 App 阅读使用。中国国家图书馆与京港地铁合作，在北京地铁上开展"M 地铁·图书馆"项目。用户扫描车厢内二维码，可以免费阅读国家图书馆开放的优质资源。深圳图书馆在深圳地铁上开展类似服务。这些创新的方式深入到公众日常的生活环境中，将图书馆资源和服务推送到用户身边，便利了用户获取利用，带来了全新体验，提升了图书馆服务的竞争力。

（三）注重图书馆服务的用户体验

用户体验（User Experience，UE）是指用户在使用产品或服务过程中的全部心理感受，形成的对该产品或服务的认知印象，其将直接影响用户的后续使用行为。在当前体验经济时代，图书馆在提供服务过程中，如果让用户产生了不好体验，由于众多竞争对手的存在，很可能会导致用户弃图书馆而去。因此图书馆不仅需要提供用户所需的资源和服务，而且需要使用户在利用图书馆的过程中获得愉悦和满足感。在国外图书馆中，出现了"用户体验馆员"的职位，其主要职责就在于负责观察物理形态和数字形态的图书馆工作系统，通过收集用户数据、接受用户反馈、测试数字平台等工作，优化图书馆的实体和数字空间，提升交互体验，改进用户对图书馆的使用体验。[①]

用户体验重在细节。在图书馆实体空间，对馆舍进行空间再造，通过优雅舒适的环境给用户带来更佳的体验；在图书馆网站、微信公众号等数字空间设计过程中，需要更好地从用户角度出发，提升工具、平台的易用性，达到界面友好、交互便利、响应快捷等目标，面向不同类型用户设立有针对性的入口和板块，使其更符合不同用户群体的利用习惯，提升利用效果。

用户体验是与用户预期相比较得来的。图书馆通过开辟创新的服务项目，超出用户的预期，能够给用户带来更好的用户体验。如当前我国大力发展夜间文旅消费，在此背景下，有些图书馆推出了新的夜间服务措施和项目，适应公众生活习惯的变化和对夜间图书馆服务需求的增长。有些图书馆延长夜间服务时间，开设 24 小时服务空间；开展"图书馆奇妙夜"，进行亲子阅读、绘本表演、夜宿图书馆。在不影响日间图书馆服务和利用的情况下，这些夜间服务项目拓展了图书馆的服务时间线，创新了服务形式，让用户体验到不一样的图书馆魅力。

主题图书馆的建设和服务对于提升用户体验具有重要意义。主题图书馆围绕某一个

---

① 冯佳．用户体验图书馆员新职位的研究与思考[J]．中国图书馆学报，2022，48(2)：108-115.

特定主题开展资源建设、环境改造和服务提供，通过设计丰富的主题活动吸引用户参与和利用。如杭州图书馆的音乐分馆定期开展音乐赏析、讲座、音乐会、沙龙等形式的音乐主题活动，将静态的音乐文献转换成体验式的动态音乐活动。① 这样的服务方式为用户带来了高品质享受，产生了更好的用户体验。

(四)完善特殊用户群体服务

随着我国公共图书馆事业的发展，在逐渐能够满足普通公众的基本文化需求外，更加需要考虑不能通过正常途径获取资源的特殊用户群体的实际需求。

对于特殊用户群体，公共图书馆首先要关注年龄群体的两端：少年儿童和老年人群体。少年儿童因自身对读物的判断能力不足，表达能力有限甚至缺失(尤其是低幼儿童)，监护人在指导少儿阅读时通常缺少经验。该年龄阶段处于培养阅读兴趣和阅读能力的关键期，能够对人的一生产生深远影响，因此公共图书馆需要积极开设促进少年儿童全面发展的服务项目。少年儿童的年龄跨度大，认知水平存在显著差异，要求公共图书馆根据不同年龄阶段少年儿童的基本特征，提供与之相适应的空间、资源和服务项目。国际图联发布了《0~18岁儿童图书馆服务发展指南》(*Guidelines for Library Services to Children Aged 0-18*)，针对0~3岁群体的《婴幼儿图书馆服务指南》(*Guidelines for Library Services to Babies and Toddlers*)，针对12~18岁群体的《青少年图书馆服务发展指南》(*Guidelines for Library Services for Young Adults*)等文件，可以为公共图书馆设计实施面向少年儿童的服务项目提供全面指导。

由于主客观原因，老年人群体在利用图书馆的网络服务、数字资源、自助设备过程中，存在着诸多障碍。图书馆一方面可以开展针对老年人的数字素养培训项目，克服其畏难心理，提升其适应数字社会的能力；另一方面在采用新技术工具的时候要进行适老化改造，同时保留适合老年人行为特征的传统服务方式，提供人工帮扶措施，使老年人群体在利用图书馆资源和服务过程中能够有更好的体验，增强其获得感，更好地享受数字社会发展带来的便利。

国际图联发布了一系列为特殊群体用户提供服务的指南性文件，如《聋人图书馆服务指南》(*Guidelines for Library Services to Deaf People*)、《智力残疾群体图书馆服务指南》(*Guidelines for Library Services to Persons with Dementia*)、《阅读障碍群体图书馆服务指南》

---

① 柯平，袁珍珍，张畅. 主题图书馆的中国实践[J]. 图书馆建设，2020(1)：8-15.

（*Guidelines for Library Services to Persons with Dyslexia*）、《医院病人、长期居住在护理机构中的老年人和残疾人图书馆服务指南》（*Guidelines for Libraries Serving Hospital Patients and the Elderly and Disabled in Long-term Care Facilities*）、《监狱犯人图书馆服务指南（2023）》（*Guidelines for Library Services to Prisoners*）等。公共图书馆在发展过程中，通过以上文件为指导，结合本地区、本馆的实际情况，加强针对特殊群体用户的资源建设和服务开展，使图书馆服务更具包容性，使不同类型群体都能够共享社会进步带来的成果。

相较公共图书馆而言，高校图书馆的服务对象群体并不复杂，但同样需要关注特定群体的实际需求。如对于留学生群体，其存在一定的语言障碍，需求具有特殊性。我国众多高校图书馆开展阅读疗法（bibliotherapy）实践。对存在心理问题、有寻求帮助需求的同学，根据其实际情况，有针对性地为其选择相应的文献，进行全程的阅读指导，使其能够产生恢复健康的信心和勇气。从效果看，图书馆开展的阅读疗法实践作为辅助性治疗措施，能帮助同学走出困境，发挥了在高等教育体系中的特殊价值。

第三节　图书馆学发展趋势

从世界范围看，现代意义的图书馆学自诞生以来，走过了 200 余年的历程，在我国也有 100 余年的历史。学科发展虽有起伏涨落，但总体上取得了长足进步。一门学科在发展过程中受到众多内外因素的影响。当今时代，受信息技术发展的强烈冲击，为适应社会需要，图书馆学的科学研究和人才培养应如何应对？在面临学科交叉与融合的环境下，图书馆学在保持独立性的同时，如何寻找新的学科增长点，以促进自身的发展和壮大？图书馆学界需要审视和思考这些问题。

一、图书馆学的坚守与拓展

（一）图书馆学对机构范式的坚守

图书馆学作为起源于图书馆实践的学科，长期以来将图书馆工作和事业中需要解决的问题作为核心研究领域，关注图书馆职业的实际需求，为图书馆职业的发展提供知识来源和问题解决方案。这种将图书馆学研究领域与图书馆职业密切结合的研究范式，称为图书馆学研究的机构范式。

在当前环境下，图书馆学研究的机构范式仍需要得到继承和弘扬。图书馆业界有大量的创新实践：优秀文化的传承与保护、阅读推广的深化与拓展、公众数字素养的培育与提升、特殊用户群体服务的设计与实施、图书馆治理模式的优化与创新……这些都能为图书馆学研究提供丰富的问题来源。图书馆的职业实践更加多元，以公共图书馆为例，图书馆界要扩大视野，从传统的专注于信息整理，扩大到探索公共图书馆通过场所来营造社区共同体、通过阅读提升人们的社会性。① 图书馆学界高质量的研究成果需要为以上目标的实现提供理论支持和实践指引。机构范式拓展到图书馆学教育领域，表现为图书馆学专业教育将培养图书馆职业所需的高质量人才作为核心任务，为图书馆职业的可持续发展提供人才储备。

图书馆学对机构范式的坚守，是自身学科特色的充分体现，是图书馆学能够继续屹立于学科之林的根基。在机构范式下，图书馆学研究和图书馆职业实践需要形成良性互动，彼此助力，协同进步，共促高质量发展。

（二）图书馆学的深化与拓展

图书馆学知识体系来源于图书馆工作实践，但透过图书馆文献工作的表层，可以发现其本质是对人类知识、信息的搜集、整序、加工、保存和服务，促进文化的传播和传承。随着信息技术的进步，社会发展的现实需要，图书馆学研究和人才培养需要进行深化与拓展。

1. 向"数据—信息—知识"链条延伸

知识主题较早进入图书馆学研究视野。自 20 世纪 80 年代起，我国学者先后提出了图书馆学的研究对象为知识交流、知识组织、知识集合、知识管理、知识资源等命题，体现了学界对知识主题的关注。信息技术的进步为图书馆学围绕知识领域开展研究、进行学科建设提供了更有效的保障。知识表示、知识组织、知识整合、知识图谱等都是图书馆学可以深入研究的领域。图书馆学需要研究知识的利用行为，探讨如何围绕用户需求提供知识服务。

大数据时代，数据的应用遍布各行各业，充分挖掘和实现数据的价值成为社会的突出需求。在我国，随着国家一系列政策文件的出台，数据被认可为一种新型生产要素和国家基础性战略资源，数据治理（data governance）成为受到广泛关注的重要领域。我国

---

① ［美］韦恩·A. 威甘德. 美国公共图书馆史［M］. 谢欢，谢天，译. 北京：国家图书馆出版社，2021：266.

国家标准中对数据治理的定义为：数据资源及其应用过程中相关管控活动、绩效和风险管理的集合。① 该标准中提出组织应围绕数据标准、数据质量、数据安全、元数据管理和数据生存周期等数据管理体系开展治理工作。图书馆学具有与数据治理的天然联系，学科积累的对知识、信息的采集、组织、整理、加工、分析、服务等知识内容可以在数据治理活动中发挥重要作用。图书馆学可以在数据获取、数据共享、数据重用、数据加值等领域加强理论研究和实践应用，② 在提升数据质量、促进数据利用、确保数据安全、维护数据主体权益等领域贡献图书馆学的学科力量。

2. 向公共文化服务领域拓展

图书馆拥有文化基因，图书馆学也具有对文化主题进行研究的传统。以文献为主要载体形式，图书馆学应在文化遗产的传承保护、文化资源的开发利用、优秀文化的弘扬传播等领域持续开展研究。图书馆学界需要结合国家的战略需求，深入开展学术研究和人才培养，强化本学科在以上文化主题领域的优势和特色。

公共文化服务是当前我国关注的重点领域之一。2015 年 1 月，中共中央办公厅、国务院办公厅印发《关于加快构建现代公共文化服务体系的意见》。《中华人民共和国公共文化服务保障法》自 2017 年 3 月 1 日起施行。党的二十大报告中提出"健全现代公共文化服务体系，创新实施文化惠民工程"。发展公共文化服务，是保障人民文化权益、改善人民生活品质、补齐文化发展短板的重要途径。③

近年来，围绕公共文化服务领域开展深入研究，是我国图书馆学拓展变革的重要增长点。根据《中华人民共和国公共文化服务保障法》的界定，公共文化服务是指由政府主导、社会力量参与，以满足公民基本文化需求为主要目的而提供的公共文化设施、文化产品、文化活动以及其他相关服务。图书馆学将研究视野拓展至公共文化服务领域，是面向国家文化发展战略，完善公共文化服务体系的现实需求，能够让成熟的图书馆学相关理论影响辐射更多的公共文化机构，顺应了公共文化服务融合发展的内在要求，是扩大学科理论影响力的有效途径。④ 公共文化服务的体系建设、供给机制、标准化和均

① 全国信息技术标准化技术委员会. GB/T 34960.5—2018 信息技术服务治理 第 5 部分：数据治理规范[S]. 北京：中国标准出版社，2018：1.
② 顾立平. 数据治理——图书馆事业的发展机遇[J]. 中国图书馆学报，2016，42(5)：29-45.
③ 《党的二十大报告辅导读本》编写组. 党的二十大报告辅导读本[M]. 北京：人民出版社，2022：418.
④ 李国新. 公共文化服务体系视野下的图书馆学[J]. 中国图书馆学报，2019，45(6)：4-11.

等化实现、绩效评估等，都可以成为图书馆学研究的重要领域。

二、图书馆学发展中技术与人文的融合

1. 图书馆学发展中的技术驱动

技术是一个内涵广泛的术语，解决问题的方法、技能和手段，都可以被视为广义的技术范畴。此处提出的驱动图书馆学发展的"技术"，主要是指现代信息技术的吸收和应用。通过有效利用信息技术，实现图书馆学学科建设、科学研究和人才培养的升级，是图书馆学发展的重要趋势。

图书馆学具有较强的工具性特征，在研究知识、信息的采集、组织、检索、分析、服务等过程中，需要重视应用新出现的各类型信息技术，探索新方法，提升各项活动的效率。当前图书馆学研究向知识、数据领域延伸，对知识、数据进行自动化和智能化处理，实现文本理解和语义挖掘，这些都需要借助算法工具和信息技术的高效应用。

随着数字图书馆、智慧图书馆等新型图书馆业态的出现和发展，我国国家文化数字化战略的实施，公共文化数字化的推进，图书馆学在研究以上重要问题时更是离不开对前沿信息技术在具体场景中的应用研发，技术驱动是促进图书馆学发展的显著特征。

2. 图书馆学发展中的人文导向

人文也是一个内涵多样的概念。人文精神中的"人文"，其核心在于充分体现以人为本的思想，尊重人的价值，关注人的现实需求，追求人的全面发展。虽然学界对图书馆学的学科性质还有不同的认知，但与纯粹的技术性学科相比，图书馆学需要将对"人"的关注置于突出重要的位置。

图书馆学是一门研究人的学问，它的最终和最高目标是为人的全面发展服务。[①]2010年，美国图书情报学家兰开斯特(Frederick Wilfrid Lancaster)在引述印度图书馆学家阮冈纳赞提出的图书馆学五定律(书是为了用的，每个读者有其书，每本书有其读者，节省读者时间，图书馆是一个生长着的有机体)之后，感慨"其中有三条提到读者——图书馆的使用者和信息的使用者"，同时他尖锐地指出，在当时的图书馆学课程体系中，与"用户"有关的课程被严重忽视了，会使图书馆员们认识不到其职业必须是一项以人为导向的职业。[②]

---

① 徐引篪，霍国庆. 现代图书馆学理论[M]. 北京：北京图书馆出版社，1999：275.
② [美]F. W. 兰开斯特. 生存无从强制[J]. 王兴，译. 中国图书馆学报，2011(1)：19-23.

兰开斯特的观点对于图书馆学的发展具有启发意义。图书馆学在研究和教育开展过程中，需要更加明确自身的使命，突出用户的主体性地位，必须对用户需求有深刻理解和切身关怀，具备更多设身处地的代入感和同理心，以图书馆职业理念统领制度设计和服务提供，使公众能够更好地共享社会进步带来的成果，为维护社会信息公平、保障公众文化权利贡献学科力量。

3. 技术与人文有机融合，共促图书馆学全面发展

在学科发展进程中，人文是解决路径方向问题，明确需要实现什么目标；技术则是解决如何实现目标的问题。只有在人文精神的牵引下，才能有效发挥技术的工具价值，避免技术应用走上歧途。

技术与人文是图书馆学发展的两翼，缺一不可。在不断引入各类型信息技术的同时，图书馆需要更加关注用户，尤其是特殊类型用户群体的信息和文化需求；关注技术应用背后的公平、正义等伦理问题，避免将人作为工具对待。图书馆学的研究与实践，需要通过利用技术手段提升服务用户的能力和效率，创造更优的信息获取利用环境，实现效率与公平的融合，满足人民对更加幸福美好生活的向往。

图书馆学只有坚持技术与人文的融合，以信息技术利用为基础，以人文关怀为导向，充分体现社会公益价值，才能体现自身的学科独特性。与单纯的信息技术类学科相比，图书馆学将技术能力与人文思维相结合，彰显学科的特色和优势。

三、新文科建设对图书馆学发展提出的要求

2018 年 10 月，我国教育部、科技部等 13 部门联合启动"六卓越一拔尖"计划 2.0，全面推进新工科、新医科、新农科、新文科建设。2020 年 11 月，教育部发布《新文科建设宣言》，对高校新文科的具体建设进行了全面规划。

在我国学科专业目录体系中，图书馆学归属于文科类目。新文科建设的目标和思路，对图书馆学的发展提出了具体要求，主要体现在以下几个方面。

1. 充分体现中国特色

与自然科学不同，属于文科范畴的哲学社会科学兼具科学性和价值性的双重属性。新文科在发展过程中强调价值引领，在坚持科学性的前提下，要自觉维护一定的价值观念和社会利益。[①] 文科发展要体现中国特色，强调必须关注中国实际问题的研究与解

---

① 樊丽明."新文科"：时代需求与建设重点[J].中国大学教学，2020(5)：4-8.

决，特别是为满足国家重大战略需求提供决策支持方案。

在图书馆学发展过程中，需要关注文化强国、科技强国、健康中国、国家安全、全民阅读等一系列与学科相关的国家重大战略，紧扣国家发展需求，围绕相关战略开展科学研究，产出高水平研究成果，培养符合战略发展所需的各层次人才，贡献图书馆学的学科力量，提升学科的影响力。

全面建设社会主义现代化国家的伟大事业为我国图书馆学提供了丰富的研究问题来源和应用场域。图书馆学学术研究和人才培养需要与国家的社会、文化、科技、经济等发展密切关联，产生良性的互动效果。图书馆学研究需要扎根于中国大地，回答中国问题，在图书馆学知识体系中充分体现中国特色、中国智慧和中国道路。

2. 数智赋能学科发展

互联网、大数据等深刻改变了文科的研究范式和研究方法，全面吸收应用信息技术，是新文科发展的突出特征。图书馆学的科学研究和人才培养围绕着数据、信息、文化等主题展开，数字化、智能化是图书馆学升级转型的显著趋势。当前图书馆学的一些核心研究领域，如智慧图书馆建设与服务，是综合应用数智技术的集中体现。在文化数字化研究与实践过程中，依托文化大数据资源开发产品和服务，更好地满足公众需求，提升文化资源的开发利用和服务能力，是图书馆学的重要应用领域。在图书馆学专业教育领域，需要加强信息技术能力的培养，强化数据和计算思维，提升数据分析和处理能力，进而使学生适应不同类型。

大数据时代，数据的类型和来源更加广泛，科研数据、社交媒体数据、政府数据、网络日志数据等海量、多源异构数据被纳入图书馆学的研究范畴。图书馆学需要研究如何更有效地对各种来源的数据进行采集，融合联通海量数据，应用机器学习、文本挖掘、情感分析等技术进行数据挖掘，以实时化、可视化和智能化的方式呈现数据，发现数据价值，实现揭示、预测、预警功能，为用户基于数据的决策提供有力支持。

3. 学科交叉融合创新

新文科建设过程中强调文科与理工农医等不同类型学科之间的交叉融合，综合应用多学科知识开展协同研究和人才培养活动。学科的交叉融合是当代科学发展的一个显著趋势。自然、社会现象越来越复杂，即便是特定主题领域的研究问题也难以通过单一学科解决。不同学科之间相互借鉴，优势互补，以适应更加复杂和开放的环境。

图书馆学的研究对象领域知识、信息、文化等具有典型的跨学科特征，因此更加具备进行学科交叉融合的基础和需求。以文化遗产保护与开发为例，需要广泛应用图书馆学、档案学、历史学、考古学、地理学、测绘科学、计算机科学等多学科知识，图书馆学的知识组织揭示、文献保存保护等内容可以在其中发挥重要作用。在进行学科交叉融合进程中，图书馆学要充分发挥自身的学科传统和优势，以自身的学科知识积淀，参与多学科的对话与合作。

通过与相关学科的交叉融合能够产生出新的分支学科，丰富图书馆学的研究领域，激发新的学科增长点。如健康信息学、法律信息学等，是图书馆学与相关学科融合后形成的交叉学科领域，可以满足解决相关问题的需求。近些年来，数字人文是一个快速发展并受到广泛关注的学科领域，它是图书馆学、情报学、档案学、计算机科学与文学、历史学、艺术学等人文学科交叉融合的产物，通过数据采集、内容组织、智能检索、关联分析、文本挖掘、知识发现、数据可视化等数字化技术和方法，推动了人文学科的创新发展。

四、图书馆学强化知识输出

图书馆学在发展过程中，需要在不同层面积极进行知识输出，从而能够彰显学科的价值和影响力。

1. 图书馆学知识的跨学科输出

图书馆学是一个相对年轻的学科，整体上看，图书馆学在发展过程中吸收借鉴了大量其他学科的知识。这些学科的理论和方法为图书馆学知识体系的构建提供了支持。以在国际图书馆学发展史上享有盛名的芝加哥学派为例，20世纪30年代，其在形成过程中，采纳了大量社会学、心理学、教育学、历史学等学科的知识和方法，对图书馆学研究和教育进行了全面改造。20世纪60年代后，信息技术的发展和应用对图书馆学众多领域产生了巨大影响，图书馆学在研究内容和方法方面表现出越来越多的计算机科学等技术性学科的特征。

图书馆学若想在竞争激烈的学科之林中赢得地位，就需要将自身的原创性理论与方法成果输出到其他学科领域，通过反哺使其他学科能够直观感受到图书馆学的知识贡献。图书馆学开创的文献计量、引文分析、科学评价等知识内容，在众多自然与社会科学领域得到了广泛应用，产生了巨大影响力。随着图书馆学研究领域的拓展，围绕知识、信息、文化等核心研究范畴，有机会产出更丰富的高质量研究成果，将图书馆学知识输出到更多学科中，扩大图书馆学的学科影响力。

2. 图书馆学知识的跨职业输出

图书馆学起源于图书馆工作，容易被视为图书馆职业的专享学问。随着研究的深入和拓展，对知识、信息、数据进行搜集、组织、加工、提供服务，对文化进行保护、传承与传播，提升公众信息和数字素养，图书馆学累积的知识体系已不仅仅适用于图书馆职业，还可以广泛应用于政府、企业、个人等信息资源管理活动中。图书馆学需要积极将成果在不同的社会领域进行输出应用，以获得更多职业主体的认可。

我国在实施《政府信息公开条例》过程中，图书馆学有关信息描述和组织的知识被应用在政府信息公开指南编制、目录系统技术实施方案和相关标准制定中。在我国政府数据开放制度构建和平台建设过程中，图书馆学界也贡献了大量研究成果。在企业数据治理实施活动中，图书馆学知识同样可以发挥用武之地。

图书馆学不仅能够输出有关技术、方法类的学科知识，同时也需要将维护社会信息公平、保障公众文化权利等理念输出到更广阔的社会领域，积极发出呼声，形成关注相关问题的社会氛围。

3. 图书馆学知识的跨地域输出

中国现代图书馆学是在吸收借鉴国外学科内容的基础上创立、发展起来的。在不同的历史时期，日本、美国、苏联等国的经验对我国图书馆学产生了较大影响。我国几代图书馆学学者，结合中国国情，促进了图书馆学教学与研究的本土化。从目前发展来看，我国图书馆学原创性知识内容向国外的输出还相对欠缺。

改革开放以来，特别是进入 21 世纪以来，我国各类型图书馆事业在发展过程中积累了丰富经验，图书馆学研究有了长足进步，形成了一系列具有原创性的理论和实践成果。如我国为保障公众基本文化权利，大力推进公共文化服务体系建设，图书馆学界产出了大量关于基本公共文化服务均等化、标准化的研究成果；国外各类型阅读推广活动开展比较丰富，但比较缺乏对阅读推广的理论研究，我国图书馆学学者对阅读推广的概念、类型、服务体系等理论问题进行了系统的抽象总结，形成了具有中国特色的阅读推广理论体系。以上研究均是扎根中国大地，充分体现了中国道路、中国智慧、中国方案，同时也具有向国际图书馆界进行输出推广的可能性。

我国图书馆界需要在国际舞台上积极发出中国声音，促进中国图书馆学知识创新的对外传播。近年来，我国一些图书馆积极参与国际图书馆界的奖项评选，如广东省佛山市图书馆"邻里图书馆"项目获 2020 年度国际图联国际营销奖第一名，北京大学附属小学图书馆"点亮图书馆"项目获 2022 年度该奖项第二名。这是在国际上传播中国图书馆学声音的有效手段。我国图书馆界需要积极梳理、总结图书馆学知识跨地域输出的内容、方式，以更有效地提升中国图书馆学在国际交流中的话语权和影响力，共同推进全球图书馆事业的高质量发展。

重要名词术语

数字图书馆　复合图书馆　智慧图书馆　用户画像　用户体验

思考题

1. 数字图书馆有哪些基本特征？
2. 当前复合图书馆发展出现哪些新趋势？
3. 试述智慧图书馆的组成要素和体系结构。
4. 图书馆在发展过程中，如何实现相关职能的坚守与拓展？
5. 图书馆空间功能的有效发挥体现在哪些方面？
6. 如何理解图书馆学发展中技术与人文的融合？
7. 新文科建设背景下图书馆学发展呈现出哪些特征？
8. 图书馆学的知识输出体现在哪些领域？

参考文献

中文图书

[1]北京大学图书馆学系，武汉大学图书馆学系．图书馆学基础[M]．北京：商务印书馆，1981．

[2]曹之．中国古代图书史[M]．武汉：武汉大学出版社，2015．

[3]陈源蒸，张树华，毕世栋．中国图书馆百年纪事：1840—2000[M]．北京：北京图书馆出版社，2004．

[4]程焕文，潘燕桃，张靖．图书馆权利研究[M]．北京：学习出版社，2011．

[5]程焕文．晚清图书馆学术思想史[M]．北京：北京图书馆出版社，2004．

[6]程焕文．图书馆的价值与使命[M]．上海：上海科学技术文献出版社，2014．

[7]初景利．学术图书馆与新型出版[M]．北京：国家图书馆出版社，2021．

[8]董琴娟．中国图书馆联盟发展研究[M]．北京：光明日报出版社，2013．

[9]范并思，等．20世纪西方与中国的图书馆学——基于德尔斐法测评的理论史纲[M]．北京：国家图书馆出版社，2016．

[10]范并思．图书馆资源公平利用[M]．北京：国家图书馆出版社，2011．

［11］范凤书．中国私家藏书史（修订版）［M］．武汉：武汉大学出版社，2013．

［12］［美］弗雷德·勒纳．图书馆的故事［M］．沈英，马幸，译．北京：北京时代华文书局，2014．

［13］傅璇琮，谢灼华．中国藏书通史［M］．宁波：宁波出版社，2001．

［14］龚蛟腾．中国图书馆学起源与转型：从校雠学说到近现代图书馆学的演变［M］．北京：国家图书馆出版社，2013．

［15］顾敏．现代图书馆学探讨［M］．台北：台湾学生书局，1988．

［16］郭伟玲．中国秘书省藏书史［M］．武汉：武汉大学出版社，2015．

［17］韩永进．中国图书馆史：全四册［M］．北京：国家图书馆出版社，2017．

［18］韩永进．中国图书馆事业发展报告："十二五"时期图书馆事业发展卷［M］．北京：国家图书馆出版社，2018．

［19］黄宗忠．图书馆学导论［M］．武汉：武汉大学出版社，1988．

［20］蒋永福．图书馆学通论［M］．哈尔滨：黑龙江大学出版社，2010．

［21］蒋永福．中国古代图书馆学研究［M］．北京：中国社会科学出版社，2021．

［22］来新夏．中国图书事业史［M］．上海：上海人民出版社，2009．

［23］李刚．制度与范式：中国图书馆学的历史考察（1909—2009）［M］．北京：科学出版社，2013．

［24］李彭元．中华图书馆协会史稿［M］．北京：国家图书馆出版社，2018．

［25］李希泌，张椒华．中国古代藏书与近代图书馆史料（春秋至五四前后）［M］．北京：中华书局，1982．

［26］李云．中国私家藏书［M］．贵阳：贵州人民出版社，2009．

［27］刘劲松．抗战时期中国图书馆界研究［M］．北京：商务印书馆，2018．

［28］马费成，宋恩梅，赵一鸣．信息管理学基础（第3版）［M］．武汉：武汉大学出版社，2018．

［29］［美］兰开斯特 F．W．电子时代的图书馆和图书馆员［M］．郑登理，陈珍成，译．北京：科学文献出版社，1985．

［30］［美］谢拉 J．H．图书馆学引论［M］．张沙丽，译．兰州：兰州大学出版社，1986．

［31］［美］哈里斯 M．H．西方图书馆史［M］．吴晞，靳萍，译．北京：书目文献出版社，1989．

［32］孟广均，徐引篪．国外图书馆学情报学研究进展［M］．北京：北京图书馆出版

社，1999.

[33]宓浩. 图书馆学原理[M]. 上海：华东师范大学出版社，1988.

[34]南开大学图书馆学系，等. 理论图书馆学教程[M]. 天津：南开大学出版
社，1986.

[35][荷]皮纳 H. L. 古典时期的图书世界[M]. 康慨，译. 杭州：浙江大学出版
社，2011.

[36]钱存训. 书于竹帛[M]. 上海：上海书店出版社，2006.

[37]邱冠华，于良芝，许晓霞. 覆盖全社会的公共图书馆服务体系：模式、技术支撑与
方案[M]. 北京：北京图书馆出版社，2008.

[38][印]阮冈纳赞. 图书馆学五定律[M]. 夏云，王先林，郑挺，等译. 北京：书目文
献出版社，1988.

[39]任继愈. 中国藏书楼[M]. 沈阳：辽宁人民出版社，2001.

[40][苏]米哈伊洛夫 A. И. 科学交流与情报学[M]. 徐新民，译. 北京：科学技术文献
出版社，1980.

[41][苏]丘巴梁 O. C. 普通图书馆学[M]. 徐克敏，译. 北京：书目文献出版社，1983.

[42]图书馆·情报与文献学名词审定委员会编. 图书馆·情报与文献学名词[M]. 北
京：科学出版社，2019.

[43]王子舟. 图书馆学基础教程[M]. 武汉：武汉大学出版社，2003.

[44]王子舟. 图书馆学是什么[M]. 北京：北京大学出版社，2008.

[45][美]韦恩·A. 威甘德. 美国公共图书馆史[M]. 谢欢，谢天，译. 北京：国家图
书馆出版社，2021.

[46]吴稌年，顾烨青. "17 年"图书馆事业与学术思想史研究[M]. 北京：国家图书馆出
版社，2020.

[47]吴慰慈，董焱. 图书馆学概论(第 4 版)[M]. 北京：国家图书馆出版社，2019.

[48]吴慰慈. 图书馆事业与图书馆学教育[M]. 北京：北京图书馆出版社，2006.

[49]吴晞. 中国图书馆的历史与发展[M]. 北京：朝华出版社，2020.

[50]吴仲强. 中国图书馆学史[M]. 长沙：湖南出版社，1991.

[51]肖希明，李卓卓. 信息资源建设(第 2 版)[M]. 武汉：武汉大学出版社，2020.

[52]肖燕. 应对变革：30 年来美国图书馆楷模人物撷英[M]. 北京：国家图书馆出版
社，2019.

[53]谢灼华. 中国图书和图书馆史(第3版)[M]. 武汉：武汉大学出版社，2011.

[54]徐引篪，霍国庆. 现代图书馆学理论[M]. 北京：北京图书馆出版社，1999.

[55]严文郁. 中国图书馆发展史：自清末至抗战胜利[M]. 新竹：枫城出版社，1983.

[56]杨威理. 西方图书馆史[M]. 北京：商务印书馆，1988.

[57]杨子竞. 外国图书馆史简编[M]. 天津：南开大学出版社，1990.

[58]于良芝. 图书馆情报学概论[M]. 北京：国家图书馆出版社，2016.

[59]于良芝. 图书馆学导论[M]. 北京：科学出版社，2003.

[60]俞可平. 治理与善治[M]. 北京：社会科学文献出版社，2000.

[61]袁咏秋，李家乔. 外国图书馆学名著选读[M]. 北京：北京大学出版社，1988.

[62]张白影，苟昌荣，沈继武. 中国图书馆事业十年：1978—1987[M]. 长沙：湖南大学出版社，1987.

[63]张书美. 中国近代民众图书馆研究[M]. 南昌：江西人民出版社，2020.

[64]郑如斯，肖东发. 中国书史[M]. 北京：书目文献出版社，1987.

[65]中国图书馆学会. 中国图书馆学学科史[M]. 北京：中国科学技术出版社，2014.

[66]周和平. 中国图书馆事业发展报告：2012[M]. 北京：国家图书馆出版社，2013.

[67]周亚. 美国图书馆学教育思想研究(1887—1955)[M]. 上海：学林出版社，2018.

[68]周文杰. 公共图书馆体系化服务六论[M]. 北京：中国社会科学出版社，2017.

[69]黄颖. 图书馆治理的比较制度分析[D]. 北京：中国科学院研究生院(文献情报中心)，2004.

中文期刊

[1]北京大学国家现代公共文化研究中心课题组. 面向2035：建设中国特色世界一流公共图书馆体系[J]. 中国图书馆学报，2022，48(1)：4-16.

[2]常大伟，付立宏. 我国公共图书馆法人治理结构建设的内在逻辑、现实困境与实施策略[J]. 国家图书馆学刊，2018，27(3)：3-12.

[3]陈传夫，冯昌扬，陈一. 面向全面小康的图书馆常态化转型发展模式探索. 中国图书馆学报，2016，42(1)：4-20.

[4]陈纪建. 我国图书馆"维护和保障公民知识权利"问题的理论思考[J]. 图书馆建设，2006(5)：25-26.

[5]陈忆金. 现代情报学的理论基础——信息哲学[J]. 图书情报工作，2005，49(8)：

55-58，62.

[6] 程焕文，高雅，刘佳亲．理念的力量：中国公共图书馆迈入黄金时代——纪念《公共图书馆宣言》颁布 25 周年[J]．图书馆建设，2019(3)：14-19.

[7] 程焕文．图书馆学就是关于图书馆的科学——谨以此文纪念李大钊 130 周年诞辰刘国钧 120 周年诞辰[J]．图书馆杂志，2019，38(12)：11-15.

[8] 程焕文．图书馆人与图书馆精神[J]．中国图书馆学报，1992(2)：35-42，93.

[9] 程亚男．读者权利：图书馆服务中一个不容忽视的问题[J]．图书馆论坛，2004(6)：226-229.

[10] 初景利，吴冬曼．图书馆发展趋势调研报告(三)：资源建设和用户服务[J]．国家图书馆学刊，2010，19(3)：3-9.

[11] 初景利，段美珍．智慧图书馆与智慧服务[J]．图书馆建设，2018(4)：85-90，95.

[12] 初景利．嵌入式图书馆服务的理论突破[J]．大学图书馆学报，2013，31(6)：5-9.

[13] 范并思．公共图书馆的制度研究：十年回顾与述评[J]．图书馆杂志，2013，32(7)：9-15.

[14] 范并思．维护公共图书馆的基础体制与核心能力——纪念曼彻斯特公共图书馆创建 150 周年[J]．图书馆杂志，2002(11)：3-8.

[15] 范并思．现代图书馆理念的艰难重建——写在《图书馆服务宣言》发布之际[J]．中国图书馆学报，2008，34(6)：6-11.

[16] 冯惠玲，闫慧，张姝婷，于子桐，陈思雨，高春芝，韩蕾倩，张钰浩．中国图书情报与档案管理教育发展研究：历史与现状[J]．中国图书馆学报，2020，46(1)：38-52.

[17] 龚蛟腾．图书馆概念再解析[J]．图书与情报，2017(1)：94-97.

[18] [韩]李炳穆．迎接新千年到来的图书馆[J]．图书情报工作，2001(1)：12-17.

[19] 胡述兆．为图书馆建构一个新的定义[J]．图书馆学研究，2003(1)：2-4.

[20] 黄纯元．论芝加哥学派(下)[J]．图书馆，1998(2)：6-9.

[21] 黄颖，徐引篪．图书馆治理：概念及其涵义[J]．中国图书馆学报，2004，30(1)：26-28.

[22] 黄宗忠．对图书馆定义的再思考[J]．图书馆学研究，2003(6)：2-10.

[23] 黄宗忠．图书馆学基础理论的再探讨[J]．图书馆论坛，2006，26(6)：3-10.

[24] 黄宗忠．图书馆学的过去、现在与未来[J]．图书情报工作，2009，53(23)：5-11.

[25]霍国庆，金高尚．论社区图书馆[J]．中国图书馆学报，1995(4)：54-59.

[26]霍瑞娟．公共图书馆法人治理结构现状调研及思考[J]．中国图书馆学报，2016，42(4)：117-127.

[27]蒋永福，王株梅．论图书馆制度——制度图书馆学若干概念辨析[J]．中国图书馆学报，2005，31(6)：10-13，24.

[28]蒋永福．论图书馆治理[J]．图书馆论坛，2008，28(6)：50-55.

[29]蒋永福．文化权利、公共文化服务体系与公共图书馆事业[J]．国家图书馆学刊，2007(4)：16-20.

[30]金胜勇，李雪叶，王剑宏．图书馆学情报学档案学：研究对象与学科关系[J]．中国图书馆学报，2011，37(6)：11-16.

[31]柯平等．图书馆学概念衍进二百年之思考[J]．大学图书馆学报，2008(2)：2-6.

[32]柯平．知识资源论——关于知识资源管理与图书馆学的研究对象[J]．图书馆论坛，2004，24(6)：58-63，113.

[33]柯平．重新定义图书馆[J]．图书馆，2012(5)：1-5，20.

[34]柯平．公共图书馆的使命——《公共图书馆宣言》在公共图书馆事业发展中的价值[J]．图书馆建设，2019(6)：13-19.

[35]柯平．中国图书馆学思想体系：抽象、内核与价值[J]．中国图书馆学报，2021，47(6)：4-17.

[36]李超平．图书馆学理论视野中的图书馆事业[J]．中国图书馆学报，2017，43(5)：21-31.

[37]李东来，蔡冰，蒋永福，程亚男，初景利，韩继章，熊剑锐．以制度保障公共图书馆的读者权益[J]．中国图书馆学报，2010，36(4)：17-23.

[38]李广建，陈瑜，张庆芝．新中国70年现代图书情报技术研究与实践[J]．图书馆杂志，2019，38(11)：4-20.

[39]李国新．《中华人民共和国公共图书馆法》的历史贡献[J]．中国图书馆学报，2017，43(6)：4-15.

[40]李国新．21世纪初年的"图书馆权利"研究与传播[J]．中国图书馆学报，2014，40(6)：4-11.

[41]李国新．公共文化服务保障法的制度构建与实现路径[J]．图书情报工作，2017，61(16)：8-14.

[42]李国新. 图书馆权利的定位、实现与维护[J]. 图书馆建设，2005（1）：1-4.

[43]李海英，蒋永福. 我国公共图书馆治理评价体系的构建——基于善治视角的研究
[J]. 图书情报工作，2011，55（11）：17-20，12.

[44]梁启超. 中华图书馆协会成立会演说辞[J]. 中华图书馆协会会报，1925（1）：
11-15.

[45]刘迅. 论图书馆学情报学理论的共同基础[J]. 情报科学，1982（1）：13-20.

[46]刘兹恒. 试论虚拟图书馆与传统图书馆的关系[J]. 图书情报工作，1997（4）：
13-15.

[47]卢泰宏. 图书馆学的人文传统和情报学科的技术传统[J]. 中国图书馆学报，1992
（3）：4-10.

[48]彭斐章. 数字时代我国图书馆发展值得思考的问题[J]. 图书馆论坛，2002，22
（5）：3-5.

[49]彭修义. 论第三代图书馆事业、图书馆专业与图书馆科学——关于知识角度的图书
馆未来探索[J]. 图书馆，1997（2）：7-12，14.

[50]邱冠华. 公共图书馆提升服务效能的途径[J]. 中国图书馆学报，2015，41（4）：
14-24.

[51]饶权. 中国图书馆事业的历史经验与转型发展[J]. 中国图书馆学报，2019，45
（5）：15-26.

[52]阮胜利. 我国公共图书馆治理结构特征及弊端分析[J]. 国家图书馆学刊，2010，
19（4）：9-14.

[53]邵波，张文竹. 下一代图书馆系统平台的实践与思考[J]. 图书情报工作，2019，63
（1）：98-104.

[54]申晓娟. 新中国图书馆法治建设 70 年[J]. 图书馆杂志，2020，39（1）：4-25.

[55]司莉，陈辰，郭思成. 中国图书馆学的应用实践创新及发展研究[J]. 中国图书馆
学报，2021，47（3）：23-42.

[56]苏新宁. 大数据时代数字图书馆面临的机遇和挑战[J]. 中国图书馆学报，2015，
41（6）：4-12.

[57]田磊. 高校图书馆教育职能研究[J]. 图书情报工作，2010，54（13）：95-98，134.

[58]汪东波，张若冰.《公共图书馆法》与国家图书馆[J]. 国家图书馆学刊，2017，26
（6）：50-55.

[59]王波.阅读推广、图书馆阅读推广的定义——兼论如何认识和学习图书馆时尚阅读推广案例[J].图书馆论坛,2015,35(10):1-7.

[60]王世伟.城市中心图书馆向社区基层延伸的理论思考与实践探索[J].图书情报工作,2006,50(3):6-9.

[61]王余光,郑丽芬.图书馆社会教育职能的回归:以经典阅读推广为途径.图书情报研究,2014,7(2):1-6.

[62]王知津,徐芳.图书馆多样性研究[J].图书馆论坛,2008,28(6):26-31,58.

[63]王子舟.图书馆学研究对象的历史误读[J].图书馆,2000(5):1-4,27.

[64]吴丹,樊舒,李秀园.中国情境下图书馆学研究方法的识别、分类及应用[J].中国图书馆学报,2021,47(5):33-47.

[65]吴建中,范并思,陈传夫,孙异凡,孙坦,王世伟,程焕文.面向未来的图书馆与社会[J].中国图书馆学报,2021,47(2):4-28.

[66]吴建中.中国图书馆发展中的十个热点问题[J].中国图书馆学报,2002,28(2):7-12.

[67]习近平.坚持和完善中国特色社会主义制度,推进国家治理体系和治理能力现代化[J].求是,2020(1):4-13.

[68]肖珑.支持"双一流"建设的高校图书馆服务创新趋势研究[J].大学图书馆学报,2018,36(5):43-51.

[69]肖容梅,吴晞,汤旭岩,万群华,梁奋东,肖永钗,刘杰民,邱维民,Xiao,Rongmei.公共图书馆管理体制研究[J].中国图书馆学报,2010,36(3):4-11.

[70]肖希明,石庆功.构建中国特色的公共图书馆治理制度体系[J].中国图书馆学报,2020,46(5):4-21.

[71]肖希明,沈玲.中国特色图书馆学基础理论体系的历史发展与当代构建[J].中国图书馆学报,2021,47(3):4-22.

[72]谢欢.中国图书馆学教育百年历史分期研究[J].中国图书馆学报,2020,46(2):114-125.

[73]徐跃权,徐兆英,刘春丽.马丁·施雷廷格的图书馆学思想与贡献[J].中国图书馆学报,2016,42(6):37-50.

[74]燕今伟.图书馆联盟的构建模式和发展机制研究[J].中国图书馆学报,2005,31(4):24-29.

[75] 杨思洛, 陈能华. 论全社会信息资源共享[J]. 中国图书馆学报, 2006, 32(4):68-71.

[76] 杨思洛, 陈能华. 论信息资源共享模式的变革[J]. 图书情报工作, 2006, 50(4):73-76.

[77] 杨文祥, 焦运立, 刘丽斌. 国外图书馆学学术源流与方法论思想的历史演进与嬗变——关于 21 世纪图书馆学方法论体系及相关问题的若干思考之二[J]. 图书与情报, 2008(2):1-5, 129.

[78] 于良芝, 邱冠华, 许晓霞. 走进普遍均等服务时代:近年来我国公共图书馆服务体系构建研究[J]. 中国图书馆学报, 2008, 34(3):31-40.

[79] 张靖. 公共图书馆事业法治建设的地方智慧[J]. 图书馆建设, 2021(6):34.

[80] 张久珍. 重振图书馆社会教育职能, 充分释放图书馆全民信息素养教育的作用[J]. 图书馆研究与工作, 2020(11):6-14.

[81] 张文显. 习近平法治思想的实践逻辑、理论逻辑和历史逻辑[J]. 中国社会科学, 2021(3):4-25, 204.

[82] 张晓桦. 制度逻辑下的公共图书馆治理能力现代化探析[J]. 图书情报工作, 2015, 59(21):63-67.

[83] 张晓林. 研究图书馆 2020:嵌入式协作化知识实验室[J]. 中国图书馆学报, 2012, 38(1):11-20.

[84] 张晓林. 应该转变图书馆研究的方向[J]. 图书馆学通讯, 1985(3):57-64.

[85] 赵飞, 吴亚平, 汪聪, 胡希琴. 高校图书馆文化传承创新服务新探索——以北京大学图书馆文化工作坊为例[J]. 大学图书馆学报, 2019, 37(6):95-99.

[86] 中共中央关于坚持和完善中国特色社会主义制度, 推进国家治理体系和治理能力现代化若干重大问题的决定[N]. 人民日报, 2019-11-06.

[87] 周文骏. 概论图书馆学[J]. 图书馆学研究, 1983(1):10-18.

外文文献

[1] Aabø S, Audunson R. Use of library space and the library as place[J]. Library & Information Science Research, 2012, 34(2):138-149.

[2] ACRL. 2020 Top trends in academic libraries:A review of the trends and issues affecting academic libraries in higher education[J]. College & Research Libraries News, 2020, 81

（6）：270-278.

[3]Baker D, Evans W. Libraries and society: Role, responsibility and future in an age of change[M]. Oxford: Chandos Publishing, 2011.

[4]Block M. The thriving library: Successful strategies for challenging times[M]. Medford, NJ: Information Today, 2007.

[5]Bluh P, Hepfer C. Risk and entrepreneurship in libraries: Seizing opportunities for change [M]. Chicago: Association for Library Collections & Technical Services, 2009.

[6]Buckland M K. Library services in theory and context[M]. Cambridge, MA: Elsevier Science & Technology Books, 2014.

[7]Connaway L S, Radford M L. Research methods in library and information science[M]. 7th ed. Santa Barbara, CA: Libraries Unlimited, 2021.

[8]Crowley B. Save professionalism[J]. Library Journal, 2005, 130(14): 46-48.

[9]Cox J. Positioning the academic library within the institution: A literature review[J]. New Review of Academic Librarianship, 2018, 24(3/4): 217-241.

[10]De Beer M, Van der Merwe M, Ball L, et al. Legal deposit of electronic books: A review of challenges faced by national libraries[J]. Library Hi Tech, 2016, 34(1): 87-103.

[11]Fourie D K, Loe N E. Libraries in the information age: An introduction and career exploration 3rd ed[M]. Santa Barbara, CA: Libraries Unlimited, 2016.

[12]Gates J K. Introduction to librarianship[M]. New York: McGraw-Hill, Inc., 1976.

[13]Gorman M. Our enduring values revisited: Librarianship in an ever-changing world[M]. Chicago: American Library Association, 2015.

[14]IFLA. IFLA School Library Manifesto(2021)[EB/OL]. [2022-03-12]. https://www.ifla. org/wp-content/uploads/2019/05/assets/school-libraries-resource-centers/publications/ ifla_school_manifesto_2021. pdf.

[15]Jackson S L. Library and librarianship in the west: A brief history[M]. New York: McGraw-Hill, Inc., 1974.

[16]Jacobson T B. Facebook as a library tool: Perceived vs. actual use[J]. College & Research Libraries, 2011, 72(1): 79-90.

[17]John M W. The public library: Its origins, purpose, and significance as social institution [M]. London: George G. Harrap & Company, 1955.

[18] Li S, Jiao F, Zhang Y, et al. Problems and changes in digital libraries in the age of big data from the perspective of user services[J]. The Journal of Academic Librarianship, 2019, 45(1): 22-30.

[19] Lynch B P. Library education: Its past, its present, its future[J]. Library Trends, 2008, 56(4): 931-953.

[20] Lee P. Technological innovation in libraries[J]. Library Hi Tech, 2021, 39(2): 574-601.

[21] Ma J, Lund B. The evolution and shift of research topics and methods in library and information science[J]. Journal of the Association for Information Science and Technology, 2021, 72(8): 1059-1074.

[22] Marco G A. The American public library handbook[M]. Santa Barbara, CA: Libraries Unlimited, 2011.

[23] Martin L. The American public library as a social institution[J]. The Library Quarterly, 1937, 7(4): 546-563.

[24] Martzoukou K. Academic libraries in COVID-19: A renewed mission for digital literacy [J]. Library Management, 2021, 42(4/5): 266-276.

[25] Mcdonald J D, Levine-Clark M. Encyclopedia of library and information sciences[M]. 4th ed. Boca Raton, FL: CRC Press, 2020.

[26] Noh Y. The analytic study of librarian-user and importance-satisfaction on the use factor of complex cultural space in library[J]. Library Hi Tech, 2022, 40(6): 1532-1566.

[27] Oakleaf M J. The value of academic libraries: A comprehensive research review and report[M]. Chicago: Association of College and Research Libraries, 2010.

[28] Osuigwe N E. Managing and adapting library information services for future users[M]. Hershey, PA: Information Science Reference, 2020.

[29] Potnis D D, Winberry J, Finn B. Best practices for managing innovations in public libraries in the USA[J]. Journal of Librarianship and Information Science, 2021, 53(3): 431-443.

[30] Poynton C. Managing the evolution of library and information services[M]. London: Ark Group, 2008.

[31] Preer J. Library ethics[M]. Westport, CT: Libraries Unlimited, 2008.

[32] Quinn M E. Historical dictionary of librarianship[M]. Lanham: Rowman & Littlefield, 2014.

[33] Rayward W B. Library and information science: An historical perspective[J]. The Journal of Library History, 1985, 20(2): 120-136.

[34] Rippa P, Secundo G. Digital academic entrepreneurship: The potential of digital technologies on academic entrepreneurship[J]. Technological Forecasting and Social Change, 2019, 146: 900-911.

[35] Rubin R E, Rubin R G. Foundations of library and information science[M]. 5th ed. London: Facet Publishing, 2020.

[36] Shrestha S, Krolak L. The potential of community libraries in supporting literate environments and sustaining literacy skills[J]. International Review of Education, 2015, 61: 399-418.

[37] Stephens A. Functions, tasks and roles of national libraries in the 21st century[J]. Alexandria, 2016, 26(2): 145-198.

[38] Strover S, Whitacre B, Rhinesmith C, et al. The digital inclusion role of rural libraries: Social inequalities through space and place[J]. Media, Culture & Society, 2020, 42(2): 242-259.

[39] Tomic T. The philosophy of information as an underlying and unifying theory of information science[J]. Information Research, 2010, 15(4): 1-13.

[40] Witten I H, Bainbridge D, Nichols D M. How to build a digital library[M]. Morgan Kaufmann, 2009.

[41] Wynia B K, McQuire S, Gillett J, et al. Aging in a digital society: Exploring how Canadian and Australian public library systems program for older adults[J]. Public Library Quarterly, 2021, 40(6): 521-539.